监理工程师能力建设系列读本

工程量清单与计价

江苏省建设厅组织编写

肖跃军　漆贯学　杨效中　主编

中国建筑工业出版社

图书在版编目(CIP)数据

工程量清单与计价/江苏省建设厅组织编写．—北京：中国建筑工业出版社，2008
(监理工程师能力建设系列读本)
ISBN 978-7-112-10500-7

Ⅰ.工… Ⅱ.江… Ⅲ.建筑工程—工程造价 Ⅳ.TU723.3

中国版本图书馆 CIP 数据核字(2008)第 174804 号

本书为监理工程师能力建设系列读本之一，紧紧扣住监理工程师在投资控制中的责任和工作内容，结合《建设工程工程量清单计价规范》(GB 50500—2008)，对建筑与装饰工程中常见的分项工程的工作内容、项目特征、计价规范和计价表规定的工程量计算规则，进行了详细对比和分析，既有理论又有案例；同时还介绍了运用软件进行土建、装饰工程量和钢筋工程量的计算，运用计价软件进行工程量清单的编制、标底编制的步骤、方法以及应该注意的问题，对监理企业和从业人员提高投资控制起到帮助和指导的作用。

本书可作为监理工程师继续教育教材，也可以作为从事监理工作的业主、监理、施工等单位，以及建设行政主管部门等有关部门和人员的业务参考书，也可作为有关高等院校教学参考书。

* * *

责任编辑：郦锁林
责任设计：张政纲
责任校对：汤小平

监理工程师能力建设系列读本
工程量清单与计价
江苏省建设厅组织编写
肖跃军　漆贯学　杨效中　主编
*
中国建筑工业出版社出版、发行(北京西郊百万庄)
各地新华书店、建筑书店经销
中实兴业公司制版
北京市铁成印刷厂印刷
*
开本：787×1092毫米　1/16　印张：18½　字数：449千字
2008年12月第一版　2009年4月第二次印刷
印数：2501–4500册　定价：**40.00**元
ISBN 978-7-112-10500-7
(17425)

《工程量清单与计价》编审委员会

前　言

为了提高监理工程师队伍素质和监理工作水平以及建设工程质量，江苏省建设厅组织了有关专家编写监理工程师能力建设系列读本。先行出版的读本有《建设工程监理安全责任读本》，本次出版的读本有《工程量清单及计价》、《合同与合同管理》、《建设工程监理安全责任实例》、《业主方工程项目管理——PM 基础与实务》，今后我们还将根据监理工作的新规定、新要求以及实际情况陆续编写出版有关系列读本。编写读本时紧密结合国家有关监理工作的新政策、新内容、新要求，紧密结合监理工程师队伍建设的工作实际，以监理工程师能力素质建设和促进监理事业发展为核心，按照补充新知识和拾遗补缺的原则来选定内容，与时俱进地提出了许多新知识、新措施和新办法，并提供部分参考案例，较好地把握了理论与实践的关系，具有较强的针对性和可操作性。

《工程量清单与计价》是本次出版发行的监理工程师能力建设系列读本之一。目前全部使用国有资金投资或国有资金投资为主的大中型建设项目都已采用工程量清单计价。投资控制是监理工作的重要内容，监理工程师在投资控制过程中，对传统的定额计价比较熟悉，对于清单计价这种新生事物了解不多，有的甚至还比较陌生。因此，如何学好用好《建设工程工程量清单计价规范》(GB 50500—2008，以下简称清单计价规范)已成为摆在每个监理工程师面前的一件大事。本书紧紧扣住监理工程师在投资控制中的责任和工作内容，结合《清单计价规范》和《江苏省建筑与装饰工程计价表》，对建筑与装饰工程中常见的分项工程的工作内容、项目特征、计价规范和计价表规定的工程量计算规则，进行了详细对比和分析，既有理论又有案例；同时还介绍了运用软件进行土建、装饰工程量和钢筋工程量的计算，运用计价软件进行工程量清单的编制、标底的编制步骤、方法以及应该注意的问题，对监理企业和从业人员提高投资控制能力有较强的引导和指导作用。

系列读本可作为监理工程师继续教育教材，也可以作为从事监理工作的业主、监理、施工等单位，以及建设行政主管部门等有关部门和人员的业务参考书，也可作为有关高等院校教学参考用书。读本在编写过程中，得到了有关监理企业和人员的大力支持，并参阅了有关文章和研究成果，在此对他们付出的辛苦劳动表示衷心感谢！

目　　录

第一章　工程量清单和工程量清单计价

第一节　基本概念

一、工程量清单

工程量清单是表现拟建工程的分部分项工程项目、措施项目、其他项目、规费项目和税金项目名称和相应数量等的明细清单。是由建设工程招标人发出的，对招标工程的全部项目，按统一的项目编码、项目名称、计量单位和工程量计算规则计算出的工程数量列表。工程量清单是招标文件的重要组成部分，可以由招标人自行编制，也可以由招标人委托有资质的招标代理机构或造价咨询单位编制。作为一位监理工程师一定要掌握工程量清单的基本概念。

如附表1中序号1，项目名称为平整场地，是全国统一的，而该项目的特征和工作内容则是根据项目的具体情况而确定的；它的编号为010101001001，其中前九位是全国统一的；计量单位为“m^2”也是全国统一的，工程数量也是按照全国统一的工程量计算规则计算得到的。

二、工程量清单计价

工程量清单计价是指在建设工程招标与投标中，由招标人或委托具有相应资质的中介机构编制反映工程实体消耗和措施性消耗的工程量清单，并作为招标文件的一部分提供给投标人，投标人依据工程量清单进行自主报价的计价模式。

工程量清单计价是一些发达国家和地区，以及世界银行、亚洲银行等金融机构国内贷款项目在招标投标中普遍采用的计价方法。随着我国加入 WTO，对工程造价管理而言，所受到的最大冲击将是工程价格的形成体系。从国内各地区差异性很大的状态，一下子纳入了全球统一的大市场，这一变化使过去的工程价格形成机制面临严峻挑战，迫使我们不得不引进并遵循工程造价管理的国际惯例，即由原来的投标单位根据图纸自编工程量清单进行报价改由招标单位提供工程量清单（工程实物量）给投标单位报价，既顺应了国际通用的竞争性招投标方式，又较好地解决了“政府管理与激励市场竞争机制”二者的矛盾。

三、工程量清单及清单计价的作用

监理工程师了解工程量清单及清单计价作用的意义，主要表现在以下几个方面：

1）工程量清单为投标人提供一个公开、公平、公正的竞争环境。由于统一工程量清单是由招标人统一提供，避免了由于各个投标人计算工程量不准确、项目划分不一致等人为因素所造成的不公平影响，从而创造了一个公平的竞争环境。如果监理工程师需要参加工程的招标工作，在发送招标文件时一定要将工程量清单作为招标文件的组成部分发送给所有的潜在投标人。

2）工程量清单是工程标底的编制依据之一，如果监理工程师需要参加工程标底的编制，一定要根据工程量清单进行编制。

3）工程量清单是投标人报价的依据之一，如果监理工程师需要参加工程的评标工作，首先要检查各个投标人的报价是否与工程量清单相一致。

4）工程量清单是施工过程中支付工程进度款的依据。在施工过程中进行工程量的计量是监理人员目前从事最多的一项工作，在计量时要注意工程量清单中各个项目的工作内容和项目特征，不能有重复或遗漏。

5）工程量清单及清单计价是进行工程结算和处理工程索赔的重要依据。在施工过程中，发生工程变更、工程洽商有时是不可避免的，随之而来的则是工程索赔，所以要求监理工程师对招标文件中的工程量清单中规定的工作内容和项目特征，一定要非常熟悉，对承包商的投标报价的组成也要进行深入的研究，从而维护业主的合法权益。

第二节　工程量清单计价规范及其在江苏省的实施情况

一、工程量清单计价规范颁布的时间、目的和意义

1. 实行工程量清单计价的目的

GB 50500 规定，使用工程量清单招标的工程应该采用工程量清单计价。

实行工程量清单计价，可以规范建设市场秩序，适应社会主义市场的需要；促进建设市场有序竞争和企业健康发展；可以转变我国政府管理职能，将过去的由政府指令性定额计价转变为制定适应市场经济规律需要的工程量清单计价方法，有效加强政府宏观调控；可以为建设市场主体创造一个与国际惯例接轨的市场竞争环境。实行工程量清单计价的目的可以概括为以下几条：

1）实行工程量清单计价，是我国工程造价管理深化改革与发展的需要。

长期以来，我国发承包计价、定价以工程预算定额作为主要依据。1992 年为了适应建设市场改革的要求，针对工程预算定额编制和使用中存在的问题，提出了“控制量、指导价、竞争费”的改革措施，工程造价管理由静态管理模式逐步转变为动态管理模式。随着建设市场化进程的发展，仍然难以改变工程预算定额中国家指令性的状况，特别是“招标投标法”2000 年颁布实施以来，难以满足招标投标和评标的要求。因为，“控制量”反映的是社会平均消耗水平，不能准确地反映各个企业的实际消耗量，不能全面地体现企业管理能力、技术装备水平和劳动生产率，不能充分体现市场公平竞争。因此，有必要对现行工程造价计价依据、方法进行相应的改革。实行工程量清单计价，将改变以工程预算定额为计价依据的计价模式，适应工程招标投标和由市场竞争形成工程造价的需要，推进我国工程造价事业的发展。

2）实行工程量清单计价，是整顿和规范建设市场秩序，适应社会主义市场经济发展的需要。

工程造价是工程建设的核心内容，也是建设市场运行的核心内容。过去采用工程预算定额计价，在工程发包与承包工程计价中调节双方利益、反映市场价格、需求等方面严重滞后，特别是在公开、公平、公正竞争方面，缺乏合理、完善的机制，甚至出现了一些漏洞，滋生工程建设领域的腐败。采用工程量清单计价，是由市场竞争形成工程造价的主要形式，工程量清单计价能反映工程的个别成本，有利于发挥企业自主报价的能力，实现政府定价到市场定价的转变；有利于规范业主在招标中的行为，有效纠正招标单位在招标中盲目压价的行为，避免工程招标中弄虚作假、暗箱操作等不规范行为，促进其提高管理水平，从而真正体现公开、公平、公正的原则，反映市场经济规律；有利于规范建设市场计价行为，从源头上遏止工程招投标中滋生的腐败，整顿建设市场的秩序，促进建设市场的有序竞争。

实行工程量清单计价，是适应我国社会主义市场经济发展的需要。市场经济的主要特点是竞争，建设工程领域的竞争主要体现在价格和质量上，工程量清单计价的本质是价格市场化。投标人可以通过采用先进技术、先进设备和现代化管理方式，降低工程成本（工料机三项生产要素的消耗量标准，低于社会平均消耗水平，成本低廉、质优效高的企业，才能形成利润空间，被市场接受和承认），促进施工企业加快技术进步，改善经营管理，促进施工企业的管理由粗放型经营向集约经营转变。同时，采用工程量清单计价，有利于招标人科学合理地控制投资，提高资金的使用效益。实行工程量清单计价，对于在全国建立一个统一、开放、健康、有序的建筑市场具有重要的作用。

实行工程量清单计价，有利于工程招投标工作的开展。工程量清单计价模式下的招标投标是由业主提供工程量，承包人逐项填报综合单价。这样工程量是公开的，避免了以往由于不同承包方的预算人员对设计内容、定额理解不同，计算出不同的工程量，报价相差甚远，从而产生纠纷的现象。面对相同的工程量，由承包企业根据自己的实力来填不同的单价，最终定价权交给了企业。业主的标底仅作为市场参考价，淡化了标底的作用，避免了“暗箱操作”，增加了招标投标的透明度，可真正体现《招标投标法》中公开、公平和诚实信用的原则，促使招标投标工作的健康发展。

3）实行工程量清单计价，是适应我国工程造价管理政府职能转变的需要。

实行工程量清单计价，有利于我国工程造价管理政府职能的转变；由过去制定政府控制的指令性定额转变为制定适应市场经济规律需要的工程量清单计价原则和方法，引导和指导全国实行工程量清单计价，以适应建设市场发展的需要；由过去行政直接干预转变为对工程造价依法监管，有效地强化政府对工程造价的宏观调控。

推广工程量清单计价，促使造价管理部门发生一系列的职能变化。首先，工程造价管理部门由过去制定、解释、强制执行各类法令性定额、对工程造价实施直接管理和控制，转变为制定适应市场需求的工程量清单计量规则和计价办法，对工程造价进行宏观调控；其次，由发布指令性的建筑工程费率标准，转为根据工程投标报价资料等市场信息，测算、公布指导性的工程造价指数以及各单项子目的参考指标；最后，由定期发布材料价格及调整系数，转为收集、汇总各类材料的市场价格等资料，测算、公布招投标市场材料参考价、建筑工程市场参考价。只有这样，才能真正实现政府职能由行政管理变为依法监督和服务。

4）实行工程量清单计价，是适应我国加入世界贸易组织（WTO）、融入世界大市场的需要。

随着我国改革开放的进一步加快，中国经济日益融入全球市场，特别是我国加入世界贸易组织（WTO）后，行业技术贸易壁垒下降，建设市场将进一步对外开放，外国建筑企业将进入我国，我国的建筑企业将更广泛地参与国际竞争。工程量清单计价是国际通行的计价方法，将为建设市场主体创造一个与国际惯例接轨的市场竞争环境。在我国实行工程量清单计价，有利于进一步对外开放交流，有利于提高国内建设各方主体参与国际竞争的能力，有利于提高我国工程建设的管理水平。

促进企业加强管理，提高竞争实力。采用工程量清单报价是根据相同的工程量和同一的计算规则，由企业结合自身情况报出综合单价，价格的高低完全由企业自己确定，充分体现了企业的实力。施工企业要想在竞争中取胜，就要具备先进设备、先进技术和管理水平，使企业在投标中处于优势地位。

5）有助于业主对投资进行控制。采用工程量清单报价方式由于价费合一，综合单价和措施项目费等不变，因此计算简便，结果一目了然。当要进行设计变更时，业主马上就能知道它对造价的影响，并可以根据投资的情况决定是否变更。另外，业主可根据施工企业完成的工程量，很容易地确定进度款的拨付额。工程竣工后，业主也很容易确定工程的最终造价，顺利地进行工程结算，从而可真正做到投资控制。

为了达到上述目的和进行一步贯彻《建设工程工程量清单计价规范》，江苏省从 2004 年 4 月 1 日起实施工程量清单计价。

2. 颁布工程量清单计价规范的意义

实行工程量清单计价有利于贯彻“公开、公平、公正”的原则。招投标双方在统一的工程量清单基础上进行招标和投标，承发包工作更易于操作，有利于防止建筑领域的腐败行为；实行工程量清单计价可以在设计中期进行投标报价，缩短了建设周期，为业主带来明显的经济效益；实行工程量清单计价，要求投标方编制企业定额，进行项目成本核算，提高其管理水平和竞争能力。由于工程量清单项目简洁明了，实行工程量清单计价有利于监理工程师进行工程计量，有利于造价工程师进行工程结算，加快了工程结算进度；由于工程量清单对招标人和投标人双方的风险进行了合理的分担，所以实行工程量清单计价时，招标人承担工程量变化造成的风险，而投标人承担由于价格波动造成的风险。

预算定额长期以来是我国承发包计价定额的依据，为适应建筑市场改革的要求，国家针对工程预算定额编制和使用中存在的问题，提出了“控制量、指导价、竞争费”的改革措施，实行量价分离，以保证工程质量，使价格逐步走向市场化，这一改革措施的推出，迈出了对传统定额改革的第一步。但随着建筑市场化进程的发展，这种做法也暴露出一些问题。一是工程预算定额编制中，国家指令性内容多，如各地区的单位估价表、固定的费用定额、有权部门公布的调价文件等。二是招投标竞争定价和评审中标价时，无法确定出合理低标价，不能充分体现公平竞争的原则。因此，跳出传统的工程预算定额编制，以及预算计价方式的模式，编制适应于工程量计算计价办法的新的计价规律是十分必要的。

在建设工程招投标中，实行工程量清单计价是规范建筑市场秩序的治本措施之一。工程造价是工程建设的核心内容，也是建设市场运行的核心内容。建筑市场上存在的许多不规范行为，大多与工程造价有直接的联系，特别是在工程招标投标中，无论是招标人编制的标底，还是投标人的投标报价，都是围绕着“工程造价”在做数字“游戏”。评标时，不是经过全面的询价、评审，而是接近标底者中标，这就造成了投标企业不是将主要精力放在提高经营管理水平，努力降低个别成本上，而是拼命在“追标底”，既浪费人力、物力和财力，又要使招投标失去了公平竞争的意义。采用工程量清单报价，合理低价中标，就淡化了标底的作用，有利于发挥企业自主报价的能力，同时，也有利于规范业主在工程招标中计价行为。

推行工程量清单计价是与国际接轨的需要。我国目前在世界上具有广阔的建筑市场，每年固定资产投资在亿元以上。入世后，国内建筑企业可以走出国门参与国际承包，国外建筑企业也进入我国建筑市场，这就使得我国建筑企业面临着严峻的挑战。我国建筑企业与国外相比有许多方面的劣势，如管理水平低、竞争能力差、抗风险能力弱等，要缩短与国外建筑企业的差距，就是要提高企业高科技水平，由劳动密集型向资金、信息、技术、管理密集型转化，而工程量清单计价正是目前国际上通行的做法。推行这一计价办法，使我国的计价依据逐步与国际惯例接轨，有利于提高国内建设各方主体参与国际化竞争能力，有利于提高工程建设管理水平，促进国内建筑企业向高素质、高水平、科学管理的方向发展。

总之，在建设工程招投标中推行工程量清单计价与以往定额加取费的计价模式相比有以下几个特点。工程量清单反映了工程的实物消耗和有关费用，易于结合工程的具体情况进行计价，更能反映工程的个别成本和实际成本。工程量清单作为招标文件的组成部分，针对目前业主在招标中盲目压价和结算无依据的状况，可以避免工程招标中的弄虚作假、暗箱操作等不规范的招标行为。建筑企业通过采用工程量清单计价，有利于企业编制自己的企业定额，从而改变现有定额中束缚企业自主报价的状况。工程量清单计价方法可以加强工程实施阶段结算与合同价的管理，在工程变更、工程款支付与结算方面的规范管理将起到积极的作用。

二、清单计价规范的适用范围

工程量清单计价规范，主要适用于全部使用国有资金投资或国有投资为主的大中型建设工程以及依法应该招标的工程。只要采用了工程量清单进行招标，不论其资金来源是国有资金、国外资金、贷款、援助资金或私人资金，都必须遵守工程量清单计价规范的规定。

三、工程量清单计价的基本原则

工程量清单计价主要适用于建设工程招标与投标活动；要求招标人提供工程量清单并承担清单工程量的风险；投标人在满足招标文件的前提下，根据企业定额或参照建设行政主管部门发布的消耗量定额，人工、材料、机械消耗量，价格费用自定，市场形成价格。作为一位监理工程师，工程量清单计价的基本原则一定要非常清楚、明白，对于自己所监理的工程，首先要弄清是否采用了工程量清单进行招标，如果采用了工程量清单进行招标，就可以按照工程量清单计价的要求，对与工程造价有关的所有事务进行处理。

四、清单计价规范的特点和组成

1. 清单计价规范的特点

工程量清单计价规范的主要特点有强制性、统一性、竞争性、实用性和通用性五个。

所谓强制性是指凡是规范中黑体字标识的条文为强制性条文，必须严格执行。主要是指工程量清单计价规范的适用范围。工程量清单计价规范规定，全部使用国有投资或国有投资为主的大中型建设项目或需要招标的其他项目，必须采用工程量清单计价方式。

所谓统一性是指工程量清单编制过程中应该遵循的四个统一：即统一的项目编码、统一的项目名称、统一的计量单位和统一的工程量计算规则。如果加上统一的标准格式，可以说是五个统一。

所谓竞争性是指工程量清单中人工、材料、机械的消耗量和单价由企业根据企业定额和市场价格信息，参照建设主管部门发布的社会平均消耗量定额进行报价。

所谓实用性是指计价规范中项目名称明确清晰，工程量计算规则简洁明了，列有项目特征和工作内容，便于确定工程造价。

所谓通用性是指工程量清单计价与国际惯例接轨，符合工程量计算方法标准化，工程量计算规则统一化、工程造价确定市场要求。

2. 清单计价规范的组成

《建设工程工程量清单计价规范》GB 50500—2003，自 2003 年 2 月 17 日颁布后并于同年 7 月 1 日正式实施。2005 年 2 月 27 日，建设部通过了对工程量清单计价规范进行局部修订的意见，增加了矿山工程工程量清单项目划分，并于 2005 年 6 月 1 日起实施。之后又进行了修订并将 2005 年局部修订的矿山工程一并纳入，以《建设工程工程量清单计价规范》GB 50500—2008 由中华人民共和国住房和城乡建设部与中华人民共和国国家质量监督检验检疫总局于 2008 年 7 月 9 日联合发布，自 2008 年 12 月 1 日起实施，GB 50500—2003 同时废止。

《建设工程工程量清单计价规范》GB 50500—2008 由总则、术语、工程量清单编制、工程量清单计价及其计价表格五个章节和六个附录组成。这六个附录如下：

附录 A 为建筑工程工程量清单项目及计算规则，适用于工业与民用建筑物和构筑物工程。

附录 B 为装饰装修工程工程量清单项目及计算规则，适用于工业与民用建筑物和构筑物的装饰装修工程。

附录 C 为安装工程工程量清单项目及计算规则，适用于工业与民用安装工程。

附录 D 为市政工程工程量清单项目及计算规则，适用于城市市政建设工程。

附录 E 为园林绿化工程工程量清单项目及计算规则，适用于园林绿化工程。

附录 F 为矿山工程工程量清单项目及计算规则，适用于矿山建设工程。

由于目前新的规范还未实施，所以下面将新旧规范的有些内容进行对比介绍。

第三节　工程量清单及其计价

一、分部分项工程量清单

分部分项工程量清单应包括项目编码、项目名称、项目特征、计量单位和工程数量。

分部分项工程量清单应根据附录中规定的统一项目编码、项目名称、项目特征、计量单位和工程量计算规则进行编制。《建设工程工程量清单计价规范》GB 50500—2008 中分部分项工程量清单概况如表 1 - 1 所示。

分部分项工程量清单概况表 表 1 - 1

附录名称	专业名称	分部工程	节	分项工程
附录 A	建筑工程	8	45	178
附录 B	装饰与装修工程	6	47	215
附录 C	安装工程	13	125	1090
附录 D	市政工程	8	38	432
附录 E	园林绿化工程	3	12	87
附录 F	矿山工程	2	19	134

分部分项工程量清单的项目编码，采用十二位阿拉伯数字表示。一至九位为统一编码，其中，一、二位为附录顺序码，三、四位为专业工程顺序码，五、六位为分部工程顺序码，七、八、九位为分项工程项目名称顺序码，十至十二位为清单项目名称顺序码。一至九位应按附录中的规定设置；十至十二位应根据拟建工程的工程量清单项目名称由其编制人设置，并应自 001 起顺序编制，同一招标工程的项目编码不得有重码。

1）分部分项工程量清单的项目名称应按附录中规定的项目名称并结合拟建工程的实际确定。

2）分部分项工程量清单的计量单位应按附录中规定的计量单位确定。

3）分部分项工程量清单的项目特征应按附录中规定的项目特征，结合拟建工程项目的实际予以描述。

4）分部分期工程量清单中所列的工程量附录中规定的工程量计算规则进行计算。工程量的有效位数应遵守下列规定：

（1）以 T 为单位，应保留三位小数，第四位小数四舍五入；

（2）以 m^3，m^2，m，kg 为单位，应保留两位小数，第三位小数四舍五入；

（3）以个、项为单位，应取整数。

5）编制工程量清单，出现附录中未包括的项目，编制人可作相应补充，并应报省或行业工程造价管理机构备案，省级或行业工程造价管理机构应汇总报住房和城乡建设部标准定额研究所。

补充项目的编码由附录的顺序码与 B 和三位阿拉伯数字组成，并应从×B001 起顺序编制，同一招标工程的项目不得重码。工程量清单中需附有补充项目的名称、项目特征、计量单位、工程量计算规则和工程内容。

分部分项工程量清单项目的划分见附录 17 有关章节。

二、工程量清单计价和综合单价调整

监理工程师在处理工程变更、工程洽商以及由各种原因引起的索赔事件时，几乎均与综合单价的调整有关，所以如果能够做到合理的处理各种索赔，就必须对清单项目的综合单价的构成有一个清晰的认识。

1. 综合单价的构成

工程量清单计价采用综合单价计价，综合单价应由完成一个规定计量单位工程所需的全部费用组成。工程量清单分为全费用综合单价和部分费用综合单价。其中全费用综合单价包括人工费、材料费、机械使用费、管理费、规费、利润和税金等，并考虑风险费用。部分费用综合单价是指我国工程量清单计价规范中规定的综合单价，由人工费、材料费、机械使用费、管理费和利润组成，并考虑相应的风险因素费用。

人工费指直接完成工程量清单中各个分项工程施工的生产工人开支的各项费用。

材料费指施工过程中耗用的构成工程实体的各种材料费用的总和。

施工机械使用费指使用施工机械作业所发生的机械使用费。

管理费指投标企业为组织施工生产经营活动所发生的管理费用。

利润指按企业经营管理水平和市场的竞争能力，完成工程量清单中各个分项工程应获得并计入清单项目中的利润。

风险费用指投标企业在确定综合单价时，客观上产生的不可避免误差以及在施工过程中遇到的施工现场条件复杂，恶劣的自然条件，施工中意外事故，物价暴涨以及其他风险因素所发生的费用。

考虑到我国的实际情况，工程量清单计价规范规定，工程量清单的综合单价的计价方式除适用于分部分项工程量外，还可以适用于措施项目清单和其他项目清单工程量。甲方供料应计入投标报价中，并在综合单价中体现。

2. 综合单价的调整

关于综合单价的调整，目前在江苏省内执行的是苏建价［2005］593号，《关于工程量清单计价施工合同价款确定与调整的指导意见》。

苏建价［2005］593号文规定，实行工程量清单招标的工程应当采用固定单价合同，以体现风险共担的原则。承、发包双方必须在合同专用条款中约定风险范围和风险费用的计算方法，并约定超出风险范围时的综合单价调整办法，具体调整办法可按下述原则执行：

1）主要材料价格涨跌超出有经验的承包商可预见的范围时，材料单价可以调整。调整方法为：在按合同约定支付工程款时，若工程所在地造价管理部门发布的材料指导价上涨超过开标时材料指导价的10％，10％以内部分由承包人承担，10％以外部分由发包人承担；若工程所在地造价管理部门发布的材料指导价下跌超过开标时材料指导价的5％，5％以内部分由承包人受益，5％以外部分由发包人受益。

2）分部分项单项工程量变更超过15％，并且该项分部分项工程费超过分部分项工程量清单计价合计1％的，增加部分的工程量或减少后剩余部分的工程量的综合单价由承包人提出，经发包人确认后，作为结算的依据。

三、措施项目清单及其计价

1. 措施项目清单

措施项目是指为完成工程项目施工，发生于该工程施工前和施工过程中技术、生活、安全等方面的非工程实体项目。新旧规范规定的的措施项目如表1-2所示。

措施项目一览表　　表1-2

序号	项目名称	
	GB 50500—2003	GB 50500—2008
1	通用项目	
1.1	环境保护	安全文明施工（含环境保护、文明施工、安全施工、临时设施）
1.2	文明施工	夜间施工
1.3	安全施工	二次搬运
1.4	临时设施	大型机械设备进出场及安拆
1.5	夜间施工	地上、地下设施，建筑物的临时保护设施
1.6	二次搬运	冬雨期施工
1.7	大型机械设备进出场及安拆	已完工程及设备保护
1.8	混凝土、钢筋混凝土模板及支架	施工降水
1.9	脚手架	施工排水
1.10	已完工程及设备保护	
1.11	施工排水、降水	
2	建筑工程	
2.1	垂直运输机械	垂直运输机械
2.2		混凝土、钢筋混凝土模板及支架
2.3		脚手架
3	装饰装修工程	
3.1	垂直运输机械	脚手架
3.2	室内空气污染测试	垂直运输机械
3.3		室内空气污染测试
4	安装工程	
4.1	组装平台	同左
4.2	设备、管道施工的安全、防冻和焊接保护措施	
4.3	压力容器和高压管道的检验	
4.4	焦炉施工大棚	
4.5	焦炉烘炉、热态工程	
4.6	管道安装后的充气保护措施	
4.7	隧道内施工的通风、供水、供气、供电、照明及通信设施	
4.8	现场施工围栏	
4.9	长输管道临时水工保护设施	
4.10	长输管道施工便道	
4.11	长输管道跨越或穿越施工措施	
4.12	长输管道地下穿越地上建筑物的保护措施	
4.13	长输管道工程施工队伍调遣	
4.14	格架式抱杆	

续表

序号	项目名称	
	GB 50500—2003	GB 50500—2008
5	市政工程	
5.1	围堰	围堰
5.2	筑岛	筑岛
5.3	现场施工围栏	便道
5.4	便道	便桥
5.5	便桥	脚手架
5.6	洞内施工的通风、供水、供气、供电、照明及通信设施	洞内施工的通风、供水、供气、供电、照明及通信设施
5.7	驳岸块石清理	驳岸块石清理
5.8		地下管线交叉处理
5.9		行车行人干扰增加
5.10		轨道交通工程路桥、市政基础设施施工监测、监护、保护
6	矿山工程	
6.1	特殊安全技术措施	同左
6.2	前期上山道路	
6.3	作业平台	
6.4	防洪工程	
6.5	凿井措施	
6.6	临时支护措施	

措施项目中可以计算工程量的项目清单宜采用分部分期工程量清单的方式编制，列出项目编码、项目名称、项目特征、计量单位和工程量计算规则；不能计算工程量的项目清单，以项为计量单位。

措施项目清单应根据拟建工程的具体情况，参照表 1 - 2 列项，出现表中未列的项目时，编制人可作补充。

2. 措施项目清单计价

在表 1 - 2 中所列的项目，文明施工费属于不可竞争性费用，应该按照相关规定进行计算。环境保护费应该根据工程类型、性质、工程内容和施工企业自身的情况进行报价，并满足环境保护部门的相关要求，目前各地没有统一的文件规定和取费标准，排污费用可以参照国务院令第 369 号，财政部、国家环保总局令第 17 号，国家计委、财政部、环保总局、经贸委第 31 号令，苏财建［2003］44 号，苏价费［2003］197 号，财综［2003］38 号，苏财综［2003］93 号，财建［2003］64 号，苏价费［2003］197 号，苏价费函［2003］144 号等文件。

根据苏建价［2005］349 号文件的规定，江苏省将现场安全文明施工措施费分为基本费、现场考评费和奖励费三部分。基本费为施工单位在施工过程中必须发生的安全文明措施的基本保障费用。现场考评费是指施工单位执行有关安全文明施工规定，经考评组织现场核查打分和动态评价获取的安全文明措施增加费。奖励费是指施工单位根据与建设单位的约定，加大投入，加强管理，创建省、市级文明工地的奖励费。现场安全文明施工措施费以分部分项工程费为计费基础，结算时按审定的分部分项工程工程费进行调整。

苏建价［2005］349号文件还规定，对安全防护、文明施工有特殊要求和危险性较大的工程，需增加现场安全文明施工措施及方案论证、审查等费用的，由施工单位在措施费中单独计取。

监理工程师在签发工程款支付证书时要注意，对于现场安全文明施工措施费，开工前建设单位是否已经按照规定支付了基本费且不少于60%；在工程进度款的支付审核中还要看一下是否包括此项费用，竣工前是否已经将基本费全部付清。关于现场考评费的支付，一定要核查一下是否进行了现场考评，如果未进行现场考评或考评未达到相应标准，则此项费用不得支付。

根据中华人民共和国建设部建办［2005］89号文件规定，工程监理单位应当对施工单位落实安全防护、文明施工措施情况进行现场监理。对施工单位已经落实的安全防护、文明施工措施，总监理工程师或造价工程师应当及时审查并签认所发生的费用。监理单位发现施工单位未落实施工组织设计及专项施工方案中安全防护和文明施工措施的，有权责令立即整改；对施工单位拒不整改或未按期限要求整改的，工程监理单位应当及时向建设单位和建设行政主管部门报告，必要时责令其暂停施工。

其他项目是可以竞争的，投标人可以根据各自的具体情况，在报价时按照分部分项工程费用的一定百分比进行取费计算得到，有些项目也可以采用综合单价的形式报价。

在结算时，除合同特别约定外，不因工程量变更而调整。值得注意的是，根据苏建价［2005］593号文规定，当分部分项工程量清单项目发生工程量变更时，其措施项目费用中相应的模板、脚手架工程量应作适当调整。

四、其他项目清单及其计价

1. 其他项目清单

其他项目清单应根据拟建工程的具体情况，参照表1-3列项。

其他项目清单　　表1-3

序号	GB 50500—2003	GB 50500—2008
1	预留金	暂列金额
2	材料购置费	暂估价（包括材料暂估价、专业工程暂估价）
3	总承包服务费	总承包服务费
4	零星工作项目费	计日工

GB 50500—2003中的预留金是指招标人为可能发生的工程量变更而预留的金额。材料采购费是指在招标文件中规定的由招标人采购的拟建工程材料费。总承包服务费是指为配合协调招标人进行的工程分包和材料采购所需的费用。零星工作项目费是指为完成招标人提出的，工程量暂估的零星工作所需的费用，此处的分包是指国家有关法律法规规定允

许分包的工程。零星工作项目表应根据拟建工程的具体情况，详细列出人工、材料、机械的名称、计量单位和相应数量，并随工程量清单发至投标人。

GB 50500—2008 中的暂列金额由预留金更名而来；计日工由零星工作项目费更名而来。暂估价代替了材料购置费，总承包服务费在规范中进行了重新定义。各项费用的含义如下：

暂列金额是指招标人在工程量清单中暂列并包括在合同价款中的一笔款项。用于施工合同签订时尚未确定或者不可预见的所需材料、设备、服务的采购，施工中可能发生的工程变更、合同约定调整因素出现时的工程价款调整以及发生的索赔、现场签证确认等的费用。

暂估价是在工程量清单中提供的用于支付必然发生的但暂时不能确定价格的材料的单价以及专业工程的金额。

计日工是指施工过程中，完成发包人提出的施工图纸以外的零星项目或工作，按合同中约定的综合单价计价。

总承包服务费是承包人为配合协调发包人进行的工程分包、自行采购的材料、设备等进行管理、服务以及施工现场管理、竣工资料汇总整理等服务所需的费用。

编制其他项目清单，出现上述以外的项目，编制人可作补充。如江苏省将安全文明施工费分为三个部分，即基本费、现场考评费和奖励费，其中基本费按照基本费率计算后列入其他项目费的投标人部分，另外两项列入其他项目费的招标人部分。

值得注意的是，其他项目清单中除总承包服务费外的费用项目，均为估算、预测数量，虽在投标时列入投标人的报价中，但不应视为投标人所有。竣工结算时，应按承包人实际完成的工作内容结算，剩余部分仍归招标人所有。

2. 其他项目清单计价

由于工程建设标准的高低、工程复杂程度、工期的长短、工程的组成内容各不相同，且这些因素直接影响到其他项目清单中的具体内容，在施工前难以预料在施工过程中会发生什么变更。所以招标人将这部分费用以其他项目费的形式列出，由投标人按规定组价，包括在总价内。其他项目费中招标人部分是不可竞争性费用，要求投标人按招标人提出的数量和金额列入报价，不允许投标人对价格进行调整。而投标人部分是可竞争性费用，名称数量由招标人提供，价格由投标人自行确定。计价规范中提到的四种其他项目费用，对招标人来说只是参考，可以补充，但对投标人是不能补充的，必须按照招标人提供的工程量确定执行。

暂列金额的计算应根据设计文件的深度、设计质量的高低、拟建工程的成熟程度以及工程风险的性质来确定其额度。

全部使用国有资金投资或以国有资金投资为主的招投标工程，建设单位拟单独发包专业性较强的分部分项工程时，不得以独立费或预留金的形式将单独发包项目的费用列入主体工程招标文件的工程量清单中，而应与专业工程承包人单独签定施工合同；属于强制招标范围内的专业工程，根据《江苏省工程建设项目招标范围和规模标准规定》（苏政发［2004］48 号文），必须依法进行招投标。需要主体工程承包人配合的，建设单位应在主体工程的招标文件中列明拟单独发包工程的名称、工作内容，对主体工程承包人提出配合要求；主体工程投标人应在投标文件中对配合内容作出承诺，并在其他费用的投标人部分列出子目，明确总承包服务费的组成和具体金额。

暂列金额的支付与否、支付额度以及用途，都必须通过监理工程师的批准。

总承包服务费是指当招标人（建设单位）要求分包部分工程时，作为总包单位的投标人可根据分包工程的情况和招标人的要求在投标人费用部分填报总承包服务费，该费用根据双方约定可包括总分包管理费和配合费。其中总分包管理费是指施工过程中，总包单位对分包工程和分包单位实施管理而发生的费用，包括对分包工程的进度安排、施工现场管理协调、竣工资料的汇总整理等；配合费是指施工过程中，分包单位使用总包单位的现有设施所需支付的费用，该费用可包括分包单位使用总包单位现有的脚手架、垂直运输设备、临时水电管线及总包和分包约定的其他费用等。当约定配合费由分包单位直接支付给总包单位时，应不包含在招标人支付的总承包服务费中。

零星工作项目表或计日工表应详细列出人工、材料、机械的名称和消耗量。人工应按工种列项，材料和机械应按型号和规格列项。零星工作项目表或计日工表中的工料机计量，要根据工程的复杂程度、工程设计质量的优劣以及工程项目设计的成熟程度等因素来确定其数量。

五、规费项目、税金项目清单及计价

1. 规费的内容及计算

规费是指政府和有权部门规定必须缴纳的费用。根据建标［2003］206号的规定，规费包括以下五方面的内容：

1）工程排污费。

2）工程定额测定费。

3）社会保障费，包括养老保险费、失业保险费、医疗保险费。

4）住房公积金。

5）危险作业意外伤害保险费。

在江苏省建筑与装饰计价表中规定的规费包括定额测定费、安全生产监督费、建筑管理费和劳动保险费，其中建筑管理费2006年起停止征收。

规费的计算比较简单，它等于计算基数与规费费率的乘积。计算基数可以是人工费，也可以是人工费与机械费之和。具体计算时一般按照有关部门规定的计算公式和费率标准进行计算，详见第二章第一节中工程造价计算程序。

2. 税金的内容及计算

税金是税法规定必须计入建筑安装工程费中的营业税、城乡维护建设税和教育费附加。税法中规定的税率及计算基数如下：营业税以含税造价为计算基数，税率为3％；城市维护建设税以营业税为计算基数，税率的取值与纳税人所在地有关，纳税人在市区的为7％，在县城或城镇的为5％，在农村的为1％；教育费附加以营业税为计算基数，费率为3％。为了简化计算，根据税法的规定推导出的以不含税造价为计算基数的综合税率如下：纳税人在市区的税率为3.41％，在县城或城镇的为3.35％，在农村的为3.22％。

第四节　工程量清单计价表格

一、计价表格的组成

GB 50500—2003 规定，工程量清单应采用统一格式并由封面、填表须知、总说明、分部分项工程量清单、措施项目清单、其他项目清单、零星工作项目表组成。工程量清单的格式见附录 1。工程量清单计价应采用统一格式。工程量清单计价格式应随招标文件发至投标人。工程量清单计价格式应由封面、投标总价、工程项目总价表、单项工程费汇总表、单位工程费汇总表、分部分项工程量清单计价表、措施项目清单计价表、其他项目清单计价表、零星工作项目计价表、分部分项工程量清单综合单价分析表、措施项目费分析表、主要材料价格表组成。工程量清单计价表的格式见附录 2。

GB 50500—2008 规定，工程量清单计价表由封面、总说明、汇总表、分部分期工程量清单表、措施项目清单表、其他项目清单表、规费、税金项目清单表、工程款支付申请表八大类，共计 26 张表。其中：封面类 4 张；总说明类一张；汇总表类 6 张；分部分项工程量清单表 2 张；措施项目清单表 2 张；其他项目清单表 9 张；规费、税金项目清单与计价表 1 张；工程款支付申请表 1 张。

其中涉及工程量清单编制的表格有：

工程量清单封面：封—1

总说明：表—01

分部分项工程量清单与计价表：表—08

工程量清单综合单价分析表：表—09

措施项目清单与计价表：表—10，表—11

其他项目清单与计价表汇总表：表—12

暂列金额明细表：表—12—1

材料暂估单价表：表—12—2

专业工程暂估价表：表—12—3

计日工表：表—12—4

总承包服务费计价表：表—12—5

规费、税金项目清单与计价表：表—13

以上各种表格的样式详见附录 3。其他表格详见 GB 50500—2008 第五章。

二、计价表格使用的规定

1）工程量清单与计价应采用统一格式。各省、自治区、直辖市建设行政主管部门和行业建设主管部门可根据本地区、本行业的实际情况，在本规范计价表格的基础上补充完善。

2）工程量清单的编制应符合下列规定：

（1）工程量清单编制使用表格包括：封—1，表—01，表—08，表—10，表—11，表—12（不含表—12—6～表—12—8）、表—13。

（2）封面应按规定的内容进行填写、签字、盖章，造价员编制的工程量清单应由负责审核的造价工程师签字、盖章。

（3）总说明应按下列内容填写：

① 工程概况，包括建设规模、工程特征、计划工期、施工现场与现场实际情况、自然地理条件、环境保护要求等。

② 工程招标和分包范围。

③ 工程量清单编制依据。

④ 工程质量、材料、施工等的特殊要求。

⑤ 其他需要说明的问题。

3）投标人应按招标文件的要求，附工程量清单综合单价分析表。

4）工程量清单计价格式中列明的所有需要填报的单价和合价，投标人均应填报，未填报的单价和合价，视为此项费用已包含在工程量清单的其他单价和合价中；金额（价格）均应以人民币表示。

第二章　江苏省建筑与装饰工程计价表

编制工程量清单，需要根据《建设工程工程量清单计价规范》GB 50500 进行编制，进行工程量清单计价时需要根据各个企业的企业定额，鉴于目前我省大部分建筑业企业还未编制适合于本企业的企业定额，所以江苏省定额总站，在 2001 年颁布实行的《江苏省建筑工程综合预算定额》和《江苏省建筑工程单位估价表》的基础上，结合工程量清单计价规范的要求以及我省的实际情况，编制了《江苏省建筑与装饰工程计价表》(2004 版)。

第一节　预算定额、单位估价表与计价表

一、基本概念

1. 预算定额的概念

预算定额是反映在一定的劳动组织和合理使用材料和机械的条件下，完成单位合格产品所需要的人工、材料、机械台班和资金消耗量的数量标准。

2. 单位估价表的概念

单位估价表是在预算定额的基础上，根据预算定额中的人工、材料和机械台班的消耗量，分别乘以各自的预算价格后而得到的人工、材料和机械使用费之和。

3. 计价表的概念

随着工程量清单计价规范的颁布与实施，原有的预算定额或单位估价表，在内容上已经不能满足计价规范的要求，必须根据计价规范的要求，对原预算定额或单位估价表中的内容作出调整，但调整后与原预算定额或单位估价表所包含的内容有较大差异，为了与清单计价规范的提法相一致，更名为“计价表”。

所谓计价表，是指在正常的施工条件下，完成一定计量单位的某种工程类别的合格产品（施工过程或施工工序）所需要消耗的人工、材料、机械台班消耗量以及人工费、材料费、施工机械使用费、管理费和利润的标准。

由此可见，计价表是由原预算定额或单位估价表转化而来的。在我国长期实行计划经济的条件下，预算定额中也包括价值消耗，且这个价值消耗与单位估价表中的价值消耗量相同。所以在某种意义上，我国的预算定额和单位估价表是一致的。它是确定单位分项工程或结构构件单价的基础，它体现了国家、建设单位和施工企业之间的一种经济关系。

在计划经济体制下，预算定额或单位估价表是国家或地方颁布的指令性文件，而在市场经济条件下，预算定额或单位估价表以及计价表均为指导性文件。

4. 计价表与定额的区别及联系

我国从建国以来，工程项目的计价定价都是以工程预算定额为依据，但随着工程量清

单计价规范的颁布实施，开始使用工程量清单计价的方式，逐步与国际惯例接轨。

预算定额基价由人工费、材料费和机械使用费构成，其中材料费中包括周转材料的摊销费用。为了适应工程量清单计价的方式，原来的预算定额或单位估价表也相应地发生了一些变化。结合工程量清单计价规范中分部分项工程项目的划分，以原预算定额为基础，对实体项目和措施项目的费用构成进行了统一，均由人工费、材料费、施工机械使用费、管理费和利润五项费用构成。对于实体项目只列出构成工程实体的材料消耗和相应的费用，对于措施项目则只列出材料的摊销量和相应的费用。计价表与预算定额之间的区别如表 2 - 1 所示。

计价表与预算定额的区别　　表 2 - 1

内　容	定额项目	计价表项目
单　价　名　称	定额基价	综合单价
材料消耗量	既有实体消耗量，也有摊销量	对于实体项目只有构成工程实体的消耗量，对于措施项目则只有摊销量
单　价　构　成	人工费、材料费、机械费	人工费、材料费、机械费、管理费、利润

二、计价表的适用范围及总说明

江苏省建筑与装饰计价表适用于江苏省行政区域范围内一般工业与民用建筑的新建、扩建、改建工程，不适用于修缮工程。全部使用国有资金或国有资金投资为主的建筑与装饰工程应执行本计价表；其他形式投资的建筑与装饰工程可参照使用本计价表；当施工合同约定按本计价表规定计价时，应遵守本计价表的相关规定。

本计价表可以作为编制工程标底、招标工程结算审核的指导；可以作为一般工程（依法不招标工程）编制与审核工程预结算的依据；可以作为工程投标报价、企业内部核算、制定企业定额的参考；可以作为编制概算定额的依据；可以作为建设行政主管部门调解工程造价纠纷、合理确定工程造价的依据。

计价表中的综合单价由人工费、材料费、机械费、管理费和利润等五项费用构成。一般建筑工程、单独打桩与制作兼打桩项目的管理费与利润，已经按照三类工程标准计入综合单价内；一、二类工程的单独装饰工程应该根据《江苏省建筑与装饰工程费用计算规则》规定，对管理费和利润进行调整后计入综合单价内。计价表项目中带括号的材料价格供选用，不包括在综合单价内。部分计价表项目在引用了其他项目综合单价时，引用项目的综合单价列入材料费一栏，但其五项费用数据在项目汇总时已经作了拆解分析，使用中应该注意。

计价表项目中的工作内容均包括完成该项目全部工序以及施工过程中所需的人工、材料、半成品和机械台班数量。除计价表中规定允许调整外，其余不得因具体工程的施工组织设计、施工方法和工、料、机等耗用与计价表不同而调整计价表用量。

本计价表中所指的建筑物檐高是指设计室外地坪至檐口的高度，檐口的高度可以按照以下情况来确定：

坡（瓦）屋面按檐墙中心线处屋面板面或椽子上表面的高度计算；平屋面以檐墙中心线处平屋面的板面高度计算；屋面女儿墙、电梯间、楼梯间、水箱等高度不计入。

本计价表的装饰项目是按照一般装饰工程中档水准编制的，当设计为三星及三星级以上宾馆、总统套房、展览馆及公共建筑等对其装修有特殊设计要求和较高艺术造型的装饰工程时，应适当补贴人工，补贴标准由承发包双方在合同中约定。家庭室内装修也执行本计价表，但人工乘以系数1.15。人工工资标准的变迁如表2-2所示。

人工工资标准变迁表　　元/工日　　表2-2

<table>
<tr><th>项　目</th><th>专　业</th><th>人工类别</th><th colspan="4">日工资标准</th></tr>
<tr><td>文　号</td><td></td><td></td><td>苏建定［2003］373</td><td>苏建定［2005］65</td><td>苏建价［2006］276</td><td>苏建价［2008］66</td></tr>
<tr><td>实施时间</td><td></td><td></td><td></td><td>2005.4.1</td><td>2006.8.1</td><td>2008.4.1</td></tr>
<tr><td rowspan="4">包工包料</td><td rowspan="3">建筑与装饰工程</td><td>Ⅰ类工</td><td>28</td><td>32</td><td>40</td><td>47</td></tr>
<tr><td>Ⅱ类工</td><td>26</td><td>30</td><td>37</td><td>44</td></tr>
<tr><td>Ⅲ类工</td><td>24</td><td>27</td><td>34</td><td>41</td></tr>
<tr><td>单独装饰工程</td><td></td><td>30～45</td><td>35～50</td><td>45～58</td><td>54～70</td></tr>
<tr><td rowspan="2">包工不包料</td><td>建筑与装饰工程</td><td></td><td></td><td>39</td><td>48</td><td>58</td></tr>
<tr><td>单独装饰工程</td><td></td><td></td><td>46～61</td><td>57～72</td><td>69～86</td></tr>
<tr><td rowspan="2">点　工</td><td>建筑与装饰工程</td><td></td><td></td><td>33</td><td>40</td><td>48</td></tr>
<tr><td>单独装饰工程</td><td></td><td></td><td>40</td><td>50</td><td>60</td></tr>
</table>

本计价表中的混凝土是以现场搅拌常用的强度等级列入项目，实际使用现场集中搅拌混凝土时综合单价应调整。本计价表按C25以下的混凝土以32.5级水泥、C25以上的混凝土以42.5级水泥、砌筑砂浆和抹灰砂浆以32.5级水泥的配合比列入综合单价；混凝土实际使用水泥级别与计价表不符，竣工结算时以实际使用的水泥级别按配合比的规定进行调整；砌筑砂浆使用水泥级别与计价表不符，水泥用量不调整，价差应调整。本计价表中各章项目综合单价的混凝土、砂浆等级，设计与计价表不符时可以调整。抹灰砂浆厚度、配合比与计价表不符时，除各章已有规定外，一律不得调整。

使用本计价表时，凡建设单位供应的材料，其税金的计算基础按照税务部门的有关规定执行。建设单位完成了采购和运输并将材料运到工地仓库交施工单位保管的，施工单位退价时应按附录中材料预算价格除以1.01退给建设单位；凡甲供木材中板材（25mm厚以内）到现场退价时，按计价表分析用量和每立方米预算价格除以1.01再减去49元后的单价退给甲方。

本计价表中的垂直运输费已包含了单位工程在经本省调整后的国家定额工期内完成全部工程项目所需要的垂直运输机械台班费用。凡檐高在3.6m以内的平房、围墙、层高在3.6m以内单独施工的一层地下室工程，不得计取垂直运输机械费用。

本计价表中除脚手架、垂直运输费用定额已经注明适用高度外，其余章节均按檐高在20m以内编制的。超过20m时建筑工程另按建筑物超高费用定额计取超高增加费，单独装饰工程则另外计取超高人工降效费。

本计价表中模板、钢筋含量表供参考使用。按设计图纸计算模板接触面积或使用混凝土含模量折算模板面积，同一工程两种方法仅能用其中一种，不得混用。竣工结算时，使用含模量者，模板面积不得调整；使用含钢量者，钢筋应按设计图纸计算的重量进行调整。

本计价表中的项目同时使用两个或两个以上的系数时，采用连乘的方法进行计算。

计价表中凡注有“在×××以内”均包含“×××”本身，“在×××以上”均不包含其本身。

三、工程造价计算程序

江苏省建筑、装饰、安装工程造价计价程序，分为包工包料和包工不包料两种，如表2-3和表2-4所示。机械施工大型土石方、单独基础打桩工程造价计算程序同建筑与装饰工程造价计价程序（包工包料）。

江苏省建筑、装饰、安装工程计价程序（包工包料） **表2-3**

<table>
<tr><th>序号</th><th colspan="2">费用名称</th><th>计算公式</th><th>备注</th></tr>
<tr><td rowspan="6">一</td><td colspan="2">分部分项工程量清单费用</td><td>综合单价×工程量</td><td rowspan="6">按计价表</td></tr>
<tr><td rowspan="5">其中</td><td>1. 人工费</td><td>计价表中人工消耗量×人工单价</td></tr>
<tr><td>2. 材料费</td><td>计价表中材料消耗量×材料单价</td></tr>
<tr><td>3. 机械费</td><td>计价表中机械消耗量×机械单价</td></tr>
<tr><td>4. 管理费</td><td>建筑、装饰（1+3）×费率
安装工程：（1）×费率</td></tr>
<tr><td>5. 利润</td><td>建筑、装饰（1+3）×费率
安装工程：（1）×费率</td></tr>
<tr><td>二</td><td colspan="2">措施项目清单费用</td><td>分部分项工程费×费率
或综合单价×工程量</td><td>按计价表或费用计算规则</td></tr>
<tr><td>三</td><td colspan="2">其他项目费用</td><td></td><td>双方约定</td></tr>
<tr><td rowspan="5">四</td><td colspan="2">规费</td><td></td><td></td></tr>
<tr><td rowspan="4">其中</td><td>1. 工程定额测定费</td><td rowspan="4">（一+二+三）×费率</td><td></td></tr>
<tr><td>2. 安全生产监督费</td><td>按规定计取</td></tr>
<tr><td>3. 建筑管理费</td><td>按规定计取</td></tr>
<tr><td>4. 劳动保险费</td><td>按规定计取</td></tr>
<tr><td>五</td><td colspan="2">税　金</td><td>（一+二+三+四）×费率</td><td>按各市规定计取</td></tr>
<tr><td>六</td><td colspan="2">工程造价</td><td>一+二+三+四+五</td><td></td></tr>
</table>

江苏省建筑、装饰、安装工程计价程序（包工不包料） **表2-4**

<table>
<tr><th>序号</th><th colspan="2">费用名称</th><th>计算公式</th><th>备注</th></tr>
<tr><td>一</td><td colspan="2">分部分项工程量清单费用</td><td>计价表人工消耗量×日工资单价</td><td>按计价表</td></tr>
<tr><td>二</td><td colspan="2">措施项目清单费用</td><td>（一）×费率或按计价表</td><td>按计价表或费用计算规则</td></tr>
<tr><td>三</td><td colspan="2">其他项目费用</td><td></td><td>双方约定</td></tr>
<tr><td rowspan="4">四</td><td colspan="2">规费</td><td></td><td></td></tr>
<tr><td rowspan="3">其中</td><td>1. 工程定额测定费</td><td rowspan="3">（一+二+三）×费率</td><td rowspan="3">按规定计取</td></tr>
<tr><td>2. 安全生产监督费</td></tr>
<tr><td>3. 建筑管理费</td></tr>
<tr><td>五</td><td colspan="2">税　金</td><td>（一+二+三+四）×费率</td><td>按各市规定计取</td></tr>
<tr><td>六</td><td colspan="2">工程造价</td><td>一+二+三+四+五</td><td></td></tr>
</table>

注：本表规费中未包括劳动保险费是因为包工不包料的劳动保险费已经包含在了人工工日单价中。

1. 措施项目费用的有关说明

在江苏省2004《计价表》中，检验试验费、赶工措施费和按质论价奖罚也被列入措施费项目。

根据苏建定［2004］414号文的规定，检验试验费按分部分项工程费为计取基数，建筑与装饰工程以及单独装饰工程的费率由0.4%调整为0.18%；安装工程和市政工程的费率由0.3%调整为0.15%。

根据苏建定［2003］373号文的规定，赶工措施费分为以下三种情况：对于住宅工程，要求工期比现行定额工期提前20%以内，按分部分项工程费的2%～3.5%计取；高层建筑工程，比现行定额工期提前25%以内，按分部分项工程费用的3%～4.5%计取；一般框架、工业厂房等其他工程，比现行定额工期提前20%以内，按分部分项工程费的2.5%～4%计取。

工程按质论价费由发承包双方在合同中约定。住宅工程：优良级增加分部分项工程费的1.5%～2.5%。一次、二次验收不合格的，除返工合格外，尚应按分部分项工程费的0.8%～1.2%扣罚工程款；一般工业与公用建筑工程：优良级增加分部分项工程费用的1%～2%，一次、二次验收不合格，除返工合格外，尚应按分部分项工程费的0.5%～1%扣罚工程款。

2. 其他项目费的说明

对于设计深度深，设计质量高、已经成熟的工程设计，一般预留工程总造价的3%～5%作为预留金。在初步设计阶段，工程设计不成熟的，最少要预留工程总造价的10%～15%作为预留金。

交钥匙工程的总承包服务费，可按工程造价的2%～3%计算，如果合同中有规定，则按合同规定计算。

零星工作项目或计日工费用，一般工程以人工计量为基础，按人工消耗总量的1%计取；材料消耗主要是辅助材料消耗，按不同专业工人消耗材料类别列项，按工人日消耗量计入；机械列项和计量，除考虑人工因素外，还要参考各单位机械消耗的种类，可按机械消耗总量的1%计取。

根据苏建价［2005］349号文件的规定，建设工程现场安全文明施工措施费为不可竞争费。在工程预算、投标报价或标底中应足额计取。其基本费用按规定标准列入其他项目费中投标人部分；现场考评费和奖励费以最高暂定费率列入其他项目费中招标人预留金部分。相应费用按附录3现场安全文明施工措施费费率表中规定的费率和计算基础分专业工程计取。

3. 规费项目的说明

规费中的工程定额测定费是根据江苏省物价局、财政厅苏价房［1999］13号、苏财综［1999］5号《关于工程定额编制管理费、劳动定额测定费合并为工程（劳动）定额测定费的通知》等文件的规定，工程定额测定费应按工程不含税造价的1‰收取。另外这项费用的收费依据还有价费字［1993］26号、财预［2000］127号、计价格［2001］585号、苏政办发［1998］137号、苏价服［2001］281号、苏财综［2001］145号。

安全生产监督费是按照《江苏省物价局、江苏省财政厅关于统一建筑施工安全监督管理费标准的通知》苏财综［2002］128号、苏价服［2002］328号，江苏省物价局、江苏省财政厅《关于降低建筑施工安全监督管理费的通知》苏价房［1997］479号、苏财综［1997］173号的规定，建筑工程安全生产监督费按建筑安装工程造价（不含设备）的0.6‰计取。这项费用的收费依据还有苏政发［1997］113号，苏价服函［2003］10号。

建筑管理费是根据省物价局、省财政厅关于统一规范建筑管理费的通知（苏财综［2003］32号、苏价服［2003］101号）文的规定，进行计算和收取的。2003年为工程结算收入的5‰，2004年为工程结算收入的4‰，2005年为工程结算收入的3‰，2006年予以取消。所以2006年起这项费用停止计取。另外，这项费用的收费依据还有苏财综［2002］197号、苏价费［2002］459号、苏价服［2003］213号、苏财综［2003］85号、苏建管财［2003］12号、苏价服［2003］257号、苏财综［2003］100号、苏价服［2003］385号、苏财综［2003］148号。

劳动保险费按各市规定计取。以徐州市为例，根据省建设厅苏建定［2004］29号《关于贯彻＜建设工程工程量清单计价规范＞有关问题的通知》的精神，实施工程量清单计价办法以后，徐州市劳保统筹费标准如下：建筑工程、制作兼打桩、机械施工大型土石方为2.96％，预制构件制作1.48％，构件吊装1.11％，打预制桩1.22％，安装工程1.8％，市政工程2.0％，以上费率的计算基础统一为不含税工程造价。

第二节　建筑面积计算规则

在工程监理工作中，尤其是在住宅项目的监理过程中，有时业主或用户会向监理工程师咨询每户的套内建筑面积是多少，这就要求监理工程师要掌握建筑面积的计算规则，有时用户还会问到套内建筑面积为什么与购买的建筑面积不同，这就需要监理人员掌握公摊面积的计算规则。由于目前执行的建筑面积计算规则是2006年1月1日起才执行，所以在这一节中作一简单介绍。

建筑面积计算在建筑工程造价管理方面起着非常重要的作用，是建筑房屋计算工程量的主要指标，是计算单位工程每平方米预算造价的主要依据，是统计部门汇总发布房屋建筑面积完成情况的基础。

我国的《建筑面积计算规则》是在20世纪70年代依据前苏联的做法结合我国的情况制订的，1982年国家经委基本建设办公室（82）经基设字58号印发了《建筑面积计算规则》是对20世纪70年代制订的《建筑面积计算规则》的修订。1995年建设部发布《全国统一建筑工程预算工程量计算规则》（土建工程GJDCZ－101－95），其中含“建筑面积计算规则”（以下简称“原面积计算规则”）。

目前，建设部和国家质量技术监督局颁发的《房产测量规范》的房产面积计算，以及《住宅设计规范》中有关面积的计算，均依据的是《建筑面积计算规则》。随着我国建筑市场发展，建筑的新结构、新材料、新技术、新的施工方法层出不穷，为了解决建筑技术的发展产生的面积计算问题，使建筑面积的计算更加科学合理，完善和统一建筑面积的计算范围和计算方法，对建筑市场发挥更大的作用，因此，对原《建筑面积计算规则》予以修订。

2005 年 10 月 18 日，建设部以第 326 号公告形式，由建设部和国家质量监督检验检疫总局联合发布了《建筑工程建筑面积计算规范》（GB/T 50353—2005）。本规范自 2006 年 1 月 1 日起在我省贯彻施行，现行《江苏省建筑与装饰工程计价表》[2004] 中的“建筑面积计算规则”同时停止使用。凡在 2006 年 1 月 1 日以后招标的工程或非招标未签订合同的工程，均按本规范执行。2006 年 1 月 1 日以前招标或已签订合同的工程则仍按《江苏省建筑与装饰工程计价表》[2004] 中的“建筑面积计算规则”执行。

一、计算建筑面积的范围

1）单层建筑物的建筑面积，应按其外墙勒脚以上结构外围水平面积计算。并应符合下列规定：

（1）单层建筑物高度在 2.20m 及以上者应计算全面积；高度不足 2.20m 者应计算 1/2 面积。

（2）利用坡屋顶内空间时，顶板下表面至楼面的净高超过 2.10m 的部位应计算全面积；净高在 1.20m 至 2.10m 的部位应计算 1/2 面积；净高不足 1.20m 的部位不应计算面积。

2）单层建筑物内设有局部楼层者，局部楼层的二层及以上楼层，有围护结构的应按其围护结构外围水平面积计算，无围护结构的应按其结构底板水平面积计算。层高在 2.20m 及以上者应计算全面积；层高不足 2.20m 者应计算 1/2 面积。

3）多层建筑物首层应按其外墙勒脚以上结构外围水平面积计算；二层及以上楼层应按其外墙结构外围水平面积计算。层高在 2.20m 及以上者应计算全面积；层高不足 2.20m 者应计算 1/2 面积。

4）多层建筑坡屋顶内和场馆看台下，当设计加以利用时净高超过 2.10m 的部位应计算全面积；净高在 1.20～2.10m 的部位应计算 1/2 面积；当设计不利用或室内净高不足 1.20m 时不应计算面积。

5）地下室、半地下室（车间、商店、车站、车库、仓库等），包括相应的有永久性顶盖的出入口，应按其外墙上口（不包括采光井、外墙防潮层及其保护墙）外边线所围水平面积计算。层高在 2.20m 及以上者应计算全面积；层高不足 2.20m 者应计算 1/2 面积。

6）坡地的建筑物吊脚架空层、深基础架空层，设计加以利用并有围护结构的，层高在 2.20m 及以上的部位应计算全面积；层高不足 2.20m 的部位应计算 1/2 面积。设计加以利用、无围护结构的建筑吊脚架空层，应按其利用部位水平面积的 1/2 计算；设计不利用的深基础架空层、坡地吊脚架空层、多层建筑坡屋顶内、场馆看台下的空间不应计算面积。

7）建筑物的门厅、大厅按一层计算建筑面积。门厅、大厅内设有回廊时，应按其结构底板水平面积计算。回廊层高在 2.20m 及以上者应计算全面积；层高不足 2.20m 者应计算 1/2 面积。

8）建筑物间有围护结构的架空走廊，应按其围护结构外围水平面积计算，层高在 2.20m 及以上者应计算全面积；层高不足 2.20m 者应计算 1/2 面积。有永久性顶盖无围护结构的应按其结构底板水平面积的 1/2 计算。

9）立体书库、立体仓库、立体车库，无结构层的应按一层计算，有结构层的应按其结构层面积分别计算。层高在 2.20m 及以上者应计算全面积；层高不足 2.20m 者应计算 1/2 面积。

10）有围护结构的舞台灯光控制室，应按其围护结构外围水平面积计算。层高在 2.20m 及以上者应计算全面积；层高不足 2.20m 者应计算 1/2 面积。

11）建筑物外有围护结构的落地橱窗、门斗、挑廊、走廊、檐廊，应按其围护结构外围水平面积计算。层高在 2.20m 及以上者应计算全面积；层高不足 2.20m 者应计算 1/2 面积。有永久性顶盖无围护结构的应按其结构底板水平面积的 1/2 计算。

12）有永久性顶盖无围护结构的场馆看台应按其顶盖水平投影面积的 1/2 计算。

13）建筑物顶部有围护结构的楼梯间、水箱间、电梯机房等，层高在 2.20m 及以上者应计算全面积；层高不足 2.20m 者应计算 1/2 面积。

14）设有围护结构不垂直于水平面而超出底板外沿的建筑物，应按其底板面的外围水平面积计算。层高在 2.20m 及以上者应计算全面积；层高不足 2.20m 者应计算 1/2 面积。

15）建筑物内的室内楼梯间、电梯井、观光电梯井、提物井、管道井、通风排气竖井、垃圾道、附墙烟囱应按建筑物的自然层计算。

16）雨篷结构的外边线至外墙结构外边线的宽度超过 2.10m 者，应按雨篷结构板的水平投影面积的 1/2 计算。

17）有永久性顶盖的室外楼梯，应按建筑物自然层的水平投影面积的 1/2 计算。

18）建筑物的阳台均应按其水平投影面积的 1/2 计算。

19）有永久性顶盖无围护结构的车棚、货棚、站台、加油站、收费站等，应按其顶盖水平投影面积的 1/2 计算。

20）高低联跨的建筑物，应以高跨结构外边线为界分别计算建筑面积；其高低跨内部连通时，其变形缝应计算在低跨面积内。

21）以幕墙作为围护结构的建筑物，应按幕墙外边线计算建筑面积。

22）建筑物外墙外侧有保温隔热层的，应按保温隔热层外边线计算建筑面积。

23）建筑物内的变形缝，应按其自然层合并在建筑物面积内计算。

二、不计算建筑面积的范围

1）建筑物通道（骑楼、过街楼的底层）。

2）建筑物内的设备管道夹层。

3）建筑物内分隔的单层房间，舞台及后台悬挂幕布、布景的天桥、挑台等。

4）屋顶水箱、花架、凉棚、露台、露天游泳池。

5）建筑物内的操作平台、上料平台、安装箱和罐体的平台。

6）勒脚、附墙柱、垛、台阶、墙面抹灰、装饰面、镶贴块料面层、装饰性幕墙、空调室外机搁板（箱）、飘窗、构件、配件、宽度在 2.10m 及以内的雨篷以及与建筑物内不相连通的装饰性阳台、挑廊。

7）无永久性顶盖的架空走廊、室外楼梯和用于检修、消防等的室外钢楼梯、爬梯。

8）自动扶梯、自动人行道。

9）独立烟囱、烟道、地沟、油（水）罐、气柜、水塔、贮油（水）池、贮仓、栈桥、地下人防通道、地铁隧道。

第三节　分部分项工程的划分

《江苏省建筑与装饰工程计价表》[2004] 的前十七章为工程实体项目，第十八章中的人工降效也为工程实体项目，属于工程量清单计价规范规定的分部分项工程量清单项目，在计价表中划分为土石方工程、打桩工程及基础垫层工程、砌筑工程、钢筋工程、混凝土工程、金属结构工程、构件运输与安装工程、木结构工程、屋面防水保温与隔热工程、防腐耐酸工程、厂区道路与排水工程、建筑物超高增加费用、楼地面工程、墙柱面工程、顶棚工程、门窗工程、油漆、涂料与裱糊工程、其他零星工程。

第四节　措施项目的划分

《江苏省建筑与装饰工程计价表》[2004] 第十八章中的临时垃圾管道摊销费及高压水泵台班费，第十九章至二十三章为工程措施项目，划分为脚手架工程、模板工程、施工排水降水、深基坑支护工程、垂直运输机械费、场内二次搬运费和其他零星工程。

第五节　工程类别及工程等级划分标准及其作用

一、工程类别划分的作用

由于工程项目的管理费和利润在计算时是按照不同的工程类别进行取费的，所以一个监理工程师，尤其是作为总监理工程师，必须要知道工程类别是如何进行划分的。这样才有利于审核工程取费是否正确，才能放心地在工程款支付申请表上签字。

工程类别的划分标准不但决定着费用项目的划分，而且决定着费率的大小，因此要求工程类别的划分要符合当前工程建设的实际情况。可是工程类别划分没有固定的方法，也没有统一的标准，目前各省市划分方法和标准都不一致。这里仅介绍江苏省的划分标准，以供大家参考。

二、工程类别划分标准及说明

1. 工程类别划分标准

一般建筑工程分为三大类，并按工业建筑、民用建筑和构筑物的不同特征划分项目，具体划分标准如表 2-5 所示。

工程类别划分标准　　　　**表 2-5**

项　目			单　位	一　类	二　类	三　类
工业建筑	单层	檐口高度	m	≥20	≥16	<16
		跨度	m	≥24	≥18	<18
	多层	檐口高度	m	≥30	≥18	<18
		建筑面积	m^2	≥8000	≥5000	<5000
民用建筑	住宅	檐口高度	m	≥62	≥34	<34
		建筑面积	m^2	≥10000	≥6000	<6000
		层　数	层	≥22	≥12	<12
	公用建筑	檐口高度	m	≥56	≥30	<30
		建筑面积	m^2	≥10000	≥6000	<6000
		层　数	层	≥18	≥10	<10
构筑物	烟囱	混凝土结构高度	m	≥100	≥50	<50
		砖结构高度	m	≥50	≥30	<30
	水塔	高　度	m	≥40	≥30	<30
		容　积	m^3	≥80	≥60	<60
	筒仓	高　度	m	≥30	≥20	<20
	贮池	容积（单体）	m^3	≥2000	≥1000	<1000
大型机械吊装工程		檐口高度	m	≥20	≥16	≥9
		跨　度	m	≥24	≥18	<16
桩基础工程		预制混凝土、钢板桩长	m	≥30	≥20	<20
		灌注混凝土桩长	m	≥50	≥30	<30
单独土石方工程 大型土石方工程		挖或填、土石方容量	m^3	≥10000	≥5000	<5000

2. 工程类别划分标准说明

1）工程类别划分是根据不同的单位工程，按施工难易程度，结合江苏省建筑市场历年来的实际施工项目确定的。

2）不同层数组成的单位工程，当高层部分的建筑面积占总面积30%以上时，按高层的指标确定工程类别，不足30%的按低层指标确定工程类别。

3）以建筑面积、檐高、跨度确定工程类别时，如该工程类别达不到高类别的指标，但工程施工难度较大的（如建筑复杂、有地下室、基础要求高、采用新的施工工艺的工程等），其类别由各市工程造价管理部门根据实际情况予以核定。檐口高度是指自建筑物室外设计地坪至檐口顶面（不包括女儿墙、高出屋面的电梯间、楼梯间、水箱间、塔楼等）的高度。坡（瓦）屋面按檐墙中心线处屋面板面或椽子上表面的高度计算；平屋面以檐墙中心线处平屋面的板面高度计算。

4）单独承包地下室工程的按二类标准计取费用，如地下室建筑面积指标达到一类的则按一类标准取费。

5）建筑物、构筑物高度是指设计室外地面标高至檐口顶标高（不包括女儿墙、高出屋面的电梯间、楼梯间、水箱间、塔楼等的高度），跨度是指桁架、梁、拱跨越空间和结构相邻两端承重点的轴线之间的水平距离，多跨工业建筑应按最大跨度确定类型。

6）工业建筑工程是指从事物质生产和直接为生产服务的建筑工程，主要包括生产车间、加工车间、实验车间、仓库、独立实验室、化验室、民用锅炉房、变电所和其他生产用建筑工程。

7）民用建筑工程是指用于满足人们的物质和文化生活需要的非生产性建筑，主要包括商住楼、综合楼、办公楼、教学楼、宾馆、宿舍及其他民用建筑工程。

8）构筑物工程是指与工业与民用建筑工程相配套且独立于工业与民用建筑的工程，主要包括烟囱、水塔、仓类和池类等。

9）桩基础工程是指天然地基上浅基础不能满足建筑物、构筑物的稳定要求而采用的一种深基础，主要包括各种现浇和预制混凝土桩及其他桩基础。

10）强夯法加固地基、基坑钢管支撑均按二类工程标准执行。深层搅拌桩、粉喷桩、基坑锚喷护壁按打灌注桩基工程三类标准执行。

11）轻钢结构的单层厂房按单层厂房的类别降低一类标准计算。

12）大型土石方和单独土石方工程是指单独编制概预算或在一个单位工程内挖方或填方在 5000m^3（不含 5000m^3）以上的工业与民用建筑土石方工程，包括挖方或填方等。

13）预制构件制作工程类别划分按相应的建筑工程类别标准执行。

14）与建筑物配套的零星项目，如化粪池、检查井、分户围墙按相应的主体建筑工程类别标准确定外，其余如厂区围墙、道路、下水道、挡土墙等零星项目，均按三类标准执行。

15）关于建筑物加层扩建时套用类别的方法：

(1) 当选用面积和跨度指标时，以新增的实际面积和跨度套用类别标准。

(2) 当选用檐高和层数指标时，要与原建筑物一并考虑套用类别标准。

16）在计算层数指标时，半地下室和层高小于 2.2m 的均不计算层数。

17）凡工程类别标准中，有两个指标控制的，只要满足其中一个指标即可按该指标确定工程类别；有三个指标控制的，必须满足二个或二个以上指标才可按该类指标确定工程类别。

18）工程类别标准中未包括的特殊工程，如影剧院、体育馆、游泳馆、别墅、别墅群等，由各市工程造价管理部门根据具体情况确定，报省标准定额站备案。

19）如果建筑工程是一类工程，则建筑工程的附属设备、照明、采暖、通风、给水排水、燃气管道工程等均为一类工程；同样的原则，附属于二类建筑工程的设备、照明、采暖、通风、给水排水、煤气管道工程则为二类工程；三类工程也按上述原则确定。因此，要确定建筑安装工程的类别必须首先确定建筑工程的类别。

三、工程等级分级标准

工程等级是中华人民共和国建设部 102 号令《工程监理企业资质管理规定》的附件，为了规范监理企业的监理业务范围做出的规定。作为监理工程师，关于工程等级的划分标准也是应该了解的，因为相关部门有规定，一个监理工程师只能担任一项一等工程的总监理工程师，或者担任两个二等工程的项目总监理工程师。如果对于工程的划分标准不清楚，自己虽然做了很多工作，但是违反了相关部门的规定，则会被记入个人不良记录，影响单位或个人的执业形象。

房屋建筑工程的工程等级如表 2 - 6 所示。其他类别的工程等级详见附录《工程等级一览表》。

房屋建筑的工程等级　　　　**表 2 - 6**

序号	工程类别		一等	二等	三等
一	房屋建筑工程	一般房屋建筑工程	28 层以上；36m 跨度以上（轻钢结构除外）；单项工程建筑面积 3 万 m^2 以上	14～28 层；24～36m 跨度（轻钢结构除外）；单项工程建筑面积 1 万～3 万 m^2	14 层以下；24m 跨度以下（轻钢结构除外）；单项工程建筑面积 1 万 m^2 以下
		高耸构筑工程	高度 120m 以上	高度 70～120m	高度 70m 以下
		住宅小区工程	建筑面积 12 万 m^2 以上	建筑面积 6 万～12 万 m^2	建筑面积 6 万 m^2 以下

注：表中的“以上”含本数，“以下”不含本数。

第三章　建设工程费用构成

建设工程费用构成，在监理工程师考试培训教材或其他很多执业资格考试教材上均能找到相应的内容，为了本书的系统性，这里仅将费用的大项列出，如果有些同志有需要，可以参考上面列出的各种参考书。

由于我国已经加入 WTO，且《工程量清单计价规范》（GB 50500）明确规定，采用国外资金的项目要采用工程量清单计价。所以对于世界银行和 FIDIC 规定的建设费用构成也作一简单介绍。

第一节　建设投资构成

一、我国现行工程建设工程投资构成

我国现行工程建设工程投资构成如表 3 - 1 所示。

我国现行工程建设投资构成　　表 3 - 1

<table>
<tr><td rowspan="16">建设工程总投资</td><td rowspan="15">建设投资</td><td rowspan="3">设备工器具购置费用</td><td rowspan="2">设备购置费</td><td>设备原价</td></tr>
<tr><td>设备运杂费</td></tr>
<tr><td colspan="2">工器具及生产家具购置费</td></tr>
<tr><td rowspan="4">建筑安装工程费用</td><td colspan="2">直接工程费</td></tr>
<tr><td colspan="2">间接费</td></tr>
<tr><td colspan="2">利润</td></tr>
<tr><td colspan="2">税金</td></tr>
<tr><td rowspan="3">工程建设其他投资</td><td colspan="2">土地使用费</td></tr>
<tr><td colspan="2">与项目建设有关的其他费用</td></tr>
<tr><td colspan="2">与未来企业生产经营有关的其他费用</td></tr>
<tr><td rowspan="2">预备费</td><td colspan="2">基本预备费</td></tr>
<tr><td colspan="2">涨价预备费</td></tr>
<tr><td colspan="3">建设期利息</td></tr>
<tr><td colspan="3">固定资产投资方向税</td></tr>
<tr><td colspan="3"></td></tr>
<tr><td>流动资产投资</td><td colspan="3">流动资金</td></tr>
</table>

二、世界银行和国际咨询工程师联合会建设工程投资构成

世界银行和国际咨询工程师联合会建设工程投资构成如表 3 - 2 所示。

世界银行和国际咨询工程师联合会建设工程投资构成　　　　表 3 - 2

<table>
<tr><td rowspan="15">直接建设成本</td><td colspan="3">土地征购费</td></tr>
<tr><td>场外设施费用</td><td colspan="2">道路、码头、桥梁、机场、输电线路等</td></tr>
<tr><td>场地费用</td><td colspan="2">场地准备、厂区道路、铁路、围栏、场内设施等</td></tr>
<tr><td>工艺设备费</td><td>主要设备、辅助设备及零配件的购置费</td><td>包括海运包装费用、交货港离岸价，但不包括税金</td></tr>
<tr><td>设备安装费</td><td colspan="2">设备供应商的监理费，本国劳务及工资费用，辅助材料、施工设备、消耗品及工具等费用，以及安装承包商的管理费和利润等</td></tr>
<tr><td>管理系统费用</td><td colspan="2">指与系统的材料及劳务相关的全部费用</td></tr>
<tr><td>电气设备费</td><td colspan="2">同工艺设备费</td></tr>
<tr><td>电气安装费</td><td colspan="2">设备供应商的监理费，本国劳务及工资费用，辅助材料、电缆、管道和工具等费用，以及营造承包商的管理费和利润等</td></tr>
<tr><td>仪器仪表费</td><td colspan="2">所有自动仪表、控制板、配线和辅助材料的费用以及供应商的监理费用，外国或本国劳务及工资费用，承包商的管理费用和利润等</td></tr>
<tr><td>机械的绝缘和油漆费</td><td colspan="2">与机械和管道油漆与绝缘相关的所有费用</td></tr>
<tr><td>工艺建筑费</td><td colspan="2">原材料、劳务费以及与基础、建筑结构、屋顶、内外装饰、公共设施有关的全部费用</td></tr>
<tr><td>服务性建筑费</td><td colspan="2">同上</td></tr>
<tr><td>工厂普通公共设施费</td><td colspan="2">材料和劳务费以及与供水、燃料供应、通风、蒸汽、下水道、污物处理等公共设施有关的全部费用</td></tr>
<tr><td>其他当地费用</td><td colspan="2">临时设施、建筑保险及债券、杂项开支等</td></tr>
<tr><td colspan="3"></td></tr>
<tr><td rowspan="9">间接建设成本</td><td rowspan="4">项目管理费</td><td colspan="2">总部人员的薪金和福利费</td></tr>
<tr><td colspan="2">施工管理现场人员的薪金等</td></tr>
<tr><td colspan="2">零星杂项费用</td></tr>
<tr><td colspan="2">各种酬金</td></tr>
<tr><td colspan="3">开工试车费</td></tr>
<tr><td colspan="3">业主的行政性费用</td></tr>
<tr><td colspan="3">生产前费用</td></tr>
<tr><td colspan="3">运费和保险费</td></tr>
<tr><td>地方税</td><td colspan="2">关税、地方税及对特殊项目征收的税金</td></tr>
<tr><td rowspan="2">应急费</td><td>未明确项目的准备金</td><td colspan="2">在作成本估算时因为缺乏完整、准确和详细的资料而不能完全预见和不能注明的项目，并且这些项目是必须完成的，或它们的费用是必定要发生的，在每个组成部分中均单独以一定的百分比确定并列出</td></tr>
<tr><td>不可预见准备金</td><td colspan="2">在估算已经达到了一定的完整性并符合技术标准的基础上，由于物质、社会和经济的变化，导致估算增加的情况</td></tr>
<tr><td colspan="4">建设成本上升费</td></tr>
</table>

第二节　工程量清单计价的建筑安装工程造价的构成

本节内容是监理工程师确定工程造价和处理费用索赔的理论基础。要求监理工程师对人工费、机械费的构成要特别熟悉。因为这部分内容在处理费用索赔时经常要用到。人工费的构成牵涉到人工窝工、人工降效等费用的计算；机械费的构成牵涉到自有机械和租赁机械的费用补偿问题。

建标［2003］206号文规定，建筑安装工程费由直接费、间接费、利润和税金组成。其中直接费由直接工程费和措施费构成，间接费由企业管理费和规费构成。直接工程费由人工费、材料费和施工机械使用费组成。

在工程量清单计价的模式下，建筑安装工程造价被划分成以下五个部分：

一、分部分项工程费

分部分项工程费由人工费、材料费、施工机械使用费、企业管理费和利润组成。

二、措施项目费

措施项目费由安全文明施工费（含环境保护、文明施工、安全施工临时设施）、夜间施工费、二次搬运费、冬雨季施工费、大型机械设备进退场及安拆费、施工排水费、施工降水费、地上地下设施及建筑物的临时保护费、工程及设备保护费、各专业工程的措施费组成。

三、其他项目费

其他项目费包括暂列金额、暂估价、计日工、总承包服务费及其他费用构成。

四、规费

规费由工程排污费、工程定额测定费、社会保障费、住房公积金和危险作业意外伤害保险费组成。

五、税金

税金是指国家税法规定的应计入建筑安装工程造价内的营业税、城市维护建设税及教育费附加等。

第三节　设备工器具购置费用的构成

一、设备购置费的构成和计算

设备工器具投资主要是由设备购置费用和工器具、生产家具购置费组成。

设备购置费是指为工程建设项目购置或自制的达到固定资产标准的设备、工具器具的费用；新建项目或扩建项目的新建车间购置或自制的全部设备、工具、器具，不论是否达到固定资产标准，均计入设备工器具购置费中。

所谓固定资产标准，是指：使用年限在一年以上，单位价值在国家和各主管部门规定的限额以上。例如，1992年财政部规定：大、中、小企业固定资产的限额标准分别是2000元、1500元和1000元以上。

设备购置费＝设备原价或进口设备抵岸价＋设备运杂费

1. 国产标准设备原价的确定

所谓国产标准设备是指按照国家主管部门颁布的标准图纸和技术要求，由我国设备生产厂家批量生产的，符合国家质量检验标准的设备。其原价一般分为如下两种情况：

1）到厂家直接购买时，原价即为出厂价，这种出厂价又有以下两种情况：第一种是带备品备件的价格，第二种是不带备品备件的价格。

2）必须由设备供应商来供应时，原价即为合同价。

2. 国产非标设备原价的确定

国产非标设备是指国家尚无定型标准，各设备生产厂不可能在工艺过程中采用批量生产只能按一次订货，并根据具体的设计图纸制造的设备。其原价一般采用成本分解法来确定，主要考虑主材费、辅材费、外购配套件费、加工费、废品损失费、专用工具费、包装费、利润、税金、设计费等费用构成。

3. 进口设备原价的确定

1）进口设备的交货方式。

（1）内陆交货方式。在出口国国内货物的所有权就发生了转移。

（2）装运港交货方式。这种交货方式是指在货物的出口国港口完成交货任务。采用这种交货方式时有以下三种交货价格：①装运港船上交货价（FOB）；②运费在内价（C&F）；③运费保险费在内价（CIF）。

（3）目的港交货方式：采用这种交货方式是指卖方要在买方所在国的港口或内地交货，常用的有以下几种交货价格：①目的港船上交货价；②目的港船边交货价；③目的港码头交货价（关税已付）；④完税后交货价。

2）设备抵岸价的构成。

设备抵岸价的构成与采用的进口设备的交货价格有关。若以FOB货价为例，包括货价（FOB）、国外的运费、国外的运输保险费、国际贸易手续费、银行手续费、关税、增值税、消费税和海关监管手续费共九项内容。

4. 设备的运杂费范围

1）供销手续费：是指当货物不能从厂家直接购买而必须通过设备供应商来供应时付给设备供应商的一笔手续费。

2）包装费：如果原价中已经包含了包装费，则不能再计取。

3）装车、卸车和运输费。

4）采购保管费：参与设备采购、验收、收发、保管的人员的费用。

二、工具器具购置费的构成

工器具及生产家具购置费是指新建项目或扩建项目初步设计规定所必须购置的不够固

定资产标准的设备、仪器、工卡模具、器具、生产家具和备品备件的费用。它是设备购置费的一定百分比。

第四节　工程建设其他费用的构成

工程建设其他投资是指未纳入建筑安装工程投资和设备工器具投资以内的，由项目投资支付的为保证工程建设顺利完成和交付使用后能够正常发挥效用而发生的各项费用的总和。通常把它们分为以下三类：第一类为与土地有关的费用；第二类为与项目建设有关的费用；第三类为与企业未来生产经营有关的费用。下面只列出各项费用中的大项，可以参考《江苏省监理人员培训教程》中的相关内容。

一、与土地有关的费用

与土地有关的费用包括土地征用及迁移补偿费、大中型水利水电工程的水库淹没处理补偿费和土地使用权出让金。

二、与项目建设有关的其他投资

该项费用包括建设单位管理费、研究试验费、勘察设计费、工程保险费、供电计贴费、引进技术与设备进口项目的其他费用、工程建设监理费和临时设施费等。

三、与未来生产经营有关的费用

与未来生产经营有关的费用包括联合试运转费、生产准备费、办公和生活家具购置费。

第五节　预备费

一、基本预备费及其使用范围

基本预备费是指在项目实施中可能发生难以预料的支出而需要预先预留的费用，又称为不可预见费。主要用于由于设计变更、工程洽商、材料代换、地基处理或隐蔽工程为预防自然灾害而采取的措施费用。

基本预备费＝(设备及工器具购置费＋建筑安装工程费＋工程建设其他费用)
×基本预备费费率

二、涨价预备费及其使用范围和计算

涨价预备费是指建设工程在建设期内由于价格变化引起投资增加，需要事先预留的费用。主要用于人工费、材料费、机械费、设备的价差，以及由于国家的政策变化导致的费用增加。

涨价预备费以建筑安装工程费和设备工器具费之和为计算基础。计算公式为：

$$PC = \sum_{t=1}^{n} I_t [(1+f)^t - 1] \tag{3-1}$$

式中　PC——涨价预备费；

I_t——第 t 年的建筑安装工程费、设备及工器具购置费之和；

n——建设期；

f——建设期价格上涨指数。

第六节　建设期贷款利息和固定资产投资方向调节税

当年所贷资金若发生在年初，则可按复利计算公式直接计算建设期的贷款利息。

当年所贷资金如果不发生在年初而是在一年中均衡贷出，则可按式（3—2）计算建设期的贷款利息。

$$q_j = \left(P_{j-1} + \frac{1}{2}A_j\right) \times i \tag{3-2}$$

式中　i——年利率；

P_{j-1}——第 j 年以前所欠的本利和；

A_j——代表当年的借款额；

q_j——第 j 年的贷款利息；

固定资产投资方向调节税，目前已暂停征收。

第四章 清单计价相关软件简介

目前，开发计价相关软件的单位有几百家，在江苏省境内用户较多的软件公司包括北京广联达，上海神机妙算，南京未来，上海鲁班、一点智慧、电脑造价师等，下面以广联达工程计价系列软件为例，介绍工程量清单算量软件、钢筋抽样软件和清单计价软件的应用方法。

第一节 广联达清单算量软件

一、软件特点

广联达清单算量软件有如下几个特点：

1）各种计算规则全部内置，不用记忆规则，软件自动按照规则扣减。

2）一图两算，清单规则和定额规则平行扣减，画一次图同时得出两种量。

3）按照图纸读取构件属性，软件按构件完整信息计算代码工程量。

4）内置清单规范，智能形成完善的清单报表。

5）属性定义可做施工方案，随时看到不同方案下的方案工程量。

6）可以完全导入设计院图纸，不用画图直接算量。

7）可以直接导入清单工程量，同时提供多种方案量代码，在复核招标方提供的清单量的同时计算投标方自己的施工方案量。

8）软件使用灵活，同时提供多种方案量代码。

9）使得复杂工程量的计算变得准确、清晰、高效、能够最大限度地解决招标方短时间内算量的难题。

10）软件图标全部汉字化，导航栏以原则进行分类，加强了软件的流程性。

11）界面显示功能最小化，依据构件不同的特性，对功能进行过滤，用到的功能才显示在界面上。

12）以绘图为中心，以表格为辅助，并且在报表系统中提供了层层细化的报表系统和计算规则的查询。

二、软件操作流程

使用广联达清单算量软件的工作流程如图 4 - 1 所示。

使用该软件新建工程时，在新建向导中首先给定工程名称，然后选择定额模式或清单模式，选择定额规则，填写相关信息［如工程信息、编制信息、室内外地坪高差和外墙裙高度（前两项可以不填写，后两项必须填写）］，点击完成。

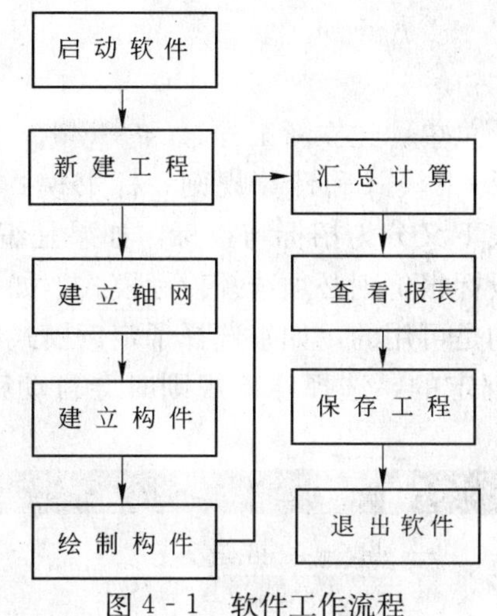

图 4-1　软件工作流程

进入楼层菜单下的楼层管理，点击添加楼层即可将所有楼层建立起来，然后修改楼层的层高和计算建筑面积的规定。注意，该软件自带首层和基础层，如果建立楼层时有不连续的情况时，可以点击楼层排序功能，软件自动会按从低到高的顺序对所有楼层进行排序。还可以通过相应的按钮对楼层进行删除和修改等操作。

建立轴网时，点击轴网下的轴网管理进入轴网管理菜单，按照图中的标注将上开间、下开间、左进深、右进深等数据输入完毕后轴网就建立起来了。点击靠垫按钮并输入与水平面的夹角后，轴网就显示在了绘图工作区。

本软件支持正交轴网、斜交轴网和圆弧轴网。还可以通过改变插入点功能实现轴网的拼接。

建立构件时，以墙为例，点墙→双击普通墙→点新建→改名称为 37 墙→改厚度为 370→点构件做法→点击查询清单项→选择所需清单项目→（项目的编码、名称、单位自动填写）→双击工程表达式并选择所需代码→点击确定。在项目特征栏内填写相应的工程特征并点击形成项目明细，到此为止清单项目的填写过程完成。

如果是编制标底，还需要填写该清单项目下的定额子目，点击查询定额或定额指引，在弹出的定额子目中选择所需的子目后回车，然后选择工程量代码即可。

在构件的定义过程中，还可以通过复制、改名、选配和适配功能提高构件定义的效率。

所有构件定义完成后即可利用各种构件下的绘图工具进行构件绘制了。绘图的方式有直线、折线、圆弧、圆、矩形、智能布置和偏移。编辑工具有移动、复制、删除、镜像、延伸、断开、拉伸等功能，在楼层菜单下有很多块功能，可以实现块存贮、块移动、块复制等。还可以从其他楼层复制构件。

绘制完成后，点击汇总计算，然后点击报表输出，就可以打印所需的各种报表了。下面介绍本软件的详细操作。由于新规范到 2008 年 12 月 1 日才开始实施，软件中的内容尚未作更新，仍以现行规范的清单计算规则和项目设置进行软件介绍。

三、新建工程

单击工程菜单下的新建子菜单，建立新工程。

1）输入工程名称，选择标书模式和计算规则。标书模式有两种，一种是清单模式，另一种定额模式。在招标模式下又分为招标与投标，如果是编制工程量清单或编制标底，则要选择招标模式，如果是投标报价则必须选择投标模式。如果选择清单模式，则计算规则下的清单规则和定额规则均是可用的，如果选择了定额模式则清单规则是不可用的。清单库和定额库是与计算规则绑定的，选择计算规则时会自动筛选清单库和定额库。见图4-2所示。

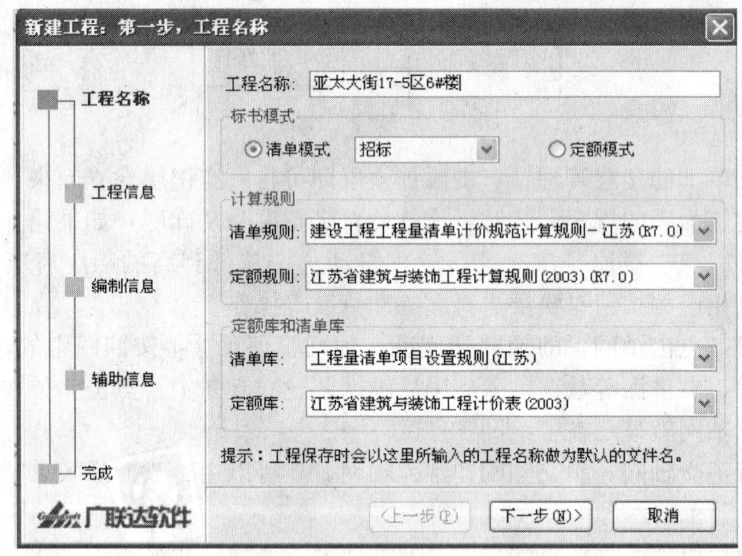

图4-2　工程名称

2）输入工程信息。工程信息总共包括八项内容。前四项是工程类别、工程类型、基础形式、建筑特征，这四项可以从“属性”栏中进行选择输入。后四项是地下层数、地上层数、檐高和工程规模，这四项内容是需要手工输入的。

3）输入编制信息，共计九项内容，包括建设单位、设计单位 、施工单位、编制单位、编制日期、编制人、编制人证号、审核人和审核人证号，这九项内容可以逐项输入。

4）输入辅助信息。包括室内外地坪相对标高和外墙裙高度，这两项内容影响计算结果，所以应该按照图纸上的标注认真输入。

5）完成新建工程的过程。在这一步中可以显示出前面所输入的所有内容，此时可以进行进一步的检查，如果发现前面的输入有错误，可以按上一步按钮进行修改，如果没有错误，可点击完成按钮，结束工程的建立过程。

四、楼层管理

单击楼层菜单下的子菜单楼层管理，建立楼层。基础层和首层，无需用户建立，其他层可以通过添加楼层按钮进行添加，然后根据图纸标注的各楼层的名称和层高进行修改后按确定按钮即可。软件中建立的楼层数比设计图纸中给定的楼层数多一个基础层和女儿墙层。

从附图 15 可以看出，基础层的高度应该定义为 1.7m，1～3 层的层高为 2.8m，屋面层的层高为 0.6m。

另外，本软件还可以对楼层进行删除、排序和锁定等操作，还可以处理子楼层。子楼层中的操作与它所在的楼层之间无任何联系，如层高可以超过它所在楼层的层高等。

五、轴网管理

单击轴网菜单下的轴网管理子菜单，对工程轴网进行管理。

常见的轴网有正交轴网、圆弧轴网和斜交轴网三种，在本工程中为正交轴网。

选择正交轴网后，根据你的需要，先在类型选择区域选择你要输入的轴网，如下开间、上开间、左进深、右进深等，然后按照图纸上的标注，依次输入下开间、上开间的轴线间距后，点击轴线自动排序按钮，则完成轴线的自动排序，在输入的过程中不用管轴线号是否连续。同理，左进深和右进深的数据输入完成后，点击轴线自动排序。则完成了轴线的建立过程。

在轴距输入的过程中，可以通过软件的定义数据窗口，按照要求的格式进行输入。如果你不清楚数据的输入格式，可以将鼠标放在窗口的空白处以获得帮助。也可以通过界面右方的轴号、轴距数据输入栏进行输入，轴距的输入可以通过常用值栏列出的数值进行选择，也可以通过添加按钮左方的空白处进行添加。

轴网名称系统默认为“轴网 1”，也可以给它改成一个和工程有联系的名称，如“亚太大街 17－5 区 6＃楼”。该轴网还可以存贮在磁盘中，若需要存贮，则点击存盘按钮，在以后需要使用它的时候，通过读取按钮即可调出使用。若需要将此轴网插入到另外一个工程的轴网中去，可以利用改变插入点功能选择合适的插入点。

点击确定按钮，轴网建立完成。如果点击选择按钮，并输入轴网与水平线之间的角度后点击确定按钮，轴网就跃然出现在绘图区了。

六、构件管理

构件的管理可以通过单击构件菜单下的构件管理子菜单进行，也可以通过软件界面中的工具条来实现。软件将所有的构件分为建筑、结构、装饰、基础和其他五大类。建筑构件包括墙、栏板、门、窗、门连窗、墙洞、壁龛、过梁、墙垛、保温层、屋面、挑檐、阳台和雨篷。结构构件包括柱 、梁、板、板洞、楼梯和后浇带。装饰构件包括房间、地面局部装修、顶棚局部装修和单墙面装修。基础构件包括条基、独基、满基、满基垫层、桩、桩承台、地沟、基槽土方、基坑土方和大开挖土方。其他构件包括台阶、散水、平整场地、建筑面积、天井、自定义点、自定义线和自定义面。如欲新建某类构件，则用鼠标右键点击，在出现的快捷菜单中选择就可以了。在这个界面中出现了所有的构件，根据需要可以选择构件进行新建，并同时定义其各种属性值。

菜单下的第一行是系统常用工具条，第二行是楼层、构件类型切换工具，第三行是各类构件管理工具，第四行是绘图工具。

如欲绘制某一种构件，则可以用鼠标右键点击，就会出现相应的快捷菜单。

七、构件定义和绘制

构件的种类有很多，下面以墙为例进行介绍。

如欲绘制首层的墙体，则将楼层切换到首层，选择建筑构件，然后在工具栏中选择墙体，单击鼠标右键，出现当前类型构件管理、视频帮助构件参考和视频帮助构件画法三个快捷菜单，点击当前类型构件管理，则出现墙体构件管理器，鼠标右键点击出现新建普通墙、新建分层墙、新建间壁墙、新建虚墙和新建女儿墙五个快捷菜单。根据需要用鼠标左键单击选取墙体类型即可。如：选择新建普通墙后，出现如图 4 - 3 所示的界面。

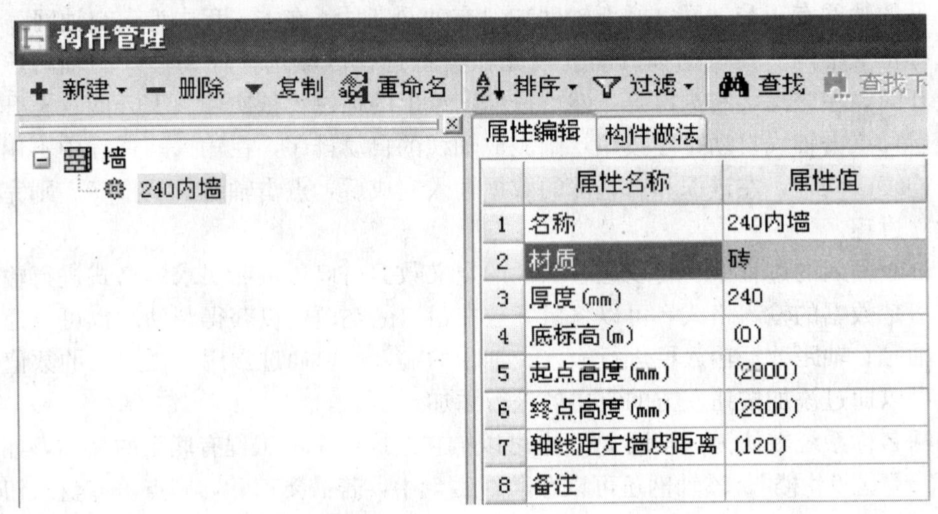

	属性名称	属性值
1	名称	240内墙
2	材质	砖
3	厚度(mm)	240
4	底标高(m)	(0)
5	起点高度(mm)	(2800)
6	终点高度(mm)	(2800)
7	轴线距左墙皮距离	(120)
8	备注	

图 4 - 3　墙体属性编辑界面

从图 4 - 3 中可以看到，一种墙体包括多个属性，蓝色的属性是公有属性，如名称、材质、厚度和备注，黑色的属性是私有属性，如底标高、起点高度、终点高度和轴线距左墙皮的距离。公有属性的修改将影响图中已经绘制完成的该类构件，而私有属性的修改只影响修改后再绘制的构件。有些属性值是带括号的，这是系统默认值，如底标高系统默认本层横断面的底标高，起点高度和终点高度系统也默认本楼层的层高，轴线距左墙皮的距离系统默认为墙体的中心线。该属性只有当墙体为偏心时，需要修改该属性，墙体的左、右墙皮由绘制时的方向决定。注意：要修改括号内的数值时必须连同括号选中。

墙体的材质分为砖、砌块、石、现浇混凝土和预制混凝土五大类，不同的材质对应不同的计算规则。

厚度：当墙的材质为“砖”时，对于墙体厚度，软件会作自动换算（例如：把 370mm 的墙自动换算为 365mm；把 120mm 的墙自动换算为 115mm）。

底标高：缺省情况下墙体底标高为当前楼层底标高，修改楼层高度后，墙体的底标高也会随之变化。

起点高度：绘制墙体时，起点处的标高，缺省情况为当前层的层高；修改楼层高度后，墙体的高度也会随之变化。

终点高度：绘制墙体时，终点处的标高，缺省情况为当前层的层高；修改楼层高度后，墙体的终点高度也会随之变化。

墙的高度：缺省情况下墙体底标高为楼层底标高，墙体高度为楼层高度；若仅修改楼层高度，则构件及构件图元的标高与高度均随之相应改变；若仅修改构件的底标高，则构件图元按楼层关系底标高自动增加或减少，高度值为当前楼层高度；若仅修改构件的高度；则构件图元在各楼层均为该高度值，底标高为当前层底标高；若同时修改构件底标高及高度，则构件图元按楼层关系底标高自动增加或减少，高度值始终为该值；若同时修改楼层高度、构件标高及高度，则构件图元标高按修改后的标高值按修改后的楼层关系自动增加或减少，高度为修改后的高度值；若修改的高度值与楼层高度相同，则高度随楼层变化，否则为修改值。

分层墙：软件中的分层墙指的是在墙高度方向上材质不同或厚度不同的墙，由分层墙单元构成。分层墙单元是从上至下建立的，显示颜色为下层材质的颜色。

虚墙：本身不计算工程量，可以设定厚度和轴线距左墙皮的距离两个属性值，虚墙可以用来分割、封闭房间。

注意：间壁墙只能作为内墙。计算间壁墙时，高度自动算至梁底或板底；外墙面装饰面积不包括女儿墙面积；女儿墙所围成的封闭空间不能布置房间。

软件扣减规则：

1）材质不同时两道墙相交时的优先级别：混凝土墙＞砖石砌块墙。

2）材质相同时的优先级别：外墙＞内墙。

3）都为内墙时的优先级别：横墙＞竖墙。

4）厚度不同时的优先级别：厚墙＞薄墙。

根据图纸将该墙体的属性在属性编辑页面一一输入进去，然后转到构件做法页面，定义该墙体的工程做法，即清单做法和定额做法。

构件做法页面被分为四个子页面，上面是清单项目子页面，在此页面中可以进行清单项目的添加、删除、查询、工程量代码的选择和工程量计算规则的查看等操作。

点击查询按钮后，出现查询清单项、查询措施项目、查询图集做法和查询匹配清单项目。点击查询清单项，在清单库中找到所需的清单项后用鼠标双击，则该清单项目自动跳到清单区域，如图 4－4 所示。接着在项目特征页面，对该清单项目的工程特征进行描述，并在需要输出的特征值后的方框中打上一个√，点击生成项目名称明细按钮，则项目名称明细被添加到了右下方的空白区域，如图 4－4 所示。

然后转到工程内容页面，点击查询按钮，包括查询定额、查询人材机、定额指引和查询匹配定额子目的子菜单被弹出。选择查询定额或定额指引，在找到所需的定额（计价表）子目后用鼠标双击，则该定额子目就自动跳到工程内容区域，在工程量表达式栏下对应的位置填写工程量代码。填写工程量代码的方法可以通过选择工程量代码按钮，也可以通过用鼠标在定额子目后工程量表达式对应位置单击，直到出现…，然后再单击该 …，在弹出的工程量代码表中选择即可。

在该页面中可以对该项清单应该套用的定额（计价表）子目进行编辑，如果图纸中的做法与定额（计价表）中的做法不一致，还可以通过点击换算按钮，调出标准换算窗口进行调整或换算，在本例中是将 M5 混合砂浆换算为 M7.5 混合砂浆。该墙体的工程内容如

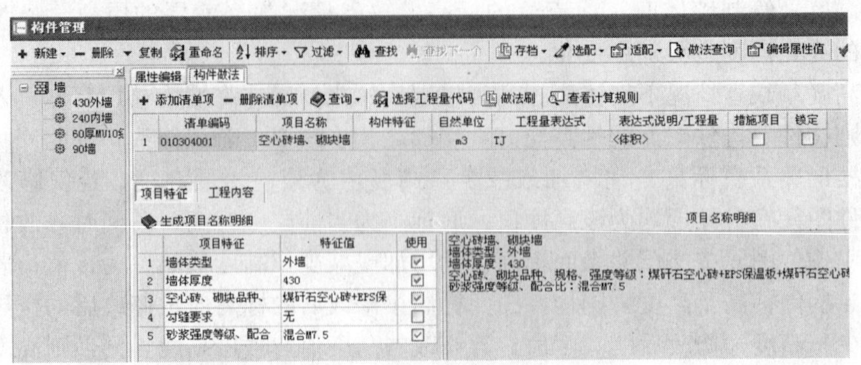

图 4－4　墙体项目的清单和项目特征

图 4－5 所示。

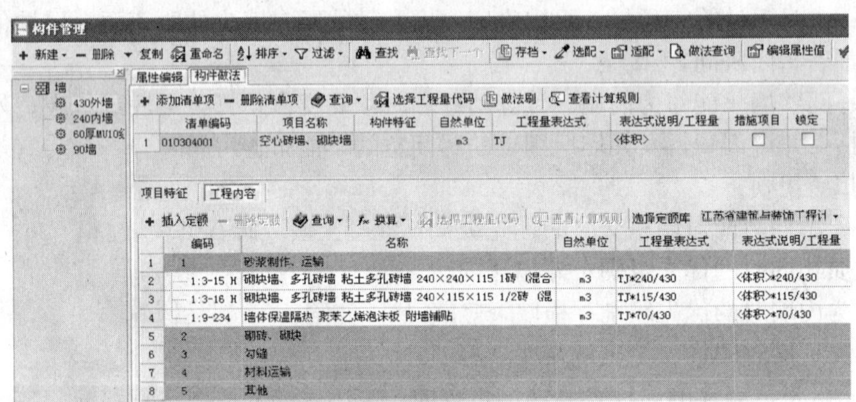

图 4－5　墙体的工程内容

需要注意的问题是，一个构件不一定只对应一个清单项目，同样一个清单项目也不一定就只对应一个定额子目。同时也可以将砌墙所需的脚手架包括进来一起完成。

如某工程的外墙做法是 240mm 承重煤矸石空心砖＋70m 阻燃型 EPS 保温板＋120mm 承重煤矸石空心砖。此时我们可以通过建立一种 430mm 厚的墙体一次定义成功。而在套用定额作法时对此墙进行分解，如图 4－5 所示。

此处值得注意的是工程量代码的灵活运用。

同样可以对其余的墙体进行定义，如管道井的 60mm 墙，卫生间的 90mm 墙，屋面的 370mm 女儿墙等。

同样值得注意的是，基础层中的墙体按照工程量计算规则的有关规定应为基础。

墙体绘制可以采用直线、折线、矩形、圆弧、圆、智能布置、旋转点、偏移等方法。

其他构件的属性定义、项目特征的描述、工程量清单项目的选择、定额子目的套用方法与墙体相同，这里不再赘述。

在构件的定义过程中，还可以通过复制、改名、选配和适配功能提高构件定义的效率。

所有构件定义完成后即可利用各种构件下的绘图工具进行构件绘制了。绘图的方式有直线、折线、圆弧、圆、矩形、智能布置和偏移。编辑工具有移动、复制、删除、镜像、延伸、断开、拉伸等功能，在楼层菜单下有很多块功能，可以实现块存贮、块移动、块复制等，还可以从其他楼层复制构件。

八、报表

所有构件绘制完成后，通过报表菜单下的汇总计算子菜单进行汇总计算，如果图形中存在错误，软件会自动检查并给以提示，大家可以根据出错信息修改相应的错误。如果没有错误出现则会计算出所有项目的工程量。计算完成后可以通过查看构件工程量、查看构件工程量计算式等子菜单查看各个构件的工程量和计算式，最后可以通过报表输出子菜单输出需要的报表。在报表输出功能中还设置了导出功能，可以将各种报表导出到 EXCEL 表中。

第二节　钢筋抽样软件简介

钢筋翻样就是对建设工程中的各种钢筋的根数、单根长度、总长度、接头和重量的分类汇总和统计。

钢筋用量的统计并不难，就是烦。主要表现在参数变化多，构件类型多、计算和标注的规范多，锚固系数、搭接系数要随抗震等级、混凝土强度等级的变化而取定，平法柱 、梁、墙中的各种值要对比后取大值等。

钢筋翻样软件就是将这些有规律性的烦琐计算通过程序达到"智能化"计算，来帮助用户快速、方便地完成钢筋用量的统计。

手工抽钢筋一般经历识图→查规范与图集→按照结构设计要求计算每根钢筋的长度→利用钢筋长度乘以密度算出钢筋重量→汇总统计→制作各类报表。手工抽钢筋的流程图如图 4 - 6 所示。

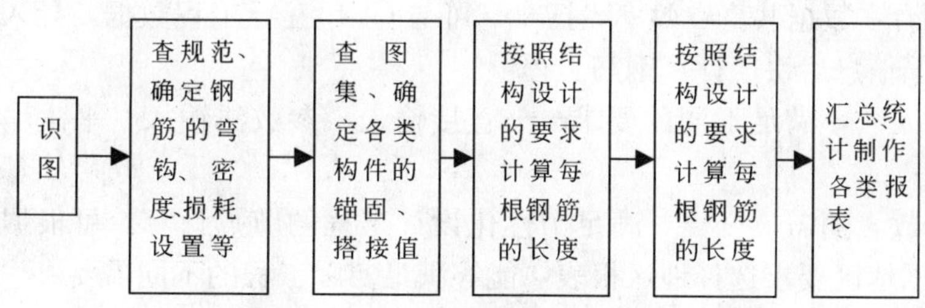

图 4 - 6　手工抽钢筋工作流程图

一、软件工作流程

广联达钢筋工程量计算软件，尽量采用手工抽钢筋的流程和思维方式，其工作流程如图 4 - 7 所示。

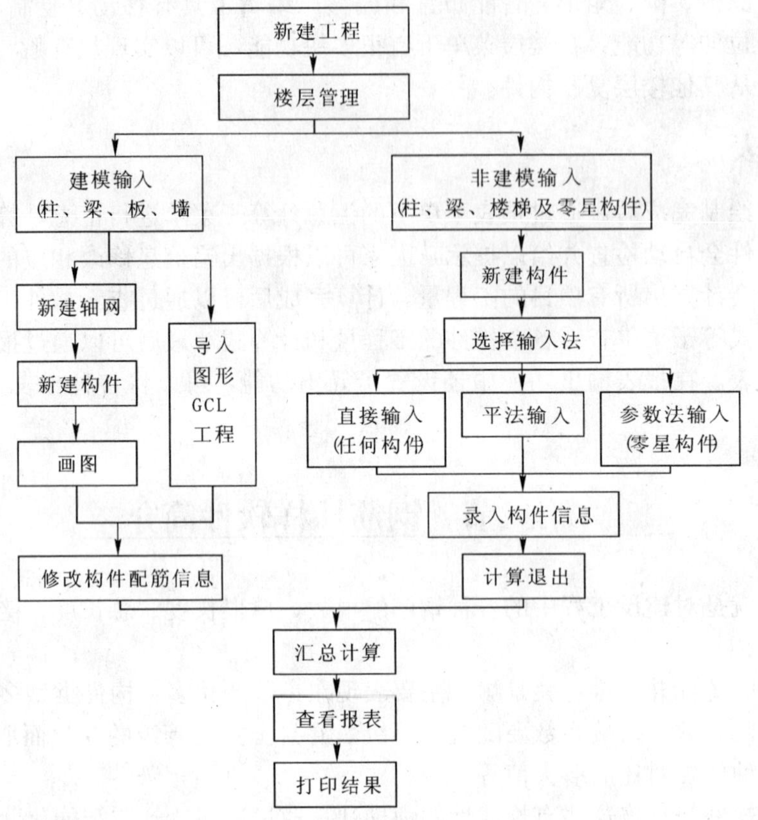

图 4-7 广联达 GGJ 软件工作流程图

二、软件功能与特点

GGJ9.0 的主要功能与特点如下：

1）共有平台，数据共享，效率飞扬——可与 GCL 互导工程数据，导入 GCL7.0 建模数据，输入钢筋信息后快速计算钢筋工程量。

2）多种输入法，满足不同的要求——直接输入、参数法输入、平法输入、建模整体处理法。

3）规则开放，随需应变——满足个性化设计工程的节点计算。可根据设计要求选择计算规则，根据地区要求选择地区报表，能够满足实际工程的不同需要。

4）公式明细，一目了然——钢筋计算公式更加清楚、明了，方便校核。

5）整体建模，自动算量——墙、梁、板、柱、基础等构件，可采用建模（绘图）方法整体处理，极大提高您的工作效率。

所谓建模是指通过定义构件属性，按工程图纸、画出构件并为各构件进行配筋，由软件自动计算各构件之间的位置关系，按计算规则进行钢筋工程量的计算的一种处理方法。它的特点是考虑了工程的整体性，从整体的角度进行钢筋计算，充分利用了各个构件之间的数据。如梁可以自动读取柱的尺寸，自动读取梁的跨长；板的钢筋计算时，可以自动扣减梁和墙的宽度。大大缩减了重复翻阅图纸、查找构件尺寸的工作量，使钢筋工程量的计算从单构件计算上升到了一个更高的层次，不但可以正确地计算各类构件的钢筋，而且从读图的角度减少了算量人员的劳动强度。

非建模是指针对单个构件，输入构件计算所需要的相关数据及配筋信息，构件自动计算钢筋工程量的方法。它的特点是数据之间重复利用较少，主要用于处理零星构件，如承台、桩、楼梯、积水坑等相对独立和不规则的构件。

6）剪力墙整体解决，更加完美——斜墙、跨楼层连梁、转角墙洞、双洞口连梁等处理完善、计算准确。

7）异形截面，智能处理——自动判断并处理变截面柱、剪力墙，智能识别顶层柱、顶层墙及钢筋计算，而且节点更加全面、灵活、准确。以建模的方式处理剪力墙结构的工程，快速高效地解决了墙身、暗梁、暗柱、连梁中的钢筋计算，且自动地考虑了相互之间的扣减关系；并提供了立面布置门洞的功能。

8）复杂箍筋，软件内置——梁、柱箍筋组合简单、灵活。

9）报表多样性，满足不同需求——更加多样、完善、实用的报表，从工程项目、楼层、构件、钢筋等多种方式显示钢筋信息汇总报表，满足您不同的业务需求。

在使用钢筋软件抽钢筋的过程中，一般会涉及到两种量：一种是根据结构设计要求、利用规范、图集所查出的量，如锚固、搭接、弯钩、比重值、钢筋计算方法与规范要求等。在软件中内置了所有的计算规则，在进行钢筋量的计算时，软件会自动套用这些规则。另一种量是对于不同的工程，不同的图纸设计，钢筋的长度、布筋范围等量会不断地发生变化，而这些量的值需要通过人机交互的形式根据图纸手工输入，然后与软件中的内置规则结合起来，算出正确的钢筋量。

三、软件技术参考依据

1）《砌体结构设计规范》GB 2003—2001。

2）《建筑抗震设计规范》GB 50011—2001。

3）《建筑地基基础设计规范》GB 5007—2002。

4）《建筑桩基础技术规范》JGJ 94—2008。

5）《多层砖房钢筋混凝土构造柱抗震节点详图》03G363。

6）《混凝土结构设计规范》GB 50010—2002。

7）《混凝土结构工程施工质量验收规范》GB 50204—2002。

8）《混凝土结构施工图平面整体表示方法制图规则和构造详图》96G101，00G101、03G101－1、03G101－2、04G101－3、04G101－4。

9）《建筑物抗震构造详图》03G329（一）。

四、新建工程

钢筋抽样软件的使用与GCL软件是同一个平台，所以关于钢筋软件的启动、工程的建立、构件的定义大家已经很熟悉，所以这里不再赘述。在新工程的建立步骤中有计算设置，如图4-8所示。

在该页面中可以对各种构件的计算设置进行规定，因为在钢筋的计算过程中，由于各地的钢筋做法不尽相同，所以在本页面中汇集了大部分的常见做法以供用户选择。在计算

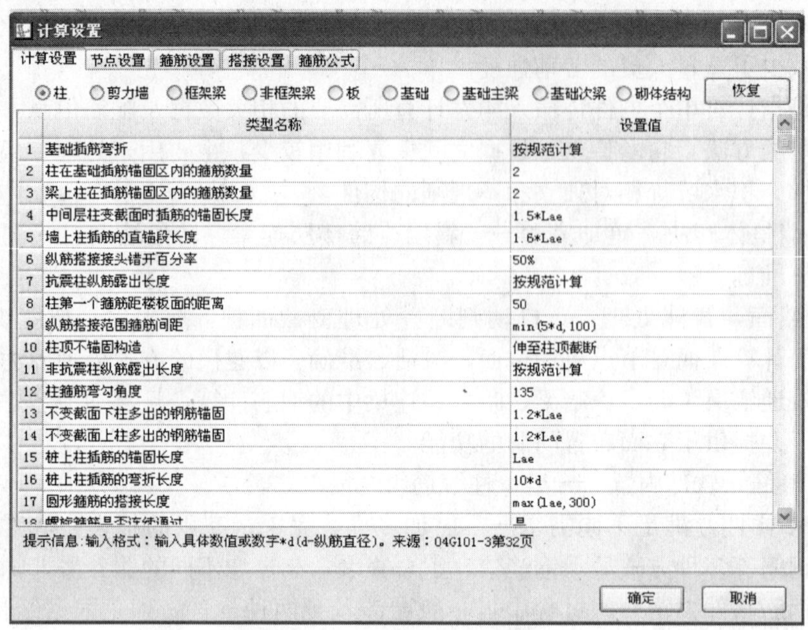

	类型名称	设置值
1	基础插筋弯折	按规范计算
2	柱在基础插筋锚固区内的箍筋数量	2
3	梁上柱在插筋锚固区内的箍筋数量	2
4	中间层柱变截面时插筋的锚固长度	1.5*Lae
5	墙上柱插筋的直锚段长度	1.6*Lae
6	纵筋搭接接头错开百分率	50%
7	抗震柱纵筋露出长度	按规范计算
8	柱第一个箍筋距楼板面的距离	50
9	纵筋搭接范围箍筋间距	min(5*d,100)
10	柱顶不锚固构造	伸至柱顶截断
11	非抗震柱纵筋露出长度	按规范计算
12	柱箍筋弯勾角度	135
13	不变截面下柱多出的钢筋锚固	1.2*Lae
14	不变截面上柱多出的钢筋锚固	1.2*Lae
15	桩上柱插筋的锚固长度	Lae
16	桩上柱插筋的弯折长度	10*d
17	圆形箍筋的搭接长度	max(Lae,300)

图 4-8　计算设置页面

设置页面，包括柱、剪力墙、框架梁、非框架梁、板、基础、基础主梁、基础次梁、砌体结构等构件。在节点设置页面包括柱、剪力墙、框架梁、非框架梁和砌体结构。在箍筋设置页面包括柱、梁（包括连梁、暗梁）。搭接设置页面如图 4-9 所示。在此页面中可以设置各种构件中的钢筋在不同直径范围内时的连接方式，包括绑扎、电渣压力焊、对焊、单面焊、双面焊、、气压焊、锥螺纹连接、直螺纹连接、套管挤压等。在箍筋公式页面给出了各种箍筋的计算公式，而且还可以根据计算要求调整箍筋的长度。

计算设置

计算设置 节点设置 箍筋设置 搭接设置 箍筋公式

恢复

	钢筋直径范围	连接形式								墙柱垂直筋定尺
		基础	框架梁	非框架梁	柱	板	墙水平筋	墙垂直筋	其他	
1	一级钢									
2	3~10	绑扎	绑扎	绑扎	绑扎	绑扎	绑扎	绑扎	绑扎	8000
3	12~14	绑扎	绑扎	绑扎	绑扎	绑扎	绑扎	绑扎	绑扎	10000
4	16~22	电渣压力焊	对焊	对焊	电渣压力焊	电渣压力焊	电渣压力焊	电渣压力焊	电渣压力焊	10000
5	25~32	套管挤压	套管挤压	套管挤压	套管挤压	套管挤压	套管挤压	套管挤压	套管挤压	10000
6	二级钢									
7	3~11.	绑扎	绑扎	绑扎	绑扎	绑扎	绑扎	绑扎	绑扎	8000
8	12~14	绑扎	绑扎	绑扎	绑扎	绑扎	绑扎	绑扎	绑扎	10000
9	16~22	电渣压力焊	对焊	对焊	电渣压力焊	电渣压力焊	电渣压力焊	电渣压力焊	电渣压力焊	10000
10	25~50	套管挤压	套管挤压	套管挤压	套管挤压	套管挤压	套管挤压	套管挤压	套管挤压	10000
11	三级钢									
12	3~10	绑扎	绑扎	绑扎	绑扎	绑扎	绑扎	绑扎	绑扎	8000
13	12~14	绑扎	绑扎	绑扎	绑扎	绑扎	绑扎	绑扎	绑扎	10000
14	16~22	电渣压力焊	对焊	对焊	电渣压力焊	电渣压力焊	电渣压力焊	电渣压力焊	电渣压力焊	10000
15	25~50	套管挤压	套管挤压	套管挤压	套管挤压	套管挤压	套管挤压	套管挤压	套管挤压	10000

确定 取消

图 4-9　搭接设置界面

关于构件的定义与工程量算量软件不同的是，属性定义中需要输入钢筋信息，只要按照图纸上的标注输入就可以了。下面介绍软件的导入功能。

五、导入图形算量文件

在工程菜单下点击导入图形算量文件子菜单，在出现的对话框中找到GLC7.0文件所在的地址并打开，出现如图4-10所示的界面。

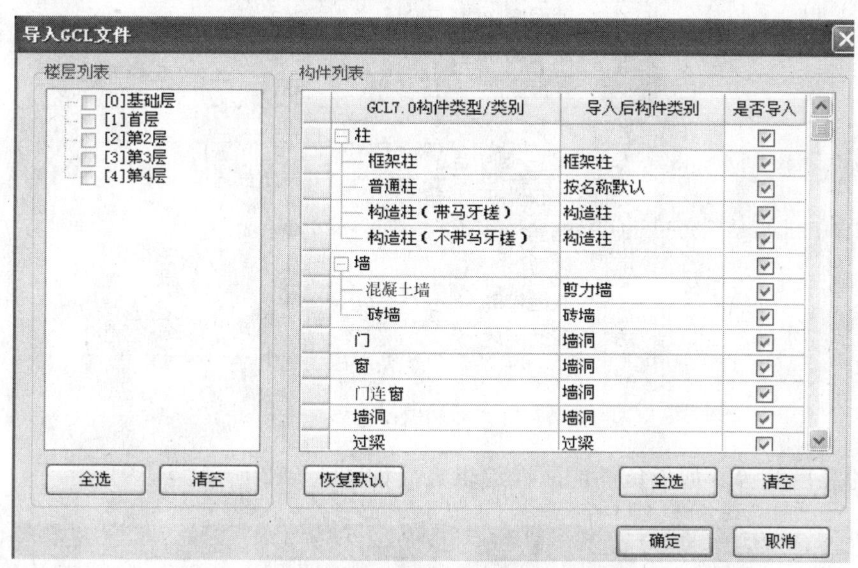

图4-10　导入图形算量文件界面

在楼层列表中选择要导入的楼层，在构件列表中选择要导入的构件后，点击确定按钮。如果新建的楼层设计与图形算量文件的楼层高度不符，则会出现楼层高度不一致，请修改后再导入的提示，点击确定按钮后出现层高对比对话框，此时可以点击取消按钮返回到楼层管理对各层的层高进行修改。如果不修改，可以点击按照图形层高导入按钮，则软件将选定的楼层导入到钢筋抽样软件中。

六、构件的建模输入

导入完成后就可以按照图纸中的标注将各个构件中的钢筋通过属性编辑器进行输入，如柱构件的属性编辑如图4-11所示。

在输入纵筋信息时需要注意：受力钢筋的信息输入可以采用两种不同的方式，一种是在全部纵筋属性值处输入所有的受力钢筋，当采用这种方式输入后，角筋、B边一侧中部筋和H边一侧中部筋三个属性名称则变灰，相应的属性值则不能输入。另一种是通过输入角筋、B边一侧中部筋和H边一侧中部筋三个属性值，此时全部纵筋属性名称则变灰，相应的属性值则不能再输入。

其他所有构件的钢筋信息依次输入完成后，就可以进行计算了。

需要说明的是：各种板中的钢筋本身是一个构件，需要先建立，然后再像构件一样绘制到相应的位置，包括板的受力筋、负筋、基础板中的各种钢筋（面筋、中筋和底筋）和

图 4-11　柱的属性编辑界面

屋面板中的温度筋等。如板负筋的属性编辑界面如图 4-12 所示。

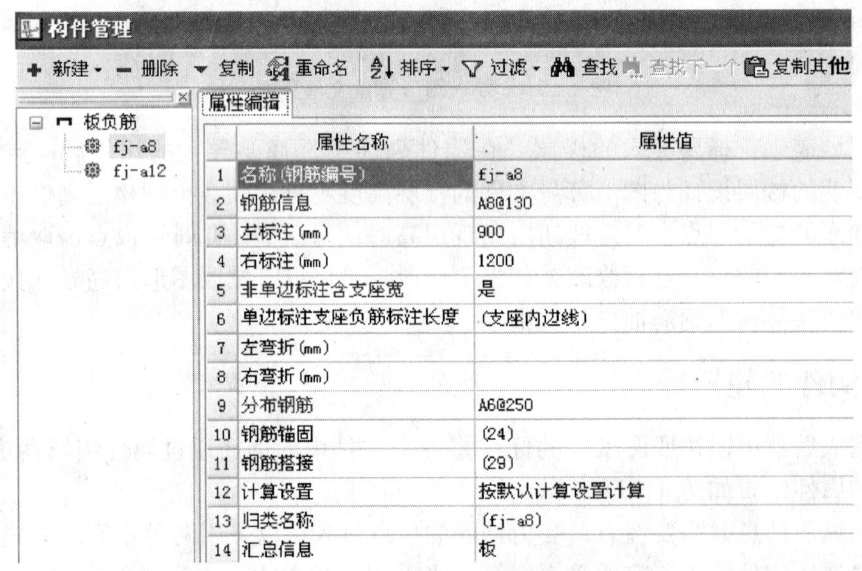

图 4-12　板负筋属性编辑

七、非建模输入

对于一些建模时不方便输入的钢筋可以采用非建模方式进行输入，点击工具栏中的非建模方式。

一般情况下，需要在非建模方式下处理的钢筋混凝土构件有以下几类：钢筋混凝土楼梯、休息平台、过梁、墙体拉结筋、混凝土压顶、窗下混凝土腰带、飘窗、阳台、栏板、挑檐等。

建模方式和非建模方式下的所有构件输入完成后就可以进入报表菜单进行汇总计算，在计算时需要选择建模方式或（和）非建模方式。计算完成后就可以通过报表功能打印相应的报表了。

在报表输出功能中还设置了导出功能，可以将各种报表导出到 EXCEL 表中。

第三节　Grandsoft 清单计价软件

一、软件特点

1. 多种计价模式共存

1）清单与定额两种计价方式共存同一软件中，实现清单计价与定额计价的完美过度与组合。

2）提供“清单计价转定额计价”功能，使用户可以在两种计价方式中自由转换，评估整体造价。

2. 多方位数据接口

1）在“导入导出招投标文件”中提供了各类招投标文件的导入导出功能。在整个招投标过程中，实现无障碍数据传递。

2）随着计算应用的普及，各类电子标书越来越多，“导入工程量清单”功能可以直接从 Excel 和 Access 中直接将清单内容导入。节省时间，响应快速。

3）能够导入 gcl7.0 工程文件数据，实现图形算量结果与计价的无缝连接。

3. 强大的数据计算

帮助造价人员快速计算，安装专业工程可使用安装费用设置与安装费用调整，可按安装专业不同分册、不同安装费用一次计算。

4. 方便的工程造价调整功能

工程造价调整分为调价与调量两部分，可以在最短的时间实现工程总价的调整和分摊。

工程量调整可以针对预算书不同的分部操作。

“主材设备不参与调整”、“人工机械不调整单价”、“甲供材料不参加调整”等多个选项共存。各选项自由组合，实现量价调整的灵活快速。

调整后预览功能，使调整过程更加清晰明了。

5. 灵活的报表设计功能

报表设计界面采用 OFFICE 风格，报表名称列使用树状结构分类显示；查找方便；报表可以导出到 EXCEL，设计更加自由。

二、分部分项工程量清单

新建工程与其他两个软件相似，这里不再赘述。工程建立完成后，界面中有工程概况、分部分项工程量清单、措施项目清单、其他项目清单、人材机汇总、计价程序、报表和数字建筑等页面。

1. 工程量清单的导入

在工程概况页面下依次输入工程概况、预算信息、工程信息、工程特征和计算信息后，进入分部分项工程量清单页面。

在数据菜单下点击导入 GCL7.0 工程数据子菜单，出现导入 GCL7.0 文件对话框，在请选择 GCL 文件路径文本框中输入 GCL 文件所在的位置，点击导入按钮，即可将分部分项工程的所有清单项目一并导入。

2. 工程量清单的输入

如果在绘图时有些项目未计入，此时也可以通过查询窗口进行清单或（和）定额项目的查找和输入，这些项目的输入与 GCL 软件中相同，这里不再赘述。但是在 GCL 软件中，我们只介绍了标准换算，但是在 GBQ 中除标准换算外还有很多种换算方法，下面做一简单介绍。

三、定额换算

1. 直接输入换算

直接输入子目时，可以在定额号的后面跟上一个或多个换算信息来进行换算，预算书类别以“换”作标识，区别定额子目。其格式如下：（注意：□表示空格）

1）子目人工×系数：$R\times n$（n 为系数，R 大小写均可）。

例如：2－56□$R\times1.1$—>表示人工费乘 1.1 系数，子目工日数会变为换算前的 1.1 倍，打开人材机，工日含量列由换算前的 0.74 变为 0.814，光标移动到含量列，再鼠标左键单击，含量列显示“0.74×1.1”，记录了换算信息。

2）子目材料×系数：$C\times n$（n 为系数，C 大小写均可）。

例如：2－56□$C\times1.1$—>表示材料费乘 1.1 系数，子目中所有材料含量数乘以 1.1，打开人材机，选中材料含量，鼠标左键单击，会显示换算信息，钢筋含量列显示为“29＊1.1”。

3）子目机械×系数：$J\times n$（n 为系数，J 大小写均可）。

例如：2－56□$J\times1.1$—>表示机械费乘 1.1 系数，子目机械台班数会同时增加。

4）子目主材×系数：$Z\times n$（n 为系数，Z 大小写均可）。

例如：4－12 □$Z\times1.1$—>表示主材乘以 1.1 系数。

5）子目设备×系数：$S\times n$（n 为系数，S 大小写均可）

例如：8－42 □$S\times1.1$—>表示设备乘以 1.1 系数。

6）子目×系数：$\times n$（n 为系数），它等价于 $R\times n$，$C\times n$，$J\times n$。

例如：2－56□×1.1—>表示子目人工、材料、机械同时乘 1.1 系数。

7）子目人工费±金额：$R+n$ 或 $R-n$（n 为金额，R 大小写均可）。

例如：2－56□$R+15.6$—>表示子目人工费增加 15.6 元，系统自动反算到人工工日消耗量上，即相当于人工工日乘以 15.6/15.42＝2.01167，打开人材机，可以看到含量由 0.74 变为 1.489，即乘以 2.01167 的系数。表示定额子目做过换算。

8）子目材料费±金额：$C+n$ 或 $C-n$（n 为金额，C 大小写均可）。

例如：2－56□C－16.8—>表示子目材料费减少 16.8 元，系统会自动反算，均摊入每项材料，2－56 换算前材料费为 247.7，换算后材料费为 247.7－16.8＝230.9，材料换算系数为 230.9/247.7＝0.93218，每项材料均乘以此系数，便是换算后的含量。

含量列显示的是乘系数后的量，鼠标单击左键选含量列，间隔几秒再单击左键，含量列便显示出反算系数及换算前的定额含量。

9）子目机械费±金额：$J+n$ 或 $J-n$（n 为金额，J 大小写均可）。

例如：2－56□J＋16.8—>表示子目机械费增加 16.8 元。系统处理方法同上。

10）子目主材费±金额：$Z+n$ 或 $Z-n$（n 为金额，Z 大小写均可）。

例如：4－12 □Z＋1000—>表示主材费增加 1000，系统自动折算主材换算系数，摊入主材含量。

11）换半成品（砂浆、混凝土等）：新半成品编号，如 C10，M5 等。

例如：2－56□C35—>表示将子目中的混凝土换算为 C35 等级。只把 CL20 陶粒混凝土换为 C35 普通混凝土，含量不变。

12）加减其他子目：＋/－其他定额号及换算信息。

例如：2－56□＋□2－101×10—>表示子目 2－56 加 2－101 乘 10 倍，合并为新子目。

13）直接输入运距、厚度换算：D 厚度或运距。

对于需换算运距、厚度的子目，可在定额号后输入运距、厚度信息，软件自动换算。如果子目没有此项换算信息，软件可判断，给出提示信息。

例如：2－61□D400—>表示当前子目墙厚换为 400，同时在子目名称后添加换算信息。

2. 直接修改量换算

即用户可以直接修改子目单价，软件可反算到人材机含量中。

3. 材料类别换算

一般换算时，要换算的均是同一类别的人材机，系统提供了一种材料类别换算方法。用鼠标左键双击子目行号或单击子目树形结点上“＋”号，打开人材机，移动光标到名称与规格列，鼠标左键单击或回车，单元格右方出现一黑箭头，单击此箭头，系统弹出下拉选框，在人材机库中与当前材料类别相同的材料全部列出来，供用户选择替换当前材料，单击要换算的材料，换算即完成，系统用选中的材料替换原有材料，含量不变，并重新计算子目单价。

4. 批量系数换算

批量系数换算可以进行人材机换算和系数换算，操作方法选择实体项目页面右键功能的［批量系数换算］，选择完换算信息后，点击【确定】按钮，即可完成所选子目的换算。

源材料号：通过点击右侧的▼按钮选择子目中要被替换的材料号；

目标材料号：通过点击右侧的▼按钮选择子目中要替代原材料的材料；

系数换算：用来输入要调整的对应系数（输入值只要不为 1 则系数选择就有效）；

添加：把所做的人材机换算信息加入到左侧的换算表中；

删除：删除左侧换算表中所选中的换算信息；

修改：左侧换算表中所选中的换算信息将用当前的换算信息替换；

应用：对选中的子目进行自动换算。换算的内容为左侧所选中的换算和右侧所选中的系数调整。

注意：

1）建议先做标准换算再做自动换算。

2）自动换算适用于批量换算，选择所有子目，调整其统一的换算内容；

5. 人材机选择换算

1）在子目下级的人材机行的名称规格列下拉框中显示材料本身及仿制材料，可以进行材料选择换算。

2）在［属性窗口］－［工料机显示］中人材机下拉框显示材料本身、仿制材料及换算材料，可以进行材料选择换算。

6. 取消换算

即取消用户所做换算，不管用户用何种方式做换算，均可取消，回到换算前状态。

操作方法：【分部分项工程量清单】→【换算】→【取消换算】，或者点击页面工具栏的取消换算图标。

四、其他相关设置

1. 预算书设置

点击预算书设置页面，可以进行工程量表达式单位设置、超高费汇总类别设置、地区类别与组价设置、直接输入选项设置、配合比设置、报表输出控制和清单取费选项设置等。

2. 预算表页面设置

点击分部分项工程量清单菜单下的页面设置子菜单，出现预算书页面设置界面，在此页面中可对预算表的各项内容的格式以及工作过程中或预算表中将要显示的列的内容进行设置。

3. 选项设置

在系统菜单下，点击选项设置子菜单，此时可以进行系统设置和定额信息设置。

4. 清单排序和分部整理

点击分部分项工程量清单菜单下的排序整理子菜单，通过打开相应的二级子菜单实现清单项目的排序和对预算书分部的整理。

5. 属性窗口

通过属性窗口可以控制工作区域显示内容的多少和改变工作区域的大小。

五、措施项目清单

在措施项目清单页面中，分为两种类型：一种是按照一定取费基数进行取费的项目，类别标志为费，另一类是需要通过定额组价的方式进行组价，类别标志为定。对于第一类则只需要给定相应的取费费率即可，对于第二类需要通过定额进行组价。如模板项目的组价过程如下：首先选定措施项目中混凝土与钢筋混凝土模板及支架项目，然后点击组价内容按钮，弹出编制措施项目对话框，单击查询窗口，选择所需的定额项目并相应的工程量即可。

有些措施项目的内容也可以通过分部分项工程量清单中的关联功能来实现。如混凝土、钢筋混凝土模板及支架项目的就可以通过分部分项工程子目的关联功能来实现。当输入混凝土子目时会自动弹出如图 4 - 13 所示的子目关联界面。此时只需输入混凝土子目的工程量，然后在模板类别选择文本框中选择所需的模板类型即可。模板的工程量则自动进入措施项目的相应位置。

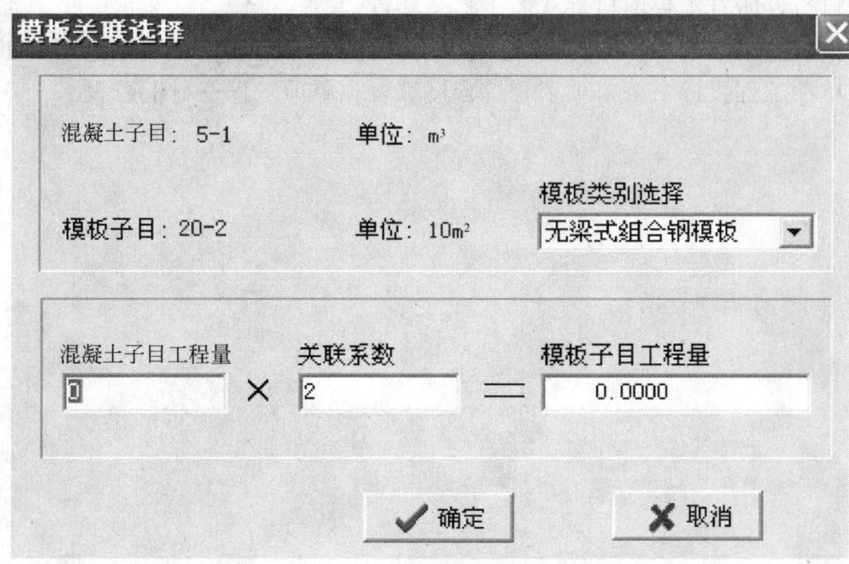

图 4 - 13　模板关联示意

六、其他项目清单、人材机汇总、计价程序

点击其他项目清单页面，在此部分只需给定相应项目的取费基数和费率即可。

点击人材机汇总页面，则完成了人材机的汇总操作，相当于手工编制预算的工料分析。在此界面中对需要调整价格的人工、材料和机械进行调整后，软件自动将所做的价格修改反算到相关的定额子目中，并对各相关项目重新计算和组价。

点击计价程序页面，修改取费基数和相应费率后，则完成了整修工程的取费和工程造价的计算工作。

七、报表

点击报表页面，在此界面中选择所需的报表后就可以打印输出了。

单位工程预算书界面所包括的主要报表有封面、编制说明、单位工程费汇总表、实体项目费表、措施项目计价表、其他项目计价表、实体项目单价分析表、措施项目单价分析表、零星工作项目计价表、人材机汇总表、单位工程材料汇总表和主要材料、设备价格表等。

在报表菜单下还有一个导出子菜单，可以将报表导出到 EXCEL 表中。

八、项目管理

项目管理相当于软件的档案管理，可将已存到磁盘的工程文件有机组织起来，建立逻辑链接关系，进行数据汇总，生成各类报表。用户可做单项工程综合概算、建设项目总概算。

项目结构的界面风格与预算文件相近，项目间用树型图连接，新建项目后，系统自动创建整个项目行，所有工程项目都从属于整个项目。

项目的报表有以下七种：即封面、工程项目总价表、单项工程费汇总表、工程项目综合汇总表、单项工程投标书、单项工程综合概算表和单项工程三材汇总表。

第五章 工程案例分析

第一节 工程概况

本书中的附图是从孟新田主编的《土木工程概预算与清单计价》中复制而来的，适当加了一些说明。图中未改过来的做法均按照江苏省的相应做法进行施工。

附图 1 设计说明和门窗表

附图 2 材料做法表

附图 3 一层平面图

附图 4 二层平面图

附图 5 三层平面图

附图 6 屋面排水平面图

附图 7 ①—①立面图

附图 8 ⑮—①立面图

附图 9 Ⓐ—Ⓔ立面图

附图 10 1—1 剖面图

附图 11 2—2 剖面图

附图 12 节点详图

附图 13 结构设计总说明

附图 14 基础平面布置图

附图 15 基础详图

附图 16 一至二层顶板结构布置图

附图 17 三层顶板结构布置图

附图 18 梁配筋图

附图 19 楼梯配筋图

该工程的建筑施工图和结构施工图如附图 1—19 所示。

该工程所在地距离混凝土方桩构件制作厂 10km。混凝土全部现场拌制。地沟、过梁和盖板在现场进行预制，所有门窗过梁均在现场进行预制。挖出的土方运到 50m 外的堆土场进行临时存放，待回填时再运回，挖出的土方不够回填时再从另一处距离施工现场 50m 的地点取土。

材料的市场价格如下：

煤矸石烧结砖，240×115×53，28 元/百块；

煤矸石烧结多孔砖，240×190×115，110 元/百块；

普通硅酸盐水泥，袋装 42.5 级，240 元/t；

级配碎石，35 元/t；

生石灰 145 元/t；

中粗黄砂，45 元/t；

石油沥青，3750 元/t；

塑钢推拉窗，80 系列，中空玻璃（4＋6＋4），235 元/m^2；

塑钢平开门，60 系列，双层玻璃，255 元/m^2；

HPB235，4150 元/t；

HRB335，4100 元/t；

泡沫板（15kg/m^3），265 元/m^3；

塑性体改性沥青 APP 防水卷材，聚酯胎Ⅱ型－15℃，4mm，39.5 元/m^2；

水泥珍珠岩板，172 元/m^3；

冷底子油，油性，8.5 元/kg；

蛭石，95 元/m^3。

经查阅工期定额，该工程的定额工期为 125d，江苏省按现行工期定额的 80%执行，本工程的工期取定为 100d。

第二节　计算结果

利用工程量算量软件计算了该工程的清单工程量，招标人工程量清单汇总表如附表 1 所示。

在计算过程中，同时还定义了每个清单项目的工程作法并套用了相应的计价表子目，所以在计算清单工程量的同时，也计算了定额工程量。为了节省篇幅只列出了基础层和首层的清单工程量和定额工程量的对比表，分别如附表 2 和附表 3 所示。首层构件工程量的计算过程如附表 5 所示。

利用钢筋计算软件计算了该工程中的预制混凝土构件和现浇混凝土构件的钢筋用量，各种钢筋汇总表如附表 4 所示。

利用钢筋软件和工程量算量软件计算的结果，通过工程量清单计价软件分别进行分部分项工程量清单的组价、换算或调整，措施项目清单项目的组价、其他项目清单项目的组价，进行人材机汇总分析后，调整材料的市场价格，通过计价程序计算出整个工程的总价。该总价既可以作为招标标底，也可以作为投标报价，如附表 6 所示。单位工程费用汇总表如附表 6 所示。分部分项工程量清单计价表如附表 7 所示，为了说明清单综合单价的调整与确定列出了清单综合单价分析表如附表 8 所示。措施项目清单计价表如附表 9 所示，措施项目费分析表如附表 10 所示。其他项目费用表如附表 11 所示，各种材料的价格取定如附表 12 所示。

第三节　工程量清单及计价的应用

工程量清单条件下综合单价具有以下四个方面的属性：即固定性、可变性、综合性和依存性。“单价的固定性”，是指在规定的合同条件下，单价固定不变；但是在合同条件发生变化，如：施工条件变化、工程变更、额外工程、加速施工等条件下，将重新议定单价，进行合理的索赔补偿。

单价变动的原因有三类。一是工程变更，按其影响方式有分为两种：①合同上的变更，即通过对合同文件进行修改，使工作性质发生变化；②工程上的变更，使得工作量与原合同数量发生实质性变动，从而单价不适用。二是价格调整和后继法规变动，使招标人填报的单价的基础发生了变动。三是费用索赔。通常合同价格调整以总金额形式体现，但其原因仍是单价变动所致。单价的综合性和依存性是指综合单价的构成是由五个方面的内容所构成的，其中的利润和相应的风险是相互依存和变化的。

监理工程师在处理采用清单计价的工程费用索赔时，应该如何处理以及应该注意哪些问题，下面将以本工程为例进行简要说明。

本附图所列工程的工程量清单以及清单计价列于附表中，下面根据附表中的清单项目和工程内容以及项目特征，介绍工程量清单的计算规则，然后根据江苏省建筑与装饰工程计价表进行清单报价，然后根据施工过程中发生的变更（这些变更导致了该清单项目的项目特征发生了变化）由监理工程师根据变化情况进行新单价的确定，从而处理施工单位提出的各种费用索赔。

本节将结合本实例工程中的各个分项工程的清单综合单价的组成情况，对当某些情况发生变化后工程量清单的综合单价的调整方法进行解释。

由附表1可知，本工程只计算了90项工程量清单，对于每项工程量清单的项目特征都进行了详细地描述。

一、土石方工程

在工程量清单计价规范和江苏省建筑与装饰工程计价表中，对平整场地的定义和适用范围是相同的，而对挖基槽、基坑和土方的适用范围的规定是不相同的。

平整场地是指土层厚度在室外地坪设计标高±300mm以内的就地挖、填和找平的土方工程。当场地竖向布置挖填土方时．不计算平整场地工程量。该项目则不同于场地标高确定中的场地平整，因为当挖、填的深度超过300mm时，就不再是平整场地了，而变成了场地的竖向设计，在工程量清单列项时应按挖土方项目编码列项。

在工程量清单计价规范中，挖基础土方项目适用于带形基础、独立基础、满堂基础（包括地下室基础）及设备基础、人工挖孔桩等的挖方。带形基础应按不同底宽和深度，独立基础和满堂基础应按不同底面积和深度分别编码列项。

在江苏省建筑与装饰工程计价表中，挖土方是指基槽底宽度在3.0 m以上或基坑底面积在20 m^2以上的土方工程。挖基槽是指凡图示沟槽底宽（净宽）在3m以内，且基槽长大于槽宽3倍以上的土方工程。挖基坑是指凡图示基坑底面积在20m^2以内且底宽在3m以上的土方工程。

挖土方、挖基槽和挖基坑的定义，是正确选用计价表子目的基础，监理人员要深刻领会并能够熟练运用。

1. 平整场地

“平整场地”清单工程量计算规则为“按设计图示尺寸以建筑物首层面积计算”，“首层面积”应按建筑物外墙外边线计算。落地阳台计算全面积；悬挑阳台不计算面积。设地下室和半地下室的采光井等不计算建筑面积的部位也应计入平整场地的工程量。地上无建筑物的地下停车场按地下停车场外墙外边线外围面积计算，包括出入口、通风竖井和采光井计算平整场地的面积。

对于第一项平整场地的项目特征描述进行解释，按照土壤的类别划分，这个清单项目的特征应该描述为一类土或者二类土。如果两类土同时存在，若第一个项目的土壤类别特征描述为一类土，项目编码为010101001001，则要再增加一项平整场地，土壤类别描述为二类土，项目的编码变为010101001002。这样的项目特征描述是最准确的。在计价表中对于人工平整场地是不区分土的类别的，而对于机械平整场地，则与土壤的类别有关，且一、二土的调整情况是相同的。所以这个项目的土壤类别描述为一类土、二类土是不影响结算的报价的。

如果将四类土描述为三类土，就会给施工单位留下索赔的机会。下面介绍可能出现的几种情形：

人工平整场地：从附表7中可知，这个项目的报价是3.1元/m^2。

机械平整场地：以使用75kW推土机为例，此项目的定额价为0.379元/m^2，而四类土的定额价为0.441元/m^2。

从附表3中列出的平整场地的工程量可知，按照工程量清单计价规范来计算，结果为393.68m^2，而按照计价表中的工程量计算规则计算则为578.16m^2。这是因为清单计价规范和计价表对此项目的计算规则是不同的，参照附录15第一节的有关内容。

项目特征是描述清单项目的重要内容，是投标人投标报价的重要依据，招标人应按《计价规范》要求，将项目特征详细描述清楚，便于投标人报价。不能因为全部描述项目特征比较烦琐，而引用施工图中设计说明中第几项所指的内容。

在编制工程量清单时，只给出平整场地的工程量为393.68m^2，投标人报价时也必须以此数据为依据进行报价，在工程结算时，如果此工程的底层建筑面积未发生变化，也只能按此数据进行此分项工程的结算，而578.16m^{2}是作为投标人报价时按照计价表进行的依据。

如果实际采用人工平整场地，当各种条件均不变时，双方无争议；如果人工单价发生了变化，比如由27元/工日调整到34元/工日，则施工单位会提出每平方米平整场地工程量提高0.8元的索赔要求。处理类似的问题时，必须查看施工单位投标报价时所用的管理费费率和利润率，在调整单位时要参照当时的相应费率进行，而不能按计价表的规定进行，因为如果施工单位在报价时所用的费率较低，则是出于一种想中标的目的，现在中标了发生变更也应该按照当时采用的费率进行调整，比规定低的部分应该视为对发包人的让利。

如果采用机械平整场地，施工单位就会提出增加0.062元/m^{2}的索赔要求。整个工程的索赔款为35.85元。清单单价的变化为0.091元/m^2。

2. 挖基础土方

招标人编制工程量清单不列施工方法（有特殊要求的除外），投标人应根据施工方案确定施工方法进行投标报价。土石方开挖，招标人确定工程数量即可。开挖方式，应由投标人做出的施工方案来确定，投标人应根据拟定的施工方法投标报价。如招标文件对土石方开挖有特殊要求，在编制工程量清单时，可规定施工方法。

清单计算规则规定：挖基础土方按设计图示尺寸以基础垫层底面积乘挖土深度计算。

计价表计算规则规定：地槽工程量＝地槽底宽×地槽长度×深，其中地槽底宽＝基础底宽＋两边工作面宽度；地槽长度计算规定：外墙按墙中心线、内墙按地槽底净长计算。

附表1中第2项列出了基槽的清单工程量为90.06m^3，计价表工程量为146.383，此数量按两侧各留300mm宽工作面计算而得，如附表3所示（值得说明的是，本例中的工作面在实际施工时可以不留）。由于两种规则是不同的，所以得出的计算结果也是有较大差异的。

本例中的挖基础土方在计算中要注意，不同部位的承台梁的埋深不同，只要工作面宽度确定了就可以得出正确的计算结果。

下面介绍一下附表1中该项的土壤类别项目特征描述中存在的问题：

本例中描述为一类土、二类土。计价表中人工挖基础土方是按照土壤类别进行区分的，而机械土方以三类土为基准，并不区分一类土和二类土。

如果采用人工挖基础土方，计价表单价之差为1.97元/m^3。

清单的单价差为3.06元/m^3，土方总费用将相差288.37元。

在基槽的施工过程中，如果基槽挖好后被水浸泡后，地基强度达不到设计标准，需要超挖，则这笔费用是否给予补偿，也要分为以下两种情况来处理：

1）如果这种雨是当地季节性的雨水，这是一个有经验的承包商能够合理预见到的，所以这种情况下发生的费用是不予补偿的。

2）如果这种雨是当地历史上所没有发生过的，是一个有经验的承包商所不能合理预见到的，则这种情况下的费用增加是应该给予补偿的，即这种情况下的挖土综合单价是允许调整的。

如业主原因（或责任、风险范围）导致土方开挖的实际特征或运距等同招标文件描述的相差很大，施工单位为此承受了一定损失，工程量不变，则此时应该允许调整其综合单价。调整时将原土质类别的挖土单价换成现土质类别的挖土单价，同时将原土方运输距离改为现土方运输距离时的运输单价

在土方的开挖过程中，挖土方式的改变是不允许调整土方综合单价的。土方运输距离的变化一般是允许调整综合单价的。如果报价是在投标前进行现场踏勘后进行的，则此时无论是施工方式的改变，还是运输距离的改变，挖土的综合单价一般情况下均不允许调整。

3. 土（石）方回填

附表1中第3项列出了土方回填的数量及相应的工作内容和项目特征。本例中出现了土方回填数量比挖方数量大的情况，其原因是房心回填土较多。

二、打桩工程及基础垫层

1. 打桩

混凝土桩工程内容中的成孔与土石方工程中的人工挖孔桩，在编制工程量清单时，以不重列为原则。如将人工挖孔列入“混凝土灌注桩”项目内，则不再列“挖基础土方”。如属两个结算单位施工，也可以分列。

本工程的工程桩为 115 根，再加上三根试桩，总数为 118 根。

附表 1 中第 4 项列出了本例中预制钢筋混凝土桩的工程量，按工程量清单计价规范计算的工程量为 118 根或 1062m，而按计价表计算的工程量则为 95.58m^3。

预制钢筋混凝土桩的工程内容包括：桩制作、运输，打桩、试验桩、斜桩，送桩，清理、运输。

本案例中的桩未描述运输距离，暂按现场制作考虑，如果是在加工厂制作则还要描述加工厂至施工现场的距离，以方便计算场外运输费。

虽然用总长度乘以桩断面面积就可以得出桩的体积，但是，投标人如果报价时按照体积来报价，则有可能被判为废标，因为投标人修改了工程量清单的数量。通过这个例子可以看出计价规范规定的分部分项工程量清单的闭口性的重要程度。

在工程结算时，监理工程师只能按照工程量清单中规定的长度或根数来进行计量并签署工程款支付申请单。如果按照体积来结算则可能带来一些麻烦，如损耗的问题。

2. 基础垫层

附表 1 中第 15 项列出了带形基础下的炉渣垫层工程量为 62.54m^3。

在编制工程量清单时应该尽量将性质相同的项目列为一项清单，以减少核对工程量清单的工作量和解释工作量。

二、砌筑工程

1. 砖基础

清单计价规范和江苏省建筑与装饰工程计价表均规定，砖基础按设计图示尺寸以体积计算。包括附墙垛基础宽出部分体积，扣除地梁（圈梁）、构造柱所占体积，不扣除基础大放脚 T 形接头处的重叠部分及嵌入基础内的钢筋、铁件、管道、基础砂浆防潮层和单个面积 0.3 m^2 以内的孔洞所占体积，靠墙暖气沟的挑檐不增加体积。基础长度：外墙按中心线，内墙按净长线计算。

由于本项目的计算规则相同，所以出现争议时即可按照传统的定额计价进行处理就可以了，所以附表 1 中未给出砖基础的工程量，请读者自己试算一下。

2. 砖墙

在清单计价规范中砖墙包括实心墙、空斗墙、空花墙和填充墙四种类型。

工程量清单计价规范规定：实心砖墙按设计图示尺寸以体积计算。扣除门窗洞口、过人洞、空圈、嵌入墙内的钢筋混凝土柱、梁、圈梁、挑梁、过梁及凹进墙内的壁龛、管槽、暖气槽、消火栓箱所占体积。不扣除梁头、板头、檩头、垫木、木楞头、沿缘木、木砖、门窗走头、砖墙内加固钢筋、木筋、铁件、钢管及单个面积 0.3 m^2 以内的孔洞所占体积。凸出墙面的腰线、挑檐、压顶、窗台线、虎头砖、门窗套不增加体积。凸出墙面的砖垛并入墙体体积内。

1）墙长度：外墙按中心线，内墙按净长计算。

2）墙高度。

(1) 外墙：斜（坡）屋面无檐口顶棚者算至屋面板底；有屋架且室内外均有大棚者算至屋架下弦底另加 200mm；无顶棚者算至屋架下弦底另加 300mm，出檐宽度超过 600mm 时按实砌高度计算；平屋面算至钢筋混凝土板底。

(2) 内墙：位于屋架下弦者，算至屋架下弦底；无屋架者算至顶棚底另加 100mm；有钢筋混凝土楼板隔层者算至楼板顶；有框架梁时算至梁底。

(3) 女儿墙：从屋面板上表面算至女儿墙顶面（如有混凝土压顶时算至压顶下表面）。

(4) 内、外山墙：按其平均高度计算。

计价表规定：实心砖墙按体积以立方米计算。①标准砖墙不区分清、混水墙及艺术形式复杂程度。砖碹、砖过梁、砖圈梁、腰线、砖垛、砖挑檐、附墙烟囱已经综合考虑在定额内，不得另立项目计算。②阳台砖隔断按相应内墙定额执行。③空斗墙中遇有实砌钢筋砖圈梁及单面附垛时，应另列项目按小型砌体定额执行。

计算墙体时，应扣除门窗洞口、过人洞、空圈、嵌入墙身的钢筋混凝土柱、梁（包括过梁、圈梁、挑梁）、砖平旋，平砌砖过梁和暖气包壁龛及内墙板头的面积，不扣除梁头、外墙板头、檩头、垫木、木楞头、沿椽木、木砖、门窗走头、砖墙内的加固钢筋、木筋、铁件、钢管及每个面积在 0.3m^2 以下的孔洞等所占的面积，突出墙面的窗台虎头砖、压顶线、山墙泛水、烟囱根、门窗套及三皮砖以内的腰线和挑檐等面积亦不增加。

附墙砖垛、三皮砖以上的腰线、挑檐、烟囱、通风道、垃圾道（每个孔洞横断面超过 0.1m^2 时，应扣除其所占体积）等以其外型体积按所依附砖墙厚度折算成面积后，并入墙身面积内计算。

女儿墙高度，自外墙顶面至图示女儿墙顶面高度，分别不同墙厚并入外墙计算。混凝土压顶以延长米计算。

基础与墙身的划分界限：基础与墙使用一种材料时，以设计室内地坪为界，以下为基础，以上为墙身；使用不同材料时，位于设计室内地坪±300mm 以内，以不同材料为分界线，超过±300mm 时以设计室内地坪为分界线，以下为基础，以上为墙身。

附表 1 中第 5～7 项均为实心砖墙，分别为 115mm 和 53mm，值得注意的是，这两种墙的计算厚度一般情况下和图纸中的标注不同。图纸中一般标注为 120mm 和 60mm。

由于本工程未涉及到腰线和挑檐，所以两种规则计算的结果是相同的。如果出现争议可以参照传统定额计价方式处理。

3. 砌块砌体

清单计价规范中的砌块砌体包括砌块墙和空心砖墙。工程量计算规则规定：按设计图示尺寸以体积计算。扣除门窗洞口、过人洞、空圈、嵌入墙内的钢筋混凝土柱、梁、圈梁、挑梁、过梁及凹进墙内的壁龛、管槽、暖气槽、消火栓箱所占体积，不扣除梁头、板头、檩头、垫木、木楞头、沿缘木、木砖、门窗走头、砖墙内加固钢筋、木筋、铁件、钢管及单个面积 0.3 m^2 以内的孔洞所占体积，凸出墙面的腰线、挑檐、压顶、窗台线、虎头砖、门窗套不增加体积，凸出墙面的砖垛并入墙体体积内。墙长度：外墙按中心线，内墙按净长计算。墙高度：外墙，斜（坡）屋面无檐口顶棚者算至屋面板底。

附表 1 中第 10～13 项均为空心砖墙，分别对应厚度分别为 240mm、370mm、430mm 和 90mm 的煤矸石空心砖墙。其中第 11、12 和 13 项较为简单，这里不再赘述。

下面主要就附表 1 中第 10 项进行阐述。对于这样一种复合墙，一般有两种处理方式：一种是直接采用 430mm 厚空心砖墙，在工程内容和项目特征处进行详细描述。如砖的品种、规格和强度可以描述为：240mm 厚煤矸石空心砖＋70mm 厚 EPS 保温板＋120mm 厚煤矸石空心砖；墙体厚度描述为 430mm；这种做法是与图纸相符的，更有利于监理工程师进行工程进度款的支付审核和工程结算的审核。

另一种是将外墙分解为240mm厚煤矸石空心砖+120mm厚煤矸石空心砖+70mm厚EPS保温板三项清单，墙体类型可以描述为外墙；砌筑砂浆可以描述为M7.5混合砂浆。这样处理后，在编制标底时要注意，在同一个清单项目内，墙体厚度分别为240mm和115mm，要分别套用计价表项目，另外还要将中间的夹层套用相应的保温层项目，计价时再进行换算。

工程量清单中的编码和工程内容、项目特征是编制标底和投标报价时的重要依据。以本例中砖墙的工程量清单为例，如果项目特征描述为标准砖则编制标底和投标报价时，只能使用标准砖的计价表项目；如果描述为空心砖墙，则就可以使用砌块墙和空心砖计价表项目。项目特征的描述不准确，则可能产生非常严重的后果。请一定要牢记。

通过本例可以说明如下一个问题：即当设计图纸中的内容在清单计价规范和计价表中找不到相同的项目时，可以套用相近的项目，然后再通过适当地换算以达到相应的目的。

在此项目中夹层的处理是非常重要的，如果按照EPS板保温隔热墙来处理，报价可能高出很多，但是若作为墙体的填充材料由只会产生EPS板的材料费。

注：计价表规定，当砌体中设计钢筋砖过梁时，应另行计算，套小型砌体定额。

附表1中第8和9项均为零星砌砖，这两项本来可以合并成一个项目，但是，由于在填写项目特征时稍有不同，计算机将其列为两个项目，均指台阶的砌砖工程量，只是台阶所处的位置不同而已。通过本例可以看到，在填写工程内容和项目特征时，应该尽量将工程内容相同的项目的特征描述一致，以减少工程量清单项目的数量。

四、钢筋工程

钢筋工程在GB 50500中是混凝土与钢筋混凝土工程中的一个分项，包括各种钢筋混凝土构件中的各种钢筋。现浇构件中固定位置的支撑钢筋、双层钢筋用的“铁马”、伸出构件的锚固钢筋、预制构件的吊钩等，应并入钢筋工程量内。钢筋的搭接、弯钩等长度，招标人均应按设计规定计算在钢筋工程数量内，在江苏省2004年建筑与装饰工程计价表中是一个单独的分部。钢筋的制作、安装、运输损耗由投标人考虑在报价内。

钢筋的项目特征比较简单，只有规格和型号两项内容。土建监理人员无论在编制工程量清单还是审核钢筋的数量时，均应根据相应的标准图集和设计图纸进行。

在本例附表7中只列出了楼层构件类型的钢筋汇总表，计算过程未列出，请读者自行计算。在监理工作中，验收钢筋是所有土建监理人员的一项最基本的工作内容，要求各位土建监理人对03G101－1、03G101－2、04G101－3、04G101－4和06G101－6等标准图集要特别熟练，对常用的构件的做法和规定要牢记在心，懂得如何锚固、搭接以及相应的锚固和搭接长度规定。这是准确计算钢筋重量的前提。

附表1中第39和40项列出了本例中的现浇混凝土钢筋和预制构件钢筋。这些钢筋包括HPB235和HRB335，且为各种规格钢筋用量的总和。本例中的做法是为了节省篇幅，实际操作时，招标人可以把各种规格、型号的钢筋进行分类，分别列项给出，也可根据工程的具体情况，分$\phi 10$及以内和$\phi 10$以上编码列项。

2004计价表规定：在计算钢筋工程量时，要注意以下几点。对于后张法预应力构件中的钢筋，要区分预应力与非预应力钢筋进行计算，而对于先张法预应力构件中的钢筋则合并计算。当梁板 $\Phi8$ 以上的通筋未设置搭接位置时，预算书暂按 8m 一个双面电焊接头考虑，按钢筋实际定尺长度调整搭接个数，搭接方式按已审定的施工组织设计确定。桩顶破碎混凝土后主筋与底板钢筋焊接分别分为灌注桩、方桩（离心管桩按方桩）以桩的根数计算，每根桩端焊接钢筋根数不调整。

五、混凝土工程

混凝土工程分为现浇混凝土构件和预制混凝土构件。

计价表规定：现浇混凝土构件采用商品混凝土时，如果混凝土输送泵由施工单位提供，应将泵送费列入措施项目费内；如果混凝土输送泵由商品混凝土厂家提供，并包括在商品混凝土价格内，其泵送费列在分部分项工程量清单报价内。

1. 现浇混凝土基础

在本例中，除桩基础外还涉及到了带形基础，但数量很少，如附表 1 中第 15 项所示，

在工程量清单计价规范中规定，混凝土基础中包括垫层在内。本例中的带形基础工程量实际上只是炉渣垫层的工程量。

垫层捆绑在基础内，设计变更会使垫层种类、厚度或基础埋置深度增加或减少，而出现无法利用投标单位或使用单价不合理？如某工程砖基础、三七灰土垫层。第一种情况是由于土质原因垫层 300mm 厚改为 500mm 厚；第二种情况，是砖基础埋置深度增加 1m，而垫层厚度不同。

有三种方法可以解决这个问题。①事先可以预见的可在“零星工作项目费”内将垫层和基础分别列项请投标人报价。②招标人要求投标人做分部分项工程综合单价，或按投标报价中近似的分部分项工程综合单价协商调整；此时应先对基础的综合单价分垫层和基础进行分析，再根据垫层或基础的变化情况进行调整。③可利用第五级编码分项列。

2. 现浇混凝土柱

附表 1 中第 16 项列出了矩形柱的有关内容，它的编号为 010402001001，工程量为 36.63m^3，项目特征为 C25 混凝土，周长在 1.2m 以内。这些描述是非常必要的，尤其是强度等级和周长，其中周长影响模板的用量和措施费的报价；混凝土的强度等级和分部分项工程的报价有关，如果在进行混凝土特征描述时再将混凝土拌合料的种类做出要求则更好，这样将有利于混凝土单价和综合单价的调整。这一点是监理工程师需要特别注意的。

如果不对混凝土拌合料的种类做出说明，投标人在报价时就会以一种常用的混凝土拌合料进行报价，到时现场能够采购到的材料如果与报价时所用的材料不同，施工单位也可能提出索赔，但是，这种索赔成功的可能性极小。

如果在施工过程中，混凝土的强度等级提高为 C30，则此时应该重新调整该清单项目的综合单价。调整时应该将 C25 的混凝土单价换算为 C30 的混凝土单价。

如果在施工过程中，混凝土的强度等级未发生变化，而是混凝土数量发生了变化，且超过了该分项工程的工程量。根据苏建定［2004］290 号文的规定：如合同中未明确规定，分部分项单项工程量变更超过 15%，并且该项分部分项工程费超过总分部分项工程费的 1%的，综合单价可作适当调整。此时处理就有两种情形：当超过的幅度未超过合同规定的变化幅度，则按原综合单价进行结算；当超过的幅度超过了合同规定的变化幅度时，则要对原综合单价进行调整，其措施项目费用中相应的模板、脚手架工程量应调整。

下面介绍一下综合单价的调整过程以供监理工程师在遇到此类问题时进行参考。

从附表7中可以看出，本清单项目工程量为36.63m³，其综合单价为274.71元/m³。从附表8可以看出，其中管理费为15.6元/m³，若工程量变为45m³。这种变更发生后，如果施工单位提出索赔，则监理工程师处理这项索赔时应该遵循以下原则：由于在本分项工程上，施工单位所花的管理费总额并未增加，所以，在调整单价时应该将本分项工程中的管理费重新重新分配到本分项工程变更后的工程量内，而综合单价中其他费用不变，同时还要调整模板的相关费用。

其计算过程如下：

该分项工程综合单价中的人工费为55.97元/m³，材料费为189.21元/m³，机械费为6.44元/m³，管理费为15.6元/m³，利润为7.49元/m³。则包含在本分项工程中的管理费总额为571.43元。变更后重新分配后的管理费为12.7元/m³，则变更后的新综合单价为260.81元/m³，其计算式如下：

274.71－15.6＋12.7＝271.81元/m³

本分项工程的结算费用为：

274.71×（1＋0.15）×36.63＋271.81×（45－1.15×36.63）＝12353.61元

这样处理的结果，既不影响施工单位的盈利，又不损害业主单位的利益，承发包双方均能接受。

同理，经过工程变更或设计变更，如果该分项工程的工程量有所减少，也可以参照工程量增加的情况进行处理。

关于混凝土工程项目的措施项目费用的调整可以参照以下的方法进行处理：

一般情况下，措施项目报价时有分项明细，可以看到柱模板的是多少，除以当时报价的混凝土量就会得到一个比值。增加的柱混凝土量乘以这个比值就得到了增加的模板量。混凝土梁、板等的工程量发生变化时，措施项目费用的调整也可以参照混凝土柱工程量增加时模板的费用调整方法进行。

编制混凝土清单子目时，除应按项目特征的不同分别列项外，如不同楼层混凝土的综合单价差异较大，则应分别列项。此种情况同样适用于混凝土梁、板等构件的清单项目列项。

3. 现浇混凝土梁

现浇混凝土梁的列项与板的类型有关，特别是遇到有梁板时要特别注意。在计算工程量按梁的工程量计算规则进行计算，但是在套用定额子目和清单项时要按有梁板套用。

在附表1中第18～19项列出了本例中的基础梁，第20～22为的矩形梁，都分别列出了它们的项目特征和工作内容。应该说，梁构件在两种工程量计算规则下的计算结果是一致的。详见附表2。

有关混凝土梁工程量变更后的综合单价确定可以参照混凝土柱的综合单价确定过程进行。

在清单中的混凝土单价，在施工中发现原报价使用的水泥初凝时间不稳定，施工中征得甲方的同意，使用初凝时间更加稳定的水泥，但该水泥比原投标报价的水泥高很多，高出部分是否可以调整，可以分为以下几种情况来处理：

1）如果这种情况是由于施工单位自己的原因导致的，则此部分费用不予调整。

2）如果水泥是由发包方指定的厂家，施工时发现不稳定，征得甲方的同意使用另一家稳定的水泥，施工方可以少承担一些责任。这是因为，虽然是甲方指定的水泥，但施工单位在投标前应该作调查，发现不能使用时应该及时提出，如果施工单位未及时提出，到使用时发现不能使用，则此时一般不予调整。

3）如果甲方指定的水泥是不合格产品，则该部分费用应该调整。

关于水泥的另一个问题是，原固定单价中采用的是32.5级的水泥，在施工过程中征得甲方的同意变更为42.5的水泥，原混凝土的清单报价是否可以调整，可以分为以下两种情况：

1）如果这种变更的原因是由于设计的强度等级不能满足使用要求，则这种变更的费用增加是可以调整的。调整时，混凝土的综合单价减去原来32.5级水泥的费用再加上新增的42.5级水泥的费用。

2）如果这种变更是由于施工单位为了保证施工质量，将C20的混凝土按C25的混凝土进行施工，虽然征得了甲方的同意，则这种变更增加的费用是不能调整的。

4. 现浇混凝土板

现浇混凝土板分为有梁板、无梁板、平板、拱板、薄壳板。在钢筋混凝土框架结构、框剪结构中与板现浇在一起的板一般称为有梁板；由柱子上端的扩大头直接支承的板称为无梁板；支承在砖墙或圈梁上的板称为平板。

附表1第22项列出了平板项目的内容。对于板类构件，在描述它的项目特征时，一定要把板的类型、板的厚度和混凝土的强度等级描述清楚。在使用GRANDSOFT GCL7.0工程量算量软件时要特别注意板的绘图方法，如果遇到板边未与柱的外边平齐或未超出柱的外边时，同一块板在两种工程量计算规则下计算的结果稍有差别，这一点可以参阅参考文献[22]。

还需要特别注意的是有梁板，在使用软件计算清单工程量时，梁的构件做法应该填写有梁板，而不应该填写梁的类型；同理，计价表子目中也要填写有梁板的子目。

现浇板混凝土综合单价的调整和确定方法可以参照混凝土柱的综合单价调整与确定方法进行。

5. 现浇混凝土其他构件

现浇混凝土其他构件包括天沟、栏板、雨篷、阳台板、挑檐等构件。

在计价表中雨篷分为板式雨篷和复式雨篷，雨篷三个边上翻的为复式雨篷，仅为平板的板式雨篷；雨篷挑出宽度超过1.5m和柱式雨篷不执行雨篷子目，另按相应有梁板和柱子目执行；阳台挑出超过1.8m，不执行阳台子目，另按相应有梁板子目执行。阳台、雨篷的混凝土按设计用量另加1.5%损耗按相应子目进行调整。水平挑檐按板式雨篷子目执行。

附表1第23～24项列出了栏板，第25～26项列出了雨篷、阳台板。这两个项目需要注意的是栏板是竖向构件，阳台板是水平构件。有些人认为雨篷板和阳台板是与楼板同时浇筑的，将这两种板视为楼板，这是与工程量清单计价规范的规定不一致的，需要引起监理工程师的注意，在遇到这类问题时也要注意区分。

如果混凝土的数量、强度等级、拌合料的种类、配合比等其中的一项发生了变化，综合单价的调整方法和过程均可以参照混凝土柱的处理方法进行。

6. 现浇混凝土楼梯

清单计价规范规定：楼梯按设计图示尺寸以水平投影面积计算。不扣除宽度小于500mm的楼梯井，伸入墙内部分不计算。

计价表规定：整体楼梯包括休息平台、平台梁、斜梁及楼梯的连接梁，按水平投影面积计算，不扣除宽度小于200mm的楼梯井，伸入墙内部分不另增加。楼梯与楼板连接时，楼梯算至楼梯梁外侧面。圆弧形楼梯包括圆弧形梯段、圆弧形边梁与楼板连接的平台，按楼梯的水平投影投影面积计算。计价表中楼梯的混凝土量按设计用量加1.5%损耗按相应子目进行调整。

附表1中第27项列出了本例中楼梯的工程量。由于本例楼梯井的宽度均小于200mm，所以两种计算规则得出的计算结果一致，当楼梯井的宽度大于500mm时，两种计算规则计算的结果也是一致的；当楼梯井的宽度在200～500mm之间时，两种计算规则计算得出的结果就出现差异，定额计算规则计算得出的结果较小，这是需要提醒广大监理工程师注意的。

楼梯工程的综合单价＝计价表的工程量×计价表的单价/计价规范的工程量

若某工程的楼梯井宽度为400mm，如果在施工过程中，该楼梯井的宽度变更为300mm。由于计价规范下的工程量未发生变化，而计价表下的工程量增大，由上式可知，楼梯的综合单价也将相应的提高。

7. 预制混凝土梁板

本工程中涉及到的预制混凝土构件有地沟梁和盖板两种。

附表1中第31～37项为各种混凝土预制过梁的工程量清单，第38项为地沟盖板的工程量清单。

在编制工程量清单时，购入的预制混凝土构件，不再将价格中的模板费列入措施项目费；非购入的预制混凝土构件及现场就位预制构件的模板费，应列入措施项目费。

六、构件运输与安装

由于工程量清单计价规范附录中列出的门窗、金属构件和预制混凝土构件均包括运输和安装在内，所以本节就不再重复列出分部分项工程项目，而只介绍计价表中的工程量计算规则。

构件运输、安装工程量计算方法与构件制作工程量计算方法相同。但是有些构件（如天窗架、端壁、桁条、支撑、踏步板、板类及厚度在50mm内薄型构件）由于在运输和安装过程中容易发生损耗，工程量按下列规定计算：制作、运输工程量＝设计工程量×1.018；安装工程量＝设计工程量×1.01。

加气混凝土板（块）、硅酸盐块运输以每立方米折合钢筋混凝土体积0.4m^3按二类构件运输计算；木门窗运输按门窗洞口的面积（包括框扇在内）以100m^2计算，带纱扇另增加洞口面积的40%计算。预制构件安装后接头灌缝工程量均按预制钢筋混凝土构件实体积计算，柱与柱基的接头灌缝按单根柱的体积计算；组合钢屋架安装，以混凝土实际体积计算，钢拉杆部分不另计算。

七、屋面、防水、保温、隔热工程

1. 屋面及防水工程

附表1第41项列出了本例中的屋面卷材防水，第42项列出了屋面刚性防水，第43项列出了屋面排水管，第44项列出了变形缝的工程量及其项目特征。

计算屋面刚性防水工程量时需要注意檐口或女儿墙内侧与刚性防水层之间的构造及宽度。

计算屋面卷材防水工程量时需要注意卷材上卷的高度或泛水的构造要求。

2. 保温、隔热工程

附表1第45～50项列出了保温隔热墙的工程量、工作内容及项目特征。

项目特征的描述是非常重要的，尤其是目前，我国正在大力推广节能材料，大部分是在外墙上镶贴保温材料和防裂砂浆，或者抹保温砂浆。监理人员一定要认真学习有关建筑节能的知识，并认真研究建筑施工图纸中的节能做法，熟悉节能材料的性能和施工工艺，从而帮助我们在编制工程量清单时准确描述它们的项目特征，在审核工程进度款支付申请单和工程结算时，将现场所用的材料与图纸中所要求的或招标文件中规定的材料名称、规格、型号等进行核对和调整工程清单中的综合单价。

八、楼地面工程

在清单计价规范中，楼地面工程分为整体面层、块料面层、橡塑面层、其他材料面层、踢脚线、楼梯装饰、扶手、栏杆、栏板、台阶装饰等八个部分。

附表1第51～54项列出了本例中不同部位的水泥砂浆楼地面、第59～62项列出了楼梯装饰和栏杆、扶手的项目特征及工作内容，包括面层、找平层所用的材料品种、厚度、配合比及施工方法等。这些是监理工作的依据之一，也是审核工程进度款支付申请单和工程结算以及处理费用索赔的重要依据之一。

这部分内容对于一般房屋建筑工程而言，要求的装修标准不高，所用的材料只是一般质量水平，但是，对于精装修工程，所用的材料质量等级较高，价格也就相对比较昂贵。采用工程量清单进行招标和结算时，对监理工程师关于装饰装修材料的知识要求较高，所以，监理工程师掌握楼地面工程量的计算方法也就变得非常重要。

楼地面工程在施工过程中，经常会发生变更，这些变更可能涉及某个分工程工程量的减少或增加，也可能涉及某个分项工程内容的变化，这部分工程量清单的单价调整经常发生，值得监理工程师引起注意。

附表1中第55项列出了本例中的块料楼地面面层。这部分是三层上人屋面部分的工程量。而本工程楼梯间所用的材料为磨光花岗石，本例中未计算，请读者完成。对于石材的项目特征，在工程量清单中进行描述时，需要将其名称、产地、规格、品种、厚度、颜色、花纹等描述清楚。

附表1中第56和57项列出了本例中的水泥砂浆踢脚线，第58项列出了石材踢脚线。在它们的项目特征中均包括踢脚线的高度、底层的材料、面层的材料品种和厚度。对于石材如果在招标文件或合同有规定，最好连同产地描述在项目特征中。

附表1中第59～62项列出了本工程中的楼梯扶手和栏板等项目的，项目特征描述也是比较齐全的。在监理工作中，如果大家遇到此类的装饰配件，在编制其工程量清单时可以参考。

值得说明的是，在做地面时隔墙工程已经完成，在计算地面的工程量时也不能扣除隔墙所占的面积。

对照附表1中的工程量清单汇总表和附图2的工程做法表，可以发现楼梯间的磨光花岗石地面项目漏项，而将楼梯间的地面按照水泥砂浆楼地面进行了处理。在工程进度款结算和竣工结算时应该作为一个新项目编制工程量清单，该分项的综合单价由施工单位提出，经监理工程师批准后执行，并相应调整水泥砂浆楼地面的工程量和报价。

这样一项分项工程监理工程师要编制工程量清单，首选应该搞清该分项工程的工作内容包括哪些？该分项工程的项目特征如何？

下面只是为了说明新增工程量清单项目的综合单价的编制与调整方法，所以，一切价格均取自计价表，并未对其中的人工、材料和机械的单价进行调整，请读者在调整或确定新增项目的清单综合单价时，一定要按照当时当地的人工、材料和机械台班单价进行相应的调整。

1. 楼梯间地面项目清单综合单价的确定

根据附图2可知，楼梯间地面从下到上共有四层做法：①素土夯实；②80mm厚C15混凝土垫层；③20mm厚1∶3水泥砂浆找平层；④10mm厚1∶1水泥细砂浆，铺20mm厚磨光花岗岩石板，素水泥擦缝，擦草酸、打蜡。

工作内容包括：①基层清理、抹找平层；②防水层铺设；③砂浆制作、运输；④抹找平层；⑤面层铺设；⑥嵌缝；⑦刷防护材料；⑧酸洗、打蜡

该项目的工程量清单编码应为：020102001001，工程名称应为：石材楼地面，计量单位为m^2，工程量计算规则：按设计图示尺寸以面积计算。门洞、空圈、散热器槽、壁龛的开口部分并入相应的工程量内。

由附表5可知，楼梯间地面的块料地面积为17.809m^2，踢脚块料面积 = 3.896m^2。

楼梯间料地面的清单综合单价涉及以下五个分项工程，如表5-1所示：

楼梯间料地面的清单综合单价调整表 **表5-1**

序　号	定额号	分项工程名称	计价表单价	计价表工程量	计价表合价（元）
1	1—99	地面原土打夯	0.495元/m^2	25.4m^2	12.573
2	1—102	地面夯填土	10.22元/m^3	14.47m^3	147.88
3	1—92	回填土运土	6.82元/m^3	14.47m^3	98.69
4	2—120	C15混凝土垫层	213.84元/m^3	2.03m^3	434.10
5	12—57	花岗石楼地面	280.632元/m^2	17.81m^2	4998.06
6	合　价				5691.303
7	综合单价				319.57

所以，该分项工程的综合单价为319.57元/m^2。

2. 楼梯间内台阶清单综合单价的确定

对照附表1所示的工程量清单汇总表和工程做法表，楼梯间内的台阶应为石材台阶面

层，本例中按照水泥砂浆整体面层进行了处理，需要按照一项新清单进行编制，并相应调整台阶的工程量和报价。

石材台阶面层的工作内容包括：①基层清理、抹找平层；②砂浆制作、运输；③抹找平层；④面层铺贴；⑤贴嵌防滑条；⑥勾缝；⑦刷防护材料。

石材台阶面层的项目特征包括：①10mm 厚 1∶3 水泥砂浆找平层；②10mm 厚 1∶1 水泥细砂浆，铺 20mm 厚磨光花岗石板，素水泥擦缝，擦草酸、打蜡。

楼梯间台阶只计算了砖台阶部分，而台阶的装饰按水泥砂浆楼地面进行了处理，这显然是不合理的。应该将此部分台阶面列为石材台阶面，项目编码为 020108001001，计量单位为 m^2，工程量按设计图示尺寸以台阶（包括最上层踏步边沿加 300mm）水平投影面积计算。

楼梯间台阶的面积：(2.7－0.24) ×（(0.25×3＋0.3) ＋0.175×4）＝4.31m^2

楼梯间台阶面层的清单综合单价只涉及花岗岩面层一项，所以，它的综合单价与计价表的综合单价相同，采用计价表子目 12－56，综合单价为 287.62 元/m^2。

3. 石材楼梯面层清单综合单价的确定

对照附表 1 所示的工程量清单汇总表和工程做法表，石材楼梯面层未计算，属于清单漏项，应该补充编制，以利于工程结算。

石材楼梯面层的项目编码为020106001001，工程名称为石材楼梯面层，计量单位为 m^2，工程量计算规则为按设计图示尺寸以楼梯（包括踏步、休息平台及 500mm 以内的楼梯井）水平投影面积计算。楼梯与楼地面相连时，算至梯口梁内侧边沿；无梯口梁者，算至最上一层踏步边沿加 300mm。

石材楼梯面层的工作内容包括：①基层清理，②砂浆制作、运输，③抹找平层，④面层铺贴，⑤贴嵌防滑条，⑥勾缝，⑦刷防护材料，⑧酸洗、打蜡。

石材楼梯面层的项目特征包括：①10mm 厚 1∶3 水泥砂浆找平层；②10mm 厚 1∶1 水泥细砂浆，铺 20mm 厚磨光花岗石板，素水泥擦缝，擦草酸、打蜡。

查附表 5 可知，楼梯的投影面积＝11.69m^2，底部面积＝16.683m^2，体积＝3.161m^3，踏步立面面积＝13.132m^2，踏步平面面积＝11.69m^2。

查附表 5 可知，楼梯中间休息平台的投影面积＝6.488m^2，底部面积＝6.488m^2，体积＝0.519m^3。

楼层休息平台的面积：(2.7－0.24) ×1.73＝4.256m^2

所以一层、二层楼梯的石材楼梯面层面积均为：13.132 ＋ 11.69 ＋ 6.488 ＋ 4.256＝33.754m^2

石材楼梯面层的清单综合单价也只涉及一项子目，所以它的清单综合单价与采用计价表子目的综合单价相同，本例中采用计价表 12－55，清单综合单价为 303.57 元/m^2。

九、墙柱面抹灰

附表 1 中第 63 项列出了水泥砂浆台阶面清单项目的工程内容和项目特征。通过本例可以看出，此清单项目中包括的工作内容是相当丰富的，既包括了地基夯实的内容、还包括垫层、找平层和面层的内容，如果有防滑条，还应该包括防滑条项目。此处的台阶是指单元入口处的一步台阶，它不同于在零星砌砖中的台阶项目。

附表1中第64～67项列出了本工程中不同部位的墙面抹灰。每个项目的特征描述也比较清楚。在对墙面抹灰的项目特征进行描述时，一般情况下是将该部位按照图纸给定的标准图上的分层和做法进行描述。在套用计价表子目时还需要对计价表中的工作内容比较熟悉。

假如本工程的一个清单项目的饰面材料改变了（其他不变），其综合单价应该允许调整，但调整时也应该参照苏建定［2005］593号文的规定，调整的方法是，如果花岗石的品种变化，那么单价变化应该是：报价－原花岗石单价＋现花岗石单价。

如果本工程中的排烟道，原设计为横管为镀锌管，竖管为砖砌，后业主变更全部采用不锈钢烟道。该项目的综合单价也应该允许调整，调整时应该由施工方报新预算，监理业主审定，从新确定单价，从原投标报价中扣除此项。

十、顶棚抹灰

附表1中第68～69项列出了天棚抹灰的项目特征和工作内容。在编制工程量清单时，这部分的项目特征描述方法与墙面抹灰的描述方法相同，不再赘述。

十一、门窗工程

附表1第70～74项列出了各种木质门：项目特征包括防火材料的种类、油漆的品种和遍数，框的截面尺寸以及单扇的面积和门的类型。

从上面的描述可以看出，在工程量清单模式下，门的工程量是按樘数进行计算的，而不同大小和材质的门，它们的价格是不同的，所以，在编制工程量清单时，一定要把材质、规格、型号和面积均完全相同的门列为一类。这也就是在上面一再强调项目特征的描述的主要原因。

还有一个问题需要注意：如果门上带有玻璃窗或亮子，虽然门的大小、材质相同，但是有亮子和无亮子不能列为一类。

前面所述内容对于后面将要讲到的金属门、金属卷帘门、其他门、木窗、金属窗等也同样适用。第75～76项列出了塑钢门的类型、框材质和外围尺寸、扇材质和外围尺寸。相关说明同木门。第77～89项列出了塑钢窗的类型、框材质和外围尺寸、扇材质和外围尺寸。相关说明同木门。

注：江苏省2004建筑与装饰工程计价表中还规定，窗帘布、窗纱布、垂直窗帘的工程量按展开面积计算；窗水波幔帘按延长米计算。

在门窗工程分部，值得注意的一个问题是：如果油漆工程是同门窗工程同时发包的，所有门窗项目的工程内容中都已包含油漆，如果油漆是单独发包的，则油漆工程应该在装饰与装修工程分部单列门窗油漆项目。

如果在本例中还包括窗帘和窗帘盒，如果采用成品窗帘盒，则油漆项目包括在成品窗帘盒工程内容内；如果窗帘盒不是采用成品的，则油漆应该列入制安项目里组合计价，招标人应在窗帘盒的清单子目里对窗帘盒的油漆（种类、遍数要求）予以描述，如果没有描述，应该是清单描述漏项。

根据苏建定［2005］593号文的规定，主要材料价格涨跌超出有经验的承包商可预见的范围时，材料单价可以调整。调整方法为：在按合同约定支付工程款时，若工程所在地造价管理部门发布的材料指导价上涨超过开标时材料指导价的10%，10%以内部分由承包人承担，10%以外部分由发包人承担；若工程所在地造价管理部门发布的材料指导价下跌超过开标时材料指导价的5%，5%以内部分由承包人受益，5%以外部分由发包人受益。

如果是木窗台板换成花岗石窗台板，那么综合单价调整时应该参照上述文件精神，扣除原木窗台板单价，增加现花岗石窗台板单价。

十二、抹灰面油漆

附表1中第90项列出了抹灰面油漆的工程内容和项目特征，包括基层的类型和防护材料的种类、腻子的种类、对腻子的要求、涂料的品种和涮喷的遍数。

第四节 不平衡报价情况下工程变更的计价

所谓不平衡报价是相对于常规的平衡报价而言的，它是指在总的标价固定不变这一前提下，相对于正常水平，提高某些分项工程的单价，同时降低另外一些分项工程的单价。不平衡报价的实质是将合同工程量清单中的单价分别作为工期时间和分项工程数量的函数，即在报价时经过分析，有意识地预先对时间参数与验工计价的回收款项作出对承包商有利的不平衡分配，从而使承包商尽快回收工程款并增加流动资金，同时获得可观的额外收入。在实施过程中，承包商总力图保证这一目标的实现或争取获得更大的额外利润，而建设单位则会力图减少不平衡报价给自己带来的不利影响，因此双方都会不约而同地利用工程变更来寻找对自己有利的机会，造成工程变更的管理更加困难与复杂。

常常大家都会遇到这样的情况：当某一项目单价偏高时建设单位往往会对这一项目内容作出更改甚至取消这一项目的施工；当某一项目单价偏低时承包商往往会以无法取得所需的材料或其他理由要求对这一项目内容作出更改，甚至退回这一项目的施工。处理这样的问题，长期以来都是造价工程师与监理工程师深感棘手的难题。一般规定适用于合同单价比较合理的正常情况，如果承包单位投标时采用了不平衡报价且在签订承包合同时双方又未对明显不平衡的单价进行调整，则可参照如下方式处理：

1）若项目合同单价较高建设单位故意要求减少此工程项目或工程量，则双方应按合理的市场单价扣减此项目单价及总价，或承包商亦有权按合同的有关规定进行索赔。

2）若项目合同单价较低建设单位故意要求增加此工程量，则双方应协商对增加部分应按合理的市场单价计算合同总价，除非工程合同中有明确的规定，承包商有权认为此部分为新增加的工程内容拒绝施工或索赔。

3）若项目合同单价较高且设计或清单错漏又不得不增加此工程量，则对方应按“双控”的标准重新计算增加部分的单价及总价。

4）若项目合同单价较低承包商故意以市场、材料、工艺等借口要求减少此工程项目或工程量，则建设单位有权按另行分包的单价或总价扣减此项目单价及总价。

5）当上述原则在工程造价管理的过程中出现矛盾或不一致的现象时，合同双方及工程监理工程师均应避免滥用权力的现象发生，应以工程建设的大局为重，友好协商，避免采取过激或违背合同精神的行为。即变更工程的结算一方面要有合同依据，另一方面又要公平合理，即客观地反映施工成本以及竞争、供求等因素对价格的影响，将总造价原则上控制在合理的范围之内。

附　　录

附录1　工程量清单的格式(适用于GB 50500—2008)

______________________________工程

工　程　量　清　单

招 标 人 ：______________________________________（单位签字盖章）

法定代表人：______________________________________（签字盖章）

中 介 机 构
法定代表人：______________________________________（盖章）

造价工程师
及注册证号：______________________________________（签字盖执业专用章）

编 制 时 间 ：______________________________________

填　表　须　知

1. 工程量清单及其计价格式中所有要求签字、盖章的地方，必须由规定的单位和人员签字、盖章。

2. 工程量清单及其计价格式中的任何内容不得随意删除或涂改。

3. 工程量清单计价格式中列明的所有需要填报的单价和合价，投标人均应填报，未填报的单价和合价，视为此项费用已包含在工程量清单的其他单价和合价中。

4. 金额（价格）均应以______________________________币表示。

总 说 明

工程名称：　　　　　　　　　　　　　　　　　　　　第　页共　页

（总说明应按下列内容填写：

1. 工程概况：建设规模、工程特征、计划工期、施工现场实际情况、交通运输情况、自然地理条件、环境保护要求等。

2. 工程招标和分包范围。

3. 工程量清单编制依据。

4. 工程质量、材料、施工等的特殊要求。

5. 招标人自行采购材料的名称、规格型号、数量、单价、金额等。

6. 预留金。

7. 其他须说明的问题。）

分部分项工程量清单

工程名称：　　　　　　　　　　　　　　　　　　　　　　　　第　页　共　页

序号	项目编码	项目名称(项目特征)	计量单位	工程数量
	(规范9位编码+3位清单扩充码)	(按建设部计价规范或省项目指引附录A、附录B、附录C、附录D、附录E的项目名称与项目特征并结合拟建工程的实际确定。)		

措施项目清单

工程名称：　　　　　　　　　　　　　　　　　　　　　　　　　　　　　　　第　页　共　页

序　号	项　目　名　称
	（只需列出措施项目名称即可。）

其他项目清单

工程名称：　　　　　　　　　　　　　　　　　　　　　　　　第　页共　页

序　号	项　目　名　称
	（分招标人和投标人两部分）

零星工作项目表

工程名称： 第 页共 页

序号	名称	计量单位	数量
1	人工 （具体工种）		
2	材料 （具体品名、规格）		
3	机械 （具体品名、型号）		

甲供材料、设备表

工程名称：　　　　　　　　　　　　　　　　　　　　　　　　　第　页共　页

序号	材料编码	材料名称（规格、型号、等级）	单位	数量	单价（元）	合价（元）
		（须填写）	（须填写）	（须填写）	（须填写）	（须填写）

主要材料、设备价格表（乙供）

工程名称：　　　　　　　　　　　　　　　　　　　　　　　　　　　　　　第　页共　页

序号	材料编码	材料名称 （规格、型号、等级） （须填写）	单位 （须填写）	数量	单价 （元）	合价 （元）

附录2　清单计价表的格式(适用于GB 50500—2008)

________________________ 工程

工程量清单报价表

投　标　人：________________________(单位签字盖章)

法定代表人：________________________(签 字 盖 章)

造价工程师(造价编审人员)
及注册证号(编审章)：________________________(签字盖执业专用章)

编 制 时 间：________________________

投　标　总　价

建设单位：______________________________

工程名称：______________________________

投标总价(小写)：__________________________

(大写)：________________________________

投　标　人：______________________________(单位签字盖章)

法定代表人：______________________________(签 字 盖 章)

编制时间：______________________________

工程项目总价表

工程名称：　　　　　　　　　　　　　　　　　　　　　　　　　　　　　第　页 共　页

序　号	单项工程名称	金　额(元)
	合　　计	

单项工程费汇总表

工程名称：　　　　　　　　　　　　　　　　　　　　　　　　　　第　页　共　页

序　号	单位工程名称	金　额(元)
	合　　　计	

单位工程费汇总表

工程名称：　　　　　　　　　　　　　　　　　　第　页　共　页

序　号	项目名称	金　额(元)
1	分部分项工程量清单计价合计	
2	措施项目清单计价合计	
3	其他项目清单计价合计	
4	规费(列出名称和计算公式)	
5	税金(列出计算公式)	
	合　计	

分部分项工程量清单计价表

工程名称：　　　　　　　　　　　　　　　　　　　　　　　　　　　　　　　　第　页共　页

序号	项目编码	项目名称（项目特征）	计量单位	工程数量	金额(元)	
					综合单价	合价
	（按清单填写）	（按清单填写）	（按清单填写）	（按清单填写）		
		合　计				

措施项目清单计价表

工程名称：　　　　　　　　　　　　　　　　　　　　　　　　　　　　　　第　页　共　页

序　号	项 目 名 称	金额(元)
	(除按清单填写外,同时列出计算公式)	
	合　　　计	

其他项目清单计价表

工程名称：　　　　　　　　　　　　　　　　　　　　　　　　第　页 共　页

序　号	项 目 名 称	金额(元)
1	招标人部分 （按清单填写）	（按清单填写）
	小　　计	
2	投标人部分	
	小　　计	
	合　　计	

零星工作项目计价表

工程名称：　　　　　　　　　　　　　　　　　　　　　　　　　　　第　页　共　页

序号	名　称	计量单位	数量	金　额(元)	
				综合单价	合 价
1	人工 (按清单填写)	(按清单填写)	(按清单填写)		
	小　　计				
2	材料 (按清单填写)	(按清单填写)	(按清单填写)		
	小　　计				
3	机械 (按清单填写)	(按清单填写)	(按清单填写)		
	小　　计				
	合　　计				

分部分项工程量清单综合单价分析表

工程名称：　　　　　　　　　　　　　　　　　　　　　　　　　　　　第　页共　页

序号	项目编码	项目名称	工程内容	综合单价组成（元）					综合单价
				人工费	材料费	机械费	管理费	利润	
	（按清单填写）	（按清单填写）	（每项清单组价的内容）						

措施项目费分析表

工程名称： 第 页共 页

<table>
<tr><th rowspan="2">序号</th><th rowspan="2">措施项目名　称</th><th rowspan="2">措施项目内　容</th><th rowspan="2">单位</th><th rowspan="2">数量</th><th colspan="6">综 合 单 价 组 成（元）</th></tr>
<tr><th>人工费</th><th>材料费</th><th>机械费</th><th>管理费</th><th>利润</th><th>小计</th></tr>
<tr><td></td><td>（按清单填写）</td><td>（措施项目中的内容）</td><td>（每项内容的计量单位）</td><td>（每项内容的总数量）</td><td></td><td></td><td></td><td></td><td></td><td></td></tr>
</table>

甲供材料、设备表

工程名称：　　　　　　　　　　　　　　　　　　　　　　　　　第　页共　页

序号	材料编码	材料名称（规格、型号等特殊要求）	单位	数量	单价（元）	合价（元）
		（按清单填写）	（按清单填写）	（按清单填写）	（按清单填写）	（按清单填写）

主要材料、设备价格表(乙供)

工程名称：　　　　　　　　　　　　　　　　　　　　　　　　　　　　　　第　页共　页

序号	材料编码	材料名称(规格、型号等特殊要求)	单　位	数　量	单价(元)	合价(元)

附录3　工程量清单计价表格(适用于GB 50500—2008)

封一1 工程量清单

______________工程

工 程 量 清 单

招标人:______________(单位盖章)
工程造价咨询人:______________(单位资质专用章)
法定代表人或其授权人:______________签字或盖章
法定代表人或其授权人:______________签字或盖章
编制人:______________造价人员签字盖专用章
复核人:______________造价师签字盖专用章
编制时间:　年　月　日　　　　复核时间:　年　月　日

总 说 明

表-01

工程名称:　　　　　　　　　　第　页共　页

分部分项工程量清单与计价表

表-08

工程名称:　　　　　　　　　　第　页　共　页

序号	项目编码	项目名称	项目特征描述	计量单位	工程量	金　额(元)		
						综合单价	合价	其中:暂估价
本页小计								
合　计								

注:根据建标[2003]206号的规定,为计取规费等的使用,可在表中增设其中:"直接费"、"人工费"或"人工费+机械费"。

工程量清单综合单价分析表

表-09

工程名称：　　　标段：　　　　　　　　　　　　　　　　　第　页共　页

<table>
<tr><td colspan="2">项目编码</td><td colspan="2"></td><td colspan="2">项目名称</td><td colspan="3"></td><td colspan="2">计量单位</td><td></td></tr>
<tr><td colspan="12">清单综合单价组成明细</td></tr>
<tr><td rowspan="2">定额编号</td><td rowspan="2">定额名称</td><td rowspan="2">定额单位</td><td rowspan="2">数量</td><td colspan="4">单价</td><td colspan="4">合价</td></tr>
<tr><td>人工费</td><td>材料费</td><td>机械费</td><td>管理费和利润</td><td>人工费</td><td>材料费</td><td>机械费</td><td>管理费和利润</td></tr>
<tr><td></td><td></td><td></td><td></td><td></td><td></td><td></td><td></td><td></td><td></td><td></td><td></td></tr>
<tr><td></td><td></td><td></td><td></td><td></td><td></td><td></td><td></td><td></td><td></td><td></td><td></td></tr>
<tr><td></td><td></td><td></td><td></td><td></td><td></td><td></td><td></td><td></td><td></td><td></td><td></td></tr>
<tr><td colspan="2">人工单价</td><td colspan="6">小计</td><td></td><td></td><td></td><td></td></tr>
<tr><td colspan="2">元/工日</td><td colspan="6">未计价材料费</td><td colspan="4"></td></tr>
<tr><td colspan="8">清单项目综合单价</td><td colspan="4"></td></tr>
<tr><td rowspan="5">材料费明细</td><td colspan="5">主要材料名称、规格、型号</td><td>单位</td><td>数量</td><td>单价（元）</td><td>合价（元）</td><td>暂估单价（元）</td><td>暂估合价（元）</td></tr>
<tr><td></td><td></td><td></td><td></td><td></td><td></td><td></td><td></td><td></td><td></td><td></td></tr>
<tr><td></td><td></td><td></td><td></td><td></td><td></td><td></td><td></td><td></td><td></td><td></td></tr>
<tr><td colspan="7">其他材料费</td><td></td><td></td><td></td><td></td></tr>
<tr><td colspan="7">材料费小计</td><td></td><td></td><td></td><td></td></tr>
</table>

注：1. 若不使用省级或行业主管部门发布的计价依据，可不填定额项目、编号等。

2. 招标文件提供了暂估单价的材料，按暂估的单价填入表内“暂估单价栏”及“暂估合价栏”。

措施项目清单与计价表

表-10

工程名称：　　　标段：　　　　　　　　　　　　　　　　　第　页共　页

序　　号	项目名称	计算基础	费率(%)	金额(元)
1	安全文明施工费			
2	夜间施工费			
3	二次搬运费			
4	冬雨季施工费			
5	大型施工机械设备进出场及安拆费			
6	施工排水			
7	施工降水			
8	地上、地下设施，建筑物的临时保护费			
9	已完工程及设备保护费			
10	各专业工程的措施项目费			
11				
合　　计				

注：本表适用于以“项”计价的措施项目，计价基础可以是“直接费”、“人工费”或“人工费＋机械费”。

措施项目清单与计价表 表-11

工程名称：　　标段：　　　　第　页共　页

序号	项目编码	项目名称	项目特征描述	计量单位	工程量	金额(元)	
						综合单价	合价
本页小计							
合　计							

注：本表适用于以综合单价形式计价的措施项目。

其他项目清单与计价汇总表 表-12

工程名称：　　标段：　　　　第　页共　页

序　号	项目名称	计量单位	金额(元)	备　注
1	暂列金额			
2	暂估价			
2.1	材料暂估价			
2.2	专业工程暂估价			
3	计日工			
4	总承包服务费			
合　计				

注：材料暂估单价进入清单项目综合单价，此处不汇总。

暂列金额明细表 表-12-1

工程名称：　　标段：　　　　第　页共　页

序　号	项目名称	计量单位	暂定金额(元)	备　注
1				
2				
3				
4				
5				
6				
7				
8				
9				
10				
11				
合　计				—

注：此表由招标人填写，如不能详列，也可只列暂定金额总额，投标人应将上述暂列金额计入投标总价中。

材料暂估单价表　　表-12-2

工程名称：　标段：　　第　页共　页

序　号	项目名称	计量单位	暂定金额(元)	备　注
1				
2				
3				
4				
5				
6				
7				
8				
9				
10				
11				
合　计				—

注：此表由招标人填写，并在备注栏说明暂估价材料拟用在哪些清单项目上，投标人应将上述材料暂估单价计入工程量清单的综合单价报价中。材料包括原材料、燃料、构配件以及按规定应计入建筑安装工程造价的设备。

专业工程暂估价表　　表-12-3

工程名称：　标段：　　第　页共　页

序　号	项目名称	计量单位	暂定金额(元)	备　注
1				
2				
3				
4				
5				
6				
7				
8				
9				
10				
11				
合　计				—

注：此表由招标人填写，投标人应将上述专业工程暂估价计入投标总价中。

计 日 工 表 表-12-4

工程名称： 标段： 第 页共 页

编 号	项目名称	单 位	暂定数量	综合单价	合 价
一	人工				
1					
2					
3					
人工小计					
二	材料				
1					
2					
3					
材料小计					
三	施工机械				
1					
2					
3					
机械小计					
总 计					

注：此表项目名称、数量由招标人填写，编制招标控制价时，单价由招标人按照有关计价规定确定；投标时单价由投标人自主报价，计入投标总价中。

总承包服务费计价表 表-12-5

工程名称： 标段： 第 页共 页

序 号	项目名称	项目价值(元)	服务内容	费率(%)	金额(元)
1	发包人发包专业工程				
2	发包人供应材料				
合 计					

规费、税金项目清单与计价表 表-13

工程名称：　标段：　第　页共　页

序　号	项目名称	计算基础	费率(%)	金额(元)
1	规费			
1.1	工程排污费			
1.2	社会保障费			
(1)	养老保险费			
(2)	失业保险费			
(3)	医疗保险费			
1.3	住房公积金			
1.4	危险作业意外伤害保险费			
1.5	工程定额测定费			
2	税金	分部分项工程费＋措施项目费＋其他项目费＋规费		
合　计				

注：根据建标[2003]206号的规定，计算基础可以是"直接费"、"人工费"或"人工费＋机械费"

附录4　苏建价[2005]349号

关于印发《江苏省建设工程现场安全文明施工措施费计价管理办法》的通知

各市建设局(建委)、建工局：

为进一步提高我省建设工程施工现场管理水平，改善施工从业人员的作业条件和生活环境，保证现场安全文明施工措施费落实到位和专款专用，我们制定了《江苏省建设工程现场安全文明施工措施费计价管理办法》，现印发给你们，请贯彻执行。

二〇〇五年十月三十一日

江苏省建设工程现场安全文明施工措施费计价管理办法

第一条　为加强我省建设工程安全生产、文明施工管理，保证现场安全文明施工措施费落实到位和专款专用，切实改善施工从业人员的作业条件和生活环境，根据《中华人民共和国建筑法》、《建设工程安全生产管理条例》等法律法规及标准，制定本办法。

第二条　本办法适用于我省行政区域内各类新建、扩建、改建的房屋建筑工程(包括与其配套的线路管道和设备安装工程、装饰工程)、市政基础设施工程和古建园林工程。

第三条　本办法所指现场安全文明施工措施费是指工程施工期间为满足安全生产、文明施工、职工健康生活所发生的费用。内容详见附件一。

我省现场安全文明施工措施费分为基本费、现场考评费和奖励费三部分。

基本费为施工单位在施工过程中必须发生的安全文明措施的基本保障费用。

现场考评费是指施工单位执行有关安全文明施工规定，经考评组织现场核查打分和动态评价获取的安全文明措施增加费。

奖励费是指施工单位根据与建设单位的约定，加大投入，加强管理，创建省、市级文明工地的奖励费。

第四条 现场安全文明施工措施费以分部分项工程费为计费基础，结算时按审定的分部分项工程工程费进行调整。具体费率标准见下表。

现场安全文明施工措施费费率表

序 号	工程名称	基本费率（%）	现场考评费率（%）	奖励费（获市级文明工地/获省级文明工地）（%）
一	建筑工程（土建工程）	2.0	1.1	0.4/0.7
二	构件吊装	0.8	0.5	
三	桩基工程	1.0	0.6	0.2/0.4
四	机械施工大型土石方工程	1.0	0.6	
五	单独装饰工程	0.8	0.5	0.2/0.4
六	安装工程	0.7	0.4	0.2/0.4
七	古建工程	1.4	0.8	0.3/0.5
八	园林绿化工程	0.7	0.4	
九	市政工程	1.0	0.6	0.2/0.4

注：表中所列工程均为单独发包工程。

第五条 建设工程现场安全文明施工措施费为不可竞争费。在工程预算、投标报价或标底中应足额计取。其基本费用按规定标准列入其他项目费中投标人部分；现场考评费和奖励费以最高暂定费率列入其他项目费中招标人预留金部分。

直接发包工程，应按本办法的规定及费率标准在报价中计取建设工程现场安全文明施工措施费。

第六条 对安全防护、文明施工有特殊要求和危险性较大的工程，需增加现场安全文明施工措施及方案论证、审查等费用的，由施工单位在措施费中单独计取。

第七条 现场考评一般在单项工程完成工程量约70%后，依据施工单位的申请，由造价管理机构、建筑安全监督机构、监理等单位组成考评组织，现场核查打分。各市建设行政主管部门也可根据本地区工程建设实际情况确定具体考评方案和考评组织。

建筑工程考评标准可参照附件二，其他工程项目考评标准由各市相关部门制定，其考评标准应尽可能量化。

未经考评不得计取现场考评费。

第八条 现场考评费实行动态管理。对已进行现场考评的项目，施工单位在工程竣工前，发生放松管理，明显降低现场安全文明施工措施标准的，建筑安全监督部门、监理单位应及时提出，并可提请考核组重新组织现场考评。同时，工程完工后，建筑安全监督部门对整个施工过程现场管理情况进行综合评价，修正现场考评得分。综合评价分四级：好、较好、一般、差，评价意见抄送造价管理机构。

如发生被市级(含市级)以上建设行政主管部门或有关部门通报批评或发生重大质量、安全及设备事故的工程，则取消考评费和奖励费的计取。

第九条　为建立激励机制，保证现场安全文明施工措施费落实到位，专款专用，现场安全文明施工措施费实行单项工程测定制度。工程竣工后，施工单位持《现场安全文明施工措施费测定表》(附件三)、施工合同、文明工地获奖证明、现场安全文明施工措施项目费用清单等考核文件到当地造价管理机构办理测定手续。

造价管理机构依据工程的类别、现场考评打分及动态管理情况、文明工地评选结果，确定考评费率。测定工作在收到测定表后 3 个工作日内完成。

其中现场考评费率＝现场考评平均分×综合评价修正比率×考评费率／100。综合评价好、较好、一般、差的修正率分别为 100％、95％、90％、80％。

第十条　建设单位与施工单位应当在施工合同中明确现场安全文明施工措施费用，以及费用支付计划、使用要求、调整方式等条款。

实行项目总承包工程，总承包单位依法将建筑工程分包给其他单位的，总承包单位与分包单位应当在分包合同中明确现场安全文明施工措施费用，以及费用支付计划、使用要求、调整方式等条款。

第十一条　建设单位应当按照本规定及合同约定及时向施工单位支付现场安全文明施工措施费，开工前，应预付现场安全文明施工措施费不少于基本费的 60％，其余基本费按进度在工程竣工前付清。

第十二条　施工单位应当确保现场安全文明施工措施费专款专用，在财务管理中单独列出现场安全文明施工措施项目费用清单备查。

工程总承包单位对建设工程安全文明施工措施费用的使用负总责。总承包单位应当按照本规定及合同约定及时向分包单位支付现场安全文明施工措施费。总承包单位不按本规定和合同约定支付费用，造成分包单位不能及时落实安全防护措施导致发生事故的，由总承包单位负主要责任。

第十三条　工程咨询单位在审核工程竣工结算时，应当依据工程造价管理机构出具的《现场安全文明施工措施费测定表》确定费率，计算现场安全文明施工措施费。

第十四条　招标人或招标代理机构不按规定在招标文件中单独计取现场安全文明施工措施费或费用取费标准不符合规定的，由招投标管理机构责令限期改正；逾期未改正的，对招标文件不予备案，并给予通报批评。

第十五条　施工单位在投标报价时，未按规定单列现场安全文明施工费用，或计取费用低于现行规定标准的，不得推荐为中标候选人。

第十六条　建设单位不按本办法支付现场安全文明施工措施费的，由县级以上建设行政主管部门依据《建设工程安全生产管理条例》第五十四条规定，责令限期改正；逾期未改正的，责令该工程停止施工；造成事故的，应承担相应的法律责任。

第十七条　施工单位挪用现场安全文明施工措施费或安全生产、文明施工措施不落实的，由县级以上建设行政主管部门依据《建设工程安全生产管理条例》第六十三条规定，责令限期改正；逾期未改正的，责令停止施工，并按有关规定处以罚款；造成事故的，按有关规定追究其法律责任，并将其行为列入不良档案记录。

第十八条 工程造价、建筑安全监督等职能机构要认真履行职责，坚持公平、公开、公正原则，对不严格履行职责，玩忽职守、滥用职权、徇私舞弊的监管人员将依照有关规定处理。

第十九条 本办法由省建设厅负责解释。

第二十条 本办法自 2006 年 1 月 1 日起执行，凡 2006 年 1 月 1 以后发出招标文件的招标工程或签定合同的工程（非招标）按本通知执行。

附件一 现场安全文明施工措施费费用组成

一、安全生产

1. 安全资料的编制、安全警示标志的购置及宣传栏的设置；
2. “三宝”、“四口”、“五临边”防护的费用；
3. 施工安全用电的费用，包括电箱标准化、电气保护装置、外电防护措施；
4. 起重机、塔吊等起重设备（含井架、门架）及外用电梯的安全防护措施（含警示标志）费用及卸料平台的临边防护、层间安全门、防护棚等设施费用；
5. 建筑工地起重机械的检验检测费用；
6. 施工机具防护棚及其围栏的安全保护设施费用；
7. 施工现场安全防护通道的费用；
8. 工人的防护用品、用具购置费用；
9. 消防设施与消防器材的配置费用；
10. 电气保护、安全照明设施费；
11. 其他安全防护措施费用。

二、文明施工

1. 大门、五牌一图、工人胸卡、企业标识的费用；
2. 围挡的墙面美化（包括内外粉刷、刷白、标语等）、压顶装饰费用；现场厕所便槽刷白、贴面砖，水泥砂浆地面或地砖费用，建筑物内临时便溺设施费用；其他施工现场临时设施的装饰装修、美化措施费用；
3. 现场生活卫生设施费用；符合卫生要求的饮水设备、淋浴、消毒等设施费用；生活用洁净燃料费用；防煤气中毒、防蚊虫叮咬等措施费用；
4. 施工现场操作场地的硬化费用；
5. 现场污染源的控制、建筑垃圾及生活垃圾清理外运、场地排水排污措施的费用；市政工程防扬尘洒水费用；
6. 现场绿化费用、治安综合治理费用、现场电子监控设备费用；
7. 现场配备医药保健器材、物品费用和急救人员培训费用；
8. 用于现场工人的防暑降温费、电风扇、空调等设备及用电费用；
9. 现场施工机械设备防噪声、防扰民措施费用；
10. 其他文明施工措施费用。

附件二　建筑工程现场安全文明施工措施费考评标准表

序号	考评内容	评分说明	分值	得分
(一)脚手架安全网设施				
1	钢管脚手架搭设规范	脚手架无专项设计或方案扣1分;使用毛竹脚手架扣2分;附墙连接不符要求扣1.5分	3	
2	施工层满铺脚手板或竹笆片,要求绑扎牢固,交接处平整,无探头板,竹笆片完好无损	脚手板或竹笆片绑扎不牢固,发现一处扣0.5分;作业层脚手板或竹笆片未满铺扣1分	3	
3	施工层设1.2m高防护栏杆和18厘米高踢脚板(杆)	未设防护栏杆扣1分;无踢脚板(杆)扣1分	2	
4	施工层脚手架内立杆与建筑物之间进行封闭	脚手架的架体里立杆距墙体净距一般不大于20cm,如大于20cm的必须采取防护措施,无防护措施扣1分	2	
5	脚手架应设剪刀撑和横向斜撑	剪刀撑设置不符要求扣1分;高度24M以上的封闭型脚手架未设横向斜撑扣0.5分	2	
6	脚手架外侧设置密目式安全网进行封闭	搭接不严密,一排超过3个空扣,发现一处扣0.1分	2	
		小计	14	
(二)三宝、四口、五临边防护措施				
1	正确使用安全帽、安全带,安全网规格、材质符合要求	安全帽未达到GB 2811—2007标准,扣0.5分;安全带不符合GB 6095—1985标准并无合格证书,扣0.5分;如发现现场有不戴安全帽的,发现1例扣0.2分;现场有不按规定系安全带的,发现1例扣0.2分;密目式安全网达不到2000目/10cm×10cm或3kg/片扣1分	3	
2	楼梯口、电梯井口、通道口、预留洞口有防护措施,防护设施形成定型化、工具化;有安全警示标志	无警示标志,发现一处扣0.2分;1.5m以内的预留洞口、坑井未用固定盖板防护,扣0.4分;1.5m^{2}以上的洞口,四周未设防护栏杆的,扣1分;栏杆里侧无密目式安全网围护,扣0.4分;洞口处未张挂水平安全网,扣0.5分;立杆及栏杆未漆醒目警示颜色,扣0.6分	4	
3	电梯井、管道井内每隔两层或每隔10m设置一道水平防护	少一道封闭措施或封闭措施不符合要求扣0.4分	1	
		小　　计	8	
(三)施工机械安全措施				
1	物料提升机(龙门架、井子架)架体规范稳定,有安全防护装置且灵敏可靠	无验收合格牌、最大起重量牌和安全警告标志,发现一处扣0.2分;无断绳保护和分层停靠装置或虽有防护装置但不灵敏、不可靠的扣2分;提升钢丝绳有毛刺、断股、变形、缺油锈蚀现象,发现一处扣0.2分	3	
2	外用电梯(人货两用电梯)设有安全装置和安全防护,经有关部门检测合格后方能使用	吊笼无安全装置扣2分;未经试验或不灵敏扣2分;进料口未搭设规范牢固的防护棚,扣0.5分;未经安全检测而使用的扣2分	3	

续表

序号	考评内容	评分说明	分值	得分
3	塔吊安装、拆卸、作业、指挥符合规范规定，使用前需经有关部门的检测合格后方能使用	基础无设计计算书和施工详图，扣0.5分；装、拆队伍无资质或无施工方案，扣1分；无安全装置或不可靠，扣2分；塔吊作业无防护措施扣1分	2	
4	起重吊装	无施工方案，扣0.5分；无警戒线和警戒标志扣0.5分	2	
5	施工机具(平刨、圆盘锯、手持电动工具、钢筋机械、电焊机、搅拌机、气瓶、翻斗车、潜水泵、打桩机械等)安装施工符合规范规定	使用倒顺开关控制机具，扣0.5分；无验收合格制度扣0.5分；无防护设施扣1分	2	
		小计	12	
(四)电气保护安全照明设施				
1	工地临时施工用电，采用TN－S系统；采取三级配电，二级保护	未采用TN－S系统，扣2分；无三级配电、二级保护，扣2分；开关箱未设漏电保护器或参数不匹配的扣1分；分配电箱与开关箱的距离超过30m，扣0.5分；开关箱与其控制的固定用电设备的水平距离超过3m，扣0.5分；配电箱周围不足二人同时工作的空间和通道，扣0.5分	3	
2	动力、照明分设；配电柜或配电箱标准化	动力和照明未分设配电，扣1分；，配电箱安装位置或高度不符要求扣0.5分；使用木质电箱，发现一处扣0.5分；电箱下引线混乱发现一处扣0.5分；有外露带电部分，扣0.5分	2	
3	用电设备布置合理、使用安全、作业规范	无砂箱和灭火器材，扣0.5分；无避雷接地措施，扣0.5分；无维修制度、禁令标志牌，扣0.5分	1.5	
4	施工现场用电电线、电缆敷设规范，无乱拉乱接、无破皮老化等	施工现场电缆干线未采用埋地或架空敷设，扣1分；采用四芯或三芯电缆外加一根电线代替五芯或四芯电缆，扣1分。架空线未设在专用电杆上，扣1分	2.5	
5	现场照明，并有漏电保护	室外灯具的安装高度应大于3m，室内灯具应大于2.5m，违例1项扣0.5分，特殊场所未按规定采用安全电压，扣1分；未设漏电保护或设置不规范的扣1分	2	
		小　计	11	
(五)消防安全措施				
1	配置合理的消防灭火器材	建筑物每层未配备灭火器等消防设施，发现一处扣0.3分；高层建筑(30m及以上)随层无消防水源管道扣1分；灭火器放置位置不正确或过期，发现一处扣0.5分	3	
2	保证消防道路畅通	发现一处堵塞，扣0.5分	1.5	
3	易燃易爆物品分类存放	木工间、油漆间等消防防火重点部位要采取必要的消防安全措施，配备专用消防器材	2	
		小计	6.5	
(六)现场环境美化				
1	工地周围设置围档	墙面无美化措施(包括内外粉刷、标语等)扣0.5分，低于标准高度扣1分；无压顶扣1分；围档材质不符合要求的，扣1分	4	

续表

序号	考评内容	评分说明	分值	得分
2	主入口处设置"五牌一图",实行封闭管理,佩卡上岗。施工现场大门处设置警卫室,出入人员应当进行登记	未设置"五牌一图"或设置不规范,扣1分;施工人员未佩戴表明身份的胸卡,发现1例扣0.1分,无门卫值班室,扣0.6分;门头无企业标识扣0.5分	2	
3	施工现场应合理悬挂安全生产宣传和警示牌,标牌悬挂牢固可靠	主要施工部位、作业点和危险区域以及主要通道口未针对性地悬挂醒目的安全警示牌,发现1例扣0.5分	3	
4	办公生活区有绿化布置	裸露地面绿化或采用绿色防尘网苫盖,未超过50%的,扣2分,未超过70%的,扣1分	2	
5	施工工地地面硬化、道路畅通	建筑工程施工现场主干道及操作场所应硬化,硬化面积未超过50%的,扣2分,未超过70%的,扣1分;道路堆满散落物,发现1处扣0.5分	3	
6	建筑材料、构件、料具按总平面布置堆放整齐	施工现场未按照施工总平面图划定的区域堆放各种设施和材料,扣1分;未悬挂标识牌,扣0.5分。施工备用渣土、砂石料等散体物料存放高度超过围挡高度,扣1分;未采取洒水、苫盖等措施,扣0.5分	3	
		小计	17	
(七)现场生活卫生设施				
1	临时办公用房符合规定要求,并配有美化措施	临时办公用房无设计或无产品合格证扣1.5分,无美化措施扣1分;采用预制混凝土活动板房的扣1分;无安装合格验收证书,本项不得分	3	
2	临时宿舍通风、采光良好,卫生整洁	无美化措施扣1分;采用预制混凝土活动板房的扣1分;室内通风、采光不好的扣0.5分;卫生差的扣0.5分,在建筑物中住人扣1分	5	
3	现场配备医药保健和培训合格的急救人员	未配备医药箱和急救物品扣1分;无培训合格的急救人员扣1分;	2	
4	食堂有卫生制度、卫生许可证、炊事员有健康证	食堂无卫生许可证扣1分,炊事人员未持有健康合格证,扣0.5分;施工现场无符合卫生要求的饮水设备、消毒等设施,扣1分	2	
5	设有水冲式厕所及化粪池,厕所铺贴瓷砖等措施	厕所未采用水冲式,扣1分;厕所便槽未贴面砖,扣1分,地面未用水泥砂浆或地砖,扣1分;高层建筑施工休息层未设置临时便溺设施,少一处扣0.5分	3	
6	施工现场作业区与办公生活区必须明显划分	无明显隔离措施,扣1分,无区域划分图,扣0.5分	2	
7	宿舍内有防暑降温措施和淋浴设施	夏季无防暑降温措施和防蚊虫叮咬措施,扣1分;工人宿舍无电风扇扣1.5分;现场无淋浴设施扣1分	6	
		小计	23	
(八)环境保护设施				
1	在建建筑物四周设置排水沟,工地无积水	有排水沟堵塞现象,发现一处扣0.2分	1	

续表

序号	考评内容	评分说明	分值	得分
2	施工污水经处理后排入城市下水道	泥浆、污水、废水外流，发现一处扣0.2分；施工污水未经处理直接排入下水道，扣1分；下水道和排水道堵塞，发现一处扣0.2分	2	
3	及时清理建筑、生活垃圾，无泄漏	生活垃圾未采用封盖密闭容器，扣0.4分；生活垃圾分类未收集处理，扣0.4分	2	
4	施工现场有防噪声、防扰民措施	施工现场未经批准晚十点至次日早晨七点施工作业，违规一次扣1分，超过二次该项不得分	3.5	
		小计	8.5	
		总计	100	

附件三　现场安全文明施工措施费测定表

<table>
<tr><td>建设单位</td><td></td><td>工程项目名称</td><td colspan="3"></td></tr>
<tr><td>施工单位</td><td></td><td>项目负责人</td><td></td><td>电话</td><td></td></tr>
<tr><td>工程内容</td><td></td><td>建筑面积(m²)</td><td></td><td>工程类别</td><td></td></tr>
<tr><td>工程合同价</td><td></td><td>工程地点</td><td colspan="3"></td></tr>
<tr><td>开工日期</td><td></td><td>计划竣工日期</td><td colspan="3"></td></tr>
<tr><td colspan="6">现场安全文明施工措施费费率</td></tr>
<tr><td>工程基本费率(%)</td><td colspan="5"></td></tr>
<tr><td rowspan="12">现场考评情况及考评费率(%)</td><td>考评时间</td><td></td><td>重新考评时间</td><td colspan="2"></td></tr>
<tr><td colspan="2">考评单位</td><td>考评得分</td><td colspan="2">重新考评得分</td></tr>
<tr><td colspan="2"></td><td></td><td colspan="2"></td></tr>
<tr><td colspan="2"></td><td></td><td colspan="2"></td></tr>
<tr><td colspan="2"></td><td></td><td colspan="2"></td></tr>
<tr><td colspan="2"></td><td></td><td colspan="2"></td></tr>
<tr><td colspan="2"></td><td></td><td colspan="2"></td></tr>
<tr><td colspan="2">平均得分</td><td></td><td colspan="2"></td></tr>
<tr><td colspan="2">考评前后安监部门对
安全文明管理评价</td><td></td><td colspan="2"></td></tr>
<tr><td colspan="2">现场考评费率(%)</td><td></td><td colspan="2"></td></tr>
<tr><td colspan="5"></td></tr>
<tr><td colspan="5"></td></tr>
<tr><td>奖励费(%)</td><td colspan="5"></td></tr>
<tr><td>总费率(%)</td><td colspan="5"></td></tr>
<tr><td>工程造价管理部门测定意见</td><td colspan="5">（盖章）
年　月　日</td></tr>
</table>

附录 5　苏建定[2005]65 号

《关于调整建筑、装饰、安装、市政、修缮、仿古建筑及园林工程预算工资单价的通知》

各省辖市建设局(建委),省各有关委、厅、局:

根据全省各地调查反映的情况,建设工程预算定额人工费普遍偏低,与我省的经济发展水平不相适应,为了促进我省建筑业的发展,稳定队伍,进一步提高施工管理水平,确保工程的质量与安全。经研究,决定适当调整我省建筑、装饰、安装、市政、修缮、仿古建筑及园林工程的预算工资单价标准。现将具体调整办法通知如下:

一、调整标准

1)包工包料工程调整为以下标准:

建筑、安装、市政工程:一类工 32.00 元/工日、二类工 30.00 元/工日、三类工 27.00 元/工日;单独装饰工程:35.00～50.00 元/工日;修缮工程:30.00 元/工日;仿古建筑及园林工程:第一册与第四册 30.00 元/工日、第二册与第三册 35.00 元/工日。

2)包工不包料工程调整为:39.00 元/工日,其中:单独装饰工程 46.00～61.00 元/工日,仿古建筑及园林工程第二册与第三册 46.00 元/工日。

3)点工调整为:33.00 元/工日,其中,单独装饰工程 40.00 元/工日,仿古建筑及园林工程第二册与第三册 40.00 元/工日。

二、调整办法

1) 招标工程编制标底以及依法不招标工程,均按本通知规定标准执行。

2) 采用可调价格计价的招标工程,合同有约定时,按约定处理;合同未约定时,均按本通知规定标准执行。

3) 采用固定价格计价的招标工程,按照招标文件规定或施工合同约定确定。

4) 建筑工程设计概算的编制,按照二类工 30.00 元/工日确定;其他工程设计概算的编制,按相应工程调整后的标准执行。

5) 2004 年机械台班单价中的人工工资调整标准按照建筑工程二类工标准确定。

6) 本通知调整后的预算工资单价标准,应按照费用定额(计算规则)规定,作为计取有关费用的计算基础。

三、执行时间

本通知自 2005 年 4 月 1 日起执行;已签订施工合同的工程,以 2005 年 4 月 1 日起实际完成的工作量进行调整。

二〇〇五年三月七日

附录6　苏建价[2006]276号

关于调整建筑、装饰、安装、市政、修缮、仿古建筑及园林工程预算工资单价的通知

各省辖市建设局(建委):

为了加强建设工程预算工资标准的动态管理,解决目前建设工程人工费及工人工资偏低的状况,经研究,决定适当调整我省建筑、装饰、安装、市政、修缮、仿古建筑及园林工程的预算工资单价标准。具体办法通知如下:

一、调整标准

1) 包工包料工程调整为以下标准:

建筑、安装、市政工程:一类工 40.00 元/工日,二类工 37.00 元/工日,三类工 34.00 元/工日;单独装饰工程:45.00～58.00 元/工日;修缮工程:37.00 元/工日;古建园林工程:第一册与第四册 37.00 元/工日,第二册与第三册 45.00 元/工日。

2) 包工不包料工程调整为以下标准:48.00 元/工日。其中:单独装饰工程 57.00～72.00 元/工日,仿古建筑及园林工程第二册与第三册 57.00 元/工日。

3) 点工调整为以下标准:40.00 元/工日。其中:单独装饰工程 50.00 元/工日,仿古建筑及园林工程第二册与第三册 47.00 元/工日。

二、调整办法

1) 编制投资估算、设计概算时,按本通知规定的相应工程标准执行。

2) 招投标工程编制标底和依法不招标工程编制预算的工资单价确定,均按本通知规定标准执行。

3) 8 月 1 日前签定合同的在建工程,按合同约定执行。

4) 执行 2001 年预算定额的建筑、安装和市政在建工程(工程量清单计价规范推行前签订施工合同的工程),合同约定可按国家政策性调整进行调整时,未完成部分工作量(包括机械台班)人工工资标准按照 37.00 元/工日进行调整。

5) 2004 年机械台班定额中的预算工资单价按照 37 元/工日执行。

6) 本通知规定的预算工资单价标准,按照费用定额(计算规则)规定,应计入基价,作为取费基础。

三、执行时间

本通知自 2006 年 8 月 1 日起执行;8 月 1 日前已签订施工合同的工程,按合同约定执行。

二〇〇六年六月二十九日

附录7　苏建价[2008]66号

关于调整建筑、装饰、安装、市政、修缮、仿古建筑及园林工程预算工资单价的通知

各省辖市建设局(建委):

为推动建筑市场规范化管理,解决目前建设工程人工费及工人工资偏低的状况,经研究,决定适当调整我省建筑、装饰、安装、市政、修缮、仿古建筑及园林工程的预算工资单价标准。具体调整办法通知如下:

一、调整标准

1) 包工包料工程调整为以下标准:

建筑、安装、市政工程:一类工47.00元/工日,二类工44.00元/工日,三类工41.00元/工日;单独装饰工程:54.00～70.00元/工日;修缮工程:44.00元/工日;仿古建筑及园林工程:执行90版《仿古建筑园林工程预算定额》第一册与第四册44.00元/工日、第二册与第三册53元/工日;执行07版《江苏省仿古建筑与园林工程计价表》第一册与第三册44元/工日,第二册53元/工日。

2) 包工不包料工程调整为以下标准:除单独装饰工程69.00～86.00元/工日、执行90版《仿古建筑园林工程预算定额》第二册与第三册和执行07版《江苏省仿古建筑与园林工程计价表》第二册69元/工日外,其余工程58.00元/工日。

3) 点工调整为以下标准:除单独装饰工程60.00元/工日、执行90版《仿古建筑园林工程预算定额》第二与第三册和执行07版《江苏省仿古建筑与园林工程计价表》第二册56元/工日外,其余工程48.00元/工日。

二、调整办法

1) 编制投资估算、设计概算时,按本通知规定的相应工程标准执行。

2) 招投标工程编制标底和依法不招标工程编制预算的工资单价确定,均按本通知规定标准执行。

3) 本通知调整的工资标准适用于固定总价合同、固定单价合同和可调价合同。合同有约定时,按约定处理;合同未约定时,按本通知标准执行。

4) 执行2001年预算定额的建筑、安装和市政在建工程(工程量清单计价规范推行前签订施工合同的工程),合同约定可按国家政策性调整进行调整时,未完成部分工作量(包括机械台班)人工工资标准按照44.00元/工日进行调整。

5) 我省机械台班定额中的预算工资单价按照44.00元/工日执行。

6) 本通知规定的预算工资单价标准,按照费用定额(计算规则)规定,应计入基价,作为取费基础。

三、执行时间

自 2008 年 4 月 1 日起执行。在此之前签订施工合同的在建工程按合同约定执行。合同无约定的，至 4 月 1 日未完工程执行此标准。

二〇〇八年三月五日

附录 8　苏建价[2005]593 号

《关于工程量清单计价施工合同价款确定与调整的指导意见》

各市建设局（建委），省有关厅局：

为更好地贯彻《建设工程工程量清单计价规范》（GB 50500—2003），进一步规范建筑市场工程计价行为，根据我省工程量清单计价规范的执行情况，现对工程量清单计价中有关合同价款的确定与调整，提出如下指导意见，请结合本地实际，贯彻落实。

一、招标文件中有关施工合同价款确定的条款，应当遵循公平合理的原则，充分体现招标人与投标人双方权利和义务的平等性；不得违背现行计价规范，改变计价依据，抬高或者压低规费和不可竞争费。

二、发承包双方签订合同时，有关条款的订立应与招投标过程中形成的要约与承诺保持一致，体现招投标活动的严肃性。

全部使用国有资金投资或以国有资金投资为主的招投标工程，在合同签订后另行签订补充协议的，应由发包人报建设行政主管部门备案，并且补充协议与原合同不得有实质性背离，否则不能作为竣工结算的依据。

三、合同专用条款用语应规范，概念清楚，定性、定量准确。有关工程价款调整的条款不得简单填写为“按实调整”，应明确调整的具体范围、内容和方法。

四、发包人应在招标文件中明确拟采用的合同价款形式，以便投标人考虑风险，合理报价。合同价款形式通常有以下三种：

（一）固定单价合同

实行工程量清单招标的工程应当采用固定单价合同，以体现风险共担的原则。承、发包双方必须在合同专用条款中约定风险范围和风险费用的计算方法，并约定超出风险范围时的综合单价调整办法，具体调整办法可按下述原则执行：

1）主要材料价格涨跌超出有经验的承包商可预见的范围时，材料单价可以调整。调整方法为：在按合同约定支付工程款时，若工程所在地造价管理部门发布的材料指导价上涨超过开标时材料指导价的 10%，10%以内部分由承包人承担，10%以外部分由发包人承担；若工程所在地造价管理部门发布的材料指导价下跌超过开标时材料指导价的 5%，5%以内部分由承包人受益，5%以外部分由发包人受益。

2）分部分项单项工程量变更超过 15%，并且该项分部分项工程费超过分部分项工程量清单计价合计 1%的，增加部分的工程量或减少后剩余部分的工程量的综合单价由承包人提出，经发包人确认后，作为结算的依据。当分部分项工程量清单项目发生工程量变更时，其措施项目费用中相应的模板、脚手架工程量应作适当调整。

（二）固定总价合同

实行工程量清单招标的工程，一般不宜采用固定总价合同形式。但工期在一年以内，合同总价在500万元以内，并且施工图设计深度符合规定的工程，可采用固定总价合同。

采用固定总价合同的工程，招标人应给投标人提供足够时间（从招标文件发出后，一般不少于7个工作日），在投标前复核确认清单工程量的准确性，修正招标文件中的缺陷或者错误，否则，不得采用固定总价合同形式。

同时，发承包双方必须在合同专用条款中约定合同价款的风险范围和风险费用的计算方法。原则上除设计变更、发包人更改经审定批准的施工组织设计、国家政策性调整外，合同价格一般不再调整。

（三）可调价格合同

实行工程量清单招标的工程，一般不采用可调价格合同形式。确实需要采用的，发承包双方应在合同中约定综合单价和措施费的调整方法。

五、全部使用国有资金投资或以国有资金投资为主的招投标工程，建设单位拟单独发包专业性较强的分部分项工程时，不得以独立费或预留金的形式将单独发包项目的费用列入主体工程招标文件的工程量清单中，而应与专业工程承包人单独签定施工合同；属于强制招标范围内的专业工程，根据《江苏省工程建设项目招标范围和规模标准规定》（苏政发[2004]48号文），必须依法进行招投标。需要主体工程承包人配合的，建设单位应在主体工程的招标文件中列明拟单独发包工程的名称、工作内容，对主体工程承包人提出配合要求；主体工程投标人应在投标文件中对配合内容作出承诺，并在其他费用的投标人部分列出子目，明确总承包服务费的组成和具体金额。

六、发包人提供材料设备的，材料设备价格由发包人提供，一般应以造价管理部门发布的指导价格或市场价格为准；发包人不得要求投标人在投标过程中对该部分的材料设备价格另行报价。发承包双方应在合同专用条款中约定甲供材料设备扣除的价格、时间、领料量超出或少于所报数量时价款的处理办法。没有约定时，按下述原则执行：

1）承包人退还甲供材料设备价款时，按发包人在招标文件中给定的材料设备价格（含采购保管费）除以1.01后退给发包人（1%作为施工单位的现场保管费）。

2）领料量超出承包人在投标文件中所报数量时，超出部分的材料设备价款由承包人按照市场价格支付给发包人；领料量少于承包人在投标文件中所报数量时，节余部分的材料设备归承包人。

七、工期定额是在正常施工条件下社会平均劳动生产率水平的反映，建设单位不得任意压缩定额工期。招标文件中要求工期比省工期定额提前的，投标人在报价时应计取相应的赶工措施费。发承包双方应在合同中约定提前工期奖的计取方法，计算工期提前天数时，应以合同工期为准。

八、目前，工程施工中的签证内容不清楚、程序不规范、责权不清等，是造成工程结算扯皮，项目造价不能得到有效控制的重要原因。各级建设主管部门、工程建设投资方，特别是国有投资工程建设单位要切实加强对施工过程中变更签证的管理。发承包双方应在合同专用条款中约定有效工程变更签证的认定原则，发包人在合同中明确工程变更签证审批程序，指定变更签证金额不同时的审批人。没有约定的，签证单上必须有发包人代表、监理工程师、承包人(项目部)三方的签字和盖章，方可作为竣工结算的依据；签证单上必须明确签证的原因、位置、尺寸、数量、材料、人工、机械台班、价格和签证时间。

二〇〇五年十一月七日

附录9　建办[2005]89号

建设部关于印发《建筑工程安全防护、文明施工措施费用及使用管理规定》的通知

各省、自治区建设厅，直辖市建委，江苏省、山东省建管局，新疆生产建设兵团建设局：

现将《建筑工程安全防护、文明施工措施费用及使用管理规定》印发给你们，请结合本地区实际，认真贯彻执行。贯彻执行中的有关问题和情况及时反馈建设部。

建筑工程安全防护、文明施工措施费用及使用管理规定

第一条　为加强建筑工程安全生产、文明施工管理，保障施工从业人员的作业条件和生活环境，防止施工安全事故发生，根据《中华人民共和国安全生产法》、《中华人民共和国建筑法》、《建设工程安全生产管理条例》、《安全生产许可证条例》等法律法规，制定本规定。

第二条　本规定适用于各类新建、扩建、改建的房屋建筑工程(包括与其配套的线路管道和设备安装工程、装饰工程)、市政基础设施工程和拆除工程。

第三条　本规定所称安全防护、文明施工措施费用，是指按照国家现行的建筑施工安全、施工现场环境与卫生标准和有关规定，购置和更新施工安全防护用具及设施、改善安全生产条件和作业环境所需要的费用。安全防护、文明施工措施项目清单详见附件中表格所示。

建设单位对建筑工程安全防护、文明施工措施有其他要求的，所发生费用一并计入安全防护、文明施工措施费。

第四条　建筑工程安全防护、文明施工措施费用是由《建筑安装工程费用项目组成》(建标[2003]206号)中措施费所含的文明施工费，环境保护费，临时设施费，安全施工费组成。

其中安全施工费由临边、洞口、交叉、高处作业安全防护费，危险性较大工程安全措施费及其他费用组成。危险性较大工程安全措施费及其他费用项目组成由各地建设行政主管部门结合本地区实际自行确定。

第五条　建设单位、设计单位在编制工程概(预)算时，应当依据工程所在地工程造价管理机构测定的相应费率，合理确定工程安全防护、文明施工措施费。

第六条　依法进行工程招投标的项目，招标方或具有资质的中介机构编制招标文件时，应当按照有关规定并结合工程实际单独列出安全防护、文明施工措施项目清单。

投标方应当根据现行标准规范，结合工程特点、工期进度和作业环境要求，在施工组织设计文件中制定相应的安全防护、文明施工措施，并按照招标文件要求结合自身的施工技术水平、管理水平对工程安全防护、文明施工措施项目单独报价。投标方安全防护、文明施工措施的报价，不得

低于依据工程所在地工程造价管理机构测定费率计算所需费用总额的90%。

第七条 建设单位与施工单位应当在施工合同中明确安全防护、文明施工措施项目总费用，以及费用预付、支付计划，使用要求、调整方式等条款。

建设单位与施工单位在施工合同中对安全防护、文明施工措施费用预付、支付计划未作约定或约定不明的，合同工期在一年以内的，建设单位预付安全防护、文明施工措施项目费用不得低于该费用总额的50%；合同工期在一年以上的(含一年)，预付安全防护、文明施工措施费用不得低于该费用总额的30%，其余费用应当按照施工进度支付。

实行工程总承包的，总承包单位依法将建筑工程分包给其他单位的，总承包单位与分包单位应当在分包合同中明确安全防护、文明施工措施费用由总承包单位统一管理。安全防护、文明施工措施由分包单位实施的，由分包单位提出专项安全防护措施及施工方案，经总承包单位批准后及时支付所需费用。

第八条 建设单位申请领取建筑工程施工许可证时，应当将施工合同中约定的安全防护、文明施工措施费用支付计划作为保证工程安全的具体措施提交建设行政主管部门。未提交的，建设行政主管部门不予核发施工许可证。

第九条 建设单位应当按照本规定及合同约定及时向施工单位支付安全防护、文明施工措施费，并督促施工企业落实安全防护、文明施工措施。

第十条 工程监理单位应当对施工单位落实安全防护、文明施工措施情况进行现场监理。对施工单位已经落实的安全防护、文明施工措施，总监理工程师或者造价工程师应当及时审查并签认所发生的费用。监理单位发现施工单位未落实施工组织设计及专项施工方案中安全防护和文明施工措施的，有权责令其立即整改；对施工单位拒不整改或未按期限要求完成整改的，工程监理单位应当及时向建设单位和建设行政主管部门报告，必要时责令其暂停施工。

第十一条 施工单位应当确保安全防护、文明施工措施费专款专用，在财务管理中单独列出安全防护、文明施工措施项目费用清单备查。施工单位安全生产管理机构和专职安全生产管理人员负责对建筑工程安全防护、文明施工措施的组织实施进行现场监督检查，并有权向建设主管部门反映情况。

工程总承包单位对建筑工程安全防护、文明施工措施费用的使用负总责。总承包单位应当按照本规定及合同约定及时向分包单位支付安全防护、文明施工措施费用。总承包单位不按本规定和合同约定支付费用，造成分包单位不能及时落实安全防护措施导致发生事故的，由总承包单位负主要责任。

第十二条 建设行政主管部门应当按照现行标准规范对施工现场安全防护、文明施工措施落实情况进行监督检查，并对建设单位支付及施工单位使用安全防护、文明施工措施费用情况进行监督。

第十三条 建设单位未按本规定支付安全防护、文明施工措施费用的，由县级以上建设行政主管部门依据《建设工程安全生产管理条例》第五十四条规定，责令限期整改；逾期未改正的，责令该建设工程停止施工。

第十四条 施工单位挪用安全防护、文明施工措施费用的，由县级以上建设主管部门依据《建设工程安全生产管理条例》第六十三条规定，责令限期整改，处挪用费用20%以上50%以下的罚款；造成损失的，依法承担赔偿责任。

第十五条 建设行政主管部门的工作人员有下列行为之一的，由其所在单位或者上级主管机关给予行政处分；构成犯罪的，依照刑法有关规定追究刑事责任：

（一）对没有提交安全防护、文明施工措施费用支付计划的工程颁发施工许可证的；

（二）发现违法行为不予查处的；

（三）不依法履行监督管理职责的其他行为。

第十六条 建筑工程以外的工程项目安全防护、文明施工措施费用及使用管理可以参照本规定执行。

第十七条 各地可依照本规定，结合本地区实际制定实施细则。

第十八条 本规定由国务院建设行政主管部门负责解释。

第十九条 本规定自 2005 年 9 月 1 日起施行。

二○○五年六月七日

附件

建设工程安全防护、文明施工措施项目清单

<table>
<tr><th>类别</th><th colspan="2">项目名称</th><th>具体要求</th></tr>
<tr><td rowspan="5">文明施工与环境保护</td><td colspan="2">安全警示标志牌</td><td>在易发伤亡事故（或危险）处设置明显的、符合国家标准要求的安全警示标志牌</td></tr>
<tr><td colspan="2">现场围挡</td><td>(1)现场采用封闭围挡，高度不小于 1.8 m。
(2)围挡材料可采用彩色、定型钢板，砖、混凝土砌块等墙体</td></tr>
<tr><td colspan="2">五板一图</td><td>在进门处悬挂工程概况、管理人员名单及监督电话、安全生产、文明施工、消防保卫五板；施工现场总平面图</td></tr>
<tr><td colspan="2">企业标志</td><td>现场出入的大门应设有本企业标识或企业标识</td></tr>
<tr><td colspan="2">场容场貌</td><td>(1)道路畅通。
(2)排水沟、排水设施通畅。
(3)工地地面硬化处理。
(4)绿化</td></tr>
<tr><td rowspan="3">文明施工与环境保护</td><td colspan="2">材料堆放</td><td>(1)材料、构件、料具等堆放时，悬挂有名称、品种、规格等标牌。
(2)水泥和其他易飞扬细颗粒建筑材料应密闭存放或采取覆盖等措施。
(3)易燃、易爆和有毒有害物品分类存放</td></tr>
<tr><td colspan="2">现场防火</td><td>消防器材配置合理，符合消防要求</td></tr>
<tr><td colspan="2">垃圾清运</td><td>施工现场应设置密闭式垃圾站，施工垃圾、生活垃圾应分类存放。施工垃圾必须采用相应容器或管道运输</td></tr>
<tr><td rowspan="4">临时设施</td><td colspan="2">现场办公生活设施</td><td>(1)施工现场办公、生活区与作业区分开设置，保持安全距离。
(2)工地办公室、现场宿舍、食堂、厕所、饮水、休息场所符合卫生和安全要求</td></tr>
<tr><td rowspan="3">施工现场临时用电</td><td>配电线路</td><td>(1)按照 TN－S 系统要求配备五芯电缆、四芯电缆和三芯电缆。
(2)按要求架设临时用电线路的电杆、横担、瓷夹、瓷瓶等，或电缆埋地的地沟。
(3)对靠近施工现场的外电线路，设置木质、塑料等绝缘体的防护设施。</td></tr>
<tr><td>配电箱开关箱</td><td>(1)按三级配电要求，配备总配电箱、分配电箱、开关箱三类标准电箱。开关箱应符合一机、一箱、一闸、一漏。三类电箱中的各类电器应是合格品。
(2)按两级保护的要求，选取符合容量要求和质量合格的总配电箱和开关箱中的漏电保护器</td></tr>
<tr><td>接地保护装置</td><td>施工现场保护零钱的重复接地应不少于三处</td></tr>
</table>

续表

类别	项目名称		具 体 要 求
安全施工	临边洞口交叉高处作业防护	楼板、屋面、阳台等临边防护	用密目式安全立网全封闭，作业层另加两边防护栏杆和18cm高的踢脚板
		通道口防护	设防护棚，防护棚应为不小于5cm厚的木板或两道相距50cm的竹笆。两侧应沿栏杆架用密目式安全网封闭
		预留洞口防护	用木板全封闭；短边超过1.5m长的洞口，除封闭外四周还应设有防护栏杆
		电梯井口防护	设置定型化、工具化、标准化的防护门；在电梯井内每隔两层（不大于10m）设置一道安全平网
		楼梯边防护	设1.2m高的定型化、工具化、标准化的防护栏杆，18cm高的踢脚板
		垂直方向交叉作业防护	设置防护隔离棚或其他设施
		高空作业防护	有悬挂安全带的悬索或其他设施；有操作平台；有上下的梯子或其他形式的通道
其他（由各地自定）			

注：本表所列建筑工程安全防护、文明施工措施项目，是依据现行法律法规及标准规范确定。如修订法律法规和标准规范，本表所列项目应按照修订后的法律法规和标准规范进行调整。

附录 10　苏建价[2008]67 号

江苏省建设厅文件

苏建价[2008]67 号

关于加强建筑材料价格风险控制的指导意见

各市建设局(建委),各省有关委、办、厅、局:

为稳定建筑市场秩序,降低建筑材料价格波动的风险,维护建设工程发承包双方的合法权益,根据有关法律、法规,按照发承包双方合理分担建筑材料价格风险的原则,现就加强建筑材料价格风险控制提出如下指导意见,请各市结合本地具体情况贯彻实施。

一、建筑材料价格的大幅波动将严重影响发承包双方对施工合同的正常履行,给工程施工带来潜在的质量安全隐患。工程施工发承包双方在招投标和施工合同签订过程中,应增强风险防范意识,签订合理的材料价格风险控制条款,明确各方承担风险影响的原则,切实保障建设工程的顺利实施。

二、依法必须招标的房屋建筑及市政基础设施工程,招标人应在招标文件中明确工程计价中的风险范围、控制和处理原则。发承包双方应当在施工合同中约定:

1. 工程主要建筑材料包含的材料范围;

2. 承包方的投标价格中包含的材料价格风险的幅度(一般风险包干幅度不应大于 10%);

3. 当主要建筑材料的价格波动超过投标价格中的风险幅度时的材料价格调整办法。

主要建筑材料是指用量较大,占工程造价比重较高的常用材料,其价格波动对工程造价影响明显。如发承包双方无约定时,是否为主要建筑材料可按照单位工程投标文件中材料费占单位工程费的百分比来划分:材料费占单位工程费 2%以下的各类材料为非主要建筑材料;材料费占单位工程费 2%以上,10%以内的各类材料为第一类主要建筑材料;材料费占单位工程费 10%以上的各类材料为第二类主要建筑材料。

三、本意见发布前已经签订固定价格施工合同(包括固定总价与固定单价合同),尚未完成工程竣工结算的招投标工程,如果合同中未约定材料价格风险控制条款的,经发承包双方协商一致,可按下述原则签订补充协议,到工程所在地建设行政主管部门备案后调整工程造价。

1. 采用固定价格合同形式的:当工程施工期间非主要建筑材料价格上涨或下降的,其差价均由承包人承担或收益;当工程施工期间第一类主要建筑材料价格上涨或下降幅度在 10%以内的,其差价由承包人承担或受益,超过 10%的部分由发包人承担或受益;当工程施工期间第二类主要建筑材料价格上涨或下降幅度在 5%以内的,其差价由承包人承担或受益,超过 5%的部分由发包人承担或受益。

2. 主要建筑材料差价的取定:应以工程所在地造价管理部门发布的材料指导价格为基准(缺指导价的材料以双方确认的市场信息价为准),差价为施工期同类材料加权平均指导价格与合同工程基准期(招标工程为递交投标文件截止日期前 28 天)当月的材料指导价格的差额。

施工期材料加权平均指导价按下列公式计算：施工期材料加权平均指导价＝Σ（每月实际使用量×当月材料指导价）/同类材料总用量

3．因发包人原因造成工期延误的，延误期间发生的材料价格上涨差额由发包人承担；因承包人原因造成工期延误的，延误期间发生的材料价格上涨差额由承包人承担。

四、各市工程造价管理部门应加强主要建筑材料价格的动态管理，在价格波动较大时及时发布预警信息并增加价格信息发布频次和范围，有条件的市可通过“工程造价信息网”动态发布价格信息，正确引导发承包双方合理确定和有效控制工程造价。

五、各级建设行政主管部门应做好对招标文件和施工合同中材料价格风险控制条款的审查工作。当招标文件中无相关条款时，应要求招标方补充材料价格风险控制条款。当施工合同中无相关条款时，应要求发承包双方签订补充协议，增加材料价格风险控制条款，否则不予以合同备案。

六、依法不招标的建设工程，可参照本意见执行。

七、各级建设工程造价管理机构在进行计价解释与争议调解时，应将本意见作为处理材料价格调整问题的依据。

八、本意见自2008年4月1日起施行。已完成竣工结算的工程，不再执行本意见。原有关文件中规定与本意见不一致的，按本意见执行。

二〇〇八年三月五日

附录11 苏建定[2004]290号

关于明确建设工程工程量清单计价有关问题的通知

各省辖市建设局（建委），省各有关厅（局）、公司：

为顺利推进工程量清单计价工作，根据建设部《建设工程工程量清单计价规范》、省建设厅《关于〈贯彻建设工程工程量清单计价规范〉有关问题的通知》（苏建定[2004]29号）文件精神，结合各市工程量清单宣贯培训和试行阶段所反映的问题，现就全面实施工程量清单计价的有关问题通知如下，请遵照执行。

一、工程造价的计价方式

推行工程量清单计价后，我省实行以下两种计价方式：

1）工程量清单计价方式：按照国家统一的工程量清单计价规范，配套使用江苏省建筑与装饰、安装、市政工程计价表（以下简称江苏省计价表）、费用计算规则和项目指引，由招标人（发包人）提供工程量数量，投标人（承包人）自主报价，按规定的评标办法评审中标（确定合同价格）的计价方式。

2）计价表计价方式：按照江苏省计价表和费用计算规则，套用定额子目，计算出分部分项工程费、措施项目费、其他项目费、规费和税金的工程造价计价方式。其中人工、机械台班单价按省造价管理部门规定，材料按市造价管理部门发布的市场指导价取定。

二、工程量清单计价的适用范围

1）全部使用国有资金投资或国有资金投资为主的大中型建设工程必须采用工程量清单计价方式；其他依法招标的建设工程，应采用工程量清单计价方式。

依法不招标的建设工程可以采用工程量清单计价或计价表计价方式。

2）凡是采用工程量清单计价方式的，不论资金来源是国有资金、国外资金、贷款、援助资金或私人资金都必须遵守计价规范的规定。

3）施工图预算一般采用计价表计价方式。

三、工程量清单计价规范和2004年江苏省计价表的作用

1）《建设工程工程量清单计价规范》是国家标准，其中文字加黑的条款为强制性条文，必须按规定严格执行。

2）2004年江苏省建筑、安装、市政工程计价表是编制标底、处理造价纠纷的依据，是投标报价、结算审核的参考。

编制标底时，计价表中的人工、材料、机械台班耗用量为指导依据，人工、机械台班单价、管理费、利润等费用标准为参考依据，材料价格按各市工程造价管理部门发布的市场指导价，规费和税金按规定计算。

投标报价时，投标人结合本企业的技术水平、管理水平和工程实际，自主报价。人工、材料、机械台班单价，管理费、利润、措施费用都可以自主确定，人工、材料、机械台班耗用量也可作适当调整，但定额编号、定额子目工作内容、工程量计算规则、计量单位、措施费用划分以及规费和税金应按计价表规定执行。

结算审核时，合同有约定的按合同执行，合同无约定的可按2004年计价表的规定执行。

四、工程量清单及其计价格式

工程量清单及其计价格式详见附件。其内容填写应符合《计价规范》的要求，在全省统一执行。凡在本省销售的工程量清单计价软件所输出的工程量清单及其计价格式必须与之一致。

1）附件第11页为附件第9、10页的合并表格式样，适用于商务标与技术标合并装订的投标文件。

2）“单位工程费汇总表”第4项规费应列出各项规费的名称和金额。

3）“主要材料、设备价格表”中的设备是按照有关规定应列入建安工程费的设备。

4）附表第19、20页表格可采用横排格式打印输出。

5）投标人应提供“分部分项工程量清单综合单价分析表”、“措施项目费分析表”、“主要材料、设备价格表”的电子表格形式，电子格式必须符合《江苏省建设工程工程量清单招投标数据标准》。所提供的数据必须细分到定额子目的人、材、机的消耗量组成。

五、合同与结算

1）实行工程量清单报价宜采用固定单价合同。承发包双方必须在合同专用条款内约定风险范围和风险费用的计算方法。在约定的风险范围内，综合单价不再调整。

(1) 设计变更以及施工条件变更不应包括在承包人的风险范围内，价款调整方法应当在专用条款内约定。

(2) 如合同中未明确规定，分部分项单项工程量变更超过15%，并且该项分部分项工程费超过总分部分项工程费的1%的，综合单价可作适当调整。

当分部分项工程量清单项目发生工程量变更时，其措施项目费用中相应的模板、脚手架工程量应调整。

(3) 工程量清单漏项或设计变更引起新的工程量清单项目，其相应综合单价由承包人提出，经发包人确认后作为结算的依据。

(4) 发包人要求承包人完成的合同外发生的用工等，由承包人提出现场签证，经发包方现场工程师(总监理工程师或发包人代表)签字认可后实施。现场签证的费用按照零星项目计价。

2) 实行工程量清单报价时如采用固定总价合同，发包方和投标单位应确认清单工程量的准确性或在合同中明确清单工程量错误时的价款调整方法。

3) 对于工期较长的工程项目，在明确投标时的基准价格后，双方须在专用条款内约定合同价款的调整方法。

六、工程量清单实施的相关问题

1) 招标人应在招标文件中提供甲供材料表，明确甲供材料的名称、规格、价格，价格按当地工程造价管理机构发布的材料信息价取定。投标报价时甲供材料费应进入综合单价。

承发包双方必须在合同中约定甲供材料的采购保管费的承担办法。工程结算时按合同约定的办法抵扣或扣回甲供材料款。

2) 招标人或工程量清单编制单位应按计价规范和计价表中费用计算规则的规定列出措施项目，投标人可以根据施工组织设计采取的方案自行补充措施项目；措施项目的费用内容划分，应按江苏省计价表费用计算规则执行。

3) 同一标段包含多个单项(单位)工程时，措施项目及其他项目应按各单项(单位)工程报价。

4) 计价规范附录清单项目中未包含的工程内容，需要增加时，发包人应在工程量清单项目特征中予以明确。

本专业附录中没有的项目编码，可使用其他专业附录的相应项目编码。附录中缺项项目应补充在计价规范附录各章节后。

5) 建筑与装饰工程的高层建筑人工降效系数应计入相关清单项目的综合单价中，高层建筑垂直运输机械降效应计入垂直运输机械费中，不作为单独的工程量清单项目列项。

6) 在遵守政府相关政策规定和满足招标文件要求的前提下，投标人可自主确定乙供混凝土的供应方式(现场搅拌混凝土或商品混凝土)。

7) 工期定额仍执行2000年《全国统一建筑安装工程工期定额》及省建设厅苏建定(2000)283号文件规定。

二〇〇四年八月六日

附录12 法释[2004]14号

最高人民法院关于审理建设工程施工合同纠纷案件适用法律问题的解释

（2004年9月29日最高人民法院审判委员会第1327次会议通过）

根据《中华人民共和国民法通则》、《中华人民共和国合同法》、《中华人民共和国招标投标法》、《中华人民共和国民事诉讼法》等法律规定，结合民事审判实际，就审理建设工程施工合同纠纷案件适用法律的问题，制定本解释。

第一条 建设工程施工合同具有下列情形之一的，应当根据合同法第五十二条第（五）项的规定，认定无效：

（一）承包人未取得建筑施工企业资质或者超越资质等级的；

（二）没有资质的实际施工人借用有资质的建筑施工企业名义的；

（三）建设工程必须进行招标而未招标或者中标无效的。

第二条 建设工程施工合同无效，但建设工程经竣工验收合格，承包人请求参照合同约定支付工程价款的，应予支持。

第三条 建设工程施工合同无效，且建设工程经竣工验收不合格的，按照以下情形分别处理：

（一）修复后的建设工程经竣工验收合格，发包人请求承包人承担修复费用的，应予支持；

（二）修复后的建设工程经竣工验收不合格，承包人请求支付工程价款的，不予支持。

因建设工程不合格造成的损失，发包人有过错的，也应承担相应的民事责任。

第四条 承包人非法转包、违法分包建设工程或者没有资质的实际施工人借用有资质的建筑施工企业名义与他人签订建设工程施工合同的行为无效。人民法院可以根据民法通则第一百三十四条规定，收缴当事人已经取得的非法所得。

第五条 承包人超越资质等级许可的业务范围签订建设工程施工合同，在建设工程竣工前取得相应资质等级，当事人请求按照无效合同处理的，不予支持。

第六条 当事人对垫资和垫资利息有约定，承包人请求按照约定返还垫资及其利息的，应予支持，但是约定的利息计算标准高于中国人民银行发布的同期同类贷款利率的部分除外。

当事人对垫资没有约定的，按照工程欠款处理。

当事人对垫资利息没有约定，承包人请求支付利息的，不予支持。

第七条 具有劳务作业法定资质的承包人与总承包人、分包人签订的劳务分包合同，当事人以转包建设工程违反法律规定为由请求确认无效的，不予支持。

第八条 承包人具有下列情形之一，发包人请求解除建设工程施工合同的，应予支持：

(一)明确表示或者以行为表明不履行合同主要义务的；

(二)合同约定的期限内没有完工，且在发包人催告的合理期限内仍未完工的；

(三)已经完成的建设工程质量不合格，并拒绝修复的；

(四)将承包的建设工程非法转包、违法分包的。

第九条　发包人具有下列情形之一，致使承包人无法施工，且在催告的合理期限内仍未履行相应义务，承包人请求解除建设工程施工合同的，应予支持：

(一)未按约定支付工程价款的；

(二)提供的主要建筑材料、建筑构配件和设备不符合强制性标准的；

(三)不履行合同约定的协助义务的。

第十条　建设工程施工合同解除后，已经完成的建设工程质量合格的，发包人应当按照约定支付相应的工程价款；已经完成的建设工程质量不合格的，参照本解释第三条规定处理。

因一方违约导致合同解除的，违约方应当赔偿因此而给对方造成的损失。

第十一条　因承包人的过错造成建设工程质量不符合约定，承包人拒绝修理、返工或者改建，发包人请求减少支付工程价款的，应予支持。

第十二条　发包人具有下列情形之一，造成建设工程质量缺陷，应当承担过错责任：

(一)提供的设计有缺陷；

(二)提供或者指定购买的建筑材料、建筑构配件、设备不符合强制性标准；

(三)直接指定分包人分包专业工程。

承包人有过错的，也应当承担相应的过错责任。

第十三条　建设工程未经竣工验收，发包人擅自使用后，又以使用部分质量不符合约定为由主张权利的，不予支持；但是承包人应当在建设工程的合理使用寿命内对地基基础工程和主体结构质量承担民事责任。

第十四条　当事人对建设工程实际竣工日期有争议的，按照以下情形分别处理：

(一)建设工程经竣工验收合格的，以竣工验收合格之日为竣工日期；

(二)承包人已经提交竣工验收报告，发包人拖延验收的，以承包人提交验收报告之日为竣工日期；

(三)建设工程未经竣工验收，发包人擅自使用的，以转移占有建设工程之日为竣工日期。

第十五条　建设工程竣工前，当事人对工程质量发生争议，工程质量经鉴定合格的，鉴定期间为顺延工期期间。

第十六条　当事人对建设工程的计价标准或者计价方法有约定的，按照约定结算工程价款。

因设计变更导致建设工程的工程量或者质量标准发生变化，当事人对该部分工程价款不能协商一致的，可以参照签订建设工程施工合同时当地建设行政主管部门发布的计价方法或者计价标准结算工程价款。

建设工程施工合同有效，但建设工程经竣工验收不合格的，工程价款结算参照本解释第三条规定处理。

第十七条 当事人对欠付工程价款利息计付标准有约定的，按照约定处理；没有约定的，按照中国人民银行发布的同期同类贷款利率计息。

第十八条 利息从应付工程价款之日计付。当事人对付款时间没有约定或者约定不明的，下列时间视为应付款时间：

（一）建设工程已实际交付的，为交付之日；

（二）建设工程没有交付的，为提交竣工结算文件之日；

（三）建设工程未交付，工程价款也未结算的，为当事人起诉之日。

第十九条 当事人对工程量有争议的，按照施工过程中形成的签证等书面文件确认。承包人能够证明发包人同意其施工，但未能提供签证文件证明工程量发生的，可以按照当事人提供的其他证据确认实际发生的工程量。

第二十条 当事人约定，发包人收到竣工结算文件后，在约定期限内不予答复，视为认可竣工结算文件的，按照约定处理。承包人请求按照竣工结算文件结算工程价款的，应予支持。

第二十一条 当事人就同一建设工程另行订立的建设工程施工合同与经过备案的中标合同实质性内容不一致的，应当以备案的中标合同作为结算工程价款的根据。

第二十二条 当事人约定按照固定价结算工程价款，一方当事人请求对建设工程造价进行鉴定的，不予支持。

第二十三条 当事人对部分案件事实有争议的，仅对有争议的事实进行鉴定，但争议事实范围不能确定或者双方当事人请求对全部事实鉴定的除外。

第二十四条 建设工程施工合同纠纷以施工行为地为合同履行地。

第二十五条 因建设工程质量发生争议的，发包人可以以总承包人、分包人和实际施工人为共同被告提起诉讼。

第二十六条 实际施工人以转包人、违法分包人为被告起诉的，人民法院应当依法受理。

实际施工人以发包人为被告主张权利的，人民法院可以追加转包人或者违法分包人为本案当事人。发包人只在欠付工程价款范围内对实际施工人承担责任。

第二十七条 因保修人未及时履行保修义务，导致建筑物毁损或者造成人身、财产损害的，保修人应当承担赔偿责任。

保修人与建筑物所有人或者发包人对建筑物毁损均有过错的，各自承担相应的责任。

第二十八条 本解释自二〇〇五年一月一日起施行。

施行后受理的第一审案件适用本解释。

施行前最高人民法院发布的司法解释与本解释相抵触的，以本解释为准。

附录 13　苏建定站[2004]10 号

江苏省工程建设标准定额总站文件

苏建定站[2004]10 号

关于 2004 年市政工程计价表大型土石方工程取费标准调整的通知

各市建设局(建委)、省各有关厅(局)、公司：

2004 年市政工程计价表中，大型土石方工程的管理费和利润计取不再按工程类别执行不同标准，统一按下表规定执行。

序　号	工程名称		计算基础	管理费率(%)	利润率(%)
一	通用项目	大型土石方工程	人工费+机械费	5.84	3.51

二〇〇四年十月二十七日

附录 14　苏建定[2004]414 号

江苏省建设厅文件

苏建定[2004]414 号

关于调整材料检验试验费用计取标准的通知

各省辖市建设局(建委)，省各有关单位：

根据省建设厅《关于进一步加强我省建设工程质量检测管理的若干意见》(苏建质[2004]318 号)、《关于改变我省建设工程质量见证取样检测委托方有关事项的通知》(苏建质[2004]372 号)规定，从 2004 年 12 月 1 日起，我省新开工项目的建设工程质量见证取样检测，一律由建设单位直接委托工程质量检测机构进行检测。

鉴于委托方式改变，工程质量见证取样检测费用由建设单位直接支付给所委托的检测机构，施工单位承担的检测工作内容和计费标准均发生了变化。

1）施工单位按规定进行建筑材料、构配件等试样的制作、封样、送检和其他为保证工程质量进行的材料检验试验工作。

2）2004 计价表措施项目费中的材料检验试验费计取标准调整为：

建筑与装饰工程由分部分项工程费的 0.4%调整为 0.18%；

安装工程由分部分项工程费的 0.3%调整为 0.15%；

市政工程由分部分项工程费的0.3%调整为0.15%。

二〇〇四年十一月二十二日

附录15 工程类别划分标准

一、工程类别划分的作用

工程类别的划分标准不但决定着费用项目的划分，而且决定着费率的大小，因此要求工程类别的划分要符合当前工程建设的实际情况。可是工程类别划分没有固定的方法，也没有统一的标准，目前各省市划分方法和标准都不一致。这里仅介绍江苏省的划分标准，以供大家参考。

二、工程类别划分标准

一般建筑工程分为四大类，并按工业建筑、民用建筑和构筑物的不同特征划分项目，具体划分标准如附表12-1所示。

工程类别划分标准　附表12-1

项目			单位	一类	二类	三类
工业建筑	单层	檐口高度	m	≥20	≥16	<16
		跨度	m	≥24	≥18	<18
	多层	檐口高度	m	≥30	≥18	<18
		建筑面积	m^2	≥8000	≥5000	<5000
民用建筑	住宅	檐口高度	m	≥62	≥34	<34
		建筑面积	m^2	≥10000	≥6000	<6000
		层　数	层	≥22	≥12	<12
	公用建筑	檐口高度	m	≥56	≥30	<30
		建筑面积	m^2	≥10000	≥6000	<6000
		层　数	层	≥18	≥10	<10
构筑物	烟囱	混凝土结构高度	m	≥100	≥50	<50
		砖结构高度	m	≥50	≥30	<30
	水塔	高度	m	≥40	≥30	<30
		容积	m^3	≥80	≥60	<60
	筒仓	高度	m	≥30	≥20	<20
	贮池	容积（单体）	m^3	≥2000	≥1000	<1000
大型机械吊装工程		檐口高度	m	≥20	≥16	≥9
		跨　度	m	≥24	≥18	<16

续附表

项　目		单位	一类	二类	三类
桩基础工程	预制混凝土、钢板桩长	m	≥30	≥20	<20
	灌注混凝土桩长	m	≥50	≥30	<30
单独土石方工程 大型土石方工程	挖或填、土石方容量	m^3	≥10000	≥5000	<5000

三、工程类别划分标准说明

1）工程类别划分是根据不同的单位工程，按施工难易程度，结合江苏省建筑市场历年来的实际施工项目确定的。

2）不同层数组成的单位工程，当高层部分的建筑面积占总面积30%以上时，按高层的指标确定工程类别，不足30%的按低层指标确定工程类别。

3）以建筑面积、檐高、跨度确定工程类别时，如该工程类别达不到高类别的指标，但工程施工难度较大的（如建筑复杂、有地下室、基础要求高、采用新的施工工艺的工程等），其类别由各市工程造价管理部门根据实际情况予以核定。檐口高度是指自建筑物室外设计 地坪至檐口顶面（不包括女儿墙、高出屋面的电梯间、楼梯间、水箱间、塔楼等）的高度。坡（瓦）屋面按檐墙中心线处屋面板面或椽子上表面的高度计算；平屋面以檐墙中心线处平屋面的板面高度计算。

4）单独承包地下室工程的按二类标准计取费用，如地下室建筑面积指标达到一类的则按一类标准取费。

5）建筑物、构筑物高度是指设计室外地面标高至檐口顶标高（不包括女儿墙、高出屋面的电梯间、楼梯间、水箱间、塔楼等的高度），跨度是指桁架、梁、拱跨越空间和结构相邻两端承重点的轴线之间的水平距离，多跨工业建筑应按最大跨度确定类型。

6）工业建筑工程是指从事物质生产和直接为生产服务的建筑工程，主要包括生产车间、加工车间、实验车间、仓库、独立实验室、化验室、民用锅炉房、变电所和其他生产用建筑工程。

7）民用建筑工程是指用于满足人们的物质和文化生活需要的非生产性建筑，主要包括商住楼、综合楼、办公楼、教学楼、宾馆、宿舍及其他民用建筑工程。

8）构筑物工程是指与工业与民用建筑工程相配套且独立于工业与民用建筑的工程，主要包括烟囱、水塔、仓类和池类等。

9）桩基础工程是指天然地基上浅基础不能满足建筑物、构筑物的稳定要求而采用的一种深基础，主要包括各种现浇和预制混凝土桩及其他桩基础。

10）强夯法加固地基、基坑钢管支撑均按二类工程标准执行。深层搅拌桩、粉喷桩、基坑锚喷护壁按打灌注桩基工程三类标准执行。

11）轻钢结构的单层厂房按单层厂房的类别降低一类标准计算。

12）大型土石方和单独土石方工程是指单独编制概预算或在一个单位工程内挖方或填

方在 5000m^3(不含 5000m^3)以上的工业与民用建筑土石方工程。包括无政府主义挖方或填方等。

13) 预制构件制作工程类别划分按相应的建筑工程类别标准执行。

14) 与建筑物配套的零星项目,如化粪池、检查井、分户围墙按相应的主体建筑工程类别标准确定外,其余如厂区围墙、道路、下水道、挡土墙等零星项目,均按三类标准执行。

15) 关于建筑物加层扩建时套用类别的方法:

(1) 当选用面积或跨度指标时,以新增的实际面积和跨度套用类别标准;

(2) 当选用檐高和层数指标时,要与原建筑物一并考虑套用类别标准。

16) 在计算层数指标时,半地下室和层高小于 2.2m 的均不计算层数。

17) 凡工程类别标准中,有两个指标控制的,只要满足其中一个指标即可按该指标确定工程类别;有三个指标控制的,必须满足二个或二个以上指标才可按该类指标确定工程类别。

18) 工程类别标准中未包括的特殊工程,如影剧院、体育馆、游泳馆、别墅、别墅群等,由各市工程造价管理部门根据具体情况确定,报省标准定额站备案。

19) 如果建筑工程是一类工程,则建筑工程的附属设备、照明、采暖、通风、给水排水、煤气管道工程等均为一类工程;同样的原则,附属于二类建筑工程的设备、照明、采暖、通风、给水排水、煤气管道工程则为二类工程;三类工程也按上述原则确定。因此,要确定建筑安装工程的类别必须首先确定建筑工程的类别。

附录 16　关于工程造价计费有关问题的请示

徐州市建筑工程定额管理站

徐建定[2007]4 号

江苏省建设工程造价管理总站:

最近一段时间以来,我市在招投标过程中执行有关文件时,经常碰到对工程造价计费标准和计费办法理解不一致的地方,并由此判定为废标,引起较大争议,急需省站予以明确。

一、关于劳保统筹费计取问题。苏建定[2004]169 号《关于建筑安装工程劳保统筹费标准的批复》规定:“建筑工程、构件兼打桩、机械施工大型土石方为 2.96%,预制构件制作为 1.48%,构件吊装为 1.11%,打预制桩为 1.22%,安装工程为 1.8%”。请问:其中建筑工程和安装工程具体如何划分?在招投标时,如将一般土建工程(是指套用江苏省建筑与装饰工程计价表的部分)和安装工程(是指套用江苏省安装工程计价表的部分)一同发包,也不允许肢解发包,但在计取劳保统筹费时,是按照土建部分 2.96%、安装工程部分 1.8%分别计取,还是将土建工程和安装工程统一作为建筑工程按照 2.96%计取,请明示。

二、关于现场安全文明施工措施费计取问题。苏建价[2005]349 号“关于印发《江苏省建设工程现场安全文明施工措施费计价管理办法》的通知”规定：现场安全文明施工措施费以分部分项工程费为计费基础，结算时按审定的分部分项工程工程费进行调整。具体费率标准见附表16-1。

现场安全文明施工措施费费率表 **附表16-1**

序号	工程名称	基本费率(%)	现场考评费率(%)	奖励费(获市级文明工地/获省级文明工地)(%)
一	建筑工程(土建工程)	2.0	1.1	0.4/0.7
二	构件吊装	0.8	0.5	
三	桩基工程	1.0	0.6	0.2/0.4
四	机械施工大型土石方工程	1.0	0.6	
五	单独装饰工程	0.8	0.5	0.2/0.4
六	安装工程	0.7	0.4	0.2/0.4
七	古建工程	1.4	0.8	0.3/0.5
八	园林绿化工程	0.7	0.4	
九	市政工程	1.0	0.6	0.2/0.4

注：表中所列工程均为单独发包工程。

表中分别给出了建筑工程(土建工程)和安装工程的计费标准，同样，在招投标时，将一般土建工程(是指套用江苏省建筑与装饰工程计价表的部分)和安装工程(是指套用江苏省安装工程计价表的部分)一同发包如何计取现场安全文明施工措施费？是不是将土建工程部分和安装工程部分分别计取相应费率？但表后又注明表中所列工程均为单独发包工程，如何理解？是不是土建工程和安装工程统一发包而不是单独发包时，土建工程和安装工程统一按照表中建筑工程(土建工程)的费率计取？请明示。

二〇〇七年一月三十日

江苏省建设工程造价管理总站

苏建价函[2007]8号

关于徐州市工程造价计费有关问题的答复

徐州市建筑工程定额管理站：

你单位《关于工程造价计费有关问题的请示》收悉，现答复如下：

一、关于劳保统筹费计取问题，建筑工程和安装工程均根据各自不同的计算基数和相应费率，分别计取。

二、关于现场安全文明施工措施费计取问题，土建工程和安装工程分别按相应费率计取。其中：桩基工程和机械施工大型土石方工程不论是否单独发包，均按相应费率计取；单独装饰工程和构件吊装如为单独发包工程，按表中费率计取，如不是单独发包工程，则计入建筑工程中，按建筑工程费率计取。

二〇〇七年一月三十一日

附录17　分部分项工程量计算规则对比

分部分项工程量计算规则对比

第一节　土石方工程工程量计算规则对比

土方工程是任何一项新建建筑工程中必不可少的一个分项工程。在土石方工程中，监理工程师只有明确了一些基本概念，才能正确选用清单项目和定额或计价表子目。工程量计算规则对比分为三大部分，即土方工程、石方工程和土石方运输工程。

土方工程工程量计算规则如附表17-1所示。

土方工程工程量计算规则　　附表17-1

项目名称	计价模式	计量单位	工程量计算规则
平整场地	工程量清单	m^2	按设计图示尺寸以建筑物首层面积计算。“首层面积”应按建筑物外墙外边线计算。落地阳台计算全面积；悬挑阳台不计算面积。设地下室和半地下室的采光井等不计算建筑面积的部位也应计入平整场地的工程量。地上无建筑物的地下停车场按地下停车场外墙外边线外围面积计算，包括出入口、通风竖井和采光井计算平整场地的面积
	定额	m^2	按建筑物外墙外边线每边各加2m计算
挖土方	工程量清单	m^3	按设计图示尺寸以体积计算
	定额	m^3	人工挖土方按相应干湿土类别深度分别套定额。机械土方按实际完成工程量计算
挖基础土方	工程量清单	m^3	按设计图示尺寸以基础垫层底面积乘挖土深度计算
	定额	m^3	1）地槽工程量＝地槽底宽×地槽长度×深，其中地槽底宽＝基础底宽＋两边工作面宽度；地槽长度计算规定：外墙按墙中心线、内墙按地槽底净长计算。 2）地坑工程量＝地坑底面积×深，其中地坑底面积尺寸为图示基础底面尺寸加工作面宽度，深同地槽
挖淤泥、流砂	工程量清单	m^3	按设计图示位置、界限以体积计算
	定额	m^3	按设计图示位置、界限以体积计算

石方工程工程量计算规则如附表17-2所示。

石方工程工程量计算规则　　附表 17-2

项目名称	计价模式	计量单位	工程量计算规则
预裂爆破	工程量清单	m	按设计图示以钻孔总长度计算
	定额	m^3	按设计图示尺寸以立方米计算。基槽、坑深度允许超挖：普坚石、次坚石 200mm；特坚石 150mm
管沟土石方	工程量清单	m	按设计图示以钻孔总长度计算
	定额	m	按图示中心线长度计算，沟底宽度，设计有规定的，按设计规定尺寸计算，设计无规定的，可按相关表规定宽度计算
石方开挖	工程量清单	m^3	按设计图示尺寸以体积计算
	定额	m^3	1）人工凿岩石，按图示尺寸以立方米计算。 2）爆破岩石按图示尺寸以立方米计算

土石方运输工程的工程量计算规则如附表 17-3 所示。

土石方运输工程工程量计算规则　　附表 17-3

项目名称	计价模式	计量单位	工程量计算规则
土石方运输	工程量清单	m^3	按设计图示尺寸以体积计算。土石方外运体积等于挖方体积减去回填体积。计算结果为正值时为余方外运体积，负值时为补方回运体积
	定额	m^3	按设计图示尺寸以体积计算。余土或取土工程量，可按下式计算： 余土外运体积＝挖土总体积－回填土总体积 式中计算结果为正值时为余土外运体积，为负值时为需取土体积
土石方回填	工程量清单	m^3	按设计图示尺寸以体积计算： 1）场地回填：回填面积乘平均回填厚度。 2）室内回填：主墙间面积乘回填厚度。 3）基础回填：挖方体积减去设计室外地坪以下埋设的基础体积（包括基础垫层及其他构筑物）
	定额	m^3	回填土区分夯填、松填按图示回填体积并依下列规定以立方米计算： 1）沟槽、基坑回填土，沟槽、基坑回填体积以挖方体积减去设计室外地坪以下埋设砌筑物（包括：基础垫层、基础等）体积计算。 2）管道沟槽回填，以挖方体积减去管径所占体积计算。管径在 500mm 以下的不扣除管道所占体积；管径超过 500mm 以上时按相应表规定扣除管道所占体积计算。 3）室内回填土，按主墙之间的面积乘以回填土厚度计算。不扣除附垛及附墙烟囱等体积。 4）余土或取土工程量，可按下式计算： 余土外运体积＝挖土总体积－回填土总体积 式中计算结果为正值时为余土外运体积，为负值时为需取土体积

第二节　打桩工程及基础垫层工程

本节分为打桩、地基与边坡处理和基础垫层三项内容来介绍。

一、打桩

打桩分为混凝土桩与其他桩，其工程量计算规则如附表 17-4 和附表 17-5 所示。

1. 混凝土桩

混凝土桩工程量计算规则　　附表 17-4

项目名称	计价模式	计量单位	工程量计算规则
预制钢筋混凝土桩	工程量清单	m/根	按设计图示尺寸以桩长(包括桩尖)或根数计算
	定额	m^3	按设计桩长(包括桩尖，不扣除桩尖虚体积)乘以桩截面面积以立方米计算。空心体积应扣除，管桩的空心部分设计要求灌注混凝土或其他填充材料时，应另行计算
接桩	工程量清单	个/m	按设计图示规定以接头数量(板桩按接头长度)计算
	定额	个	按每个接头计算
混凝土灌注桩	工程量清单	m/根	按设计图示尺寸以桩长(包括桩尖)或根数计算
	定额	m^3	打孔沉管灌注桩按设计桩长(包括桩尖)另加 250mm 乘以标准桩管外径，以立方米计算。使用预制钢筋混凝土桩尖时，单打、复打桩体积均按设计桩长(不包括桩尖)另加 250mm 乘以标准桩管外径，以立方米计算。 钻孔灌注桩按设计桩长(包括桩尖，不扣除桩尖虚体积)增加 0．5m(设计有规定按设计规定)乘以设计断面面积计算。 人工挖孔灌注桩中挖井坑土、挖井坑岩石、砖砌井壁、井壁内灌注混凝土按设计图示尺寸以立方米计算

2. 其他桩

其他桩工程量计算规则　　附表 17-5

项目名称	计价模式	计量单位	工程量计算规则、
粉喷桩(旋喷桩)	工程量清单	m	按设计图示尺寸以桩长(包括桩尖)计算
	定额	m^3	按设计长度另加 500mm(设计有规定按设计规定)乘以设计截面积以立方米计算(双轴的工程量不得重复计算)，群桩间的搭接不扣除
砂石挤密桩	工程量清单	m	按设计图示尺寸以桩长(包括桩尖)计算
	定额	m^3	按设计长度(包括桩尖)另加 250mm(设计有规定按设计要求)乘以设计截面积以立方米计算
灰土挤密桩	工程量清单	m	按设计图示尺寸以桩长(包括桩尖)计算
	定额	m^3	按设计长度另加 500mm(设计有规定按设计要求)乘以设计截面积以立方米计算。区分桩长套用相应定额

二、地基与边坡处理

地基与边坡处理的工程量计算规则 如附表 17-6 所示。

地基与边坡处理的工程量计算规则　　附表 17-6

项目名称	计价模式	计量单位	工程量计算规则
地下连续墙	计价规范	m^3	按设计图示墙中心线长度乘以厚度乘以槽深以体积计算
	定额	m^3	定额中无明确规定，可以参照灌注桩执行
锚杆支护	计价规范	m^2	按设计图示尺寸以支护面积计算
	定额	$m(m^2)$	基坑锚喷护壁成孔及孔内注浆按设计图纸以延长米计算，两者工程量应相等。护壁喷射混凝土按设计图纸以平方米计算
土钉支护	计价规范	m^2	按设计图示尺寸以支护面积计算
	定额	$m(m^2)$	土钉支护钉土钉锚杆按设计图示图纸以延长米计算；挂钢筋网按设计图纸以平方米计算
地基强夯	计价规范	m^2	按设计图示尺寸以面积计算
	定额	m^2	按夯锤底面积，并根据设计要求的夯击能量和每点夯击数，执行相应定额
振冲碎石	计价规范	m^3	按设计图示孔深乘以孔截面面积以体积计算
	定额	m^3	定额中无明确规定，可以参照碎石桩规则执行

三、基础垫层

基础垫层在 GB 50500—2003 中是与基础绑定的，但是垫层在很多情况下会与招标时的情况不同，所以发生变化时不易单独进行分析。GB 50500—2008 将垫层单独分离了出来，以方便垫层发生变化时单独分析。现将垫层的工程量计算规则列于附表 17-7 中供参考。

垫层工程量计算规则　　附表 17-7

项目名称	计价模式	计量单位	工程量计算规则
垫　层	工程量清单	m^3	按设计图示尺寸以体积计算： 1）基础垫层：垫层底面积乘厚度。 2）地面垫层：主墙间净空面积乘设计厚度。扣除凸出地面的构筑物，设备基础、室内铁道、地沟等所占体积，不扣除柱、垛、间壁墙、附墙烟囱及每个面积 0.3m^2 以内的孔洞所占体积。 外墙基础垫层长度按外墙中心线长度计算；内墙基础垫层按内墙基础垫层净长度计算
	定额	m^3	

第三节　砌筑工程

本节分砖基础、砖墙、砖柱、砖构筑物、砌块砌体和石砌体六个部分进行介绍。它们的工程量计算规则分别如附表 17-8～附表 17-13 所示。

一、砖基础

砖基础工程量计算规则　　附表 17-8

项目名称	计价模式	计量单位	工程量计算规则
砖基础	工程量清单	m^3	按设计图示尺寸以体积计算。包括附墙垛基础宽出部分体积，扣除地梁（圈梁）、构造柱所占体积，不扣除基础大放脚T形接头处的重叠部分及嵌入基础内的钢筋、铁件、管道、基础砂浆防潮层和单个面积 0.3 m^2 以内的孔洞所占体积，靠墙暖气沟的挑檐不增加体积。基础长度：外墙按中心线，内墙按净长线计算
	定额		

二、砖墙

砖墙工程量计算规则　　附表 17-9

项目名称	计价模式	计量单位	工程量计算规则
实心砖墙	工程量清单	m^3	按设计图示尺寸以体积计算。扣除门窗洞口、过人洞、空圈、嵌入墙内的钢筋混凝土柱、梁、圈梁、挑梁、过梁及凹进墙内的壁龛、管槽、暖气槽、消火栓箱所占体积。不扣除梁头、板头、檩头、垫木、木楞头、沿缘木、木砖、门窗走头、砖墙内加固钢筋、木筋、铁件、钢管及单个面积 0.3 m^2 以内的孔洞所占体积。凸出墙面的腰线、挑檐、压顶、窗台线、虎头砖、门窗套不增加体积。凸出墙面的砖垛并入墙体体积内计算： 1）墙长度：外墙按中心线，内墙按净长计算。 2）墙高度： （1）外墙：斜（坡）屋面无檐口顶棚者算至屋面板底；有屋架且室内外均有顶棚者算至屋架下弦底另加 200mm；无顶棚者算至屋架下弦底另加 300mm，出檐宽度超过 600mm 时按实砌高度计算；平屋面算至钢筋混凝土板底 （2）内墙：位于屋架下弦者，算至屋架下弦底；无屋架者算至顶棚底另加 100mm；有钢筋混凝土楼板隔层者算至楼板顶；有框架梁时算至梁底 （3）女儿墙：从屋面板上表面算至女儿墙顶面（如有混凝土压顶时算至压顶下表面） （4）内、外山墙：按其平均高度计算 3）围墙：高度算至压顶上表面（如有混凝土压顶时算至压顶下表面），围墙柱并入围墙体积内
	定额	m^3	按体积以立方米计算： 1）计算墙体时，应扣除门窗洞口、过人洞、空圈、嵌入墙身的钢筋混凝土柱、梁（包括过梁、圈梁、挑梁）、砖平旋、平砌砖过梁和暖气包壁龛及内墙板头的面积，不扣除梁头、外墙板头、檩头、垫木、木楞头、沿椽木、木砖、门窗走头、砖墙内的加固钢筋、木筋、铁件、钢管每个面积在 0.3m^2 以下的孔洞等所占的面积，突出墙面的窗台虎头砖、压顶线、山墙泛水、烟囱根、门窗套及三皮砖以内的腰线和挑檐等面积亦不增加。 2）附墙砖垛、三皮砖以上的腰线、挑檐、烟囱、通风道、垃圾道（每个孔洞横断面超过 0.1m^2 时，应扣除其所占体积）等以其外型体积按所依附砖墙厚度折算成面积后，并入墙身面积内计算。 3）女儿墙高度，自外墙顶面至图示女儿墙顶面高度，分别不同墙厚并入外墙计算。混凝土压顶以延长米计算。 4）基础与墙使用一种材料时，以设计室内地坪为界，以下为基础，以上为墙身；使用不同材料时，位于设计室内地坪±300mm 以内，以不同材料为分界线，超过±300mm 时以设计室内地坪为分界线，以下为基础，以上为墙身

续附表

项目名称	计价模式	计量单位	工程量计算规则
空斗墙	工程量清单	m^3	按设计图示尺寸以外形体积计算。墙角、内外墙交接处、门窗洞口立边、窗台砖、屋檐处的实砌部分体积并入空斗墙体积内
	定额	m^2	按外形体积以立方米计算，计算规则同实心墙
空花墙	工程量清单	m^3	按设计图示尺寸以空花部分外形体积计算，不扣除空洞部分体积
	定额	m^2	按空花部分的外形体积以立方米计算。空花墙外有实砌墙，其实砌部分应以立方米另列项目计算
填充墙	工程量清单	m^3	按设计图示尺寸以填充墙外形体积计算
	定额	m^2	按外形体积以立方米计算，其中实砌部分及填充料已包括在定额内不另计算

三、砖柱

砖柱工程量计算规则　　**附表 17-10**

项目名称	计价模式	计量单位	工程量计算规则
实心砖柱	工程量清单	m^3	按设计图示尺寸以体积计算。扣除混凝土及钢筋混凝土梁垫、梁头、板头所占体积
	定额	m^3	按图示尺寸的砌体体积以立方米计算。柱基柱身工程量合并套“砖柱”定额
零星砌砖	工程量清单	m^3	按设计图示尺寸以体积计算。扣除混凝土及钢筋混凝土梁垫、梁头、板头所占体积
	定额	m^3	按图示尺寸以立方米计算。适用于砖砌门墩、房上烟囱、地垅墙、水槽、水池腿、垃圾箱、台阶面上矮墙、花台、煤箱、容积在 $3m^3$ 以内的水池、大小便槽(包括踏步)、阳台栏板等砌体

四、砖构筑物

砖构筑物工程量计算规则　　附表 17-11

项目名称	计价模式	计量单位	工程量计算规则
砖烟囱 水塔	工程量清单	m^3	按设计图示筒壁平均中心线周长乘厚度乘高度以体积计算。扣除各种孔洞、钢筋混凝土圈梁、过梁等体积
	定额	m^3	1）砖烟囱 筒身不分圆形、方形均按图示筒壁平均中心线周长乘以厚度并扣除筒身各种孔洞、钢筋混凝土圈梁、过梁等体积以立方米计算，其筒壁周长不相同时，可按公式分段计算； 烟囱内衬按不同内衬材料并扣除孔洞后，以图示实体积计算。 烟囱内壁表面隔热层，按筒身内壁并扣除各种孔洞后的面积以平方米计算；填料按烟囱内衬与筒身之间的中心线平均周长乘以图示宽度和筒高，并扣除各种孔洞所占体积（但不扣除连接横砖及防沉带的体积）后以立方米计算。 2）砖砌水塔 （1）水塔基础与塔身划分：以砖砌体的扩大部分顶面为界，以上为塔身，以下为基础，分别套相应基础砌体定额。 （2）塔身以图示实砌体积计算，并扣除门窗洞口和混凝土构件所占的体积，砖平拱碹及砖出檐等并入塔身体积内计算，套水塔砌筑定额。 （3）砖水箱内外壁，不分壁厚，均以图示实砌体积计算，套相应的内外砖墙定额
砖烟道	工程量清单	m^3	按图示尺寸以体积计算
	定额	m^3	1）烟道扣除孔洞后，以图示实体积计算。 2）烟道砌砖：烟道与炉体的划分以第一道闸门为界，在第一道闸门之前的炉体内的烟道部分列入炉体工程量计算
砖窨井 检查井 砖水池 化粪池	工程量清单	座	按设计图示数量计算
	定额	m^3	区分形状和深度，按设计图示以立方米计算

五、砌块砌体

砌块砌体工程量计算规则 附表 17-12

项目名称	计价模式	计量单位	工程量计算规则
空心砖砌块墙	工程量清单	m^3	按设计图示尺寸以体积计算。扣除门窗洞口、过人洞、空圈、嵌入墙内的钢筋混凝土柱、梁、圈梁、挑梁、过梁及凹进墙内的壁龛、管槽、暖气槽、消火栓箱所占体积，不扣除梁头、板头、檩头、垫木、木楞头、沿缘木、木砖、门窗走头、砖墙内加固钢筋、木筋、铁件、钢管及单个面积 $0.3m^2$ 以内的孔洞所占体积，凸出墙面的腰线、挑檐、压顶、窗台线、虎头砖、门窗套不增加体积，凸出墙面的砖垛并入墙体体积内。 1）墙长度：外墙按中心线，内墙按净长计算。 2）墙高度 (1) 外墙：斜（坡）屋面无檐口天棚者算至屋面板底；有屋架且室外均有顶棚者算至屋架下弦底另加 200mm；无顶棚者算至屋架下弦底另加 300mm，出檐高度超过 600mm 时按实砌高度计算；平屋面算至钢筋混凝土板底。 (2) 内墙：位于尾架下弦者，算至屋架下弦底；无屋架者算至顶棚底另加 100mm；有钢筋混凝土楼板隔层者算至楼板底；有框架梁时算至梁底。 (3) 女儿墙：从屋面板上表面算至女儿墙顶面（如有压顶时算至压顶下表面）。 (4) 内、外墙：按其平均高度计算。 3）围墙：围墙柱、砖压顶并入围墙体积内
	定额	m^3	
空心砖、砌块柱	工程量清单	m^3	按设计图示尺寸以体积计算。扣除混凝土及钢筋混凝土梁垫、梁头、板头所占体积
	定额	m^3	

六、石砌体

石砌体工程量计算规则 附表 17-13

项目名称	计价模式	计量单位	工程量计算规则
石勒脚	工程量清单	m^3	按设计图示尺寸以体积计算，扣除每个 $0.3m^2$ 以外的孔洞所占的体积
	定额	m^3	按设计图示尺寸以体积计算，扣除每个 $0.3m^2$ 以外的孔洞所占的体积
石基础	工程量清单	m^3	按设计图示尺寸以体积计算。包括附墙垛基础宽出部分体积，不扣除基础砂浆防潮层及单个面积 $0.3m^2$ 以内的孔洞所占体积，靠墙暖气沟的挑檐不增加体积。基础长度：外墙按中心线，内墙按净长计算
	定额	m^3	按设计图示尺寸以体积计算。包括附墙垛基础宽出部分体积，不扣除基础砂浆防潮层及单个面积 $0.3m^2$ 以内的孔洞所占体积，靠墙暖气沟的挑檐不增加体积。基础长度：外墙按中心线，内墙按净长计算

续附表

项目名称	计价模式	计量单位	工程量计算规则
石墙	工程量清单	m^3	按设计图示尺寸以体积计算。扣除门窗洞口、过人洞、空圈、嵌入墙内的钢筋混凝土柱、梁、圈梁、挑梁、过梁及凹进墙内的壁龛、管槽、暖气槽、消火栓箱所占体积,不扣除梁头、板头、檩头、垫木、木楞头、沿缘木、木砖、门窗走头、砖墙内加固钢筋、木筋、铁件、钢管及单个面积0.3 m^2 以内的孔洞所占体积,凸出墙面的腰线、挑檐、压顶、窗台线、虎头砖、门窗套不增加体积,凸出墙面的砖垛并入墙体体积内。 墙长度和墙高度:同砖墙的取值方法
	定额	m^3	按设计图示尺寸以体积计算。方整石墙单面出垛并入墙身工程量内。双面出墙垛按柱计算。 石墙外墙以设计室外地坪为界,内墙以设计室内地地平为界,以下为基础,以上为墙身。 墙长度和墙高度:确定方法同砖墙
石柱	工程量清单	m^3	按设计图示尺寸以体积计算
	定额	m^3	按图示尺寸的砌体体积以立方米计算。分别计算柱身和柱基的工程量,独立柱基扩大顶面以上为柱身。方整石墙单面出垛并入墙身工程量内,双面出垛(包括墙厚)按柱计算
石栏杆	工程量清单	m	按设计图示以长度计算
	定额	m	按设计图示以长度计算
石护坡	工程量清单	m^3	按设计图示尺寸以体积计算
	定额	m^3	按设计图示尺寸以体积计算
石台阶	工程量清单	m^3	按设计图示尺寸以体积计算
	定额	m^3	按设计图示尺寸以体积计算。毛石台阶按毛石基础定额执行
砖散水地坪	工程量清单	m^2	按设计图示尺寸以面积计算
	定额	m^2	按设计图示尺寸以面积计算
砖地沟、明沟	工程量清单	m	按设计图示以中心线长度计算
	定额	m^3	砖砌地沟沟底与沟壁工程量合并以立方米计算

第四节　钢筋工程

一、工程量计算规则

钢筋工程在GB 50500—2008中是混凝土与钢筋混凝土工程中的一个分项,包括各种钢筋混凝土构件中的各种钢筋。在江苏省建筑与装饰工程计价表中是一个单独的分部,所以,在本书中按照江苏省建筑与装饰计价表的顺序将其单独列出。其工程量计算规则如附表17-14所示。

钢筋工程工程量计算规则　　附表 17-14

项目名称	计价模式	计量单位	工程量计算规则
现浇混凝土钢筋 预制构件钢筋 钢筋网片 钢筋笼 先张法预应力钢筋	工程量清单	t	按设计图示钢筋(网)长度(面积)乘单位理论质量计算
	定额	t	按设计展开长度乘理论重量以吨计算。 计算钢筋工程量时,搭接长度按规范规定计算。先张法预应力构件中的预应力和非预应力钢筋应合并按设计长度计算,按预应力钢筋定额执行(梁、大型屋面板、F 板执行 $\Phi5$ 以外的定额,其他均执行 $\Phi5$ 以内的定额)
后张法预应力钢筋	工程量清单	t	按设计图示钢筋(丝束、绞线)长度乘单位理论质量计算: 1) 低合金钢筋两端均采用螺杆锚具时,钢筋长度按孔道长度减 0.35m 计算,螺杆另行计算。 2) 低合金钢筋一端采用镦头插片、另一端采用螺杆锚具时,钢筋长度按孔道长度计算,螺杆另行计算。 3) 低合金钢筋一端采用镦头插片、另一端采用帮条锚具时,钢筋增加 0.15m 计算;两端均采用帮条锚具时,钢筋长度按孔道长度增加 0.3m 计算。 4) 低合金钢筋采用后张混凝土自锚时,钢筋长度按孔道长度增加 0.35m 计算。 5) 低合金钢筋(钢绞线)采用 JM、XM、QM 型锚具,孔道长度在 20m 以内时,钢筋长度按孔道长度增加 1m 计算;孔道长度在 20m 以外时,钢筋(钢绞线)长度按孔道长度增加 1.8m。(此条适用于清单计算规则,而不适用于定额规则)
	定额	t	
预应力钢丝 预应力钢绞线	工程量清单	t	按设计图示钢筋(丝束、绞线)长度乘单位理论质量计算: 1) 低合金钢筋两端均采用螺杆锚具时,钢筋长度按孔道长度减 0.35m 计算,螺杆另行计算。 2) 低合金钢筋一端采用镦头插片、另一端采用螺杆锚具时,钢筋长度按孔道长度计算,螺杆另行计算。 3) 低合金钢筋一端采用镦头插片、另一端采用帮条锚具时,钢筋增加 0.15m 计算;两端均采用帮条锚具时,钢筋长度按孔道长度增加 0.3m 计算。 4) 低合金钢筋采用后张混凝土自锚时,钢筋长度按孔道长度增加 0.35m 计算。 5) 低合金钢筋(钢绞线)采用 JM、XM、QM 型锚具,孔道长度在 20m 以内时,钢筋长度按孔道长度增加 1m 计算;孔道长度在 20m 以外时,钢筋(钢绞线)长度按孔道长度增加 1.8m。 6) 碳素钢丝采用锥形锚具,孔道 长度在 20m 以内时,钢丝束长度按孔道长度增加 1m 计算;孔道长度在 20m 以外时,钢筋束长度按孔道长度增加 1.8m。 7) 碳素钢丝束采用镦头锚具时,钢筋束长度按孔道长度增加 0.35m 计算
	定额	t	按设计图纸预应力筋的结构长度(即孔道长度)加操作长度之和乘钢材理论重量计算,其操作长度按下列规定计算: 1) 钢丝束采用镦头锚具时,不论一端张拉或两端张拉均不增加操作长度(即:结构长度就是计算长度)。 2) 钢丝束采用锥形锚具时,一端张拉为 1m,两端张拉为 1.6m。 3) 有黏结钢绞线采用多根夹片锚具时,一端张拉为 0.9m,两端张拉为 1.5m。 4) 无黏结预应力绞线采用单根夹片锚具时,一端张拉为 0.6m,两端张拉为 0.8m。 5) 用转角器张拉及特殊张拉的预应力筋,其操作长度应按实计算
螺栓 预埋铁件	工程量清单	t	按设计图示尺寸以质量计算
	定额	t	按设计图示以吨计算

二、工程量计算注意事项

第五节 混凝土工程

本节分为现浇混凝土、预制混凝土和混凝土构筑物三个部分。下面详细叙述各个部分的分项工程在两种计价模式下的工程量计算规则。

一、现浇混凝土工程

现浇混凝土构件的工程量计算规则如附表17-15～附表17-21所示。

1. 现浇混凝土基础

现浇混凝土基础工程量计算规则 **附表17-15**

项目名称	计价模式	计量单位	工程量计算规则
带形基础 独立基础 满堂基础 设备基础	工程量清单	m^3	按设计图示尺寸以体积计算。不扣除构件内钢筋、预埋铁件和伸入承台基础的桩头所占体积
	定额	m^3	按图示尺寸以立方米计算： 1）有梁带形混凝土基础，其梁高与梁宽的比值在4∶1以内的，按有梁式带形基础计算；超过4∶1时，其基础底按无梁式带形基础计算，上部按墙计算。 2）满堂(板式)基础有梁式(包括反梁)、无梁式应分别计算，仅带有边肋者按无梁式满堂基础套用子目。 3）设备基础除块体外，其他类型基础分别按基础、梁、柱、板、墙等有关规定计算，套相应的子目。 4）独立柱基、桩承台：按图示尺寸实体积以立方米算至基础扩大顶面。 5）杯形基础套用独立柱基子目。杯口外壁高度大于杯口外长边的杯型基础，套高颈杯形基础项目

2. 现浇混凝土柱

现浇混凝土柱工程量计算规则 **附表 17-16**

项目名称	计价模式	计量单位	工程量计算规则
矩形柱	工程量清单	m^3	按设计图示尺寸以体积计算,不扣除构件内钢筋、预埋铁件所占体积、构造柱与墙体嵌接部分。依附柱上的牛腿和升板的柱帽、构造柱与墙体嵌接部分并入柱身体积。 柱高按以下规定计算: 1)有梁板的柱高,应自柱基上表面(或楼板上表面)至上一层楼板上表面之间的高度计算。 2)无梁板的柱高,应自柱基上表面(或楼板上表面)至柱帽下表面之间的高度计算。 3)框架柱的柱高,应自柱基上表面至柱顶高度计算。 4)构造柱按全高计算
	定额	m^3	按图示断面尺寸乘以柱高以立方米计算: 1)有梁板的柱高,应自柱基上表面(或楼板上表面)至上一层楼板下表面之间的高度计算。如一根柱的部分断面与板相交,柱高应算至板顶面,但与板重叠部分应扣除。 2)无梁板的柱高,应自柱基上表面(或楼板上表面)至柱帽下表面之间的高度计算。 3)预制框架柱的柱高应自柱基上表面至柱顶高度计算。 4)构造柱按全高计算,应扣除与现浇板、梁相交部分的体积,与砖墙嵌接部分的体积混凝土并入柱身体积内计算。 5)依附柱上的牛腿,并入柱身体积内计算

3. 现浇混凝土梁

现浇混凝土梁工程量计算规则 **附表 17-17**

项目名称	计价模式	计量单位	工程量计算规则
过梁 圈梁 基础梁 矩形梁 弧形梁 拱形梁 异形梁	工程量清单	m^3	按设计图示尺寸以体积计算。不扣除构件内钢筋、预埋铁件所占体积,伸入墙内的梁头、梁垫并入梁体积内。梁长: 1)梁与柱连接时,梁长算至柱侧面。 2)主梁与次梁连接时,次梁长算至主梁侧面
	定额	m^3	按图示断面尺寸乘以梁长以立方米计算。梁长: 1)梁与柱连接时,梁长算至柱侧面。 2)主梁与次梁连接时,次梁长算至主梁侧面。 3)伸入墙内梁头,梁垫体积并入梁体积内计算。 4)圈梁、过梁应分别计算。单独现浇过梁按图示尺寸计算,图纸无明确表示时,梁长按门窗洞口外窗宽另加 500mm 计算。 5)依附于梁上的混凝土线条按延长米另行计算 6)现浇挑梁按挑梁计算,其压入墙身部分按圈梁计算;挑梁与单、框架梁连接时,其挑梁应并入相应梁内计算。 7)花篮梁二次浇捣部分执行圈梁子目

4. 现浇混凝土墙

现浇混凝土墙工程量计算规则 **附表 17-18**

项目名称	计价模式	计量单位	工程量计算规则
直形墙 弧形墙	工程量清单	m^3	按设计图示尺寸以体积计算。不扣除构件内钢筋、预埋铁件所占体积，扣除门窗洞口及单个面积 $0.3m^2$ 以外的孔洞所占体积，墙垛及突出墙面部分并入墙体体积内计算
	定额	m^3	直形墙按图示中心线长度乘以墙高及厚度以立方米计算，应扣除门窗洞口及 $0.3m^2$ 以外孔洞的体积。单面墙垛其突出部分并入墙身体积内；双面墙垛(包括墙)按柱计算。 弧形墙按弧线长度乘以墙高、墙厚计算。地下室墙有后浇带时应该扣除；梯形断面墙按上口与下口的平均宽度计算。墙高按以下规定计算： 墙与梁平行重叠，墙高算至梁顶面；当设计梁宽超过墙宽时，梁、墙分别按相应项目计算。 墙与板相交，墙高算至板底面

5. 现浇混凝土板

现浇混凝土板工程量计算规则 **附表 17-19**

项目名称	计价模式	计量单位	工程量计算规则
有梁板 无梁板 平板 拱板 薄壳板 栏板	工程量清单	m^3	按设计图示尺寸以体积计算，不扣除构件内钢筋、预埋铁件及单个面积 $0.3\ m^2$ 以内的孔洞所占体积，有梁板(包括主、次梁与板)按梁、板体积之和，无梁板按板和柱帽体积之和，各类板伸入墙内的板头并入板体积内，薄壳板的肋、基梁并入薄壳体积内
	定额	m^3	按图示面积乘以板厚以体积计算。其中有梁板(包括主、次梁与板)按梁、板体积之和计算，有后浇板带时应该扣除；无梁板按板与柱帽的体积之和计算；平板按实体积计算；伸入墙内的板头并入板体积内计算
天沟、挑檐板	工程量清单	m^3	按设计图示尺寸以体积计算
	定额	m^3	按图示面积乘以板厚以体积计算。其中现浇挑檐、天沟与板(包括情面板、楼板)连接时，以外墙面为分界线，与圈梁(包括其他梁)连接时，以梁外边线为分界线。外墙边线以外或梁外边线以外为挑檐、天沟
其他板	工程量清单	m^3	按设计图示尺寸以体积计算
	定额	m^2	按墙中心线面积计算，扣除 $0.3m^2$ 以上孔洞、突出屋面的楼梯、水箱间所占的面积(但不扣除设在屋面上的架空水箱所占面积)
雨篷 阳台板	工程量清单	m^3	按设计图示尺寸以墙外部分体积计算。包括伸出墙外的牛腿和雨篷反挑檐的体积
	定额	m^2	按伸出外墙的水平投影面积计算，伸出外墙的牛腿不另计算。水平竖向悬挑板按立方米计算

6. 现浇混凝土其他构件

现浇混凝土其他构件工程量计算规则　　附表 17-20

项目名称	计价模式	计量单位	工程量计算规则
其他构件	工程量清单	m^3 (m^2,m)	按设计图示尺寸以体积计算，不扣除构件内钢筋、预埋铁件所体积。
	定额		
散水 坡道	工程量清单	m^2	按设计图示尺寸以面积计算，不扣除单个0.3m^2 以内的孔洞所面积
	定额		
电缆沟 地沟	工程量清单	m	按设计图示尺寸以中心线长度计算
	定额	m^3	按图示尺寸分别计算沟壁、沟底和盖板的体积

注：现浇混凝土小型池槽、压顶、扶手、垫块、台阶、门框等应按现浇混凝土其他构件列清单项，其中扶手、压顶（包括伸入墙内的长度）应按延长米计算，台阶应按水平投影面积计算。

7. 现浇混凝土楼梯及后浇带

现浇混凝土楼梯及后浇带工程量计算规则　　附表 17-21

项目名称	计价模式	计量单位	工程量计算规则
直形楼梯 弧形楼梯	工程量清单	m^2	按设计图示尺寸以水平投影面积计算。不扣除宽度小于 500mm 的楼梯井，伸入墙内部分不计算
	定额	m^2	整体楼梯包括休息平台、平台梁、斜梁及楼梯的连接梁，按水平投影面积计算，不扣除宽度小于 200mm 的楼梯井，伸入墙内部分不另增加。楼梯与楼板连接时，楼梯算至楼梯梁外侧面。圆弧形楼梯包括圆弧形梯段、圆弧形边梁与楼板连接的平台，按楼梯的水平投影面积计算
后浇带	工程量清单	m^3	按设计图示尺寸以体积计算
	定额	m^3	按设计图纸以立方米计算

二、预制混凝土工程

预制混凝土构件的工程量计算规则如附表 17-22～附表 17-27 所示。

预制混凝土构件，如果是购入的则不再将价格中的模板费列入措施项目费；如果是非购入的，则预制混凝土构件及现场就位预制构件的模板费，应列入措施项目费。

1. 预制混凝土柱

预制混凝土柱工程量计算规则　　附表 17-22

项目名称	计价模式	计量单位	工程量计算规则
矩形柱 异形柱	工程量清单	m^3	按设计图示尺寸以体积计算。不扣除构件内钢筋、预埋铁件所占体积
	定额	m^3	按图示尺寸实体体积以立方米计算，不扣除构件内钢筋、铁件及小于 300mm×300mm 以内孔洞面积所占体积。柱接柱接头按接头的混凝土进行计算

2. 预制混凝土梁

预制混凝土梁工程量计算规则 附表 17-23

项目名称	计价模式	计量单位	工程量计算规则
矩形梁 异形梁 过梁 拱形梁 鱼腹式吊车梁 风道梁	工程量清单	m^3	按设计图示尺寸以体积计算。不扣除构件内钢筋、预埋铁件所占体积
	定额	m^3	按图示尺寸实体体积以立方米计算，不扣除构件内钢筋、铁件及小于 300mm×300mm 以内孔洞面积

3. 预制混凝土屋架

预制混凝土屋架工程量计算规则 附表 17-24

项目名称	计价模式	计量单位	工程量计算规则
折线型屋架 组合屋架 薄腹屋架 门式刚架屋架 天窗架屋架	工程量清单	m^3	按设计图示尺寸以体积计算。不扣除构件内钢筋、预埋铁件所占体积
	定额	m^3	混凝土工程量均按图示尺寸实体体积以立方米计算，不扣除构件内钢筋、铁件及小于 300mm×300mm 以内孔洞面积

4. 预制混凝土板

预制混凝土板工程量计算规则 附表 17-25

项目名称	计价模式	计量单位	工程量计算规则
平　板 空心板 槽形板 网架板 折线板 带肋板 大型板	工程量清单	m^3	按设计图示尺寸以体积计算。不扣除构件内钢筋、预埋铁件及单个尺寸 300mm×300mm 以内的孔洞所占体积，扣除空心板空洞体积
	定额	m^3	
沟盖板、井盖板、井圈	工程量清单	m^3	按设计图示尺寸以体积计算。不扣除构件内钢筋、预埋铁件所占体积
	定额	m^3	混凝土工程量均按图示尺寸实体体积以立方米计算，不扣除构件内钢筋、铁件及小于 300mm×300mm 以内孔洞面积

5. 预制混凝土楼梯

预制混凝土楼梯工程量计算规则 附表 17-26

项目名称	计价模式	计量单位	工程量计算规则
楼梯	工程量清单	m^3	按设计图示尺寸以体积计算。不扣除构件内钢筋、预埋铁件所占体积，扣除空心踏步板空洞体积
	定额	m^3	混凝土工程量均按图示尺寸实体体积以立方米计算，不扣除构件内钢筋、铁件及小于 300mm×300mm 以内孔洞面积

6. 预制混凝土其他构件

预制混凝土其他构件工程量计算规则 附表 17-27

项目名称	计价模式	计量单位	工程量计算规则
烟道 垃圾道 通风道 其他构件 水磨石构件	工程量清单	m^3	按设计图示尺寸以体积计算。不扣除构件内钢筋、预埋铁件及单个尺寸300mm×300mm以内的孔洞所占体积，扣除烟道、垃圾道、通风道的孔洞所占体积
	定额	m^3	混凝土工程量均按图示尺寸实体体积以立方米计算，不扣除构件内钢筋、铁件及小于300mm×300mm以内孔洞面积

三、混凝土构筑物

混凝土构筑物的工程量计算规则如附表 17-28 所示。

混凝土构筑物的工程量计算规则 附表 17-28

项目名称	计价模式	计量单位	工程量计算规则
贮水（油）池	工程量清单	m^3	按设计图示尺寸以体积计算，不扣除构件内钢筋、预埋铁件及单个面积0.3 m^2以内的孔洞所占体积
	定额	m^3	1）池底为平底执行平底定额，平底体积应包括池壁下部的扩大部分，池底有斜坡者，执行锥形底定额，均按图示尺寸以实体积计算。 2）池壁有壁基梁时，锥底应算至壁基梁底面，池壁应从壁基梁上口开始，壁基梁应从锥形底上表面算至池壁下口；无壁基梁时，锥形底算至坡上表面，池壁应从锥形底的上表面开始。 3）无梁池盖柱的柱高，应由池底上表面算至池盖下表面（包括柱帽、柱座的体积）。 4）池壁应分不同厚度以实体积计算，其高度不包括池壁上下处的扩大部分，无扩大部分时，自池底上表面（或壁基梁上表面）算至池盖下表面。 5）无梁盖应包括与池壁相连的扩大部分的体积；肋形该应包括主、次梁及盖板部分的体积；球形盖应自池壁顶面以上，包括边侧梁的体积在内。 6）各类池盖中的进人孔、透气管、水池盖以及与盖相连的结构，均包括在定额内，不另计算。 7）沉淀池水槽系指池壁上的环形溢水槽及纵横、U形水槽，但不包括与水槽相连的矩形梁。矩形梁可按现浇构件分部的矩形梁定额计算

续附表

项目名称	计价模式	计量单位	工程量计算规则
贮仓	工程量清单	m^3	按设计图示尺寸以体积计算，不扣除构件内钢筋、预埋铁件及单个面积 0.3 m^2 以内的孔洞所占体积
	定额	m^3	矩形仓立壁、漏斗，分别按不同厚度计算体积，壁上圈梁并入漏斗工程量
水塔	工程量清单	m^3	按设计图示尺寸以体积计算，不扣除构件内钢筋、预埋铁件及单个面积 0.3 m^2 以内的孔洞所占体积
	定额	m^3	1）钢筋混凝土筒式塔身以筒座上表面或基础底板上表面为分界线；柱式塔身以柱脚与基础底板或梁交界处为分界线（与基础底板相连的梁并入基础内）；基础、柱式塔身（柱、梁合并）均以实体积计算。 2）钢筋混凝土筒式塔身应扣除门、窗洞口以实体积计算；依附于筒身的过梁、雨篷、挑檐等工程量并入筒壁体积内按筒式塔身计算；筒式塔身内设置的平台、回廊以实体积计算；平台、回廊上设置的钢栏杆、内部爬梯按估价表相应项目计算。 3）钢筋混凝土水箱与筒身的分界线以水箱底部的圈梁为界，塔顶、槽底（均含圈梁）、水箱（槽）壁应分别按实体积计算。 4）与塔顶、槽底（或斜壁）相连系的圈梁之间的直壁为水槽内、外壁（设保温水箱的外保护壁为外壁，直接承受水侧压力的水槽为内壁）均以实体积计算，依附于外壁的柱、梁等并入外壁体积中计算
烟囱	工程量清单	m^3	按设计图示尺寸以体积计算，不扣除构件内钢筋、预埋铁件及单个面积 0.3 m^2 以内的孔洞所占体积
	定额	m^3	1）钢筋混凝土烟囱基础包括基础底板和筒座（筒座以上为筒身），底板、筒座合并按图示尺寸以体积计算。 2）滑升烟囱筒身以筒壁平均中心线长度乘厚度以实体积计算。 3）烟囱内衬应按不同种类的材料以实体积计算，并扣除各种孔洞所占体积。 4）烟囱筒身与内衬之间需填充隔热材料，以筒身与内衬之间的体积计算，并扣除各种孔洞所占体积，但不扣除连接横砖（防沉带）的体积。 5）混凝土烟道、砖砌烟道与炉体的划分以第一道闸门为准。 6）烟囱的铁梯、围栏制作、安装、油漆按江苏省估价表相应项目计算

第六节 金属结构工程

金属结构工程的工程量计算规则如附表 17-29 所示。

金属结构工程的工程量计算规则　　附表 17-29

项目名称	计价模式	计量单位	工程量计算规则
实腹柱	工程量清单	t	按设计图示尺寸以质量计算。不扣除孔眼、切边、切肢的质量,焊条、铆钉、螺栓等不另增加质量,不规则或多边形钢板,以其外接矩形面积乘厚度乘单位理论质量计算,依附在钢柱上的牛腿及悬臂梁等并入钢柱工程量内
	定额	t	按图示尺寸以吨计算,不扣除孔眼、切肢、切角、切边的重量。包括依附于柱 上的牛腿及悬臂梁重量
钢梁	工程量清单	t	按设计图示尺寸以质量计算。不扣除孔眼、切边、切肢的质量,焊条、铆钉、螺栓等不另增加质量,不规则或多边形钢板,以其外接矩形面积乘厚度乘单位理论质量计算,制动梁、制动板、制动桁架、车挡并入钢吊车梁工程量内
	定额	t	按图示尺寸以吨计算,不扣除孔眼、切肢、切角、切边的重量。钢梁腹板及翼板宽度按图示尺寸每边增加 8mm 计算
钢吊车梁	工程量清单	t	按设计图示尺寸以质量计算。不扣除孔眼、切边、切肢的质量,焊条、铆钉、螺栓等不另增加质量,不规则或多边形钢板,以其外接矩形面积乘厚度乘单位理论质量计算,制动梁、制动板、制动桁架、车挡并入钢吊车梁工程量内
	定额	t	按图示尺寸以吨计算,不扣除孔眼、切肢、切角、切边的重量。其中吊车梁腹板及翼板宽度按每边增加 8mm 计算。制动梁的制作工程量包括制动梁、制动桁架、制动板重量
钢檩条 钢支撑 钢挡风架 钢墙架 钢平台 钢走道 钢梯 钢栏杆 钢支架	工程量清单	t	按设计图示尺寸以质量计算。不扣除孔眼、切边、切肢的质量,焊条、铆钉、螺栓等不另增加质量,不规则或多边形钢板以其外接矩形面积乘厚度乘单位理论质量计算。钢墙架的制作工程量包括墙架柱、墙架梁及连接柱杆重量。天窗挡风架、柱 侧挡风架、挡雨板制作工程量均按挡风架定额执行。栏杆是指阳台、平台、走廊和楼梯的单独栏杆。钢平台、走道应包括楼梯、平台、栏杆合并计算,钢梯应包括踏步、栏杆合并计算
	定额	t	按设计图示尺寸以吨计算。不扣除孔眼、切边、切肢的质量,焊条、铆钉、螺栓等不另增加质量,不规则或多边形钢板以其外接矩形面积乘厚度乘单位理论质量计算

续附表

项目名称	计价模式	计量单位	工程量计算规则
钢漏斗	工程量清单	t	按设计图示尺寸以重量计算，不扣除孔眼、切边、切肢的质量，焊条、铆钉、螺栓等不另增加质量，不规则或多边形钢板以其外接矩形面积乘厚度乘单位理论质量计算，依附漏斗的型钢并入漏斗工程量内
	定额	t	按设计图示尺寸以质量计算。不扣除孔眼、切边、切肢的质量，焊条、铆钉、螺栓等不另增加质量，不规则或多边形钢板以其外接矩形面积乘厚度乘单位理论质量计算。依附于漏斗的钢并入漏斗重量内计算
钢屋架 钢托架 钢桁架 钢网架	工程量清单	t	按设计图示尺寸以质量计算。不扣除孔眼、切边、切肢的质量，焊条、铆钉、螺栓等不另增加质量，不规则或多边形钢板以其外接矩形面积乘以厚度乘以单位理论质量计算
	定额	t	按设计图示尺寸以质量计算。不扣除孔眼、切边、切肢的质量，焊条、铆钉、螺栓等不另增加质量，不规则或多边形钢板以其外接矩形面积乘以厚度乘以单位理论质量计算，钢屋架单榀重量在0.5t以下者按轻钢屋架定额计算。钢屋架、钢托架、钢桁架在现场制作时，还应计算现场制作平台摊销工程量
压型钢板楼板	工程量清单	m^2	按设计图示尺寸以铺设水平投影面积计算。不扣除柱、垛及单个0.3m^2以内的孔洞所占面积
	定额	m^2	
压型钢板墙板	工程量清单	m^2	按设计图示尺寸以铺挂面积计算。不扣除单个0.3m^2以内的孔洞所占面积，包角、包边、窗台泛水等不另加面积
	定额	m^2	
金属网	工程量清单	m^2	按设计图示尺寸以面积计算
	定额	m^2	

第七节　构件运输与安装工程

构件运输安装在计算工程量时要区分运输类别，其划分标准如附表17-30所示。

构件运输类别划分表　　**附表17-30**

构件	类别	项目
混凝土构件	Ⅰ	各类屋架、桁架、托架、梁、柱 、桩、薄腹梁、风道梁
	Ⅱ	大型屋面板、槽形板、肋形板、天沟板、空心板、平板、楼梯、檩条、阳台、门窗过梁、小型构件
	Ⅲ	天窗架、端臂架、挡风架、侧板、上下挡、各种支撑
	Ⅳ	全装配式内外墙板、楼顶板、大型墙板
金属构件	Ⅰ	钢柱 、钢梁、屋架、托架梁、防风桁架
	Ⅱ	吊车梁、制动梁、型(轻)钢檩条、钢拉杆、钢栏板、盖板、垃圾出灰门、箅子、爬梯、平台、扶梯、烟囱紧固箍
	Ⅲ	墙架、挡风架、天窗架、组合檩 条、钢支撑、上下挡、轻型屋架、滚动支架、悬挂支架、管道支架、零星金属构件

第八节　木结构工程

木结构工程的工程量计算规则如附表17-31～附表17-34所示。

计价表中木材断面或厚度均以毛料为准，如设计图纸注明的断面或厚度为净料时，应增加断面刨光损耗：一面刨光加3mm，两面刨光加5mm，圆木按直径增加5mm。

一、厂库房大门和特种门

厂库房大门和特种门的工程量计算规则　　**附表17-31**

项目名称	计价模式	计量单位	工程量计算规则
木板大门 钢木大门 全钢板大门 特种门 围墙铁丝门	工程量清单	樘/m^2	按设计图示数量或设计图示尺寸以面积计算
	定额	m^2	门制作、安装工程量按门洞口面积计算。无框厂库房大门、特种门按设计门扇外围面积计算

二、木屋架

木屋架工程量计算规则　　**附表17-32**

项目名称	计价模式	计量单位	工程量计算规则
木屋架 钢木屋架	工程量清单	榀	按设计图示数量计算
	定额	m^3	按竣工木料以立方米计算。方木屋架一面刨光时增加3mm，两面刨光时增加5mm圆木屋架刨光时，按直径增加5mm。附属于屋架的夹板、垫木等已并入相应的屋架制作项目中，不另计算；与屋架连接的挑檐木、支撑等，其工程量并入屋架竣工木料体积内计算。带气楼的屋架并入所依附屋架的体积内计算。屋架的马尾、折角和正交部分半屋架，应并入相连接屋架的体积内计算

三、木梁、木柱、木楼梯

木梁、木柱、木楼梯工程量计算规则　　**附表17-33**

项目名称	计价模式	计量单位	工程量计算规则
木柱 木梁	工程量清单	m^3	按设计断面竣工木料以立方米计算
	定额	m^3	按设计断面竣工木料以立方米计算，其后备长度及配置损耗已包括在子目内
木楼梯	工程量清单	m^2	按设计图示尺寸以水平投影面积计算。不扣除宽度小于300mm的楼梯井，伸入墙内部分不计算
	定额	m^2	木楼梯（包括休息平台和靠墙踢脚板）按水平投影面积计算，不扣除宽度小于200mm的楼梯井，伸入墙内部分的面积不另计算

四、屋面木基层

屋面木基层工程量计算规则 附表 17-34

项目名称	计价模式	计量单位	工程量计算规则
檩木	工程量清单	m^3	按设计图示尺寸以体积计算
	定额	m^3	檩木按竣工木料以立方米计算。简支檩长度按设计规定计算，如设计无规定者，按屋架或山墙中距增加 200mm 计算，如两端出山，檩条长度算至博风板；连续檩条的长度按设计长度计算，其接头长度按全部连续檩木总体积的 5%计算。檩条托木已计入相应的檩木制作安装项目中，不另计算
屋面木基层	工程量清单	m^3	按设计图示尺寸以体积计算
	定额	m^2	按屋面斜面积计算，不扣除附墙烟囱、风道、风帽底座和屋面小气窗所占面积，小气窗出檐与木基层重叠部分亦不增加，气楼屋面的屋檐突出部分的面积并入计算
封檐板 搏风板	工程量清单	m	按设计图示以长度计算
	定额	m	封檐板按檐口外围尺寸以延长米计算。 博风板按设计斜长，单坡加 300mm、双坡加 500mm 后以延长米计算

第九节　屋面、防水、保温与隔热工程

本节分为屋面、防水、保温与隔热四个部分，其工程量计算规则如附表 17-35～附表 17-36所示。

一、屋面及防水工程

屋面及防水工程量计算规则 附录 17-35

项目名称	计价模式	计量单位	工程量计算规则
瓦屋面	工程量清单	m^2	按尺寸的水平投影面积乘以屋面坡度系数以平方米计算。不扣除房上烟囱、风帽底座、风道、屋面小气窗、斜沟等所占面积，屋面小气窗的出檐部分亦不增加。 两坡排水屋面面积为屋面水平投影面积乘以延长系数 C。 四坡排水屋面斜脊长度＝$A \times D$（当 $S=A$ 时）；沿山墙泛水长度＝$A \times C$
	定额	m^2	
型材屋面	工程量清单	m^2	按设计图示尺寸以斜面积计算。不扣除房上烟囱、风帽底座、风道、小气窗、斜沟等所占面积。小气窗的出檐部分不增加面积
	定额	m^2	

续附表

项目名称	计价模式	计量单位	工程量计算规则
膜结构屋面	工程量清单	m^2	按设计图示尺寸以需要覆盖的水平面积计算
	定额	m^2	按图示尺寸的水平投影面积乘以规定的坡度系数以平方米计算。但不扣除房上烟囱、风帽底座、风道、屋面小气窗和斜沟所占的面积，屋面的女儿墙、伸缩缝和天窗等处的弯起部分，按图示尺寸并入屋面工程量计算。如图纸无规定时，伸缩缝、女儿墙的弯起部分可按250mm计算，天窗弯起部分可按500mm计算。其中油膏嵌缝、玻璃布盖缝、屋面分格缝，以延长米计算
屋面卷材防水	工程量清单	m^2	按设计图示尺寸以面积计算： 1）斜屋顶（不包括平屋顶找坡）按斜面积计算，平屋顶按水平投影面积计算。 2）不扣除房上烟囱、风帽底座、风道、屋面小气窗和斜沟所占面积。 3）屋面的女儿墙、伸缩缝和天窗等处的弯起部分，并入屋面工程量内
	定额	m^2	以墙中心线面积计算。遇有天窗处的弯起部分，并入屋面工程量内
屋面涂膜防水	工程量清单	m^2	按设计图示尺寸以面积计算： 1）斜屋顶（不包括平屋顶找坡）按斜面积计算，平屋顶按水平投影面积计算。 2）不扣除房上烟囱、风帽底座、风道、屋面小气窗和斜沟所占面积。 3）屋面的女儿墙、伸缩缝和天窗等处的弯起部分，并入屋面工程量内
	定额	m^2	以墙中心线面积计算
屋面刚性防水	工程量清单	m^2	按设计图示尺寸以面积计算。不扣除房上烟囱、风帽底座、风道等所占面积
	定额	m^2	以墙中心线面积计算
屋面排水管	工程量清单	m	按设计图示尺寸以长度计算。如设计未标注尺寸，以檐口至设计室外地面垂直距离计算
	定额	m^2	铁皮排水按图示尺寸以展开面积计算，如图纸没有注明尺寸时，可按表计算。咬口和搭接等已计入定额项目中，不另计算；铸铁、玻璃钢水落管的工程量应区别不同直径按图示尺寸以延长米计算。短管、水斗、弯头、雨水口以个计算
屋面天沟檐沟	工程量清单	m^2	按设计图示尺寸以面积计算。铁皮和卷材天沟按展开面积计算
	定额	m	彩钢板屋面的天沟以延长米计算。现浇混凝土天沟、檐沟底板按设计底面积以平方米计算；侧板以设计外侧板长度乘设计内口净高以平方米计算

续附表

项目名称	计价模式	计量单位	工程量计算规则
卷材防水	工程量清单	m^2	按设计图示尺寸以面积计算： 1）地面防水：按主墙间净空面积计算，扣除凸出地面的构筑物、设备基础等所占面积，不扣除柱、垛、间壁墙、烟囱及单个 $0.3m^2$ 以内的孔洞所占面积。 2）墙基防水：外墙按中心线，内墙按净长乘宽度计算
	定额	m^2	按主墙间净空面积计算，扣除凸出地面的构筑物、设备基础等所占的面积，不扣除柱、垛、间壁墙、烟囱及 $0.3m^2$ 以内孔洞所占面积。与墙面连接处高度在 500mm 以内者按展开面积计算，并入平面工程量内，超过 500mm 时，按立面防水层计算。建筑物墙基防水、防潮层、外墙长度按中心线，内墙按净长乘以宽度以平方米计算。附加层、接缝、收头、、冷底子油等人工材料均已计入定额内，不另计算
涂膜防水	工程量清单	m^2	按设计图示尺寸以面积计算： 1）地面防水：按主墙间净空面积计算，扣除凸出地面的构筑物、设备基础等所占面积，不扣除柱、垛、间壁墙、烟囱及单个 $0.3m^2$ 以内的孔洞所占面积。 2）墙基防水：外墙按中心线，内墙按净长乘宽度计算
	定额	m^2	按主墙间净空面积计算，扣除凸出地面的构筑物、设备基础等所占的面积，不扣除柱、垛、间壁墙、烟囱及 $0.3m^2$ 以内孔洞所占面积。与墙面连接处高度在 500mm 以内者按展开面积计算，并入平面工程量内，超过 500mm 时，按立面防水层计算。建筑物墙基防水、防潮层、外墙长度按中心线，内墙按净长乘以宽度以平方米计算
砂浆防水（潮）	工程量清单	m^2	按设计图示尺寸以面积计算： 1）地面防水：按主墙间净空面积计算，扣除凸出地面的构筑物、设备基础等所占面积，不扣除柱、垛、间壁墙、烟囱及单个 $0.3m^2$ 以内的孔洞所占面积。 2）墙基防水：外墙按中心线，内墙按净长乘宽度计算
	定额	m^2	按主墙间净空面积计算，扣除凸出地面的构筑物、设备基础等所占的面积，不扣除柱、垛、间壁墙、烟囱及 $0.3m^2$ 以内孔洞所占面积。与墙面连接处高度在 500mm 以内者按展开面积计算，并入平面工程量内，超过 500mm 时，按立面防水层计算。建筑物墙基防水、防潮层、外墙长度按中心线，内墙按净长乘以宽度以平方米计算
变形缝	工程量清单	m	按设计图示以长度计算
	定额	m；个	按延长米计算，排气孔按个计算

二、保温及隔热工程

保温及隔热工程工程量计算规则　　附表 17-36

项目名称	计价模式	计量单位	工程量计算规则
保温隔热屋面 保温隔热顶棚	工程量清单	m^2	按设计图示尺寸以面积计算。不扣除柱、垛所占面积
	定额	m^3	除另行规定者外，均按设计实铺厚度以立方米计算。保温隔热层的厚度按隔热材料（不包括胶结材料）净厚度计算
保温隔热墙	工程量清单	m^2	按设计图示尺寸以面积计算。扣除门窗洞口所占面积；门窗洞口侧壁需做保温时，并入保温墙体工程量内
	定额	m^3	除另行规定者外，均按设计实铺厚度以立方米计算。保温隔热层的厚度按隔热材料（不包括胶结材料）净厚度计算。墙体隔热层，外墙按隔热层中心线、内墙按隔热层净长乘以图示尺寸的高度及厚度以立方米计算。应扣除冷藏门洞口和管道穿墙洞口所占的体积
保温柱	工程量清单	m^2	按设计图示以保温层中心线展开长度乘保温层高度计算
	定额	m^3	除另行规定者外，均按设计实铺厚度以立方米计算。保温隔热层的厚度按隔热材料（不包括胶结材料）净厚度计算。柱包隔热层，按图示柱的隔热层中心线的展开长度乘以图示尺寸高度及厚度以立方米计算
隔热楼地面	工程量清单	m^2	按设计图示尺寸以面积计算。不扣除柱、垛所占面积
	定额	m^3	除另行规定者外，均按设计实铺厚度以立方米计算。保温隔热层的厚度按隔热材料（不包括胶结材料）净厚度计算。地面隔热层按围护结构墙体间净面积乘以设计厚度以立方米计算，不扣除柱、垛所占的体积

工程案例附表 1 第 45 项列出了保温隔热屋面的工程量和工作内容以及项目特征。

第十节　防腐耐酸工程

防腐耐酸工程工程量计算规则如附表 17-37 所示。

防腐耐酸工程工程量计算规则 附表 17-37

项目名称	计价模式	计量单位	工程量计算规则
防腐混凝土面层	工程量清单	m^2	按设计图示尺寸以面积计算： 1）平面防腐：扣除凸出地面的构筑物、设备基础等所占面积。 2）立面防腐：砖垛等突出部分按展开面积并入墙面积内
	定额	m^2	按设计实铺面积以平方米计算。应扣除凸出地面的构筑物、设备基础等所占的面积，砖垛等凸出墙面部分按展开面积计算并入防腐工程量之内；踢脚板按实铺长度乘以高度以平方米计算，应扣除门洞所占面积并相应增加侧壁展开面积；平面砌筑双层耐酸块料时，按单层面积乘以系数 2 计算
防腐砂浆面层	工程量清单	m^2	按设计图示尺寸以面积计算： 1）平面防腐：扣除凸出地面的构筑物、设备基础等所占面积。 2）立面防腐：砖垛等突出部分按展开面积并入墙面积内
	定额	m^2	按设计实铺面积以平方米计算。应扣除凸出地面的构筑物、设备基础等所占的面积，砖垛等凸出墙面部分按展开面积计算并入防腐工程量之内；踢脚板按实铺长度乘以高度以平方米计算，应扣除门洞所占面积并相应增加侧壁展开面积；平面砌筑双层耐酸块料时，按单层面积乘以系数 2 计算
胶泥防腐面层	工程量清单	m^2	按设计图示尺寸以面积计算： 1）平面防腐：扣除凸出地面的构筑物、设备基础等所占面积。 2）立面防腐：砖垛等突出部分按展开面积并入墙面积内
	定额	m^2	按设计实铺面积以平方米计算。应扣除凸出地面的构筑物、设备基础等所占的面积，砖垛等凸出墙面部分按展开面积计算并入防腐工程量之内；踢脚板按实铺长度乘以高度以平方米计算，应扣除门洞所占面积并相应增加侧壁展开面积
玻璃钢防腐面层	工程量清单	m^2	按设计图示尺寸以面积计算： 1）平面防腐：扣除凸出地面的构筑物、设备基础等所占面积。 2）立面防腐：砖垛等突出部分按展开面积并入墙面积内
	定额	m^2	按设计实铺面积以平方米计算。应扣除凸出地面的构筑物、设备基础等所占的面积，砖垛等凸出墙面部分按展开面积计算并入防腐工程量之内。踢脚板按实铺长度乘以高度以平方米计算，应扣除门洞所占面积并相应增加侧壁展开面积

续附表

项目名称	计价模式	计量单位	工程量计算规则
聚氯乙烯板面层	工程量清单	m^2	按设计图示尺寸以面积计算： 1）平面防腐：扣除凸出地面的构筑物、设备基础等所占面积。 2）立面防腐：砖垛等突出部分按展开面积并入墙面积内。 3）踢脚板防腐：扣除门洞所占面积并相应增加门洞侧壁面积
	定额	m^2	按设计实铺面积以平方米计算。应扣除凸出地面的构筑物、设备基础等所占的面积，砖垛等凸出墙面部分按展开面积计算并入防腐工程量之内。踢脚板按实铺长度乘以高度以平方米计算，应扣除门洞所占面积并相应增加侧壁展开面积
块料防腐面层	工程量清单	m^2	按设计图示尺寸以面积计算： 1）平面防腐：扣除凸出地面的构筑物、设备基础等所占面积。 2）立面防腐：砖垛等突出部分按展开面积并入墙面积内。 3）踢脚板防腐：扣除门洞所占面积并相应增加门洞侧壁面积
	定额	m^2	按设计实铺面积以平方米计算。应扣除凸出地面的构筑物、设备基础等所占的面积，砖垛等凸出墙面部分按展开面积计算并入防腐工程量之内。踢脚板按实铺长度乘以高度以平方米计算，应扣除门洞所占面积并相应增加侧壁展开面积；平面砌筑双层耐酸块料时，按单层面积乘以系数 2 计算
沥青隔离层	工程量清单	m^2	按设计图示尺寸以面积计算： 1）平面防腐：扣除凸出地面的构筑物、设备基础等所占面积。 2）立面防腐：砖垛等突出部分按展开面积并入墙面积内
	定额	m^2	按设计实铺面积以平方米计算。应扣除凸出地面的构筑物、设备基础等所占的面积，砖垛等凸出墙面部分按展开面积计算并入防腐工程量之内。踢脚板按实铺长度乘以高度以平方米计算，应扣除门洞所占面积并相应增加侧壁展开面积
砌筑沥青浸渍砖	工程量清单	m^3	按设计图示尺寸以体积计算
	定额	m^2	按设计实铺面积以平方米计算。应扣除凸出地面的构筑物、设备基础等所占的面积，砖垛等凸出墙面部分按展开面积计算并入防腐工程量之内。踢脚板按实铺长度乘以高度以平方米计算，应扣除门洞所占面积并相应增加侧壁展开面积
防腐涂料	工程量清单	m^2	按设计图示尺寸以面积计算： 1）平面防腐：扣除凸出地面的构筑物、设备基础等所占面积。 2）立面防腐：砖垛等突出部分按展开面积并入墙面积内
	定额	m^2	按设计实铺面积以平方米计算。应扣除凸出地面的构筑物、设备基础等所占的面积，砖垛等凸出墙面部分按展开面积计算并入防腐工程量之内。踢脚板按实铺长度乘以高度以平方米计算，应扣除门洞所占面积并相应增加侧壁展开面积

第十一节 厂区道路与排水工程

一、清单计价规范工程量计算规则

本节主要涉及到GB 50500—2008市政工程分部中的道路工程，其中各个分项的工程量计算规则如下：路基处理中的强夯土方按设计图示尺寸以面积计算；掺干土、掺石灰、掺石、抛石挤淤按设计图示尺寸以体积计算；袋装砂井、塑料排水板、石灰砂桩、碎石桩、喷粉桩、深层搅拌桩按设计图示以长度计算；铺设土工布按设计图示尺寸以面积计算；排水沟、截水沟、盲沟按设计图示以长度计算；各种道路基层和面层按设计图示以面积计算，不扣除各种井所占面积；人行道块料铺设、现浇混凝土人行道及进口坡道按设计图示尺寸以面积计算，不扣除各种井所占面积；安砌侧石现浇侧石按设计图示尺寸以中心线长度计算；检查井升降按设计图示路面标高与原有的检查井发生正负高差的检查井的数量计算；树池砌筑按设计图示数量计算。

二、计价表工程量计算规则

本定额适用于一般工业与民用建筑物（构筑物）所在的厂区或住宅小区内的道路、广场及排水。如该分部是按市政工程标准设计的，执行市政定额，设计图纸未注明时，按本定额执行。

本章定额中未包括的项目（如：土方、垫层、面层和管道基础等），应按本定额其他分部的相应项目执行。

整理路床、路肩和道路垫层、面层均按设计规定以平方米计算。路牙（沿）以延长米计算。

钢筋混凝土井（池）底、壁、顶和砖砌井（池）壁不分厚度以实体积计算，池壁与排水管连接的壁上孔洞，其排水管径在300mm以内所占壁体积不予扣除；超过300mm时应予扣除。所有井（池）壁孔洞上部砖碹，已包括在定额内，不另计算。井（池）底、壁抹灰合并计算。

路面伸缩缝锯缝、嵌缝均按延长米计算。

混凝土、PVC排水管按不同管径分别按延长米计算，长度按两井间净长度计算。

第十二节 建筑物超高增加费用

一、计价规范的规定

在《建设工程工程量清单计价规范》GB 50500中对于高层建筑增加费及人工降效费并未提及，在建设部标准定额研究所关于清单规范的解释中明确规定，高层建筑增加费应在分部分项工程量清单报价中考虑。

二、计价表的规定

江苏省2004年建筑与装饰工程计价表规定，当建筑物设计室外地面至檐口的高度（不包括女儿墙、屋顶水箱、突出情面的电梯间、楼梯间等的高度)超过 20m 时应计算超高费。

超高费内容包括：人工降效、高压水泵的摊销、临时垃圾管道等所需费用。超高费包干使用，不论实际发生多少，均按本定额执行，不调整。

超高费按下列规定计算：

1) 檐高超过 20m 部分的建筑物应该按其超过部分的建筑面积计算。

2) 层高超过 3.6m 时，以每增高 1m(不足 0.1m 按 0.1m 计算)按相应子目的 20%计算，并随高度变化按比例递增。

3) 建筑物檐口高度超过 20m，但其最高一层或其中一层横断面未超过 20m 时，则该楼层在 20m 以上部分仅能计算每增高 1m 的层高超高费。

4) 同一建筑物中有 2 个或 2 个以上的不同檐口高度时，应分别按不同高度竖向切面的建筑面积套用定额。

5) 单层建筑物(无楼隔层者)高度超过 20m，其超过部分除构件安装按“构件运输与安装工程”的规定执行外，另再按本章相应项目计算每增高 1m 的层高超高费。

6) 对于单独装饰工程超高人工降效，只要高度或层高中的一个指标达到规定，即可套用该项目；当同一楼层中的横断面和顶棚面不在同一计算段内，按顶棚面标高段计算为准。

7) 建筑物超高费以超过 20m 部分的建筑面积计算；单独装饰工程超高部分人工降效以超过 20m 部分的人工费分段计算。

第十三节 楼地面工程

楼地面工程分为整体面层、块料面层、橡塑面层、其他材料面层、踢脚线、楼梯装饰、扶手、栏杆、栏板、台阶装饰等 8 个部分。

一、整体面层

整体面层的工程量计算规则如附表 17-38 所示。

整体面层工程量计算规则 **附表 17-38**

项目名称	计价模式	计量单位	工程量计算规则
水泥砂浆楼地面 现浇水磨石楼地面 细石混凝土楼地面 菱苦土楼地面	工程量清单	m^2	按设计图示尺寸以面积计算。扣除凸出地面构筑物、设备基础、室内铁道、地沟等所占面积，不扣除柱、垛、间壁墙、附墙烟囱及 0.3 m^2 以内的孔洞所占面积。门洞、空圈、暖气包槽、壁龛的开口部分不增加面积
	定额	m^2	整体面层、找平层均按设计图示尺寸以面积计算。扣除凸出地面构筑物、设备基础、室内铁道、地沟等所占面积，不扣除柱、垛、间壁墙、附墙烟囱及 0.3m^2 以内的孔洞所占面积，门洞、空圈、暖气包槽、壁龛的开口部分不增加面积。看台台阶、阶梯教室地面整体面层按展开后的净面积计算 地面垫层按室内主墙间的净面积以设计厚度以立方米计算，扣除凸出地面构筑物、设备基础、室内铁道、地沟等所占体积，不扣除柱、垛、间壁墙、附墙烟囱及 0.3m^2 以内的孔洞所占体积，门洞、空圈、暖气包槽、壁龛的开口部分不增加体积

二、块料面层

石材及块料面层工程量计算规则如附表 17-39 所示。

块料面层工程量计算规则　　附表 17-39

项目名称	计价模式	计量单位	工程量计算规则
石材楼地面	工程量清单	m^2	按设计图示尺寸以面积计算。门洞、空圈、暖气包槽、壁龛的开口部分并入相应的工程量内
	定额	m^2	按实铺面积以平方米计算，应扣除突出地面的构筑物、设备基础、柱 、间壁墙等不做面层的部分，0.3m^2 以内的孔洞面积不扣除。门洞、空圈、暖气包槽、壁龛的开口部分并入相应的工程量内。 多色简单、复杂图案镶贴花岗石、大理石，按镶贴图案的矩形面积计算。成品拼花石材铺贴按设计图案的面积计算。计算简单、复杂图案之外的面积，扣除简单、复杂图案之外的面积时，也按矩形面积扣除
块料楼地面	工程量清单	m^2	按设计图示尺寸以面积计算。门洞、空圈、暖气包槽、壁龛的开口部分并入相应的工程量内
	定额	m^2	按实铺面积以平方米计算，应扣除突出地面的构筑物、设备基础、柱 、间壁墙等不做面层的部分，0.3m^2 以内的孔洞面积不扣除。门洞、空圈、暖气包槽、壁龛的开口部分并入相应的工程量内

三、橡塑面层

橡塑面层的工程量计算规则 如附表 17-40 所示。

橡塑面层的工程量计算规则　　附表 17-40

项目名称	计价模式	计量单位	工程量计算规则
橡胶板楼地面 橡胶卷材楼地面 塑料板楼地面 塑料卷材楼地面	工程量清单	m^2	按设计图示尺寸以面积计算。门洞、空圈、暖气包槽、壁龛的开口部分并入相应的工程量内
	定额	m^2	按实铺面积以平方米计算，应扣除突出地面的构筑物、设备基础、柱、间壁墙等不做面层的部分，0.3m^2 以内的孔洞面积不扣除。门洞、空圈、暖气包槽、壁龛的开口部分并入相应的工程量内

四、其他材料面层

其他材料面层的工程量计算规则如附表 17-41 所示。

其他材料面层的工程量计算规则　　附表 17-41

项目名称	计价模式	计量单位	工程量计算规则
楼地面地毯 防静电活动地板 金属复合地板 竹木地板	工程量清单	m^2	按设计图示尺寸以面积计算。门洞、空圈、暖气包槽、壁龛的开口部分并入相应的工程量内
	定额	m^2	按实铺面积以平方米计算，应扣除突出地面的构筑物、设备基础、柱、间壁墙等不做面层的部分，0.3m^2 以内的孔洞面积不扣除。门洞、空圈、暖气包槽、壁龛的开口部分并入相应的工程量内

五、踢脚线

各种踢脚线的工程量计算规则如附表 17-42 所示。

踢脚线的工程量计算规则　　附表 17-42

项目名称	计价模式	计量单位	工程量计算规则
水泥砂浆踢脚线 现浇水磨石踢脚线	工程量清单	m^2	按设计图示长度乘高度以面积计算
	定额	m	按设计图示长度按延长米计算，包括踢脚板、中间休息平台、踢脚线、梯板侧面及堵头。楼梯井宽在 200mm 以内时不扣除，超过 200mm 时应扣除其面积，楼梯间与走廊连接的，应算至楼梯梁的外侧
石材踢脚线 块料踢脚线 塑料板踢脚线 木质踢脚线 金属踢脚线 防静电踢脚线	工程量清单	m^2	按设计图示长度乘高度以面积计算
	定额	m	按设计图示尺寸以实贴长度计算，门洞扣除，侧壁另加

六、楼梯装饰

楼梯装饰的工程量计算规则如附表 17-43 所示。

楼梯装饰的工程量计算规则　　附表 17-43

项目名称	计价模式	计量单位	工程量计算规则
石材楼梯面层	工程量清单	m^2	按设计图示尺寸以楼梯（包括踏步、休息平台及 500mm 以内的楼梯井）水平投影面积计算。楼梯与楼地面相连时，算至梯口梁内侧边沿；无梯口梁者，算至最上一层踏步边沿加 300mm
	定额	m^2	按设计图示尺寸按展开实铺面积以平方米计算，踏步板、踢脚板、休息平台、踢脚线、堵头工程量应合并计算。多色简单、复杂图案镶贴花岗石、大理石，按镶贴图案的矩形面积计算。成品拼花石材铺贴按设计图案的面积计算。计算简单、复杂图案之外的面积，扣除简单、复杂图案之外的面积时，也按矩形面积扣除

续附表

项目名称	计价模式	计量单位	工程量计算规则
块料楼梯面层	工程量清单	m^2	按设计图示尺寸以楼梯(包括踏步、休息平台及500mm以内的楼梯井)水平投影面积计算。楼梯与楼地面相连时,算至梯口梁内侧边沿;无梯口梁者,算至最上一层踏步边沿加300mm
	定额	m^2	按设计图示尺寸按展开实铺面积以平方米计算,踏步板、踢脚板、休息平台、踢脚线、堵头工程量应合并计算
水泥砂浆楼梯面 现浇水磨石楼梯面 地毯楼梯面 木板楼梯面	工程量清单	m^2	按设计图示尺寸以楼梯(包括踏步、休息平台及500mm以内的楼梯井)水平投影面积计算。楼梯与楼地面相连时,算至梯口梁内侧边沿;无梯口梁者,算至最上一层踏步边沿加300mm
	定额	m^2	按设计图示尺寸以楼梯(包括踏步、踢脚板、中间休息平台、踢脚线、楼梯侧面及堵头。楼梯井宽在200mm以内者不扣除,超过200mm者应扣除其面积,楼梯间与走廊连接者,应算至楼梯梁外侧。200mm以内的楼梯井)水平投影面积计算。楼梯地毯压棍安装以套计算

七、扶手、栏杆、栏板装饰

扶手、栏杆、栏板装饰工程量计算规则如附表17-44所示。

扶手、栏杆、栏板装饰工程量计算规则 **附表17-44**

项目名称	计价模式	计量单位	工程量计算规则
硬木靠墙扶手 金属扶手带栏杆、栏板 硬木扶手带栏杆、栏板 塑料扶手带 栏杆、栏板 金属靠墙扶手 塑料靠墙扶手	工程量清单	m	按设计图示以扶手中心线长度(包括弯头长度)计算
	定额	m	按设计图示以扶手中心线长度(包括弯头长度)计算

八、台阶装饰

台阶装饰工程量计算规则 如附表17-45所示。

台阶工程量计算规则 **附表17-45**

项目名称	计价模式	计量单位	工程量计算规则
石材台阶面 块料台阶面 剁假石台阶面	工程量清单	m^2	按设计图示尺寸以台阶(包括最上层踏步边沿加300mm)水平投影面积计算
	定额	m^2	
水泥砂浆台阶面 现浇水磨石台面	工程量清单	m^2	按设计图示尺寸以台阶(包括最上层踏步边沿加300mm)水平投影面积计算
	定额	m^2	

第十四节　墙柱面工程

一、墙面抹灰

墙面抹灰的工程量计算规则如附表 17-46 所示。

墙面抹灰工程量计算规则　　附表 17-46

项目名称	计价模式	计量单位	工程量计算规则
墙面一般抹灰 墙面装饰抹灰	工程量清单	m^2	按设计图示尺寸以面积计算。扣除墙裙、门窗洞口及单个 $0.3m^2$ 以外的孔洞面积，不扣除踢脚线、挂镜线和墙与构件交接处的面积，门窗洞口和孔洞的侧壁及顶面不增加面积。附墙柱、梁、垛、烟囱侧壁并入相应的墙面面积内。 1）外墙抹灰面积按外墙垂直投影面积计算。 2）外墙裙抹灰面积按其长度乘高度计算。 3）内墙抹灰面积按主墙间的净长乘高度计算： （1）无墙裙的，高度按室内楼地面至顶棚底面计算。 （2）有墙裙的，高度按墙裙顶至顶棚底面计算。 4）内墙裙抹灰面按内墙净长乘高度计算
	定额	m^2	内墙抹灰应扣除门窗洞口和空圈所占的面积，不扣除踢脚板、挂镜线、$0.3m^2$ 以内空洞和墙与构件交接处的面积，洞口侧壁和顶面亦不增加。墙垛和附墙烟囱侧壁面积与内墙抹灰工程量合并计算。 内墙面抹灰的长度，以主墙间的图示净长尺寸计算。其高度确定：不论有无踢脚线，其高度均自室内地坪面或楼面至顶棚底面。 外墙抹灰面积按外墙面的垂直投影面积以平方米计算。应扣除门窗洞口和空圈所占的面积，不扣除 $0.3m^2$ 以内的孔洞面积。但门窗洞口、空圈的侧壁、顶面及垛等抹灰，应按结构展开面积并入墙面抹灰面积计算
墙面勾缝	工程量清单	m^2	按设计图示尺寸以面积计算。扣除墙裙、门窗洞口及单个 $0.3m^2$ 以外的孔洞面积，不扣除踢脚线、挂镜线和墙与构件交接处的面积，门窗洞口和孔洞的侧壁及顶面不增加面积。附墙柱、梁、垛、烟囱侧壁并入相应的墙面面积内。 1）外墙抹灰面积按外墙垂直投影面积计算。 2）外墙裙抹灰面积按其长度乘高度计算。 3）内墙抹灰面积按主墙间的净长乘高度计算。 （1）无墙裙的，高度按室内楼地面至顶棚底面计算 （2）有墙裙的，高度按墙裙顶至顶棚底面计算 4）内墙裙抹灰面按内墙净长乘高度计算
	定额	m^2	按垂直投影面积计算，应扣除墙裙、腰线和挑檐的抹灰面积，不扣除门窗洞口、门窗套、腰线等零星抹灰所占的面积，附墙柱和门窗洞口所占侧面的勾缝面积亦不增加

二、柱面抹灰

柱面抹灰工程量计算规则 如附表 17-47 所示。

柱面抹灰工程量计算规则 **附表 17-47**

项目名称	计价模式	计量单位	工程量计算规则
柱面一般抹灰 柱面装饰抹灰	工程量清单	m^2	按设计图示柱断面周长乘高度以面积计算
	定额	m^2	按结构展开面积计算，柱与梁接头的面积 不扣除。砖墙中平墙面的混凝土柱的抹灰应并入墙面抹灰工程量内。凸出墙面的混凝土柱抹灰工程量应单独计算
柱面勾缝	工程量清单	m^2	按设计图示柱断面周长乘高度以面积计算
	定额	m^2	独立柱、房上烟囱勾缝，按图示尺寸以平方米计算

三、零星抹灰

零星项目抹灰工程量计算规则如附表 17-48 所示。

零星项目抹灰工程量计算规则 **附表 17-48**

项目名称	计价模式	计量单位	工程量计算规则
零星项目一般抹灰 零星项目装饰抹灰	工程量清单	m^2	按设计图示尺寸以面积计算
	定额	m^2	按设计图示尺寸以展开面积计算

四、墙面镶贴块料

墙面镶贴块料面层工程量计算规则如附表 17-49 所示。

墙面镶贴块料面层工程量计算规则 **附表 17-49**

项目名称	计价模式	计量单位	工程量计算规则
石材墙面	工程量清单	m^2	按设计图示尺寸以面积计算
	定额	m^2	花岗石、大理石板砂浆粘贴、挂贴均按面层的建筑尺寸（包括干挂空间、砂浆、板厚度）展开面积计算。干挂石材钢骨架包括在定额内
碎拼石材墙面	工程量清单	m^2	按设计图示尺寸以面积计算
	定额	m^2	按设计图示尺寸以面积计算
干挂石材钢骨架	工程量清单	t	按设计图示以质量计算
	定额	t	包括在干挂石材定额内，不单独计算
块料墙面	工程量清单	m^2	按设计图示尺寸以面积计算
	定额	m^2	按块料面层的建筑尺寸（各块料面层＋粘贴砂浆厚度＝25mm）面积计算，门窗洞口面积扣除，侧壁、附墙垛贴面应并入墙面工程量内

五、柱面镶贴块料

柱面镶贴块料工程量计算规则如附表 17-50 所示。

柱面镶贴块料工程量计算规则 **附表 17-50**

项目名称	计价模式	计量单位	工程量计算规则
石材柱面 石材梁面	工程量清单	m^2	按设计图示尺寸以镶贴表面积计算
	定额	m^2	花岗石、大理石板砂浆粘贴、挂贴均按面层的建筑尺寸(包括干挂空间、砂浆、板厚度)展开面积计算。干挂石材钢骨架包括在定额内
拼碎石材柱面	工程量清单	m^2	按设计图示尺寸以镶贴表面积计算
	定额	m^2	按设计图示尺寸以面积计算
块料柱面 块料梁面	工程量清单	m^2	按设计图示尺寸以镶贴表面积计算
	定额	m^2	按块料面层的建筑尺寸(各块料面层＋粘贴砂浆厚度＝25mm)面积计算,门窗洞口面积扣除,侧壁、附墙垛贴面应并入墙面工程量内

六、零星镶贴块料

零星镶贴块料的工程量计算规则如附表 17-51 所示。

零星镶贴块料工程量计算规则 **附表 17-51**

项目名称	计价模式	计量单位	工程量计算规则
石材零星项目	工程量清单	m^2	按设计图示尺寸以镶贴表面积计算
	定额	m^2	花岗岩、大理石板砂浆粘贴、挂贴均按面层的建筑尺寸(包括干挂空间、砂浆、板厚度)展开面积计算。干挂石材钢骨架包括在定额内
拼碎石材零星项目	工程量清单	m^2	按设计图示尺寸以镶贴表面积计算
	定额	m^2	
块料零星项目	工程量清单	m^2	按设计图示尺寸以镶贴表面积计算
	定额	m^2	按块料面层的建筑尺寸(各块料面层＋黏贴砂浆厚度＝25mm)面积计算,门窗洞口面积扣除,侧壁、附墙垛贴面应并入墙面工程量内

七、墙柱梁饰面

墙、柱、梁饰面的工程量计算规则如附表 17-52 所示。

墙、柱、梁饰面工程量计算规则　　附表 17-52

项目名称	计价模式	计量单位	工程量计算规则
装饰板墙面	工程量清单	m^2	按设计图示墙净长乘净高以面积计算。扣除门窗洞口及单个 0.3m^2 以上的孔洞所占面积
	定额	m^2	按设计图示墙净长乘净高以面积计算。扣除门窗洞口及大于 0.3m^2 以上的孔洞所占面积。附墙垛及门窗侧壁并入墙面工程量内计算
柱(梁)面装饰	工程量清单	m^2	按设计图示饰面外围尺寸以面积计算。柱帽、柱墩并入相应柱饰面工程量内
	定额	m^2	按设计图示饰面外围尺寸以净面积计算。柱帽、柱墩按面层的展开面积计算，套柱帽、柱脚定额

八、隔断、幕墙

隔断、幕墙工程量计算规则如附表 17-53 所示。

隔断、幕墙工程量计算规则　　附表 17-53

项目名称	计价模式	计量单位	工程量计算规则
隔断	工程量清单	m^2	按设计图示框外围尺寸以面积计算。不扣除门窗所占面积；扣除单个 0.3m^2 以上的孔洞所占面积；浴厕侧门的材质与隔断相同时，门的面积并入隔断面积内
	定额	m^2	半玻璃隔断是指上部为玻璃隔断，下部为其他墙体，其工程量按半玻璃设计边框外边线以平方米计算；全玻璃隔断是指其高度下横档底算至上横档顶面，宽度按两边立框外边以平方米计算；玻璃砖隔断按玻璃砖格式框外围面积计算；花式隔断、网眼木格隔断(木葡萄架)均以框 外围面积计算；浴厕木隔断，其高度自下横档底算至上横档顶面以平方米计算，门扇面积并入隔断面积内计算。塑钢隔断按框外围面积计算
带骨架幕墙 全玻幕墙	工程量清单	m^2	按设计图示尺寸以面积计算。不扣除门窗所占面积，带肋全玻幕墙按展开面积计算
	定额	m^2	按设计图示框外围面积计算。幕墙与建筑顶端、两端的封边按图示尺寸以平方米计算，自然层的水平隔离与建筑物的连接按延长米计算(连接层包括上下连接钢板在内)。幕墙上下设计有窗者，计算幕墙工程量时不扣除窗的面积，但要按照定额的要求相应增加人工和材料

第十五节　顶棚工程

本节分为顶棚抹灰、顶棚吊顶、顶棚其他装饰项目三部分。

一、顶棚抹灰

顶棚抹灰项目的工程量计算规则如附表 17-54 所示。

顶棚抹灰项目工程量计算规则　　附表 17-54

项目名称	计价模式	计量单位	工程量计算规则
顶棚抹灰	工程量清单	m^2	按设计图示尺寸以水平投影面积计算。不扣除间壁墙、垛、柱、附墙烟囱、检查口和管道所占的面积，带梁顶棚、梁两侧抹灰面积并入顶棚面积内，板式楼梯底面抹灰按斜面积计算，锯齿形楼梯底板抹灰按展开面积计算
	定额	m^2	按主墙间的顶棚水平面积计算，不扣除间壁墙、垛、柱、附墙烟囱、检查洞、通风洞、管道等所占的面积

二、顶棚吊顶

顶棚吊顶的工程量计算规则如附表 17-55 所示。

顶棚吊顶工程量计算规则　　附表 17-55

项目名称	计价模式	计量单位	工程量计算规则
顶棚吊顶	工程量清单	m^2	按设计图示尺寸以水平投影面积计算。顶棚面中的灯槽及跌级、锯齿形、吊挂式、藻井式展开增加的面积不另计算，不扣除间壁墙、检查洞、附墙烟囱、柱垛和管道所占面积，扣除单个 0.3m^2 以外的孔洞、独立柱及与顶棚相连的窗帘盒所占的面积
	定额	m^2	按设计图示尺寸以水平投影面积计算。不扣除间壁墙、垛、柱、附墙烟囱、检查口和管道所占的面积，但应扣除独立柱、0.3m^2 以上的灯饰的面积（石膏板、夹板顶棚面层的灯饰的面积不扣除）与顶棚相连接的窗帘盒面积

三、顶棚其他装饰项目

顶棚其他装饰项目的工程量计算规则如附表 17-56 所示。

顶棚其他装饰项目工程量计算规则　　附表 17-56

项目名称	计价模式	计量单位	工程量计算规则
灯带	工程量清单	m^2	按设计图示尺寸以框外围面积计算
	定额	m	按设计图示以延长米计算，灯槽按中心线延长米计算。 石膏浮雕灯盘、角花按个数计算
送风口 回风口	工程量清单	个	按设计图示数量计算
	定额	个	

第十六节　门窗工程

一、木门

木门工程量计算规则如附表 17-57 所示。

木门工程量计算规则　　附表 17-57

项目名称	计价模式	计量单位	工程量计算规则
镶板木门 企口木板门 实木装饰门 胶合板门 夹板装饰门 木质防火门 木纱门	工程量清单	樘/m^2	按设计图示数量或设计图示洞口尺寸以面积计算
	定额	m^2	制作安装均按门窗洞口面积以平方米计算。购入成品的木门扇安装按购入门扇的净面积计算
连窗门	工程量清单	樘/m^2	按设计图示数量或设计图示洞口尺寸以面积计算
	定额	m^2	门和窗的面积应分别计算，窗的宽度算至门框的外侧

二、金属门

金属门工程量计算规则如附表 17-58 所示。

金属门工程量计算规则　　附表 17-58

项目名称	计价模式	计量单位	工程量计算规则
金属平开门 金属推拉门 金属地弹门 彩板门 塑钢门 防盗门 钢质防火门	工程量清单	樘/m^2	按设计图示数量或设计图示洞口尺寸以面积计算
	定额	m^2	购入成品的各种铝合金门安装，铝合金现场制作、安装均按门洞口面积以平方米计算

三、金属卷帘门

金属卷帘门工程量计算规则如附表 17-59 所示。

金属卷帘门工程量计算规则　　附表 17-59

项目名称	计价模式	计量单位	工程量计算规则
金属卷闸门 金属格栅门 防火卷帘门	工程量清单	樘/m^2	按设计图示数量或设计图示洞口尺寸以面积计算
	定额	m^2	按洞口高度另加 600mm 乘以卷帘门实际宽度的面积以平方米计算。卷帘门上有小门时，其卷帘门工程量应扣除小门面积。卷帘门上的小门按扇计算，卷帘门上电动提升装置以套计算，手动装置的材料、安装人工已经包括在定额内，不另增加

四、其他门

其他门工程量计算规则如附表 17-60 所示。

其他门工程量计算规则　　附表 17-60

项目名称	计价模式	计量单位	工程量计算规则
电子感应门 转门 电子对讲门 电动伸缩门	工程量清单	樘/m^2	按设计图示数量或设计图示洞口尺寸以面积计算
	定额	m^2	按门窗洞口面积以平方米计算
全玻门(带扇框)	工程量清单	樘/m^2	按设计图示数量或设计图示洞口尺寸以面积计算
	定额	m^2	按门窗洞口面积以平方米计算 无框玻璃门按其洞口面积计算，无框 玻璃门中部分为固定门扇、部分为开启门扇时，工程量应分开计算。无框玻璃门上带亮子时，其亮子与固定门扇合并计算
全玻自由门	工程量清单	樘/m^2	按设计图示数量或设计图示洞口尺寸以面积计算
	定额	m^2	按门窗洞口面积以平方米计算 无框玻璃门按其洞口面积计算，无框 玻璃门中部分为固定门扇、部分为开启门扇时，工程量应分开计算。无框玻璃门上带亮子时，其亮子与固定门扇合并计算
半玻门(带扇框) 镜面不锈钢饰面门	工程量清单	樘/m^2	按设计图示数量或设计图示洞口尺寸以面积计算
	定额	m^2	按门窗洞口面积以平方米计算

五、木窗

木窗工程量计算规则如附表 17-61 所示。

木窗工程量计算规则 **附表 17-61**

项目名称	计价模式	计量单位	工程量计算规则
木质平开窗 木质推拉窗 矩形木百叶窗 异形木百叶窗 木组合窗 木天窗 矩形木固定窗 异形木固定窗 装饰空花窗	工程量清单	樘/m^2	按设计图示数量或设计图示洞口尺寸以面积计算
	定额	m^2	制作安装均按门窗洞口面积以平方米计算。购入成品的木门扇安装按购入门扇的净面积计算 无框窗扇按扇的外围面积计算

六、金属窗

金属窗工程量计算规则如附表 17-62 所示。

金属窗工程量计算规则 **附表 17-62**

项目名称	计价模式	计量单位	工程量计算规则
金属推拉窗 金属平开窗 金属固定窗 金属百叶窗 金属组合窗 彩板窗 塑钢窗 金属防盗窗 金属格栅窗	工程量清单	樘/m^2	按设计图示数量或设计图示洞口尺寸以面积计算
	定额	m^2	购入成品的各种铝合金门安装，铝合金现场制作、安装均按门洞口面积以平方米计算 无框窗扇按扇的外围面积计算
特殊五金	工程量清单	个/套	按设计图示数量计算
	定额	只/副/套	

工程案例附表 1 中第 77～89 项列出了各种塑钢窗的项目特征和工作内容。

七、门窗套

门窗套工程量计算规则如附表 17-63 所示。

门窗套工程量计算规则 **附表 17-63**

项目名称	计价模式	计量单位	工程量计算规则
木门窗套 金属门窗套 石材门窗套 硬木筒子板 饰面夹板筒子板	工程量清单	m^2	按设计图示尺寸以展开面积计算
	定额	m^2	
门窗木贴脸	工程量清单	m^2	按设计图示尺寸以展开面积计算
	定额	m	按门窗洞口尺寸外围长度以延长米计算。双面钉贴脸者，工程量乘以 2

八、窗帘盒、窗帘轨

窗帘盒、窗帘轨工程量计算规则如附表 17-64 所示。

窗帘盒、窗帘轨工程量计算规则　　　　**附表 17-64**

项目名称	计价模式	计量单位	工程量计算规则
木窗帘盒 饰面夹板窗帘盒 塑料窗帘盒 金属窗帘盒 窗帘轨	工程量清单	m	按设计图示以长度计算
	定额	m	按设计图示以延长米计算，如设计图纸未注明尺寸可按洞口尺寸另加 30cm 计算

九、窗台板

窗台板工程量计算规则如附表 17-65 所示。

窗台板工程量计算规则　　　　**附表 17-65**

项目名称	计价模式	计量单位	工程量计算规则
木窗台板 铝塑窗台板 石材窗台板 金属窗台板	工程量清单	m	按设计图示以长度计算
	定额	m^2	按图示面层展开尺寸以平方米计算。如图纸未注明窗台板长度时，可按窗框外围两边共加 100mm 计算，窗口突出墙面的宽度，按抹灰面另加 30mm 计算

第十七节　油漆、涂料、裱糊工程

一、门窗油漆

门窗油漆工程量计算规则 如附表 17-66 所示。

门窗油漆工程量计算规则　　　　**附表 17-66**

项目名称	计价模式	计量单位	工程量计算规则
门、窗油漆	工程量清单	樘/m^2	按设计图示数量或设计图示洞口尺寸以面积计算
	定额	m^2	按单层洞口面积乘以相应系数计算

二、木扶手及其他板条线条油漆

木扶手工程量计算规则如附表 17-67 所示。

木扶手工程量计算规则 附表 17-67

项目名称	计价模式	计量单位	工程量计算规则
木扶手油漆 窗帘盒油漆 封檐板油漆 顺水板油漆 挂衣板油漆 黑板框油漆 挂镜线油漆 窗帘棍油漆 单独木线油漆	工程量清单	m	按设计图示以长度计算
	定额	m	按相应构件工程量乘以相应系数计算

三、木材面油漆

木材面油漆工程量计算规则 如附表 17-68 所示。

木材面油漆工程量计算规则 附表 17-68

项目名称	计价模式	计量单位	工程量计算规则
木板、纤维板、胶合板油漆 木护墙、木墙裙油漆 窗台板、筒子板、盖板、门窗套、踢脚线油漆 清水板条天棚、檐口油漆 木方格吊顶天棚、吸声板墙面、天棚面油漆 暖气罩、木间壁、木隔断油漆 玻璃间壁露明墙筋油漆 木栅栏、木栏杆(带扶手)油漆 衣柜、壁柜油漆 梁柱饰面油漆 零星木装修油 木地板油漆 木地板烫硬蜡面	工程量清单	m^2	按设计图示尺寸以面积计算
	定额	m^2	按相应构件工程量乘以相应系数计算

四、金属面油漆

金属面油漆工程量计算规则如附表 17-69 所示。

金属面油漆工程量计算规则 附表 17-69

项目名称	计价模式	计量单位	工程量计算规则
金属面油漆	工程量清单	t	按设计图示质量计算
	定额	m^2	套用钢门窗定额的项目的工程量按设计图示尺寸以面积乘以相应系数计算 套用其他金属面定额的项目工程量乘以相应系数按重量计算

五、抹灰面油漆

抹灰面油漆工程量计算规则，如附表 17-70 所示。

抹灰面油漆工程量计算规则 附表 17-70

项目名称	计价模式	计量单位	工程量计算规则
抹灰面油漆 抹灰线条油漆	工程量清单	m^2	按设计图示尺寸以面积计算
	定额	m^2	

六、喷塑、涂料

喷塑、涂料工程量计算规则 如附表 17-71 所示。

喷塑、涂料工程量计算规则 附表 17-71

项目名称	计价模式	计量单位	工程量计算规则
刷喷涂料	工程量清单	m^2	按设计图示尺寸以面积计算
	定额	m^2	

七、花饰、线条刷涂料

花饰、线条刷涂料工程量计算规则如附表 17-72 所示。

花饰、线条刷涂料工程量计算规则 附表 17-72

项目名称	计价模式	计量单位	工程量计算规则
空花格、栏杆刷涂料	工程量清单	m^2	按设计图示尺寸以单面外围面积计算
	定额	m^2	
线条刷涂料	工程量清单	m	按设计图示以长度计算
	定额	m	

八、裱糊

裱糊工程量计算规则如附表 17-73 所示。

裱糊工程量计算规则 附表 17-73

项目名称	计价模式	计量单位	工程量计算规则
墙纸裱糊 织锦缎裱糊	工程量清单	m^2	按设计图示尺寸以面积计算
	定额	m^2	

第十八节 其他零星工程

一、暖气罩

暖气罩工程量计算规则如附表 17-74 所示。

暖气罩工程量计算规则 附表 17-74

项目名称	计价模式	计量单位	工程量计算规则
饰面板暖气罩 塑料板暖气罩 金属暖气罩	工程量清单	m^2	按设计图示尺寸以垂直投影面积（不展开）计算
	定额	m^2	按设计图示尺寸按外框投影面积计算

二、浴厕配件

浴厕配件工程量计算规则如附表 17-75 所示。

浴厕配件工程量计算规则 **附表 17-75**

项目名称	计价模式	计量单位	工程量计算规则
石材洗漱台	工程量清单	m^2	按设计图示尺寸以台面外接矩形面积计算。不扣除孔洞、挖弯、削角所占面积，挡板、吊沿板面积并入台面面积内
	定额	m^2	
晒衣架	工程量清单	根(套)	按设计图示数量计算
	定额	根(套)	
帘子杆 浴缸拉手 毛巾杆(架) 毛巾环	工程量清单	付	按设计图示数量计算
	定额		
卫生纸盒 肥皂盒 镜箱	工程量清单	个	按设计图示数量计算
	定额	个	
镜面玻璃	工程量清单	m^2	按设计图示尺寸以边框外围面积计算
	定额	m^2	镜面玻璃带框按设计图示尺寸以边框外围面积计算，不带框按玻璃面积计算

三、压条、装饰线

压条、装饰线工程量计算规则如附表 17-76 所示。

压条、装饰线工程量计算规则 **附表 17-76**

项目名称	计价模式	计量单位	工程量计算规则
金属装饰线 木质装饰线 石材装饰线 石膏装饰线 镜面玻璃线 铝塑装饰线 塑料装饰线	工程量清单	m	按设计图示以长度计算
	定额	m	按设计长度以延长米计算

四、雨篷、旗杆

雨篷、旗杆工程量计算规则如附表 17-77 所示。

雨篷、旗杆工程量计算规则 **附表 17-77**

项目名称	计价模式	计量单位	工程量计算规则
雨篷吊挂饰面	工程量清单	m^2	按设计图示尺寸以水平投影面积计算
	定额	m^2	
金属旗杆	工程量清单	根	按设计图示数量计算
	定额	根	

五、招牌、灯箱

招牌、灯箱工程量计算规则如附表 17-78 所示。

招牌、灯箱工程量计算规则　　附表 17-78

项目名称	计价模式	计量单位	工程量计算规则
平面、箱式招牌	工程量清单	m^2	按设计图示尺寸以正立面边框外围面积计算，复杂形的凸凹造型部分不增加面积
	定额	m^2	
竖式标箱 灯箱	工程量清单	个	按设计图示数量计算
	定额	个	

六、美术字

美术字工程量计算规则如附表 17-79 所示。

美术字工程量计算规则　　附表 17-79

项目名称	计价模式	计量单位	工程量计算规则
泡沫塑料字 有机玻璃字 木质字 金属字	工程量清单	个	按设计图示数量计算
	定额	个	

附录 18　措施项目工程量计算规则

第一节　脚手架工程

脚手架工程的工程量计算规则按照《江苏省建筑与装饰工程计价表》(2004)第十九章执行。

一、工程计量注意事项

1. 脚手架工程

1）凡工业与民用建筑、构筑物所需搭设的脚手架，均按本定额执行。

2）本定额适用于檐高在 20m 以内的建筑物，不包括女儿墙、屋顶水箱、突出主体建筑的楼梯间等高度，前后檐高不同，按平均高度计算。檐高在 20m 以上的建筑物脚手架除按本定额计算外，其超过部分所需增加的脚手架加固措施等费用，均按超高脚手架材料增加费子目执行。构筑物、烟囱、水塔、电梯井按其相应子目执行。

3）本定额已按扣件钢管脚手架与竹脚手架综合编制，实际施工中不论使用何种脚手架材料，均按本定额执行。

4）高度在 3.60m 以内的墙面、顶棚、柱、梁抹灰（包括钉间壁、钉顶棚）用的脚手架费用套用 3.60m 以内的抹灰脚手架。如室内（包括地下室）净高超过 3.60m 时，顶棚需抹灰(包括钉顶棚)应按满堂脚手架计算,但其内墙抹灰不再计算脚手架。高度在3.60m以上的内墙面抹灰,如无满堂脚手架可以利用时,可按墙面垂直投影面积计算抹灰脚手架。

5) 建筑物室内净高超过3.60m的钉板间壁以其净长乘以高度可计算一次脚手架(按抹灰脚手架定额执行),顶棚吊筋与面层按其水平投影面积计算一次满堂脚手架。

6) 顶棚面层高度在3.60m内,吊筋与楼层的连结点高度超过3.60m,应按满堂脚手架相应项目基价乘以0.60计算。

7) 瓦屋面坡度大于45°时,屋面基层、盖瓦的脚手架费用应另按实计算。

8) 室内顶棚面层净高3.60m以内的钉顶棚、钉间壁的脚手架与其抹灰的脚手架合并计算一次脚手架,套用3.60m以内的抹灰脚手架。单独天棚抹灰计算一次脚手架,按满堂脚手架相应项目乘以0.1系数。

9) 室内顶棚面层净高超过3.60m的钉顶棚、钉间壁的脚手架与其抹灰的脚手架合并计算一次满堂脚手架。室内顶棚净高超过3.60m的板下勾缝、刷浆、油漆可另行计算一次脚手架费用,按满堂脚手架相应项目乘以0.10计算;墙、柱梁面刷浆、油漆的脚手架按抹灰脚手架相应项目乘以0.10计算。

10) 当结构施工搭设的电梯井脚手架延续至电梯设备安装使用时,套用安装用电梯井脚手架时应扣除定额中的人工及机械。

11) 构件吊装脚手架按附表18-1执行。

构件吊装脚手架(元) **附表18-1**

混凝土构件(m^3)				钢构件(t)			
柱	梁	屋架	其他	柱	梁	屋架	其他
1.58	1.65	3.20	2.30	0.70	1.00	1.50	1.00

2. 超高脚手架材料增加费

1) 本定额中脚手架是按建筑物檐高在20m以内编制的,檐高超过20m时应计算脚手架材料增加费。

2) 檐高超过20m脚手材料增加费内容包括:脚手架使用周期延长摊销费、脚手架加固。脚手架材料增加费包干使用,无论实际发生多少,均按本章执行,不调整。

3) 檐高超过20m脚手材料增加费按下列规定计算:

(1) 檐高超过20m部分的建筑物应按其超过部分的建筑面积计算。

(2) 层高超过3.6m每增高0.1m按增高lm的比例换算(不足0.1m按0.1m计算),按相应项目执行。

(3) 建筑物檐高高度超过20m,但其最高一层或其中一层楼面未超过20m时,则该楼层在20m以上部分仅能计算每增高lm的增加费。

(4) 同一建筑物中有2个或2个以上的不同檐口高度时,应分别按不同高度竖向切面的建筑面积套用相应子目。

(5) 单层建筑物(无楼隔层者)高度超过20m,其超过部分除构件安装按第七章《构件运输及安装工程》的规定执行外,另再按本章相应项目计算每增高lm的脚手架材料增加费。

二、工程量计算规则

1. 脚手架工程量计算一般规则

1）凡砌筑高度超过 1.5m 的砌体均需计算脚手架。

2）砌墙脚手架均按墙面(单面)垂直投影面积以平方米(m^3)计算。

3）计算脚手架时，不扣除门、窗洞口、空圈、车辆通道、变形缝等所占面积。

4）同一建筑物高度不同时，按建筑物的竖向不同高度分别计算

2. 砌筑脚手架工程量计算规则

1）外墙脚手架按外墙外边线长度(如外墙有挑阳台，则每只阳台计算一个侧面宽度，计入外墙面长度内，二户阳台连在一起的也只算一个侧面)乘以外墙高度以平方米计算。外墙高度指室外设计地坪至檐口(或女儿墙上表面)高度，坡屋面至屋面板下(或椽子顶面)墙中心高度。

2）内墙脚手架以内墙净长乘以内墙净高计算。有山尖者算至山尖 1/2 处的高度；有地下室时，自地下室室内地坪至墙顶面高度。

3）砌体高度在 3.60m 以内者，套用里脚手架；高度超过 3.60m 者，套用外脚手架。

4）山墙自设计室外地坪至山尖 1/2 处高度超过 3.60m 时，该整个外山墙按相应外脚手架计算，内山墙按单排外架子计算。

5）独立砖(石)柱高度在 3.60m 以内者，脚手架以柱的结构外围周长乘以柱高计算，执行砌墙脚手架里架子；柱高超过 3.60m 者，以柱的结构外围周长加 3.60m 乘以柱高计算，执行砌墙脚手架外架子(单排)。

6）砌石墙到顶的脚手架，工程量按砌墙相应脚手架乘系数 1.50。

7）外墙脚手架包括一面抹灰脚手架在内，另一面墙可计算抹灰脚手架。

8）砖基础自设计室外地坪至垫层(或混凝土基础)上表面的深度超过 1.50m 时，按相应砌墙脚手架执行。

9）突出屋面部分的烟囱，高度超过 1.50m 时，其脚手架按外围周长加 3.60m 乘以实砌高度按 12m 内单排外脚手架计算。

3. 现浇钢筋混凝土脚手架工程量计算规则

1）钢筋混凝土基础自设计室外地坪至垫层上表面的深度超过 1.50m，同时带形基础底宽超过 3.0m、独立基础或满堂基础及大型设备基础的底面积超过 $16m^2$ 的混凝土浇捣脚手架应按槽、坑土方规定放工作面后的底面积计算，按满堂脚手架相应定额乘以 0.3 系数计算脚手架费用。

2）现浇钢筋混凝土独立柱、单梁、墙高度超过 3.60m 应计算浇捣脚手架。柱的浇捣脚手架以柱的结构周长加 3.60m 乘以柱高计算；梁的浇捣脚手架按梁的净长乘以地面(或楼面)至梁顶面的高度计算；墙的浇捣脚手架以墙的净长乘以墙高计算。套柱、梁、墙混凝土浇捣脚手架。

3）层高超过 3.60m 的钢筋混凝土框架柱、墙(楼板、屋面板为现浇板)所增加的混凝土浇捣脚手架费用，以每 $10m^2$ 框架轴线水平投影面积，按满堂脚手架相应子目乘以 0.3 系数执行；层高超过 3.60m 的钢筋混凝土框架柱、梁、墙(楼板、屋面板为预制空心板)所增加的

混凝土浇捣脚手架费用，以每 $10m^2$ 框架轴线水平投影面积，按满堂脚手架相应子目乘以 0.4 系数执行。

4. 贮仓脚手架

贮仓脚手架不分单筒或贮仓组，高度超过 3.60m，均按外边线周长乘以设计室外地坪至贮仓上口之间高度以平方米计算。高度在 12m 内，套双排外脚手架，乘 0.7 系数执行；高度超过 12m 套 20m 内双排外脚手架乘 0.7 系数执行（均包括外表面抹灰脚手架在内）。贮仓内表面抹灰按抹灰脚手架工程量计算规则第(2)、(3)条规定执行。

5. 抹灰脚手架、满堂脚手架工程量计算规则

1）抹灰脚手架。

(1) 钢筋混凝土单梁、柱、墙，按以下规定计算脚手架：

① 单梁：以梁净长乘以地坪（或楼面）至梁顶面高度计算。

② 柱：以柱结构外围周长加 3.60m 乘以柱高计算。

③ 墙：以墙净长乘以地坪（或楼面）至板底高度计算。

(2) 墙面抹灰：以墙净长乘以净高计算。

(3) 如有满堂脚手架可以利用时，不再计算墙、柱、梁面抹灰脚手架。

(4) 顶棚抹灰高度在 3.60m 以内，按顶棚抹灰面（不扣除柱、梁所占的面积）以平方米计算。

2）满堂脚手架：顶棚抹灰高度超过 3.60m，按室内净面积计算满堂脚手架，不扣除柱、垛、附墙烟囱所占面积。

(1) 基本层：高度在 8m 以内计算基本层：

(2) 增加层：高度超过 8m，每增加 2m，计算一层增加层，计算式如下：

$$\text{满堂脚手架增加层数} = \frac{\text{室内净高(m)} - 8\text{m}}{2\text{m}}$$

余数在 0.6m 以内，不计算增加层，超过 0.6m，按增加一层计算。

(3) 满堂脚手架高度以室内地坪面（或楼面）至顶棚面或屋面板的底面为准（斜的顶棚或屋面板按平均高度计算）。室内挑台栏板外侧共享空间的装饰如无满堂脚手架利用时，按地面（或楼面）至顶层栏板顶面高度乘以栏板长度以平方米计算，套相应抹灰脚手架定额。

6. 其他脚手架工程量计算规则

1）高压线防护架按搭设长度以延长米计算。

2）金属过道防护棚按搭设水平投影面积以平方米计算。

3）斜道、烟囱、水塔、电梯井脚手架区别不同高度以座计算。滑升模板施工的烟囱、水塔，其脚手架费用已包括在滑模计价表内，不另计算脚手架。烟囱内壁抹灰是否搭设脚手架，按施工组织设计规定办理，其费用按相应满堂脚手架执行，人工增加 20%，其余不变。

4）高度超过 3.60m 的贮水（油）池，其混凝土浇捣脚手架按外壁周长乘以池的壁高以平方米计算，按池壁混凝土浇捣脚手架项目执行，抹灰者按抹灰脚手架另计。

7. 檐高超过 20m 脚手架材料增加费

建筑物檐高超过 20m，即可计算脚手架材料增加费，建筑物檐高超过 20m，脚手架材料

增加费，以建筑物超过 20m 部分建筑面积计算。

第二节　模板工程

模板工程按照《江苏省建筑与装饰工程计价表》(2004)第二十章模板工程执行。

一、工程计量注意事项

模板工程分为现浇构件模板、现场预制构件模板、加工厂预制构件模板和构筑物工程模板四个部分，使用时应分别套用。为便于施工企业快速报价，在计价表附录中列出了混凝土构件的模板含量表，供使用单位参考。按设计图纸计算模板接触面积或使用混凝土含模量折算模板面积，两种方法仅能使用其中一种，相互不得混用。使用含模量者，竣工结算时模板面积不得调整。构筑物工程中的滑升模板是以立方米混凝土为单位的模板系综合考虑。倒锥形水塔水箱提升以“座”为单位。

1）现浇构件模板子目按不同构件分别编制了组合钢模板配钢支撑、复合木模板配钢支撑，使用时，任选一种套用。

2）预制构件模板子目，按不同构件，分别以组合钢模板、复合木模板、木模板、定型钢模板、长线台钢拉模、加工厂预制构件配混凝土地模、现场预制构件配砖胎模、长线台配混凝土地胎模编制，使用其他模板时，不予换算。

3）模板工作内容包括清理、场内运输、安装、刷隔离剂、浇灌混凝土时模板维护、拆模、集中堆放、场外运输。木模板包括制作(预制构件包括刨光、现浇构件不包括刨光)；组合钢模板、复合木模板包括装箱。

4）现浇钢筋混凝土柱、梁、墙、板的支模高度以净高(底层无地下室者高需另加室内外高差)在 3.6m 以内为准，净高超过 3.6m 的构件其钢支撑、零星卡具及模板人工分别乘以附表 18-2 所列的系数。但其脚手架费用另按脚手架工程有关规定执行。

净高超过 3.6m 的构件其钢支撑、零星卡具及模板人工系数　　附表 18-2

增加内容	层高在			
	5m 以内	8m 以内	12m 以内	12m 以上
独立柱、梁、板钢支撑及零星卡具	1.10	1.30	1.50	2.00
框架柱（墙）、梁、板钢支撑及零星卡具	1.07	1.15	1.40	1.60
模板人工(不分框架和独立柱梁板)	1.05	1.15	1.30	1.40

注：轴线未形成封闭框架的柱、梁、板称独立柱、梁、板。

5）支模高度净高是指

(1) 柱：无地下室底层是指设计室外地面至上层板底面、楼层板项面至上层板底面；

(2) 梁：无地下室底层是指设计室外地面至上层板底面、楼层板顶面至上层板底面；

(3) 板：无地下室底层是指设计室外地面至上层板底面、楼层板顶面至上层板底面；

(4) 墙：整板基础板顶面(或反梁顶面)至上层板底面、楼层板顶面至上层板底面。

6）设计⊥、L、十形柱，其单面每边宽在 1000mm 内按⊥、L、十形柱相应子目执行，每根柱两边之和超过 2000mm，则该柱按直形墙相应定额执行。⊥、L、十形柱边的确定按附图

18-1所示。

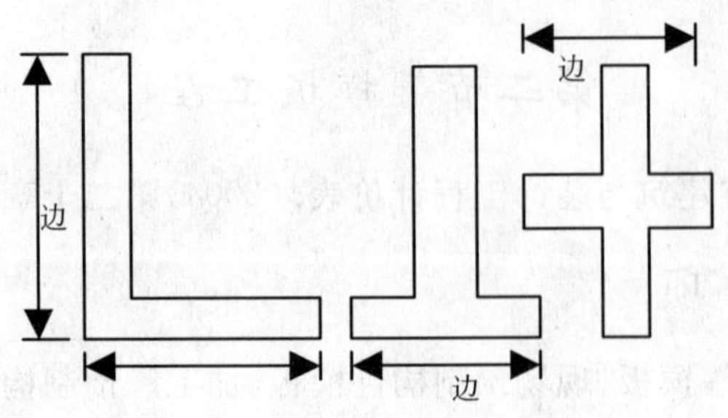

附图 18-1 ⊥、L、十形柱边的确定

7）模板项目中，仅列出周转木材而无钢支撑的项目，其支撑量已含在周转木材中，模板与支撑按 7：3 拆分。

8）模板材料已包含砂浆垫块与钢筋绑扎用的 22 号镀锌钢丝在内，现浇构件和现场预制构件不用砂浆垫块，而改用塑料卡，每 10m² 模板另加塑料卡费用每只 0.2 元，计 30 只，合计 6.00 元。

9）有梁板中的弧形梁模板按弧形梁定额执行（含模量＝肋形板含模量），其弧形板部分的模板按板定额执行。砖墙基上带形混凝土防潮层模板按圈梁定额执行。

10）混凝土底板面积在 1000m² 内，有梁式满堂基础的反梁或地下室墙侧面的模板如用砖侧模时，砖侧模的费用应另外增加，同时扣除相应的模板面积（总量不得超过总含模量）；超过 1000m² 时，反梁用砖侧模，则砖侧模及边模的组合钢模应分别另列项目计算。

11）地下室后浇墙带的模板应按已审定的施工组织设计另行计算，但混凝土墙体模板含量不扣。

12）带形基础、设备基础、栏板、地沟如遇圆弧形，除按相应定额的复合模板执行外，其人工、复合木模板乘系数 1.30，其他不变（其他弧形构件按相应定额执行）。

13）用钢滑升模板施工的烟囱、水塔、贮仓使用的钢提升杆是按 Φ25 一次性用量编制的，设计要求不同时，另行换算。施工是按无井架计算的，并综合了操作平台，不再计算脚手架和竖井架。

14）钢筋混凝土水塔、砖水塔基础采用毛石混凝土、混凝土基础时按烟囱相应项目执行。

15）烟囱钢滑升模板项目均已包括烟囱筒身、牛腿、烟道口；水塔钢滑升模板均已包括直筒、门窗洞口等模板用量。

16）倒锥壳水塔塔身钢滑升模板项目，也适用于一般水塔塔身滑升模板工程。

17）栈桥子目适用于现浇矩形柱、矩形连梁、有梁斜板栈桥，其超过 3.6m 支撑按本章有关说明执行。

18）本章的混凝土、钢筋混凝土地沟是指建筑物室外的地沟，室内钢筋混凝土地沟按本章相应项目执行。

19）现浇有梁板、无梁板、平板、楼梯、雨篷及阳台，底面设计不抹灰者，增加模板缝贴胶带纸人工 0.27 工日/l0m²，计 7.02 元。

二、现浇混凝土及钢筋混凝土模板工程量计算规则

1）现浇混凝土及钢筋混凝土模板工程量除另有规定者外，均按混凝土与模板的接触面积以平方米计算。若使用含模量计算模板接触面积者，其工程量＝构件体积×相应项目含模量（含模量详见计价表附录一）。

2）钢筋混凝土墙、板上单孔面积在 0.3m^2 以内的孔洞，不予扣除，洞侧壁模板不另增加，但突出墙面的侧壁模板应相应增加。单孔面积在 0.3m^2 以外的孔洞，应予扣除，洞侧壁模板面积并入墙、板模板工程量之内计算。

3）现浇钢筋混凝土框架分别按柱、梁、墙、板有关规定计算，墙上单面附墙柱并入墙内工程量计算，双面附墙柱按柱计算，但后浇墙、板带的工程量不扣除。

4）设备螺栓套孔或设备螺栓分别按不同深度以"个"计算；二次灌浆，按实灌体积以立方米计算。

5）预制混凝土板间或边补现浇板缝，缝宽在 100mm 以上者，模板按平板定额计算。

6）构造柱外露均应按图示外露部分计算面积（锯齿形，则按锯齿形最宽面计算模板宽度），构造柱与墙接触面不计算模板面积。

7）现浇混凝土雨篷、阳台、水平挑板，按图示挑出墙面以外板底尺寸的水平投影面积计算（附在阳台梁上的混凝土线条不计算水平投影面积）。挑出墙外的牛腿及板边模板已包括在内。复式雨篷挑口内侧净高超过 250mm 时，其超过部分按挑檐定额计算（超过部分的含模量按天沟含模量计算）。竖向挑板按 100mm 内墙定额执行。

8）整体直形楼梯包括楼梯段、中间休息平台、平台梁、斜梁及楼梯与楼板连接的梁，按水平投影面积计算，不扣除小于 200mm 的楼梯井，伸入墙内部分不另增加。

9）圆弧形楼梯按楼梯的水平投影面积以平方米计算（包括圆弧形梯段、休息平台、平台梁、斜梁及楼梯与楼板连接的梁）。

10）楼板后浇带以延长米计算（整板基础的后浇带不包括在内）。

11）现浇圆弧形构件除定额已注明者外，均按垂直圆弧形的面积计算。

12）栏杆按扶手的延长米计算，栏板竖向挑板按模板接触面积以平方米计算。扶手、栏板的斜长按水平投影长度乘系数 1.18 计算。

13）劲性混凝土柱模板，按现浇柱定额执行。

14）砖侧模分别不同厚度，按实砌面积以平方米计算。

三、现场预制钢筋混凝土构件模板工程量计算规则

1）现场预制构件模板工程量，除另有规定者外，均按模板接触面积以平方米计算。若使用含模量计算模板面积者，其工程量＝构件体积×相应项目的含模量。砖地模费用已包括在定额含量中，不再另行计算。

2）漏空花格窗、花格芯按外围面积计算。

3）预制桩不扣除桩尖虚体积。

4）加工厂预制构件有此项目，而现场预制无此项目，实际在现场预制时模板按加工厂预制模板子目执行。现场预制构件有此项目，加工厂预制构件无此项目，实际在加工厂预制时，其模板按现场预制模板子目执行。

四、加工厂预制构件的模板工程量计算规则

加工厂预制构件的模板除漏空花格窗、花格芯外，均按构件的体积以立方米计算。

1）混凝土构件体积一律按施工图纸的几何尺寸以实体积计算，空腹构件应扣除空腹体积。

2）漏空花格窗、花格芯按外围面积计算。

五、构筑物工程模板计算规则

构筑物工程中的现浇构件模板除注明外均按模板与混凝土的接触面积以平方米计算。

1. 烟囱

1）钢筋混凝土烟囱基础，包括基础底板及筒座，筒座以上为筒身，烟囱基础按接触面积计算。

2）烟囱筒身。

（1）烟囱筒身不分方形、圆形均按 m^3 计算，筒身体积应以筒壁平均中心线长度乘厚度。圆筒壁周长不同时，可分段计算，取之和。

（2）砖烟囱的钢筋混凝土圈梁和过梁，按接触面积计算，套用本章现浇钢筋混凝土构件的相应项目。

（3）烟囱的钢筋混凝土集灰斗（包括分隔墙、水平隔墙、柱、梁等）应按本章现浇钢筋混凝土构件相应项目计算、套用。

（4）烟道中的其他钢筋混凝土构件模板，应按本章相应钢筋混凝土构件的相应定额计算、套用。

（5）钢筋混凝土烟道，可按本章地沟定额计算，但架空烟道不能套用。

2. 水塔

1）基础：各种基础均以接触面积计算（包括基础底板和筒座），筒座以上为塔身，以下为基础。

2）筒身。

（1）钢筋混凝土筒式塔身以筒座上表面或基础底板上表面为分界线；柱式塔身以柱脚与基础底板或梁交界处为分界线，与基础底板相连接的梁并入基础内计算。

（2）钢筋混凝土筒式塔身与水箱的分界是以水箱底部的圈梁为界，圈梁底以下为筒式塔身。水箱的槽底（包括圈梁）、塔顶、水箱（槽）壁工程量均应分别按接触面积计算。

（3）钢筋混凝土筒式塔身以接触面积计算。应扣除门窗洞口面积，依附于筒身的过梁、雨篷、挑檐等工程量并入筒身面积内按筒式塔身计算；柱式塔身不分斜柱、直柱和梁，均按接触面积合并计算按柱式塔身定额执行。

（4）钢筋混凝土、砖塔身内设置钢筋混凝土平台、回廊以接触面积计算。

（5）砖砌筒身设置的钢筋混凝土圈梁以接触面积计算，按本章相应项目执行。

3）塔顶及槽底

（1）钢筋混凝土塔顶及槽底的工程量合并计算。塔顶包括顶板和圈梁；槽底包括底板、挑出斜壁和圈梁。回廊及平台另行计算。

（2）槽底不分平底、拱底，塔顶不分锥形、球形，均按本定额执行。

4）水槽内、外壁

（1）与塔顶、槽底（或斜壁）相连系的圈梁之间的直壁为水槽内、外壁；设保温水槽的外保护壁为外壁：直接承受水侧压力的水槽壁为内壁。非保温水箱的水槽壁按内壁计算。

（2）水槽内、外壁以接触面积计算；依附于外壁的柱、梁等并入外壁面积中计算。

5）倒锥壳水塔

（1）基础按相应水塔基础的规定计算，其筒身、水箱制作按混凝土的体积以 m^3 计算。

（2）环梁以混凝土接触面积计算。

（3）水箱提升按不同容积和不同的提升高度，分别套用定额，以“座”计算。

3. 贮水（油）池

1）池底为平底执行平底子目，其平底体积应包括池壁下部的扩大部分：池底有斜坡者，执行锥形底子目，均按图示尺寸的接触面积计算。

2）池壁有壁基梁时，锥形底应算至壁基梁底面，池壁应从壁基梁上口开始，壁基梁应从锥形底上表面算至池壁下口；无壁基梁时锥形底算至坡上表面，池壁应从锥形底的上表面开始。

3）无梁池盖柱的柱高，应由池底上表面算至池盖的下表面，包括柱帽、柱座的模板面积。

4）池壁应按圆形壁、矩形壁分别计算，其高度不包括池壁上下处的扩大部分，无扩大部分时，则自池底上表面（或壁基梁上表面）至池盖下表面。

5）无梁盖应包括与池壁相连的扩大部分的面积；肋形盖应包括主、次梁及盖板部分的面积；球形盖应自池壁顶面以上，包括边侧梁的面积在内。

6）沉淀池水槽系指池壁上的环形溢水槽及纵横、U 形水槽，但不包括与水槽相连接的矩形梁；矩形梁可按现浇构件矩形梁定额计算。

4. 贮仓

1）矩形仓。

（1）矩形仓分立壁和漏斗，各按不同厚度计算接触面积，立壁和漏斗按相互交点的水平线为分界线；壁上圈梁并入漏斗工程量内。基础、支撑漏斗的柱和柱间的连系梁分别按现浇构件的相应子目计算。

2）圆筒仓。

（1）本定额适用于高度在 30m 以下、仓壁厚度不变、上下断面一致、采用钢滑模施工工艺的圆形贮仓，如盐仓、粮仓、水泥库等。

（2）圆形仓工程量应分仓底板、顶板、仓壁三部分。底板、顶板按接触面积计算，仓壁按实体积以立方米计算。

（3）圆形仓底板以下的钢筋混凝土柱、梁、基础按现浇构件的相应项目计算。

（4）仓顶板的梁与仓顶板合并计算，按仓顶板定额执行。

（5）仓壁高度应自仓壁底面算至顶板底面计算，扣除 $0.05m^2$ 以上的孔洞。

5. 地沟及支架

1）本定额适用于室外的方形（封闭式）、槽形（开口式）、阶梯形（变截面式）的地沟。底、壁、顶应分别按接触面积计算。

2）沟壁与底的分界，以底板上表面为界。沟壁与顶的分界以顶板下表面为界。八字角部分的数量并入沟壁工程量内。

3）地沟预制顶板，按本章相应定额计算。

4）支架均以接触面积计算（包括支架各组成部分），框架型或A字型支架应将柱、梁的体积合并计算：支架带操作平台者，其支架与操作台的体积亦合并计算。

5）支架基础应按本章的相应定额计算。

6. 栈桥

1）柱、连系梁（包括斜梁）接触面积合并、肋梁与板的面积合并均按图示尺寸以接触面积计算。

2）栈桥斜桥部分不论板顶高度如何均按板高在12m内子目执行。

3）栈桥柱、梁、板的混凝土浇捣脚手架按第一节《江苏省建筑与装饰工程计价表》第十九章相应子目执行（工程量按相应规定）。

4）板顶高度超过20m，每增加2m仅指柱、连系梁（不包括有梁板）。

7. 使用滑升模板施工的均以混凝土体积以立方米计算，其构件划分依照上述计算规则执行。

第三节　施工排水、降水工程、深基坑支护

施工排水、降水及深基坑支护费用 按《江苏省建筑与装饰工程计价表》(2004)第二十一章施工排水、降水、深基坑支护的有关规定执行。

一、工程计量注意事项

1）人工土方施工排水是在人工开挖湿土、淤泥、流砂等施工过程中的地下水排放发生的机械排水台班费用。

2）基坑排水：是指地下常水位以下、基坑底面积超过$20m^2$（两个条件同时具备）土方开挖以后，在基础或地下室施工期间所发生的排水包干费用（不包括±0.00以上有设计要求，待框架、墙体完成以后再回填基坑土方期间的排水）。

3）井点降水项目适用于地下水位较高的粉砂土、砂质粉土或淤泥质夹薄层砂性土的地层。一般情况下，降水深度在6m以内。井点降水使用时间按施工组织设计确定。井点降水材料使用摊销量中已包括井点拆除时材料损耗量。井点间距根据地质和降水要求由施工组织设计确定，一般轻型井点管间距为1.2m。

井点降水成孔工程中产生的泥水处理及挖沟排水工作应另行计算。

井点降水必须保证连续供电，在电源无保证的情况下，使用备用电源的费用另计。

4）强夯法加固地基坑内排水是指击夯点坑内的积水抽排台班费用。

5）机械土方工作面中的排水费已包含在土方中，但地下水位以下的施工排水费用不包括，如发生，依据施工组织设计规定，排水人工、机械费用另行计算。

6）基坑钢管支撑为周转摊销材料，其场内运输、回库保养均已包括在内。支撑处需挖运土方、围檩与基坑护壁的填充混凝土未包括在内，发生时应按实另行计算。场外运输按《江苏省建筑与装饰工程计价表》第七章中金属Ⅲ类构件计算。

7）基坑钢筋混凝土支撑按相应章节执行。

8）打、拔钢板桩单位工程打桩工程量小于50t时，人工、机械乘1.25系数。场内运输超过300m时，应按相应构件运输子目执行，并扣除打桩子目中的场内运输费。

二、工程量计算规则

1）人工土方施工排水不分土壤类别、挖土深度，按挖湿土工程量以立方米计算。

2）人工挖淤泥、流砂施工排水按挖淤泥、流砂工程量以立方米计算。

3）基坑、地下室排水按土方基坑的底面积以平方米计算。

4）强夯法加固地基坑内排水，按强夯法加固地基工程量以平方米计算。

5）井点降水50根为一套，累计根数不足一套者按一套计算，井点使用定额单位为套1天，一天按24h计算。井管的安装、拆除以"根"计算。

6）基坑钢管支撑以坑内的钢立柱、支撑、围檩、活络接头、法兰盘、预埋铁件的合并重量按吨计算。

7）打、拔钢板桩按设计钢板桩重量以吨计算。

第四节　垂直运输机械费

垂直运输机械费用按照《江苏省建筑与装饰工程计价表》(2004)第二十二章建筑工程垂直运输的有关规定计算。

一、工程计量注意事项

1. 建筑物垂直运输

1）"檐高"是指设计室外地坪至檐口的高度，突出主体建筑物顶的女儿墙、电梯间、楼梯间、水箱等不计入檐口高度以内；"层数"指地面以上建筑物的高度。

2）本定额工作内容包括在我省调整后的国家工期定额内完成单位工程全部工程项目所需的垂直运输机械台班，不包括机械的场外运输、一次安装、拆卸、路基铺垫和轨道铺拆等费用。施工塔吊与电梯基础、施工塔吊和电梯与建筑物连接的费用单独计算。

3）本定额项目划分是以建筑物"檐高"、"层数"两个指标界定的，只要其中一个指标达到定额规定，即可套用该定额子目。

4）一个工程，出现两个或两个以上檐口高度(层数)，使用同一台垂直运输机械时，定额不作调整；使用不同垂直运输机械时，应依照国家工期定额规定结合施工合同的工期约定，分别计算。

5）当建筑物垂直运输机械数量与定额不同时，可按比例调整定额含量。本定额按卷扬机施工配两台卷扬机，塔式起重机施工配一台塔吊一台卷扬机(施工电梯)考虑。

6）檐高3.60m内的单层建筑物和围墙，不计算垂直运输机械台班。

7）垂直运输高度小于3.6m的一层地下室不计算垂直运输机械台班。

8）预制混凝土平板、空心板、小型构件的吊装机械费用已包括在本定额中。

9）本定额中现浇框架系指柱、梁、板全部为现浇的钢筋混凝土框架结构。如部分现浇，部分预制，按现浇框架乘系数0.96。

10）柱、梁、墙、板构件全部现浇的钢筋混凝土框筒结构、框剪结构按现浇框架执行；筒体结构按剪力墙（滑模施工）执行。

11）预制或现浇钢筋混凝土柱，预制屋架的单层厂房，按预制排架定额计算。

12）单独地下室工程项目定额工期按不含打桩工期自基础挖土开始考虑。

13）当建筑物以合同工期日历天计算时，在同口径条件下定额乘以下系数：

1+（国家工期定额日历天－合同工期日历天）/国家工期定额日历天

未承包施工的工程内容，如打桩、挖土等的工期，不能作为提前工期考虑。

14）混凝土构件，使用泵送混凝土浇筑者，卷扬机施工定额台班乘系数 0.96；塔式起重机施工定额中的塔式起重机台班含量乘系数 0.92。

15）建筑物高度超过定额取定高度，每增加 20m，人工、机械按最上两档之差递增。不足 20m 者，按 20m 计算。

16）采用履带式、轮胎式、汽车式起重机（除塔式起重机外）吊（安）装预制大型构件的工程，除按本章规定计算垂直运输费外，另按《江苏省建筑与装饰工程计价表》第六章《金属结构工程》有关规定计算构件吊（安）装费。

2. 烟囱、水塔、筒仓垂直运输

烟囱、水塔、筒仓的“高度”指设计室外地坪至构筑物的顶面高度，突出构筑物主体顶的机房等高度，不计入构筑物高度内。

二、工程量计算规则

1）建筑物垂直运输机械台班用量，区分不同结构类型、檐口高度（层数）按国家工期定额以日历天计算。

2）单独装饰工程垂直运输机械台班，区分不同施工机械、垂直运输高度、层数，按定额工日分别计算。

3）烟囱、水塔、筒仓垂直运输机械台班，以“座”计算。超过定额规定高度时，按每增高 1m 定额项目计算。高度不足 1m，按 1m 计算。

4）施工塔吊、电梯基础。塔吊及电梯与建筑物连接件，按施工塔吊及电梯的不同型号以“台”计算。

第五节　场内二次搬运费

场内二次搬运费按照《江苏省建筑与装饰工程计价表》（2004）第二十三章场内二次搬运的有关规定执行。

一、工程计量注意事项

1）市区沿街建筑在现场堆放材料有困难，汽车不能将材料运入巷内的建筑，材料不能直接运到单位工程周边需再次中转，建设单位不能按正常合理的施工组织设计提供材料，构件堆放场地和临时设施用地的工程而发生的二次搬运费用，执行本章定额。

2）执行本定额时，应以工程所发生的第一次搬运为准。

3）水平运距的计算，分别以取料中心点为起点，以材料堆放中心为终点。超运距增加运距不足整数者，进位取整计算。

4）运输道路15%以内的坡度已考虑，超过时另行处理。

5）松散材料运输不包括做方，但要求堆放整齐。如需做方者，应另行处理。

6）机动翻斗车最大运距为600m，单（双）轮车最大运距为120m，超过时，应另行处理。

二、工程量计算规则

1）砂子、石子、毛石、块石、炉渣、矿渣、石灰膏按堆积原方计算。

2）混凝土构件及水泥制品按实体积计算。

3）玻璃按标准箱计算。

4）其他材料按表中计量单位计算。

工程案例附表

附表1　招标人工程量清单汇总表

招标人工程量清单汇总表　　附表1

序号	项目编码	项目名称	项目特征	计量单位	工程数量
1	010101001001	平整场地	土壤类别:一类土、二类土 弃土运距:50m内 取土运距:50m内	m^2	393.68
2	010101003001	挖基础土方	土壤类别:一类土、二类土 基础类型:条形 垫层底宽、底面积:750 挖土深度:2m内 弃土运距:50m	m^3	90.06
3	010103001001	土(石)方回填	土质要求:密实状态 夯填(碾压):拖式双联羊足碾十二遍 运输距离:50m内	m^3	213.34
4	010201001001	预制钢筋混凝土桩	桩截面:30cm 单桩长度、根数:9m 混凝土强度等级:C30	m	1062
5	010302001001	实心砖墙	墙体厚度:53mm 勾缝要求:无 砖品种、规格、强度等级:黏土红砖 墙体类型:内墙 砂浆强度等级、配合比:混合 M7.5	m^3	0.7
6	010302001002	实心砖墙	砖品种、规格、强度等级:黏土砖 勾缝要求:无 砂浆强度等级、配合比:水泥 M5.0 墙体类型:内墙 墙体厚度:115mm	m^3	1.42
7	010302001003	实心砖墙	砖品种、规格、强度等级:黏土砖 勾缝要求:无 砂浆强度等级、配合比:水泥 M5.0 墙体类型:内墙 墙体厚度:115	m^3	0.6
8	010302006001	零星砌砖	零星砌砖名称、部位:台阶、楼梯处 砂浆强度等级、配合比:混合砂浆 M7.5	m^2	1.3

续附表 1

序号	项目编码	项目名称	项目特征	计量单位	工程数量
9	010302006002	零星砌砖	零星砌砖名称、部位：台阶 砂浆强度等级、配合比：MU10 标准砖，M7.5 混合砂浆	m^3	0.37
10	010304001001	空心砖墙、砌块墙	墙体类型：外墙 墙体厚度：430 空心砖、砌块品种、规格、强度等级：240mm 厚煤矸石空心砖＋70mm 厚 EPS 保温板＋115mm 煤矸石石空心砖 砂浆强度等级、配合比：混合 M7.5	m^3	160.93
11	010304001002	空心砖墙、砌块墙	墙体类型：女儿墙 墙体厚度：370mm 空心砖、砌块品种、规格、强度等级：煤矸石空心砖 砂浆强度等级、配合比：混合 M7.5	m^3	19.96
12	010304001003	空心砖墙、砌块墙	墙体类型：内墙 墙体厚度：240mm 空心砖、砌块品种、规格、强度等级：煤矸石空心砖 砂浆强度等级、配合比：混合 M7.5	m^3	155.39
13	010304001004	空心砖墙、砌块墙	墙体类型：内墙 墙体厚度：90mm 空心砖、砌块品种、规格、强度等级：90mm 厚空心砖 砂浆强度等级、配合比：混合 M7.5	m^3	11.95
14	010306002001	砖地沟、明沟	混凝土强度等级：C10 沟截面尺寸：1200mm×1300mm 垫层材料种类、厚度：混凝土 100mm 厚 砂浆强度等级、配合比：水泥 M7.5	m	28.24
15	010401001001	带形基础	垫层材料种类：炉渣 混凝土强度：C25	m^3	62.54
16	010402001001	矩形柱	混凝土强度等级：C25 柱截面尺寸：构造柱 周长 1.2m 内	m^3	36.63
17	010403001001	基础梁	梁底标高：－0.7mm 梁截面：450mm×600mm 混凝土强度等级：C25	m^3	12.19
18	010403001002	基础梁	梁底标高：－0.7mm 梁截面：450mm×680mm 混凝土强度等级：C25	m^3	1.31
19	010403002001	矩形梁	混凝土强度等级：C25 梁截面：240mm×240mm	m^3	29.33
20	010403002002	矩形梁	混凝土强度等级：C25 梁截面：240mm×250mm	m^3	1.89
21	010403002003	矩形梁	混凝土强度等级：C25 梁截面：240mm×400mm	m^3	2.62

续附表 1

序号	项目编码	项目名称	项目特征	计量单位	工程数量
22	010405003001	平板	板厚度:100mm 混凝土强度等级:C25	m^3	83.09
23	010405006001	栏板	板厚度:100mm 混凝土强度等级:C25	m^3	8.91
24	010405006002	栏板	板厚度:180mm 混凝土强度等级:C25	m^3	4.71
25	010405008001	雨篷、阳台板	混凝土强度等级:空调搁板,C25 混凝土,厚度 80mm	m^3	0.31
26	010405008002	雨篷、阳台板	混凝土强度等级:C25	m^3	11.27
27	010406001001	直形楼梯	混凝土强度等级:C25	m^2	37.5
28	010407001001	其他构件	构件的类型:窗下混凝土带 混凝土强度等级:C20	m^3	0.28
29	010407001002	其他构件	混凝土强度等级:C20 构件的类型:窗下混凝土带	m^3	1.02
30	010407002001	散水、坡道	混凝土强度等级:C15 面层厚度:混凝土面层 70mm 垫层种类、厚度:砾石:灌水泥砂浆	m^2	67.43
31	010410003001	过梁	单件体积:DG—1.2 混凝土强度等级:C25	m^3	0.68
32	010410003002	过梁	单件体积:GLA493 混凝土强度等级: C25	m^3	1.84
33	010410003003	过梁	混凝土强度等级:C25 单件体积:GL—1	m^3	3.47
34	010410003004	过梁	混凝土强度等级:C25 单件体积:GLB7154	m^3	1.01
35	010410003005	过梁	混凝土强度等级:C25 单件体积:GLB7152	m^3	0.76
36	010410003006	过梁	混凝土强度等级:C25 单件体积:GLB7122	m^3	0.15
37	010410003007	过梁	单件体积:GLB7182 混凝土强度等级:C25	m^3	3.44
38	010412008001	沟盖板、井盖板、井圈	混凝土强度等级:C25	m^3	3.01
39	010416001001	现浇混凝土钢筋	HPB 级钢	t	30.125
40	010416002001	预制构件钢筋	HRB 级钢筋	t	9.674
41	010702001001	屋面卷材防水	卷材品种、规格:APP 改性沥青防水材料 防水层做法:4mm 厚 APP	m^2	323.67
42	010702003001	屋面刚性防水	防水层厚度:40mm 厚细石混凝土 混凝土强度等级:C25	m^2	323.67
43	010702004001	屋面排水管	排水管品种、规格、品牌、颜色:26 号镀锌铁皮水斗,雨水管;8mm 厚铸铁雨水口,雨水管直径 90mm	m	49
44	010703004001	变形缝	变形缝部位:平面 嵌缝材料种类:沥青砂浆	m	486.41

续附表 1

序号	项目编码	项目名称	项目特征	计量单位	工程数量
45	010803001001	保温隔热屋面	保温隔热部位:屋面 保温隔热方式(内保温、外保温、夹心保温):夹心保温 保温隔热面层材料品种、规格、性能:110mm 厚苯板 保温隔热材料品种、规格:1∶10 水泥珍珠岩找坡 3% 隔气层厚度:APP 2mm	m^2	323.67
46	010803003001	保温隔热墙	保温隔热部位:阳台栏板内侧 保温隔热方式(内保温、外保温、夹心保温):内保温 保温隔热面层材料品种、规格、性能:80mm 厚单面钢丝网 EPS 板	m^2	50.37
47	010803003002	保温隔热墙	保温隔热部位:过梁外部 保温隔热方式(内保温、外保温、夹心保温):外保温 保温隔热面层材料品种、规格、性能:50mm 厚钢丝 EPS 板	m^2	11.04
48	010803003003	保温隔热墙	保温隔热面层材料品种、规格、性能:80mm 厚单面钢丝网 EPS 板 保温隔热部位:阳台栏板内侧 保温隔热方式(内保温、外保温、夹心保温):内保温	m^2	11.04
49	010803003004	保温隔热墙	保温隔热部位:阳台栏板内侧 保温隔热方式(内保温、外保温、夹心保温):内保温 保温隔热面层材料品种、规格、性能:50mm 厚单面钢丝网 EPS 板	m^2	10.24
50	010803003005	保温隔热墙	保温隔热部位:夹芯 保温隔热材料品种、规格:70mm 厚 EPS 板	m^2	442.59
51	020101001001	水泥砂浆楼地面	垫层材料种类、厚度:砂土 3∶7 面层厚度、砂浆配合比:1∶2 水泥砂浆(中砂)厚 20mm 找平层厚度、砂浆配合比:C20 细石混凝土 80mm 厚碎石	m^2	830.75
52	020101001002	水泥砂浆楼地面	垫层材料种类、厚度:砂土 3∶7 面层厚度、砂浆配合比:1∶1.5 水泥砂浆(中砂)厚 20mm	m^2	53.87
53	020101001003	水泥砂浆楼地面	面层厚度、砂浆配合比:1∶1 水泥砂浆(中砂)厚 20mm,20mm 厚磨光花岗石 找平层厚度、砂浆配合比:C15 细石混凝土 80 厚碎石,1∶3 水泥砂浆找平	m^2	65.05
54	020101001004	水泥砂浆楼地面	面层厚度、砂浆配合比:1∶2 水泥砂浆(中砂)厚 20mm	m^2	77.18

续附表 1

序号	项目编码	项目名称	项目特征	计量单位	工程数量
55	020102002001	块料楼地面	面层材料品种、规格、品牌、颜色：面砖面层	m^2	323.67
56	020105001001	水泥砂浆踢脚线	面层厚度、砂浆配合比：8 厚 1∶2.5 水泥砂浆罩面压实赶光 底层厚度、砂浆配合比：12mm 厚 1∶3 水泥砂浆打底 踢脚线高度：150mm	m^2	110.02
57	020105001002	水泥砂浆踢脚线	踢脚线高度：150mm 底层厚度、砂浆配合比：12mm 厚 1∶3 水泥砂浆打底 面层厚度、砂浆配合比：8mm 厚 1∶2.5 水泥砂浆罩面压实赶光	m^2	27.55
58	020105002001	石材踢脚线	踢脚线高度：150mm 面层材料品种、规格、品牌、颜色：花岗石 20mm 厚 粘贴层厚度、材料种类：20mm 厚 1∶2 水泥砂浆	m^2	11.92
59	020107001001	金属扶手带栏杆、栏板	固定配件种类：预埋铁件 扶手材料种类、规格、品牌、颜色：铝合金管，Φ50×2	m	34.8
60	020107001002	金属扶手带栏杆、栏板	固定配件种类：预埋铁件 扶手材料种类、规格、品牌、颜色：不锈钢管 Φ50 栏杆材料种类、规格、品牌、颜色：Φ8 钢筋	m	57.65
61	020107001003	金属扶手带栏杆、栏板	固定配件种类：预埋铁件 扶手材料种类、规格、品牌、颜色：不锈钢管，Φ80×3	m	29.4
62	020107001004	金属扶手带栏杆、栏板	固定配件种类：预埋铁件 扶手材料种类、规格、品牌、颜色：不锈钢管，Φ25×1.5	m	29.4
63	020108003001	水泥砂浆台阶面	面层厚度、砂浆配合比：20mm 厚 1∶2 水泥砂浆 找平层厚度、砂浆配合比：80mm 厚 C15 混凝土，100mm 厚碎石灌 M2.5 水泥砂浆 垫层材料种类、厚度：素土夯实，500mm 厚炉渣垫层	m^2	2.52
64	020201001001	墙面一般抹灰	墙体类型：内墙 底层厚度、砂浆配合比：13mm 厚 1∶3 水泥砂浆打底	m^2	357.53

续附表 1

序号	项目编码	项目名称	项目特征	计量单位	工程数量
65	020201001002	墙面一般抹灰	墙体类型:内墙 底层厚度、砂浆配合比:10mm 厚 1:3:6 石灰水泥砂浆打底 面层厚度、砂浆配合比:6mm 厚 1:3:6 石灰水泥砂浆抹面,压实赶光	m^2	567.94
66	020201001003	墙面一般抹灰	墙体类型:外墙 底层厚度、砂浆配合比:20mm 厚 TS20 砂浆 装饰面材料种类:TS20 稀土保温材料	m^2	526.21
67	020201001004	墙面一般抹灰	墙体类型:内墙 底层厚度、砂浆配合比:10mm 厚 1:3:6 石灰水泥砂浆打底 面层厚度、砂浆配合比:6mm 厚 1:3:6 石灰水泥砂浆抹面,压实赶光	m^2	882.18
68	020301001001	天棚抹灰	基层类型:混凝土 抹灰厚度、材料种类:刷素水泥浆一道,5mm 厚 1:3 水泥砂浆打底扫毛,5mm 厚 1:2.5 水泥砂浆罩面,喷顶棚涂料	m^2	218.85
69	020301001002	天棚抹灰	基层类型:混凝土 抹灰厚度、材料种类:刷素水泥浆一道,2mm 厚 1:0.5:1 石灰水泥砂浆打底,6mm 厚 1:3:9 水泥石灰砂浆,2mm 厚麻刀灰罩面,喷顶棚涂料	m^2	775.52
70	020401005001	夹板装饰门	防水材料种类:防火板 油漆品种、刷漆遍数:白漆 框截面尺寸、单扇面积:500mm×1500mm 门类型:丙级防火门	樘	8
71	020401005002	夹板装饰门	防水材料种类:防火板 油漆品种、刷漆遍数:白漆 门类型:内木夹板门 框截面尺寸、单扇面积:1200mm×1600mm	樘	20
72	020401005003	夹板装饰门	防水材料种类:防火板 油漆品种、刷漆遍数:白漆 框截面尺寸、单扇面积:1200mm×2100mm 门类型:成品三防门,对讲门	樘	2
73	020401005004	夹板装饰门	防水材料种类:防火板 油漆品种、刷漆遍数:白漆 门类型:成品三防门 框截面尺寸、单扇面积:1500mm×1600mm	樘	8

续附表1

序号	项目编码	项目名称	项目特征	计量单位	工程数量
74	020401005005	夹板装饰门	防水材料种类:防火板 油漆品种、刷漆遍数:白漆 门类型:内木夹板门 框截面尺寸、单扇面积:900mm×2100mm	樘	34
75	020402005001	塑钢门	门类型:门联窗 框材质、外围尺寸:900mm×2500mm 扇材质、外围尺寸:塑料窗	樘	8
76	020402005002	塑钢门	门类型:门联窗 框材质、外围尺寸:900mm×2000mm 扇材质、外围尺寸:塑料门	樘	4
77	020406007001	塑钢窗	窗类型:单框双玻平开 玻璃品种、厚度、五金材料、品种、规格:双层玻璃 框材质、外围尺寸:塑钢,900mm×1600mm	樘	4
78	020406007002	塑钢窗	窗类型:门连窗 框材质、外围尺寸:600mm×2500mm 扇材质、外围尺寸:塑料	樘	8
79	020406007003	塑钢窗	窗类型:单框双玻平开 玻璃品种、厚度、五金材料、品种、规格:双层玻璃 框材质、外围尺寸:塑钢,1500mm×1600mm	樘	4
80	020406007004	塑钢窗	窗类型:单框双玻平开 玻璃品种、厚度、五金材料、品种、规格:双层玻璃 框材质、外围尺寸:塑钢,1200mm×1600mm	樘	4
81	020406007005	塑钢窗	窗类型:单框双玻平开 玻璃品种、厚度、五金材料、品种、规格:双层玻璃 框材质、外围尺寸:塑钢,1800mm×1600mm	樘	22
82	020406007006	塑钢窗	窗类型:YTC—5 框材质、外围尺寸:900mm	樘	24
83	020406007007	塑钢窗	框材质、外围尺寸:900mm 窗类型:YTC—2	樘	24
84	020406007008	塑钢窗	窗类型:YTC—1 框材质、外围尺寸:2650mm×2000mm	樘	6
85	020406007009	塑钢窗	窗类型:YTC—4 框材质、外围尺寸:4300mm	樘	6
86	020406007010	塑钢窗	窗类型:YTC—3 框材质、外围尺寸:2400mm	樘	6

续附表 1

序号	项目编码	项目名称	项目特征	计量单位	工程数量
87	020406007011	塑钢窗	窗类型：YTC－6 框材质、外围尺寸：3900mm	樘	6
88	020406007012	塑钢窗	窗类型：门连窗 框材质、外围尺寸：900mm×2000mm 扇材质、外围尺寸：塑料	樘	2
89	020406007013	塑钢窗	窗类型：门连窗 框材质、外围尺寸：600mm×2000mm	樘	2
90	020506001001	抹灰面油漆	基层类型：砖 线条宽度、道数：刷素水泥浆一道，10mm厚1：3水泥砂浆打底，木抹搓平，刷一道108胶水溶液，喷甲基硅醇钠憎水剂	m^2	526.21

注：按照 GB 50500—2008 的规定，第 15 项带形基础的项目特征将与垫层无关。

附表 2　首层构件定额与清单工程量汇总对照表

首层构件定额与清单工程量汇总对照表　　附表 2

序号	构件名称	清单工程量	定额工程量
		一、墙	
1	240mm 内墙	体积＝60.175m^3	体积＝60.175m^3 内墙脚手架面积＝306.018m^2
2	430mm 外墙	体积＝57.596m^3	体积＝57.596 m^3 外墙外脚手架面积＝294.84m^2 外墙内脚手架面积＝205.02m^2
3	60mm 厚内墙	体积＝0.351m^3	体积＝0.351m^3 内墙脚手架面积＝8.96m^2
4	90mm 厚内墙	体积＝3.501m^3	体积＝3.501m^3 内墙脚手架面积＝55.809m^2
5	120mm 楼梯下	体积＝1.417m^3	体积＝1.417m^3 内墙脚手架面积＝19.239m^2
		二、栏板	
1	LB－1(2650)	体积＝0.369 m^3	体积＝0.369m^3 模板面积＝6.36m^2
2	LB－2(900)	体积＝0.59m^3 伸入墙内长度＝2.48m	体积＝0.59m^3 模板面积＝10.176m^2 伸入墙内长度＝2.48m
3	LB－5(900)	体积＝0.59m^3 伸入墙内长度＝2.48m	体积＝0.59m^3 模板面积＝10.176m^2 伸入墙内长度＝2.48m
4	LB－6(3900)	体积＝0.543m^3	体积＝0.543m^3 模板面积＝9.36m^2

续附表 2

序号	构件名称	清单工程量	定额工程量
5	LB—3(2400)	体积＝0.334m³	体积＝0.334m³ 模板面积＝5.76m²
6	LB—4(4300)	体积＝0.599m³	体积＝0.599m³ 模板面积＝10.32m²
		三、门	
1	M—1	洞口面积＝26.46m² 框外围面积＝26.46m² 数量＝14 樘 洞口三面长度＝71.4m 洞口宽度＝0.9m 洞口高度＝2.1m	洞口面积＝26.46m² 框外围面积＝26.46m² 数量＝14 樘 洞口三面长度＝71.4m 洞口宽度＝0.9m 洞口高度＝2.1m
2	M—2	洞口面积＝7.56m² 框外围面积＝7.56m² 数量＝4 樘 洞口三面长度＝20.4m 洞口宽度＝0.9m 洞口高度＝2.1m	洞口面积＝7.56m² 框外围面积＝7.56m² 数量＝4 樘 洞口三面长度＝20.4m 洞口宽度＝0.9m 洞口高度＝2.1m
3	M—3	洞口面积＝10.08m² 框外围面积＝10.08m² 数量＝6 樘 洞口三面长度＝30m 洞口宽度＝0.8m 洞口高度＝2.1m	洞口面积＝10.08m² 框外围面积＝10.08m² 数量＝6 樘 洞口三面长度＝30m 洞口宽度＝0.8m 洞口高度＝2.1m
4	M—4	洞口面积＝3m² 框外围面积＝3m² 数量＝4 樘 洞口三面长度＝14m 洞口宽度＝0.5m 洞口高度＝1.5m	洞口面积＝3m² 框外围面积＝3m² 数量＝4 樘 洞口三面长度＝14m 洞口宽度＝0.5m 洞口高度＝1.5m
5	M—5	洞口面积＝5.04m² 框外围面积＝5.04m² 数量＝2 樘 洞口三面长度＝10.8m 洞口宽度＝1.2m 洞口高度＝2.1m	洞口面积＝5.04m² 框外围面积＝5.04m² 数量＝2 樘 洞口三面长度＝10.8m 洞口宽度＝1.2m 洞口高度＝2.1m
		四、窗	
1	C—1	洞口面积＝23.04m² 框外围面积＝23.04m² 数量＝8 樘 洞口三面长度＝40m 洞口宽度＝1.8m 洞口高度＝1.6m	洞口面积＝23.04m² 框外围面积＝23.04m² 数量＝8 樘 洞口三面长度＝40m 洞口宽度＝1.8m 洞口高度＝1.6m

续附表 2

序号	构件名称	清单工程量	定额工程量
2	C—2	洞口面积＝4.8m^2 框外围面积＝4.8m^2 数量＝2 樘 洞口三面长度＝9.4m 洞口宽度＝1.5m 洞口高度＝1.6m	洞口面积＝4.8m^2 框外围面积＝4.8m^2 数量＝2 樘 洞口三面长度＝9.4m 洞口宽度＝1.5m 洞口高度＝1.6m
		五、门联窗	
1	MlC—1	洞口面积＝12.84m^2 框外围面积＝12.84m^2 数量＝4 樘 门洞口面积＝9m^2 门框外围面积＝9m^2 窗洞口面积＝3.84m^2 窗框外围面积＝3.84m^2 洞口三面长度＝26m 洞口宽度＝1.5m 洞口高度＝2.5m 门洞口宽度＝0.9m 窗洞口宽度＝0.6m	洞口面积＝12.84m^2 框外围面积＝12.84m^2 数量＝4 樘 门洞口面积＝9m^2 门框外围面积＝9m^2 窗洞口面积＝3.84m^2 窗框外围面积＝3.84m^2 洞口三面长度＝26m 洞口宽度＝1.5m 洞口高度＝2.5m 门洞口宽度＝0.9m 窗洞口宽度＝0.6m
		六、墙洞	
1	D—1	周长＝9.4m 宽度＝2.3m 高度＝2.4m 洞口面积＝11.04m^2 数量＝2 个	周长＝9.4m 宽度＝2.3m 高度＝2.4m 洞口面积＝11.04m^2 数量＝2 个
2	D—2	周长＝10.2m 宽度＝2.7m 高度＝2.4m 洞口面积＝12.96m^2 数量＝2 个	周长＝10.2m 宽度＝2.7m 高度＝2.4m 洞口面积＝12.96m^2 数量＝2 个
		七、过梁	
1	GLA493	体积＝0.564m^3 数量＝14 个	体积＝0.564m^3 数量＝14 个
2	GL—1	体积＝1.368m^3 数量＝4 个	体积＝1.368m^3 数量＝4 个
3	GLB7182	体积＝1.159m^3 数量＝8 个	体积＝1.159m^3 数量＝8 个
4	GLB7154	体积＝0.504m^3 数量＝4 个	体积＝0.504m^3 数量＝4 个
5	GLB7152	体积＝0.252m^3 数量＝2 个	体积＝0.252m^3 数量＝2 个
6	GLB7122	体积＝0.151m^3 数量＝2 个	体积＝0.151m^3 数量＝2 个

续附表 2

序号	构件名称	清单工程量	定额工程量
		八、阳台	
1	阳台	板面积＝30.952m^2 板体积＝3.714m^3 地面积＝26.558m^2 天棚面积＝26.558m^2 贴墙踢脚面积＝2.199m^2 栏板踢脚面积＝6.087m^2 贴墙墙面面积＝34.828m^2 栏板墙面面积＝24.348m^2 栏板外边线长度＝46.34m 贴墙面长度＝25.06m 栏板内边线长度＝40.58m	板面积＝30.952m^2 板体积＝3.714m^3 地面积＝26.558m^2 天棚面积＝26.558m^2 贴墙踢脚长度＝25.06m 栏板踢脚长度＝40.58m 贴墙墙面面积＝34.828m^2 栏板墙面面积＝24.348m^2 栏板外边线长度＝46.34m 贴墙面长度＝25.06m 栏板内边线长度＝40.58m
		九、柱	
1	GZ－1	高度＝2.8m 周长＝0.96m 体积＝10.595m^3 数量＝50 根	高度＝2.7m 周长＝0.96m 体积＝10.229m^3 模板面积＝65.72m^2 数量＝50 根
2	GZ－2	高度＝2.55m 周长＝0.96m 体积＝1.447m^3 数量＝8 根	高度＝2.55m 周长＝0.96m 体积＝1.447m^3 模板面积＝14.472m^2 数量＝8 根
		十、梁	
1	L－1	体积＝0.872m^3 体积长度＝9.08m 轴线长度＝8.6m	体积＝0.648m^3 模板面积＝7.387m^2 脚手架面积＝25.424m^2 体积长度＝9.08m 轴线长度＝8.6m
2	L－2	体积＝0.288m^3 体积长度＝4.8m 轴线长度＝4.8m	体积＝0.179m^3 模板面积＝2.458m^2 脚手架面积＝13.44m^2 体积长度＝4.8m 轴线长度＝4.8m
3	L－3	体积＝0.347m^3 体积长度＝5.78m 轴线长度＝5.3m	体积＝0.214m^3 模板面积＝2.886m^2 脚手架面积＝16.184m^2 体积长度＝5.78m 轴线长度＝5.3m
4	QL	体积＝10.465m^3 体积长度＝165.4m 轴线长度＝226.52m	体积＝6.321m^3 模板面积＝60.348m^2 体积长度＝165.4m 轴线长度＝226.52m
		十一、板	
1	B－1(100 厚)	体积＝25.86m^3	体积＝29.774m^3 模板面积＝258.601m^2
2	B－2(110 厚)	体积＝3.653m^3	体积＝4.105m^3 模板面积＝36.533m^2

续附表 2

序号	构件名称	清单工程量	定额工程量
十二、楼梯			
1	LT－1	投影面积＝11.69m^2 底部面积＝16.683m^2 体积＝3.161m^3 踏步立面面积＝13.132m^2 踏步平面面积＝11.69m^2	投影面积＝11.69m^2 底部面积＝16.683m^2 体积＝3.161m^3 踏步立面面积＝13.132m^2 踏步平面面积＝11.69m^2
2	PT－1	投影面积＝6.488m^2 底部面积＝6.488m^2 体积＝0.519m^3	投影面积＝6.488m^2 底部面积＝6.488m^2 体积＝0.519m^3
十三、房间			
1	厨房－1	地面积＝37.291m^2 块料地面积＝37.291m^2 顶棚抹灰面积＝38.662m^2 踢脚抹灰面积＝5.733m^2 踢脚块料面积＝5.733m^2 墙裙抹灰面积＝32.742m^2 墙裙块料面积＝28.665m^2 墙面抹灰面积＝63.444m^2 墙面块料面积＝67.96m^2 门窗侧壁面积＝6.814m^2 砖墙面抹灰面积＝63.444m^2 砖墙裙抹灰面积＝32.742m^2 房间周长＝50.92m	地面积＝37.291m^2 块料地面积＝38.281m^2 顶棚抹灰面积＝38.662m^2 顶棚装饰面积＝37.291m^2 踢脚抹灰长度＝41.78m 踢脚块料长度＝38.22m 墙裙抹灰面积＝32.742m^2 墙裙块料面积＝28.665m^2 墙面抹灰面积＝63.444m^2 墙面块料面积＝67.96m^2 门窗侧壁面积＝6.814m^2 砖墙面抹灰面积＝63.444m^2 砖墙裙抹灰面积＝32.742m^2 房间周长＝50.92m
2	房间－1	地面积＝249.355m^2 块料地面积＝249.355m^2 顶棚抹灰面积＝255.598m^2 踢脚抹灰面积＝33.397m^2 踢脚块料面积＝33.397m^2 墙裙抹灰面积＝194.955m^2 墙裙块料面积＝166.985m^2 墙面抹灰面积＝375.249m^2 墙面块料面积＝399.437m^2 柱墙裙抹灰面积＝3.097m^2 柱墙面抹灰面积＝6.193m^2 梁抹灰面积＝4.283m^2 门窗侧壁面积＝26.466m^2 柱墙裙块料面积＝2.58m^2 柱墙面块料面积＝6.193m^2 砖墙面抹灰面积＝374.385m^2 砖墙裙抹灰面积＝194.523m^2 房间周长＝265.64m	地面积＝249.355m^2 块料地面积＝254.104m^2 顶棚抹灰面积＝255.598m^2 顶棚装饰面积＝249.355m^2 踢脚抹灰长度＝253.675m 踢脚块料长度＝222.646m 墙裙抹灰面积＝191.858m^2 墙裙块料面积＝164.404m^2 墙面抹灰面积＝366.267m^2 墙面块料面积＝390.455m^2 柱墙裙抹灰面积＝3.097m^2 柱墙面抹灰面积＝6.193m^2 梁抹灰面积＝4.283m^2 门窗侧壁面积＝26.466m^2 柱墙裙块料面积＝2.58m^2 柱墙面块料面积＝6.193m^2 砖墙面抹灰面积＝365.403m^2 砖墙裙抹灰面积＝191.426m^2 房间周长＝265.64m

续附表 2

序号	构件名称	清单工程量	定额工程量
3	楼梯间—1	地面积＝17.809m^2 块料地面积＝17.809m^2 顶棚抹灰面积＝17.809m^2 踢脚抹灰面积＝3.896m^2 踢脚块料面积＝3.896m^2 墙裙抹灰面积＝21.767m^2 墙裙块料面积＝19.481m^2 墙面抹灰面积＝48.68m^2 墙面块料面积＝51.745m^2 柱墙裙抹灰面积＝0.351m^2 柱墙面抹灰面积＝0.741m^2 梁抹灰面积＝0.605m^2 门窗侧壁面积＝6.934m^2 柱墙裙块料面积＝0.293m^2 柱墙面块料面积＝0.741m^2 砖墙面抹灰面积＝48.395m^2 砖墙裙抹灰面积＝21.632m^2 房间周长＝44.85m	地面积＝17.809m^2 块料地面积＝19.107m^2 顶棚抹灰面积＝17.809m^2 顶棚装饰面积＝17.809m^2 踢脚抹灰长度＝37.585m 踢脚块料长度＝25.975m 墙裙抹灰面积＝21.416m^2 墙裙块料面积＝19.189m^2 墙面抹灰面积＝47.478m^2 墙面块料面积＝50.543m^2 柱墙裙抹灰面积＝0.351m^2 柱墙面抹灰面积＝0.741m^2 梁抹灰面积＝0.605m^2 门窗侧壁面积＝6.934m^2 柱墙裙块料面积＝0.293m^2 柱墙面块料面积＝0.741m^2 砖墙面抹灰面积＝47.193m^2 砖墙裙抹灰面积＝21.281m^2 房间周长＝44.85m
4	卫生间—1	地面积＝21.543m^2 块料地面积＝21.543m^2 顶棚抹灰面积＝21.543m^2 踢脚抹灰面积＝5.307m^2 踢脚块料面积＝5.307m^2 墙裙抹灰面积＝31.734m^2 墙裙块料面积＝26.535m^2 墙面抹灰面积＝65.388m^2 墙面块料面积＝65.58m^2 柱墙裙抹灰面积＝1.242m^2 柱墙面抹灰面积＝2.484m^2 梁抹灰面积＝3.87m^2 门窗侧壁面积＝0.9m^2 柱墙裙块料面积＝1.035m^2 柱墙面块料面积＝2.484m^2 砖墙面抹灰面积＝65.388m^2 砖墙裙抹灰面积＝31.734m^2 房间周长＝38.16m	地面积＝21.543m^2 块料地面积＝21.628m^2 顶棚抹灰面积＝21.543m^2 顶棚装饰面积＝21.543m^2 踢脚抹灰长度＝38.16m 踢脚块料长度＝35.38m 墙裙抹灰面积＝30.492m^2 墙裙块料面积＝25.5m^2 墙面抹灰面积＝60.384m^2 墙面块料面积＝60.576m^2 柱墙裙抹灰面积＝1.242m^2 柱墙面抹灰面积＝2.484m^2 梁抹灰面积＝3.87m^2 门窗侧壁面积＝0.9m^2 柱墙裙块料面积＝1.035m^2 柱墙面块料面积＝2.484m^2 砖墙面抹灰面积＝60.384m^2 砖墙裙抹灰面积＝30.492m^2 房间周长＝38.16m
		十四、单墙面装修	
1	WQMZX—1	墙裙抹灰面积＝72.616m^2 墙裙块料面积＝73.404m^2 墙面抹灰面积＝152.504m^2 墙面块料面积＝177.604m^2	墙裙抹灰面积＝73.404m^2 墙裙块料面积＝73.404m^2 墙面抹灰面积＝177.604m^2 墙面块料面积＝177.604m^2

续附表 2

序号	构件名称	清单工程量	定额工程量
		十五、台阶	
1	一步台阶	面积＝2.52m^2	面积＝2.52m^2
2	楼梯台阶	面积＝1.296m^2	面积＝1.296m^2
		十六、散水	
1	SS−1	面积＝67.432m^2 贴墙长度＝84.24m 外围长度＝90.64m	面积＝67.432m^2 贴墙长度＝84.24m 外围长度＝90.64m
		十七、平整场地	
1	PZCD－1	面积＝393.68m^2	面积＝393.68m^2 外放 2m 的面积＝578.16m^2
		十八、建筑面积	
1	JZMJ－1	面积＝393.68m^2 周长＝84.24m	面积＝393.68m^2 周长＝84.24m

附表 3　基础层构件定额与清单工程量对比表

基础层构件定额与清单工程量对比表　　附表 3

序号	构件名称	清单工程量	定额工程量
		一、墙	
1	240mm 内墙	体积＝0.33m^3	体积＝0.33m^3
2	430mm 外墙	体积＝0.172m^3	体积＝0.172m^3
3	90mm 厚内墙	体积＝1.675m^3	体积＝1.675m^3
		二、柱	
1	GZ－1	高度＝0.52m 周长＝0.96m 体积＝1.809m^3 数量＝45 根	高度＝0.52m 周长＝0.96m 体积＝1.809m^3 模板面积＝10.921m^2 数量＝45 根
2	GZ－2	高度＝0.6m 周长＝0.96m 体积＝0.346m^3 数量＝8 根	高度＝0.6m 周长＝0.96m 体积＝0.346m^3 模板面积＝3.456m^2 数量＝8 根
		三、梁	
1	承台梁－1－1	体积＝12.187m^3 体积长度＝174.6m 轴线长度＝194.78m	体积＝12.187m^3 模板面积＝55.503m^2 体积长度＝174.6m 轴线长度＝194.78m
2	承台梁－1－2	体积＝1.314m^3 体积长度＝29.2m 轴线长度＝26.5m	体积＝1.314m^3 模板面积＝5.66m^2 体积长度＝29.2m 轴线长度＝26.5m

续附表 3

序号	构件名称	清单工程量	定额工程量
3	承台梁—1—3	体积长度=5.4m 轴线长度=5.4m	模板面积=0.62m^2 体积长度=5.4m 轴线长度=5.4m
		四、条基垫层	
1	90mm 厚墙基础	数量=12 个	数量=12 个
1.13	90mm 厚墙基础—2	体积=2.901m^3 体积长度=25.32m	体积=2.901m^3 模板面积=10.406m^2 体积长度=25.32m
2	430mm 厚基础	数量=22 个	数量=22 个
2.23	430mm 厚基础—2	体积=19.425m^3 体积长度=76.36m	体积=19.425m^3 模板面积=78.516m^2 体积长度=76.36m
2.24	430mm 厚基础—3	体积=26.114m^3 体积长度=76.36m	体积=26.114m^3 模板面积=62.952m^2 体积长度=76.36m
3	240mm 厚基础	数量=38 个	数量=38 个
3.39	240mm 厚基础—1	体积=27.027m^3 体积长度=120.16m	体积=27.027m^3 模板面积=114.441m^2 体积长度=120.16m
3.40	240mm 厚基础—2	体积=32.646m^3 体积长度=109.79m	体积=32.646m^3 模板面积=85.965m^2 体积长度=109.79m
4	430mm 厚基础—1	数量=2 个	数量=2 个
4.3	430mm 厚基础—1—1	体积=1.737m^3 体积长度=5.4m	体积=1.737m^3 模板面积=6.745m^2 体积长度=5.4m
4.4	430mm 厚基础—1—2	体积=0.878m^3 体积长度=5.4m	体积=0.878m^3 模板面积=1.532m^2 体积长度=5.4m
		五、桩	
1	ZJ—1	长度=9.0m 数量=118 根 桩基体积=98.766m^3 土方体积=98.766m^3	长度=9.0m 数量=118 根 桩基体积=98.766m^3 土方体积=98.766m^3
		六、地沟	
1	DG—1	长度=28.24m 盖板体积=3.011m^3 侧壁体积=28.321m^3 底板体积=5.479m^3	长度=28.24m 盖板体积=3.011m^3 侧壁体积=28.321m^3 底板体积=5.479m^3

续附表 3

序号	构件名称	清单工程量	定额工程量
七、基槽土方			
1	90mm 厚墙基础—JC	底面积=17.046m^2 顶面积=17.046m^2 土方体积=8.523m^3	底面积=27.262m^2 顶面积=27.262m^2 土方体积=13.631m^3 挡土板面积=22.8m^2
2	430mm 厚基础—JC	底面积=65.552m^2 顶面积=65.552m^2 土方体积=32.776m^3	底面积=111.824m^2 顶面积=111.824m^2 土方体积=55.912m^3 挡土板面积=65.52m^2
3	240mm 厚基础—JC	底面积=94.367m^2 顶面积=94.367m^2 土方体积=47.184m^3	底面积=150.053m^2 顶面积=150.053m^2 土方体积=75.027m^3 挡土板面积=105.595m^2
4	430mm 厚基础—1—JC—1	底面积=4.59m^2 顶面积=4.59m^2 土方体积=1.572m^3	底面积=7.83m^2 顶面积=7.83m^2 土方体积=1.813m^3 挡土板面积=3.95m^2

附表 4 楼层构件钢筋类型级别汇总表

楼层构件钢筋类型级别汇总表 附表 4

构件类型	钢筋总重（kg）	一级钢							二级钢				
		4	6	8	10	12	14	18	12	14	16	18	20
构造柱	4673.83		1008.62	231.38			1169.27	272.18		1641.03		351.35	
过梁	166.44		55.03			111.41							
梁	7520.81			2185.42		856.67					145.84	3974.05	358.83
圈梁	5257.09			1394.75		3862.35							
板	9644.43		628.31	6790.78	2225.34								
桩	8732.35		1804.06								6928.29		
其他	3720.79	20.49	863.83	1104.23	150.44	70.49			142.05		292.72	241.99	834.55
合计	39715.74	20.49	4359.85	11706.56	2375.78	4900.92	1169.27	272.18	142.05	1641.03	7366.85	4567.39	1193.38

附表 5　首层构件清单工程量计算书

首层构件清单工程量计算书　　附表 5

序号	构件名称/位置	工程量计算式
		一、墙
1	120mm 楼梯下	体积＝1.417m^3
1.1	＜4,E－1650＞,＜6,E－1650＞	体积＝(2.46＜长度＞×2.8＜高度＞－3.78＜门窗＞)×0.115＜厚度＞＝0.358m^3
1.2	＜10,E－1650＞,＜12,E－1650＞	同上
1.3	＜5＋100,E－1650＞,＜5＋100,D＞	体积＝2.493＜长度＞×1.253＜高度＞×0.115＜厚度＞＝0.359m^3
1.4	＜11－200,D＞,＜11－200,E－1650＞	体积＝2.493＜长度＞×1.197＜高度＞×0.115＜厚度＞＝0.343m^3
2	240mm 厚内墙	体积＝60.175m^3
2.1	＜1,D＞,＜2,D＞	体积＝2.58＜长度＞×2.8＜高度＞×0.24＜厚度＞－0.081＜柱＞－0.039＜马牙槎＞－0.142＜梁＞＝1.473m^3
2.2	＜7,D＞,＜9,D＞	体积＝(6.6＜长度＞×2.8＜高度＞－3.78＜门窗＞)×0.24＜厚度＞－0.08＜过梁＞－0.644＜柱＞－0.154＜马牙槎＞－0.324＜梁＞＝2.322m^3
2.3	＜14,D＞,＜15,D＞	体积＝2.58＜长度＞×2.8＜高度＞×0.24＜厚度＞－0.081＜柱＞－0.039＜马牙槎＞－0.142＜梁＞＝1.473m^3
2.4	＜1,B＞,＜5,B＞	体积＝(6.31＜长度＞×2.8＜高度＞－3.78＜门窗＞)×0.24＜厚度＞－0.08＜过梁＞－0.323＜柱＞－0.12＜马牙槎＞－0.335＜梁＞＝2.473m^3
2.5	＜7,B＞,＜9,B＞	体积＝(6.6＜长度＞×2.8＜高度＞－3.78＜门窗＞)×0.24＜厚度＞－0.08＜过梁＞－0.644＜柱＞－0.154＜马牙槎＞－0.324＜梁＞＝2.322m^3
2.6	＜11,B＞,＜15,B＞	体积＝(6.31＜长度＞×2.8＜高度＞－3.78＜门窗＞)×0.24＜厚度＞－0.08＜过梁＞－0.323＜柱＞－0.12＜马牙槎＞－0.335＜梁＞＝2.473m^3
2.7	＜2,E＞,＜2,D＞	体积＝(4.08＜长度＞×2.8＜高度＞－1.89＜门窗＞)×0.24＜厚度＞－0.04＜过梁＞－0.081＜柱＞－0.039＜马牙槎＞－0.228＜梁＞＝1.901m^3
2.8	＜3,B＞,＜3,A＞	体积＝4.64＜长度＞×2.8＜高度＞×0.24＜厚度＞－0.04＜马牙槎＞－0.267＜梁＞＝2.81m^3
2.9	＜5,C＞,＜5,A＞	体积＝7.86＜长度＞×2.8＜高度＞×0.24＜厚度＞－0.242＜柱＞－0.08＜马牙槎＞－0.432＜梁＞＝4.527m^3
2.10	＜5,C＞,＜6,C＞	体积＝1.5＜长度＞×2.8＜高度＞×0.24＜厚度＞－0.161＜柱＞－0.04＜马牙槎＞－0.073＜梁＞＝0.734m^3
2.11	＜6,C＞,＜6,E＞	体积＝(5.28＜长度＞×2.8＜高度＞－1.89＜门窗＞)×0.24＜厚度＞－0.04＜过梁＞－0.242＜柱＞－0.077＜马牙槎＞－0.283＜梁＞＝2.452m^3

续附表5

序号	构件名称/位置	工程量计算式
2.12	＜4,E＞,＜4,C＞	体积＝(5.325＜长度＞×2.8＜高度＞－1.89＜门窗＞)×0.24＜厚度＞－0.04＜过梁＞－0.273＜柱＞－0.077＜马牙槎＞－0.283＜梁＞＝2.452m^3
2.13	＜7,E＞,＜7,D＞	体积＝4.08＜长度＞×2.8＜高度＞×0.24＜厚度＞－0.081＜柱＞－0.037＜马牙槎＞－0.228＜梁＞＝2.396m^3
2.14	＜9,E＞,＜9,D＞	体积＝4.08＜长度＞×2.8＜高度＞×0.24＜厚度＞－0.081＜柱＞－0.037＜马牙槎＞－0.228＜梁＞＝2.396m^3
2.15	＜8,E＞,＜8,A＞	体积＝12.66＜长度＞×2.8＜高度＞×0.24＜厚度＞－0.16＜马牙槎＞－0.715＜梁＞－0.162＜柱＞＝7.47m^3
2.16	＜7,B＞,＜7,A＞	体积＝4.76＜长度＞×2.8＜高度＞×0.24＜厚度＞－0.081＜柱＞－0.037＜马牙槎＞－0.267＜梁＞＝2.813m^3
2.17	＜9,B＞,＜9,A＞	体积＝4.76＜长度＞×2.8＜高度＞×0.24＜厚度＞－0.081＜柱＞－0.037＜马牙槎＞－0.267＜梁＞＝2.813m^3
2.18	＜11,C＞,＜11,A＞	体积＝7.86＜长度＞×2.8＜高度＞×0.24＜厚度＞－0.242＜柱＞－0.08＜马牙槎＞－0.432＜梁＞＝4.527m^3
2.19	＜12,C＞,＜12,E＞	体积＝(5.325＜长度＞×2.8＜高度＞－1.89＜门窗＞)×0.24＜厚度＞－0.04＜过梁＞－0.273＜柱＞－0.077＜马牙槎＞－0.283＜梁＞＝2.452m^3
2.20	＜14,E＞,＜14,D＞	体积＝(4.08＜长度＞×2.8＜高度＞－1.89＜门窗＞)×0.24＜厚度＞－0.04＜过梁＞－0.081＜柱＞－0.039＜马牙槎＞－0.228＜梁＞＝1.901m^3
2.21	＜10,E＞,＜10,C＞	体积＝(5.28＜长度＞×2.8＜高度＞－1.89＜门窗＞)×0.24＜厚度＞－0.04＜过梁＞－0.242＜柱＞－0.077＜马牙槎＞－0.283＜梁＞＝2.452m^3
2.22	＜10,C＞,＜11,C＞	体积＝1.5＜长度＞×2.8＜高度＞×0.24＜厚度＞－0.161＜柱＞－0.04＜马牙槎＞－0.073＜梁＞＝0.734m^3
2.23	＜13,B＞,＜13,A＞	体积＝4.64＜长度＞×2.8＜高度＞×0.24＜厚度＞－0.04＜马牙槎＞－0.267＜梁＞＝2.81m^3
3	430mm厚外墙	体积＝57.596m^3
3.1	＜1,E＞,＜2,E＞	体积＝(2.795＜长度＞×2.8＜高度＞－2.4＜门窗＞)×0.43＜厚度＞－0.052＜过梁＞－0.225＜柱＞－0.04＜马牙槎＞－0.15＜梁＞＝1.866m^3
3.2	＜15,E＞,＜15,D＞	体积＝4.295＜长度＞×2.8＜高度＞×0.43＜厚度＞－0.225＜柱＞－0.04＜马牙槎＞－0.237＜梁＞＝4.669m^3
3.3	＜15,A＞,＜13,A＞	体积＝(3.345＜长度＞×2.8＜高度＞－2.88＜门窗＞)×0.43＜厚度＞－0.059＜过梁＞－0.225＜柱＞－0.04＜马牙槎＞－0.182＜梁＞＝2.282m^3
3.4	＜1,A＞,＜1,B＞	体积＝4.975＜长度＞×2.8＜高度＞×0.43＜厚度＞－0.225＜柱＞－0.04＜马牙槎＞－0.276＜梁＞＝5.449m^3
3.5	＜1,D＞,＜1,E＞	体积＝4.295＜长度＞×2.8＜高度＞×0.43＜厚度＞－0.225＜柱＞－0.04＜马牙槎＞－0.237＜梁＞＝4.669m^3

续附表 5

序号	构件名称/位置	工程量计算式
3.6	＜1,B＞,＜1,D＞	体积＝(4.3＜长度＞×2.8＜高度＞－5.52＜墙洞＞)×0.43＜厚度＞－0.171＜过梁＞－0.161＜柱＞－0.04＜马牙槎＞－0.24＜梁＞＝2.191m^3
3.7	＜3,A＞,＜1,A＞	体积＝(3.345＜长度＞×2.8＜高度＞－2.88＜门窗＞)×0.43＜厚度＞－0.059＜过梁＞－0.225＜柱＞－0.04＜马牙槎＞－0.182＜梁＞＝2.282m^3
3.8	＜5,A＞,＜3,A＞	体积＝(3.3＜长度＞×2.8＜高度＞－2.88＜门窗＞)×0.43＜厚度＞－0.059＜过梁＞－0.161＜柱＞－0.04＜马牙槎＞－0.182＜梁＞＝2.291m^3
3.9	＜7,A＞,＜5,A＞	体积＝(3.9＜长度＞×2.8＜高度＞－6.48＜墙洞＞)×0.43＜厚度＞－0.196＜过梁＞－0.316＜柱＞－0.109＜马牙槎＞－0.21＜梁＞＝1.079m^3
3.10	＜8,A＞,＜7,A＞	体积＝(3.3＜长度＞×2.8＜高度＞－2.88＜门窗＞)×0.43＜厚度＞－0.059＜过梁＞－0.161＜柱＞－0.04＜马牙槎＞－0.182＜梁＞＝2.291m^3
3.11	＜9,A＞,＜8,A＞	体积＝(3.3＜长度＞×2.8＜高度＞－2.88＜门窗＞)×0.43＜厚度＞－0.059＜过梁＞－0.161＜柱＞－0.04＜马牙槎＞－0.182＜梁＞＝2.291m^3
3.12	＜11,A＞,＜9,A＞	体积＝(3.9＜长度＞×2.8＜高度＞－6.48＜墙洞＞)×0.43＜厚度＞－0.196＜过梁＞－0.161＜柱＞－0.04＜马牙槎＞－0.217＜梁＞＝1.295m^3
3.13	＜15,B＞,＜15,A＞	体积＝4.975＜长度＞×2.8＜高度＞×0.43＜厚度＞－0.225＜柱＞－0.04＜马牙槎＞－0.276＜梁＞＝5.449m^3
3.14	＜15,D＞,＜15,B＞	体积＝(4.3＜长度＞×2.8＜高度＞－5.52＜墙洞＞)×0.43＜厚度＞－0.171＜过梁＞－0.161＜柱＞－0.04＜马牙槎＞－0.24＜梁＞＝2.191m^3
3.15	＜14,E＞,＜15,E＞	体积＝(2.795＜长度＞×2.8＜高度＞－2.4＜门窗＞)×0.43＜厚度＞－0.052＜过梁＞－0.225＜柱＞－0.04＜马牙槎＞－0.15＜梁＞＝1.866m^3
3.16	＜12,E＞,＜14,E＞	体积＝(2.65＜长度＞×2.8＜高度＞－3.21＜门窗＞)×0.43＜厚度＞－0.052＜过梁＞－0.161＜柱＞－0.04＜马牙槎＞－0.145＜梁＞＝1.412m^3
3.17	＜10,E＞,＜10＋400,E＞	体积＝0.4＜长度＞×2.8＜高度＞×0.43＜厚度＞－0.081＜柱＞－0.02＜马牙槎＞－0.019＜梁＞＝0.362m^3
3.18	＜9,E＞,＜10,E＞	体积＝(2.4＜长度＞×2.8＜高度＞－3.21＜门窗＞)×0.43＜厚度＞－0.052＜过梁＞－0.161＜柱＞－0.04＜马牙槎＞－0.131＜梁＞＝1.126m^3
3.19	＜8,E＞,＜9,E＞	体积＝(3.3＜长度＞×2.8＜高度＞－2.88＜门窗＞)×0.43＜厚度＞－0.059＜过梁＞－0.161＜柱＞－0.04＜马牙槎＞－0.182＜梁＞＝2.291m^3
3.20	＜7,E＞,＜8,E＞	体积＝(3.3＜长度＞×2.8＜高度＞－2.88＜门窗＞)×0.43＜厚度＞－0.059＜过梁＞－0.161＜柱＞－0.04＜马牙槎＞－0.182＜梁＞＝2.291m^3

续附表 5

序号	构件名称/位置	工程量计算式
3.21	＜6,E＞,＜7,E＞	体积＝(2.4＜长度＞×2.8＜高度＞－3.21＜门窗＞)×0.43＜厚度＞－0.052＜过梁＞－0.161＜柱＞－0.04＜马牙槎＞－0.131＜梁＞＝1.126m^3
3.22	＜4,E＞,＜4＋400,E＞	体积＝0.4＜长度＞×2.8＜高度＞×0.43＜厚度＞－0.081＜柱＞－0.02＜马牙槎＞－0.019＜梁＞＝0.362m^3
3.23	＜2,E＞,＜4,E＞	体积＝(2.65＜长度＞×2.8＜高度＞－3.21＜门窗＞)×0.43＜厚度＞－0.052＜过梁＞－0.161＜柱＞－0.04＜马牙槎＞－0.145＜梁＞＝1.412m^3
3.24	＜13,A＞,＜11,A＞	体积＝(3.3＜长度＞×2.8＜高度＞－2.88＜门窗＞)×0.43＜厚度＞－0.059＜过梁＞－0.161＜柱＞－0.04＜马牙槎＞－0.182＜梁＞＝2.291m^3
3.25	＜6－400,E＞,＜6,E＞	体积＝0.4＜长度＞×2.8＜高度＞×0.43＜厚度＞－0.081＜柱＞－0.02＜马牙槎＞－0.019＜梁＞＝0.362m^3
3.26	＜4＋400,E＞,＜6－400,E＞	体积＝(1.9＜长度＞×2.8＜高度＞－2.52＜门窗＞)×0.43＜厚度＞－0.075＜过梁＞－0.109＜梁＞＝1.019m^3
3.27	＜12－400,E＞,＜12,E＞	体积＝0.4＜长度＞×2.8＜高度＞×0.43＜厚度＞－0.081＜柱＞－0.02＜马牙槎＞－0.019＜梁＞＝0.362m^3
3.28	＜10＋400,E＞,＜12－400,E＞	体积＝(1.9＜长度＞×2.8＜高度＞－2.52＜门窗＞)×0.43＜厚度＞－0.075＜过梁＞－0.109＜梁＞＝1.019m^3
4	60mm 厚内墙	体积＝0.351m^3
4.1	＜4＋400,E－700＞,＜4,E－700＞	体积＝0.28＜长度＞×2.8＜高度＞×0.06＜厚度＞×0.883＜折算系数＞＝0.042m^3
4.2	＜6,E－700＞,＜6－400,E－700＞	体积＝0.28＜长度＞×2.8＜高度＞×0.06＜厚度＞×0.883＜折算系数＞＝0.042m^3
4.3	＜12－400,E－700＞,＜12,E－700＞	体积＝0.28＜长度＞×2.8＜高度＞×0.06＜厚度＞×0.883＜折算系数＞＝0.042m^3
4.4	＜10,E－700＞,＜10＋400,E－700＞	体积＝0.28＜长度＞×2.8＜高度＞×0.06＜厚度＞×0.883＜折算系数＞＝0.042m^3
4.5	＜4＋400,E－700＞,＜4＋400,E＞	体积＝(0.58＜长度＞×2.8＜高度＞－0.75＜门窗＞)×0.06＜厚度＞×0.883＜折算系数＞＝0.046m^3
4.6	＜10＋400,E－700＞,＜10＋400,E＞	体积＝(0.58＜长度＞×2.8＜高度＞－0.75＜门窗＞)×0.06＜厚度＞×0.883＜折算系数＞＝0.046m^3
4.7	＜6－400,E－700＞,＜6－400,E＞	体积＝(0.58＜长度＞×2.8＜高度＞－0.75＜门窗＞)×0.06＜厚度＞×0.883＜折算系数＞＝0.046m^3
4.8	＜12－400,E－700＞,＜12－400,E＞	体积＝(0.58＜长度＞×2.8＜高度＞－0.75＜门窗＞)×0.06＜厚度＞×0.883＜折算系数＞＝0.046m^3
5	90mm 厚内墙	体积＝3.501m^3
5.1	＜11,C＞,＜12＋800,C＞	体积＝1.64＜长度＞×2.8＜高度＞×0.09＜厚度＞－0.03＜马牙槎＞－0.033＜梁＞－0.03＜柱＞＝0.32m^3
5.2	＜9－1300,B＞,＜9－1300,D＞	体积＝(4.06＜长度＞×2.8＜高度＞－3.36＜门窗＞)×0.09＜厚度＞－0.06＜柱＞－0.03＜马牙槎＞－0.083＜梁＞＝0.548m^3

续附表 5

序号	构件名称/位置	工程量计算式
5.3	＜7＋1300，B＞，＜7＋1300，D＞	体积＝(4.06＜长度＞×2.8＜高度＞－3.36＜门窗＞)×0.09＜厚度＞－0.06＜柱＞－0.03＜马牙槎＞－0.083＜梁＞＝0.548m^3
5.4	＜4－800，B＞，＜4－800，C＞	体积＝(2.98＜长度＞×2.8＜高度＞－1.68＜门窗＞)×0.09＜厚度＞－0.03＜柱＞－0.015＜马牙槎＞－0.062＜梁＞＝0.493m^3
5.5	＜7＋1300，C＞，＜9－1300，C＞	体积＝3.67＜长度＞×2.8＜高度＞×0.09＜厚度＞－0.038＜柱＞－0.03＜马牙槎＞－0.076＜梁＞＝0.78m^3
5.6	＜4－800，C＞，＜5，C＞	体积＝1.64＜长度＞×2.8＜高度＞×0.09＜厚度＞－0.03＜柱＞－0.03＜马牙槎＞－0.033＜梁＞＝0.32m^3
5.7	＜12＋800，B＞，＜12＋800，C＞	体积＝(2.98＜长度＞×2.8＜高度＞－1.68＜门窗＞)×0.09＜厚度＞－0.03＜柱＞－0.015＜马牙槎＞－0.062＜梁＞＝0.493m^3
	二、栏板	
1	LB－1(2650)	体积＝0.369m^3
1.1	＜2，E＋1370＞，＜4，E＋1370＞	体积＝0.07＜截面面积＞×2.65＜中心线长度＞＝0.184m^3
1.2	＜12，E＋1370＞，＜14，E＋1370＞	同上
2	LB－2(900)	体积＝0.59m^3 伸入墙内长度＝2.48m
2.1	＜2，E＞，＜2，E＋1370＞	体积＝0.07＜截面面积＞×1.06＜中心线长度＞＝0.074m^3 伸入墙内长度＝0.31m
2.2	＜4，E＋1370＞，＜4，E＞	同上，略
2.3	＜6，E＞，＜6，E＋1370＞	
2.4	＜12，E＞，＜12，E＋1370＞	
2.5	＜14，E＋1370＞，＜14，E＞	
2.6	＜7，E＞，＜7，E＋1370＞	
2.7	＜9，E＞，＜9，E＋1370＞	
2.8	＜10，E＞，＜10，E＋1370＞	
3	LB－3(2400)	体积＝0.334m^3
3.1	＜6，E＋1370＞，＜7，E＋1370＞	体积＝0.07＜截面面积＞×2.4＜中心线长度＞＝0.167m^3
3.2	＜9，E＋1370＞，＜10，E＋1370＞	体积＝0.07＜截面面积＞×2.4＜中心线长度＞＝0.167m^3
4	LB－4(4300)	体积＝0.599m^3
4.1	＜1－1370，B＞，＜1－1370，D＞	体积＝0.07＜截面面积＞×4.3＜中心线长度＞＝0.299m^3
4.2	＜15＋1370，D＞，＜15＋1370，B＞	体积＝0.07＜截面面积＞×4.3＜中心线长度＞＝0.299m^3
5	LB－5(900)	体积＝0.59m^3 伸入墙内长度＝2.48m

续附表 5

序号	构件名称/位置	工程量计算式
5.1	＜5,A＞,＜5,A－1370＞	体积＝0.07＜截面面积＞×1.06＜中心线长度＞＝0.074m^3 伸入墙内长度＝0.31m
5.2	＜7,A－1370＞,＜7,A＞	同上,略
5.3	＜9,A＞,＜9,A－1370＞	
5.4	＜11,A－1370＞,＜11,A＞	
5.5	＜1,B＞,＜1－1370,B＞	
5.6	＜1－1370,D＞,＜1,D＞	
5.7	＜15,D＞,＜15＋1370,D＞	
5.8	＜15＋1370,B＞,＜15,B＞	
6	LB－6(3900)	体积＝0.543m^3
6.1	＜5,A－1370＞,＜7,A－1370＞	体积＝0.07＜截面面积＞×3.9＜中心线长度＞＝0.271m^3
6.2	＜9,A－1370＞,＜11,A－1370＞	体积＝0.07＜截面面积＞×3.9＜中心线长度＞＝0.271m^3
	三、门	
1	M－1	洞口面积＝26.46m^2 框外围面积＝26.46m^2 数量＝14 樘 洞口三面长度＝71.4m 洞口宽度＝0.9m 洞口高度＝2.1m
1.1	M－1(1)/＜2－274,B＞	洞口面积＝1.89m^2 框外围面积＝1.89m^2 数量＝1 樘 洞口三面长度＝5.1m 洞口宽度＝0.9m 洞口高度＝2.1m
1.2	M－1(2)/＜3＋763,B＞	同上,略
1.3	M－1(3)/＜7＋683,B＞	
1.4	M－1(4)/＜9－555,B＞	
1.5	M－1(5)/＜13－592,B＞	
1.6	M－1(6)/＜14＋231,B＞	
1.7	M－1(7)/＜14,D＋727＞	
1.8	M－1(8)/＜9－641,D＞	
1.9	M－1(9)/＜7＋683,D＞	
1.10	M－1(10)/＜2,D＋770＞	
1.11	M－1(27)/＜5－537,E－1650＞	
1.12	M－1(28)/＜6－697,E－1650＞	
1.13	M－1(29)/＜10＋654,E－1650＞	
1.14	M－1(30)/＜11＋537,E－1650＞	

续附表 5

序号	构件名称/位置	工程量计算式
2	M－2	洞口面积＝7.56m^2 框外围面积＝7.56m^2 数量＝4 樘 洞口三面长度＝20.4m 洞口宽度＝0.9m 洞口高度＝2.1m
2.1	M－2(11)/＜4,D－517＞	洞口面积＝1.89m^2 框外围面积＝1.89m^2 数量＝1 樘 洞口三面长度＝5.1m 洞口宽度＝0.9m 洞口高度＝2.1m
2.2	M－2(12)/＜6,D－517＞	同上，略
2.3	M－2(13)/＜10,D－560＞	
2.4	M－2(14)/＜12,D－560＞	
3	M－3	洞口面积＝10.08m^2 框外围面积＝10.08m^2 数量＝6 樘 洞口三面长度＝30m 洞口宽度＝0.8m 洞口高度＝2.1m
3.1	M－3(15)/＜4－800,C－1504＞	洞口面积＝1.68m^2 框外围面积＝1.68m^2 数量＝1 樘 洞口三面长度＝5m 洞口宽度＝0.8m 洞口高度＝2.1m
3.2	M－3(16)/＜7＋1300,B＋1467＞	同上，略
3.3	M－3(17)/＜9－1300,B＋1467＞	
3.4	M－3(18)/＜12＋800,C－1547＞	
3.5	M－3(19)/＜9－1300,C＋554＞	
3.6	M－3(20)/＜7＋1300,C＋554＞	
4	M－4	洞口面积＝3m^2 框外围面积＝3m^2 数量＝4 樘 洞口三面长度＝14m 洞口宽度＝0.5m 洞口高度＝1.5m
4.1	M－4(21)/＜4＋400,E－427＞	洞口面积＝0.75m^2 框外围面积＝0.75m^2 数量＝1 樘 洞口三面长度＝3.5m 洞口宽度＝0.5m 洞口高度＝1.5m

续附表 5

序号	构件名称/位置	工程量计算式
4.2	M－4(22)/＜6－400,E－427＞	同上,略
4.3	M－4(23)/＜10＋400,E－427＞	
4.4	M－4(24)/＜12－400,E－427＞	
5	M－5	洞口面积＝5.04m² 框外围面积＝5.04m² 数量＝2 樘 洞口三面长度＝10.8m 洞口宽度＝1.2m 洞口高度＝2.1m
5.1	M－5(25)/＜5＋328,E＋95＞	洞口面积＝2.52m² 框外围面积＝2.52m² 数量＝1 樘 洞口三面长度＝5.4m 洞口宽度＝1.2m 洞口高度＝2.1m
5.2	M－5(26)/＜11－68,E＋95＞	同上,略
	四、窗	
1	C－1	洞口面积＝23.04m² 框外围面积＝23.04m² 数量＝8 樘 洞口三面长度＝40m 洞口宽度＝1.8m 洞口高度＝1.6m
1.1	C－1(1)/＜2－1003,A－95＞	洞口面积＝2.88m² 框外围面积＝2.88m² 数量＝1 樘 洞口三面长度＝5m 洞口宽度＝1.8m 洞口高度＝1.6m
1.2	C－1(2)/＜12＋436,A－95＞	同上,略
1.3	C－1(3)/＜4－179,A－95＞	
1.4	C－1(4)/＜8－1630,A－95＞	
1.5	C－1(5)/＜9－1584,A－95＞	
1.6	C－1(6)/＜14＋1089,A－95＞	
1.7	C－1(7)/＜7＋1627,E＋95＞	
1.8	C－1(8)/＜9－1413,E＋95＞	
2	C－2	洞口面积＝4.8m² 框外围面积＝4.8m² 数量＝2 樘 洞口三面长度＝9.4m 洞口宽度＝1.5m 洞口高度＝1.6m

续附表 5

<table>
<tr><th>序号</th><th>构件名称/位置</th><th>工程量计算式</th></tr>
<tr><td>2.1</td><td>C－2(9)/＜1＋1268,E＋95＞</td><td>洞口面积＝2.4m^2
框外围面积＝2.4m^2
数量＝1 樘
洞口三面长度＝4.7m
洞口宽度＝1.5m
洞口高度＝1.6m</td></tr>
<tr><td>2.2</td><td>C－2(10)/＜15－1311,E＋95＞</td><td>同上，略</td></tr>
<tr><td colspan="3">五、门联窗</td></tr>
<tr><td>1</td><td>MlC－1</td><td>洞口面积＝12.84 m^2
框外围面积＝12.84m^2
数量＝4 樘
门洞口面积＝9m^2
门框外围面积＝9m^2
窗洞口面积＝3.84m^2
窗框外围面积＝3.84m^2
洞口三面长度＝26m
洞口宽度＝1.5m
洞口高度＝2.5m
门洞口宽度＝0.9m
窗洞口宽度＝0.6m</td></tr>
<tr><td>1.1</td><td>MlC－1(1)/＜13－732,E＋95＞</td><td>洞口面积＝3.21m^2
框外围面积＝3.21m^2
数量＝1 樘
门洞口面积＝2.25m^2
门框外围面积＝2.25m^2
窗洞口面积＝0.96m^2
窗框外围面积＝0.96m^2
洞口三面长度＝6.5m
洞口宽度＝1.5m
洞口高度＝2.5m
门洞口宽度＝0.9m
窗洞口宽度＝0.6m</td></tr>
<tr><td>1.2</td><td>MlC－1(2)/＜10－1118,E＋95＞</td><td rowspan="3">同上，略</td></tr>
<tr><td>1.3</td><td>MlC－1(3)/＜7－1152,E＋95＞</td></tr>
<tr><td>1.4</td><td>MlC－1(4)/＜3＋991,E＋95＞</td></tr>
<tr><td colspan="3">六、墙洞</td></tr>
<tr><td>1</td><td>D－1</td><td>周长＝9.4m
宽度＝2.3m
高度＝2.4m
洞口面积＝11.04m^2
数量＝2 个</td></tr>
</table>

续附表 5

序号	构件名称/位置	工程量计算式
1.1	D－1(1)/＜1－95,C－861＞	周长＝9.4m 宽度＝2.3m 高度＝2.4m 洞口面积＝5.52m^2 数量＝1 个
1.2	D－1(2)/＜15＋95,C－775＞	同上,略
2	D－2	周长＝10.2m 宽度＝2.7m 高度＝2.4m 洞口面积＝12.96m^2 数量＝2 个
2.1	D－2(3)/＜6＋510,A－95＞	周长＝10.2m 宽度＝2.7m 高度＝2.4m 洞口面积＝6.48m^2 数量＝1 个
2.2	D－2(4)/＜10－252,A－95＞	同上,略
	七、过梁	
1	GL－1	体积＝1.368m^3 数量＝4 个
1.1	GL－1(1)/＜6＋510,A－95＞	体积＝0.114＜截面面积＞×3.2＜长度＞＝0.365m^3 数量＝1 个
1.2	GL－1(2)/＜10－252,A－95＞	同上,略
1.3	GL－1(3)/＜1－95,C－861＞	
1.4	GL－1(4)/＜15＋95,C－775＞	
2	GLA493	体积＝0.564m^3 数量＝14 个
2.1	GLA493(21)/＜2,D＋770＞	体积＝0.029＜截面面积＞×1.4＜长度＞＝0.04m^3 数量＝1 个
2.2	GLA493(22)/＜14,D＋727＞	同上,略
2.3	GLA493(23)/＜12,D－560＞	
2.4	GLA493(24)/＜10,D－560＞	
2.5	GLA493(25)/＜14＋231,B＞	
2.6	GLA493(26)/＜13－592,B＞	
2.7	GLA493(27)/＜9－555,B＞	
2.8	GLA493(28)/＜9－641,D＞	
2.9	GLA493(29)/＜7＋683,D＞	
2.10	GLA493(30)/＜7＋683,B＞	
2.11	GLA493(31)/＜6,D－517＞	
2.12	GLA493(32)/＜4,D－517＞	
2.13	GLA493(33)/＜3＋763,B＞	
2.14	GLA493(34)/＜2－274,B＞	

续附表 5

序号	构件名称/位置	工程量计算式
3	GLB7122	体积＝0.151m^3 数量＝2个
3.1	GLB7122(17)/＜11－68,E＋95＞	体积＝0.044＜截面面积＞×1.7＜长度＞＝0.075m^3 数量＝1个
3.2	GLB7122(18)/＜5＋328,E＋95＞	同上，略
4	GLB7152	体积＝0.252m^3 数量＝2个
4.1	GLB7152(11)/＜1＋1268,E＋95＞	体积＝0.063＜截面面积＞×2＜长度＞＝0.126m^3 数量＝1个
4.2	GLB7152(12)/＜15－1311,E＋95＞	同上，略
5	GLB7154	体积＝0.504m^3 数量＝4个
5.1	GLB7154(13)/＜13－732,E＋95＞	体积＝0.063＜截面面积＞×2＜长度＞＝0.126m^3 数量＝1个
5.2	GLB7154(14)/＜10－1118,E＋95＞	同上，略
5.3	GLB7154(15)/＜7－1152,E＋95＞	
5.4	GLB7154(16)/＜3＋991,E＋95＞	
6	GLB7182	体积＝1.159m^3 数量＝8个
6.1	GLB7182(5)/＜14＋1089,A－95＞	体积＝0.063＜截面面积＞×2.3＜长度＞＝0.145m^3 数量＝1个
6.2	GLB7182(6)/＜12＋436,A－95＞	同上，略
6.3	GLB7182(7)/＜9－1584,A－95＞	
6.4	GLB7182(8)/＜8－1630,A－95＞	
6.5	GLB7182(9)/＜4－179,A－95＞	
6.6	GLB7182(10)/＜2－1003,A－95＞	
6.7	GLB7182(19)/＜9－1413,E＋95＞	
6.8	GLB7182(20)/＜7＋1627,E＋95＞	
	八、阳台	
1	阳台	板面积＝30.952m^2 板体积＝3.714m^3 地面积＝26.558m^2 顶棚面积＝26.558m^2 贴墙踢脚面积＝2.199m^2 栏板踢脚面积＝6.087m^2 贴墙墙面面积＝34.828m^2 栏板墙面面积＝24.348m^2 栏板外边线长度＝46.34m 贴墙面长度＝25.06m 栏板内边线长度＝40.58m

续附表5

序号	构件名称/位置	工程量计算式
1.1	阳台(1)/＜3＋775，E＋685＞	板面积＝3.255m^2 板体积＝3.255＜板面积＞×0.12＜厚度＞＝0.391m^3 地面积＝2.762＜净面积＞＝2.762m^2 顶棚面积＝2.762m^2 贴墙踢脚面积＝2.47＜内墙皮长度＞×0.15＜踢脚高度＞－0.135＜门窗洞口＞＋0.056＜门窗侧壁＞＝0.291m^2 栏板踢脚面积＝4.41＜栏板内皮长度＞×0.15＜踢脚高度＞＝0.662m^2 贴墙墙面面积＝2.47＜内墙皮长度＞×2.8＜高度＞－3.21＜门窗洞口＞＝3.706m^2 栏板墙面面积＝4.41＜长度＞×0.6＜高度＞＝2.646m^2 栏板外边线长度＝5.13m 贴墙面长度＝2.47m 栏板内边线长度＝4.41m
1.2	阳台(2)/＜6＋1200，E＋685＞	板面积＝2.875m^2 板体积＝2.875＜板面积＞×0.12＜厚度＞＝0.345m^3 地面积＝2.415＜净面积＞＝2.415m^2 顶棚面积＝2.415m^2 贴墙踢脚面积＝2.22＜内墙皮长度＞×0.15＜踢脚高度＞－0.135＜门窗洞口＞＋0.056＜门窗侧壁＞＝0.254m^2 栏板踢脚面积＝4.16＜栏板内皮长度＞×0.15＜踢脚高度＞＝0.624m^2 贴墙墙面面积＝2.22＜内墙皮长度＞×2.8＜高度＞－3.21＜门窗洞口＞＝3.006m^2 栏板墙面面积＝4.16＜长度＞×0.6＜高度＞＝2.496m^2 栏板外边线长度＝4.88m 贴墙面长度＝2.22m 栏板内边线长度＝4.16m
1.3	阳台(3)/＜9＋1200，E＋685＞	板面积＝2.875m^2 板体积＝2.875＜板面积＞×0.12＜厚度＞＝0.345m^3 地面积＝2.415＜净面积＞＝2.415m^2 顶棚面积＝2.415m^2 贴墙踢脚面积＝2.22＜内墙皮长度＞×0.15＜踢脚高度＞－0.135＜门窗洞口＞＋0.056＜门窗侧壁＞＝0.254m^2 栏板踢脚面积＝4.16＜栏板内皮长度＞×0.15＜踢脚高度＞＝0.624m^2 贴墙墙面面积＝2.22＜内墙皮长度＞×2.8＜高度＞－3.21＜门窗洞口＞＝3.006m^2 栏板墙面面积＝4.16＜长度＞×0.6＜高度＞＝2.496m^2 栏板外边线长度＝4.88m 贴墙面长度＝2.22m 栏板内边线长度＝4.16m

续附表 5

序号	构件名称/位置	工程量计算式
1.4	阳台(4)/＜13－775,E＋685＞	板面积＝3.255m^2 板体积＝3.255＜板面积＞×0.12＜厚度＞＝0.391m^3 地面积＝2.762＜净面积＞＝2.762m^2 顶棚面积＝2.762m^2 贴墙踢脚面积＝2.47＜内墙皮长度＞×0.15＜踢脚高度＞－0.135＜门窗洞口＞＋0.056＜门窗侧壁＞＝0.291m^2 栏板踢脚面积＝4.41＜栏板内皮长度＞×0.15＜踢脚高度＞＝0.662m^2 贴墙墙面面积＝2.47＜内墙皮长度＞×2.8＜高度＞－3.21＜门窗洞口＞＝3.706m^2 栏板墙面面积＝4.41＜长度＞×0.6＜高度＞＝2.646m^2 栏板外边线长度＝5.13m 贴墙面长度＝2.47m 栏板内边线长度＝4.41m
1.5	阳台(5)/＜15＋685,C－950＞	板面积＝5.152m^2 板体积＝5.152＜板面积＞×0.12＜厚度＞＝0.618m^3 地面积＝4.494＜净面积＞＝4.494m^2 顶棚面积＝4.494m^2 贴墙踢脚面积＝4.12＜内墙皮长度＞×0.15＜踢脚高度＞－0.345＜洞洞口＞＋0.065＜洞侧壁＞＝0.338m^2 栏板踢脚面积＝6.06＜栏板内皮长度＞×0.15＜踢脚高度＞＝0.909m^2 贴墙墙面面积＝4.12＜内墙皮长度＞×2.8＜高度＞－5.175＜洞洞口＞＝6.361m^2 栏板墙面面积＝6.06＜长度＞×0.6＜高度＞＝3.636m^2 栏板外边线长度＝6.78m 贴墙面长度＝4.12m 栏板内边线长度＝6.06m
1.6	阳台(6)/＜10－450,A－685＞	板面积＝4.194m^2 板体积＝4.194＜板面积＞×0.12＜厚度＞＝0.503m^3 地面积＝3.608＜净面积＞＝3.608m^2 顶棚面积＝3.608m^2 贴墙踢脚面积＝3.72＜内墙皮长度＞×0.15＜踢脚高度＞－0.405＜洞洞口＞＋0.065＜洞侧壁＞＝0.218m^2 栏板踢脚面积＝5.66＜栏板内皮长度＞×0.15＜踢脚高度＞＝0.849m^2 贴墙墙面面积＝3.72＜内墙皮长度＞×2.8＜高度＞－6.075＜洞洞口＞＝4.341m^2 栏板墙面面积＝5.66＜长度＞×0.6＜高度＞＝3.396m^2 栏板外边线长度＝6.38m 贴墙面长度＝3.72m 栏板内边线长度＝5.66m

续附表 5

<table>
<tr><th>序号</th><th>构件名称/位置</th><th>工程量计算式</th></tr>
<tr><td>1.7</td><td>阳台(7)/<6+450,A−685></td><td>板面积=4.194m^2
板体积=4.194<板面积>×0.12<厚度>=0.503m^3
地面积=3.608<净面积>=3.608m^2
顶棚面积=3.608m^2
贴墙踢脚面积=3.72<内墙皮长度>×0.15<踢脚高度>−0.405<洞洞口>+0.065<洞侧壁>=0.218m^2
栏板踢脚面积=5.66<栏板内皮长度>×0.15<踢脚高度>=0.849m^2
贴墙墙面面积=3.72<内墙皮长度>×2.8<高度>−6.075<洞洞口>=4.341m^2
栏板墙面面积=5.66<长度>×0.6<高度>=3.396m^2
栏板外边线长度=6.38m
贴墙面长度=3.72m
栏板内边线长度=5.66m</td></tr>
<tr><td>1.8</td><td>阳台(8)/<1−685,C−950></td><td>板面积=5.152m^2
板体积=5.152<板面积>×0.12<厚度>=0.618m^3
地面积=4.494<净面积>=4.494m^2
顶棚面积=4.494m^2
贴墙踢脚面积=4.12<内墙皮长度>×0.15<踢脚高度>−0.345<洞洞口>+0.065<洞侧壁>=0.338m^2
栏板踢脚面积=6.06<栏板内皮长度>×0.15<踢脚高度>=0.909m^2
贴墙墙面面积=4.12<内墙皮长度>×2.8<高度>−5.175<洞洞口>=6.361m^2
栏板墙面面积=6.06<长度>×0.6<高度>=3.636m^2
栏板外边线长度=6.78m
贴墙面长度=4.12m
栏板内边线长度=6.06m</td></tr>
<tr><td colspan="3">九、柱</td></tr>
<tr><td>1</td><td>GZ−1</td><td>高度=2.8 m
周长=0.96 m
体积=10.595m^3
数量=50 根</td></tr>
<tr><td>1.1</td><td>GZ−1(1)/<1,E></td><td>高度=2.8m
周长=0.96m
体积=0.24<截面宽度>×0.24<截面高度>×2.8<高度>+0.04<加马牙槎体积>=0.202m^3
数量=1 根</td></tr>
<tr><td>1.2</td><td>GZ−1(2)/<2,E></td><td rowspan="8">同上，略</td></tr>
<tr><td>1.3</td><td>GZ−1(3)/<15,E></td></tr>
<tr><td>1.4</td><td>GZ−1(4)/<15,D></td></tr>
<tr><td>1.5</td><td>GZ−1(5)/<15,A></td></tr>
<tr><td>1.6</td><td>GZ−1(6)/<13,A></td></tr>
<tr><td>1.7</td><td>GZ−1(7)/<1,A></td></tr>
<tr><td>1.8</td><td>GZ−1(8)/<1,B></td></tr>
<tr><td>1.9</td><td>GZ−1(9)/<1,D></td></tr>
</table>

续附表 5

序号	构件名称/位置	工程量计算式
1.10	GZ－1(11)/＜7,D＞	高度＝2.4m 周长＝0.96m 体积＝0.24＜截面宽度＞×0.24＜截面高度＞×2.8＜高度＞－0.023＜扣非圈梁体积＞＋0.035＜加马牙槎体积＞＝0.173m^3 数量＝1 根
1.11	GZ－1(12)/＜7＋1300,D＞	高度＝2.8m 周长＝0.96m 体积＝0.24＜截面宽度＞×0.24＜截面高度＞×2.8＜高度＞＋0.048＜加马牙槎体积＞＝0.209m^3 数量＝1 根
1.12	GZ－1(14)/＜3,B＞	高度＝2.8m 周长＝0.96m 体积＝0.24＜截面宽度＞×0.24＜截面高度＞×2.8＜高度＞＋0.04＜加马牙槎体积＞＝0.202m^3 数量＝1 根
1.13	GZ－1(16)/＜7＋1300,B＞	高度＝2.8m 周长＝0.96m 体积＝0.24＜截面宽度＞×0.24＜截面高度＞×2.8＜高度＞＋0.048＜加马牙槎体积＞＝0.209m^3 数量＝1 根
1.14	GZ－1(17)/＜11,B＞	高度＝2.8m 周长＝0.96m 体积＝0.24＜截面宽度＞×0.24＜截面高度＞×2.8＜高度＞＋0.04＜加马牙槎体积＞＝0.202m^3 数量＝1 根
1.15	GZ－1(18)/＜12＋800,B＞	高度＝2.8m 周长＝0.96m 体积＝0.24＜截面宽度＞×0.24＜截面高度＞×2.8＜高度＞＋0.048＜加马牙槎体积＞＝0.209m^3 数量＝1 根
1.16	GZ－1(19)/＜3,A＞	高度＝2.8m 周长＝0.96m 体积＝0.24＜截面宽度＞×0.24＜截面高度＞×2.8＜高度＞＋0.04＜加马牙槎体积＞＝0.202m^3 数量＝1 根
1.17	GZ－1(20)/＜5,B＞	
1.18	GZ－1(21)/＜5,A＞	
1.19	GZ－1(22)/＜5,C＞	
1.20	GZ－1(23)/＜6,C＞	同上,略
1.21	GZ－1(24)/＜4,E＞	
1.22	GZ－1(25)/＜7,E＞	
1.23	GZ－1(26)/＜9,E＞	

续附表 5

序号	构件名称/位置	工程量计算式
1.24	GZ−1(27)/<9,D>	高度＝2.4m 周长＝0.96m 体积＝0.24<截面宽度>×0.24<截面高度>×2.8<高度>−0.023<扣非圈梁体积>＋0.035<加马牙槎体积>＝0.173m^3 数量＝1 根
1.25	GZ−1(28)/<8,E>	高度＝2.8m 周长＝0.96m 体积＝0.24<截面宽度>×0.24<截面高度>×2.8<高度>＋0.04<加马牙槎体积>＝0.202m^3 数量＝1 根
1.26	GZ−1(29)/<8,D>	高度＝2.8m 周长＝0.96m 体积＝0.24<截面宽度>×0.24<截面高度>×2.8<高度>＋0.081<加马牙槎体积>＝0.242m^3 数量＝1 根
1.27	GZ−1(30)/<7,A>	高度＝2.8m 周长＝0.96m 体积＝0.24<截面宽度>×0.24<截面高度>×2.8<高度>＋0.04<加马牙槎体积>＝0.202m^3 数量＝1 根
1.28	GZ−1(32)/<9,A>	同上，略
1.29	GZ−1(33)/<11,C>	高度＝2.8m 周长＝0.96m 体积＝0.24<截面宽度>×0.24<截面高度>×2.8<高度>＋0.048<加马牙槎体积>＝0.209m^3 数量＝1 根
1.30	GZ−1(34)/<12,C>	高度＝2.8m 周长＝0.96m 体积＝0.24<截面宽度>×0.24<截面高度>×2.8<高度>＋0.035<加马牙槎体积>＝0.197m^3 数量＝1 根
1.31	GZ−1(35)/<14,E>	高度＝2.8m 周长＝0.96m 体积＝0.24<截面宽度>×0.24<截面高度>×2.8<高度>＋0.04<加马牙槎体积>＝0.202m^3 数量＝1 根
1.32	GZ−1(36)/<9−1300,B>	高度＝2.8m 周长＝0.96m 体积＝0.24<截面宽度>×0.24<截面高度>×2.8<高度>＋0.048<加马牙槎体积>＝0.209m^3 数量＝1 根

续附表 5

序号	构件名称/位置	工程量计算式
1.33	GZ－1(37)/＜9－1300,C＞	高度＝2.8m 周长＝0.96m 体积＝0.24＜截面宽度＞×0.24＜截面高度＞×2.8＜高度＞＋0.023＜加马牙槎体积＞＝0.184m^3 数量＝1 根
1.34	GZ－1(38)/＜7＋1300,C＞	同上，略
1.35	GZ－1(39)/＜4－800,B＞	高度＝2.8m 周长＝0.96m 体积＝0.24＜截面宽度＞×0.24＜截面高度＞×2.8＜高度＞＋0.048＜加马牙槎体积＞＝0.209m^3 数量＝1 根
1.36	GZ－1(40)/＜4－800,C＞	高度＝2.8m 周长＝0.96m 体积＝0.24＜截面宽度＞×0.24＜截面高度＞×2.8＜高度＞＋0.015＜加马牙槎体积＞＝0.176m^3 数量＝1 根
1.37	GZ－1(41)/＜10,E＞	高度＝2.8m 周长＝0.96m 体积＝0.24＜截面宽度＞×0.24＜截面高度＞×2.8＜高度＞＋0.04＜加马牙槎体积＞＝0.202m^3 数量＝1 根
1.38	GZ－1(42)/＜10,C＞	同上，略
1.39	GZ－1(43)/＜4,C＞	高度＝2.8m 周长＝0.96m 体积＝0.24＜截面宽度＞×0.24＜截面高度＞×2.8＜高度＞＋0.035＜加马牙槎体积＞＝0.197m^3 数量＝1 根
1.40	GZ－1(44)/＜8,C＞	高度＝2.8m 周长＝0.96m 体积＝0.24＜截面宽度＞×0.24＜截面高度＞×2.8＜高度＞＋0.055＜加马牙槎体积＞＝0.217m^3 数量＝1 根
1.41	GZ－1(45)/＜9－1300,D＞	高度＝2.8m 周长＝0.96m 体积＝0.24＜截面宽度＞×0.24＜截面高度＞×2.8＜高度＞＋0.048＜加马牙槎体积＞＝0.209m^3 数量＝1 根
1.42	GZ－1(46)/＜12＋800,C＞	高度＝2.8m 周长＝0.96m 体积＝0.24＜截面宽度＞×0.24＜截面高度＞×2.8＜高度＞＋0.015＜加马牙槎体积＞＝0.176m^3 数量＝1 根
1.43	GZ－1(47)/＜11,A＞	高度＝2.8m 周长＝0.96m 体积＝0.24＜截面宽度＞×0.24＜截面高度＞×2.8＜高度＞＋0.04＜加马牙槎体积＞＝0.202m^3 数量＝1 根

续附表 5

序号	构件名称/位置	工程量计算式
1.44	GZ－1(48)/＜8,B＞	高度＝2.8m 周长＝0.96m 体积＝0.24＜截面宽度＞×0.24＜截面高度＞×2.8＜高度＞＋0.081＜加马牙槎体积＞＝0.242m³ 数量＝1 根
1.45	GZ－1(49)/＜8,A＞	高度＝2.8m 周长＝0.96m 体积＝0.24＜截面宽度＞×0.24＜截面高度＞×2.8＜高度＞＋0.04＜加马牙槎体积＞＝0.202m³ 数量＝1 根
1.46	GZ－1(50)/＜13,B＞	同上,略
1.47	GZ－1(51)/＜15,B＞	
1.48	GZ－1(52)/＜12,E＞	
1.49	GZ－1(53)/＜6,E＞	
1.50	GZ－1(58)/＜6,A＞	高度＝2.8m 周长＝0.96m 体积＝0.24＜截面宽度＞×0.24＜截面高度＞×2.8＜高度＞＋0.069＜加马牙槎体积＞＝0.23m³ 数量＝1 根
2	GZ－2	高度＝2.55m 周长＝0.96m 体积＝1.447m³ 数量＝8 根
2.1	GZ－2(10)/＜2,D＞	高度＝2.55m 周长＝0.96m 体积＝0.24＜截面宽度＞×0.24＜截面高度＞×2.8＜高度＞－0.014＜扣非圈梁体积＞＋0.037＜加马牙槎体积＞＝0.184m³ 数量＝1 根
2.2	GZ－2(13)/＜14,D＞	同上,略
2.3	GZ－2(15)/＜7,B＞	高度＝2.4m 周长＝0.96m 体积＝0.24＜截面宽度＞×0.24＜截面高度＞×2.8＜高度＞－0.023＜扣非圈梁体积＞＋0.035＜加马牙槎体积＞＝0.173m³ 数量＝1 根
2.4	GZ－2(31)/＜9,B＞	同上,略
2.5	GZ－2(54)/＜6,D＞	高度＝2.55m 周长＝0.96m 体积＝0.24＜截面宽度＞×0.24＜截面高度＞×2.8＜高度＞－0.014＜扣非圈梁体积＞＋0.037＜加马牙槎体积＞＝0.184m³ 数量＝1 根

续附表 5

序号	构件名称/位置	工程量计算式
2.6	GZ－2(55)/＜4,D＞	同上,略
2.7	GZ－2(56)/＜10,D＞	
2.8	GZ－2(57)/＜12,D＞	
	十、梁	
1	L－1	体积＝0.872m^3 体积长度＝9.08m 轴线长度＝8.6m
1.1	＜7,D＞,＜7,B＞	体积＝0.24＜宽度＞×0.4＜高度＞×4.54＜长度＞＝0.436m^3 体积长度＝4.54＜长度＞＝4.54m 轴线长度＝4.3m
1.2	＜9,B＞,＜9,D＞	同上,略
2	L－2	体积＝0.288m^3 体积长度＝4.8m 轴线长度＝4.8m
2.1	＜6,D＞,＜7,D＞	体积＝0.24＜宽度＞×0.25＜高度＞×2.4＜长度＞＝0.144m^3 体积长度＝2.4＜长度＞＝2.4m 轴线长度＝2.4m
2.2	＜9,D＞,＜10,D＞	同上,略
3	L－3	体积＝0.347m^3 体积长度＝5.78m 轴线长度＝5.3m
3.1	＜2,D＞,＜4,D＞	体积＝0.24＜宽度＞×0.25＜高度＞×2.89＜长度＞＝0.173m^3 体积长度＝2.89＜长度＞＝2.89m 轴线长度＝2.65m
3.2	＜12,D＞,＜14,D＞	同上,略
4	QL	体积＝10.465m^3 体积长度＝165.4m 轴线长度＝226.52m
4.1	＜1,E＞,＜15,E＞	体积＝0.24＜宽度＞×0.24＜高度＞×27.5＜长度＞－0.14＜构造柱＞－0.48＜过梁＞＝0.968m^3 体积长度＝27.5＜长度＞－2.4＜构造柱＞－16.6＜过梁＞＝8.5m 轴线长度＝27.5m
4.2	＜15,E＞,＜15,A＞	体积＝0.24＜宽度＞×0.24＜高度＞×13.38＜长度＞－0.042＜构造柱＞－0.148＜过梁＞＝0.581m^3 体积长度＝13.38＜长度＞－0.72＜构造柱＞－2.8＜过梁＞＝9.86m 轴线长度＝13.38m

续附表 5

序号	构件名称/位置	工程量计算式
4.3	＜15,A＞,＜1,A＞	体积＝0.24＜宽度＞×0.24＜高度＞×27.5＜长度＞－0.124＜构造柱＞－0.716＜过梁＞＝0.743m^3 体积长度＝27.5＜长度＞－2.259＜构造柱＞－19.861＜过梁＞＝5.38m 轴线长度＝27.5m
4.4	＜1,A＞,＜1,E＞	体积＝0.24＜宽度＞×0.24＜高度＞×13.38＜长度＞－0.042＜构造柱＞－0.148＜过梁＞＝0.581m^3 体积长度＝13.38＜长度＞－0.72＜构造柱＞－2.8＜过梁＞＝9.86m 轴线长度＝13.38m
4.5	＜1,D＞,＜2,D＞	体积＝0.24＜宽度＞×0.24＜高度＞×2.46＜长度＞＝0.142m^3 体积长度＝2.46＜长度＞＝2.46m 轴线长度＝2.7m
4.6	＜7,D＞,＜9,D＞	体积＝0.24＜宽度＞×0.24＜高度＞×6.36＜长度＞－0.042＜构造柱＞＝0.324m^3 体积长度＝6.36＜长度＞－0.72＜构造柱＞＝5.64m 轴线长度＝6.6m
4.7	＜14,D＞,＜15,D＞	体积＝0.24＜宽度＞×0.24＜高度＞×2.46＜长度＞＝0.142m^3 体积长度＝2.46＜长度＞＝2.46m 轴线长度＝2.7m
4.8	＜1,B＞,＜5,B＞	体积＝0.24＜宽度＞×0.24＜高度＞×6.31＜长度＞－0.028＜构造柱＞＝0.335m^3 体积长度＝6.31＜长度＞－0.48＜构造柱＞＝5.83m 轴线长度＝6.55m
4.9	＜7,B＞,＜9,B＞	体积＝0.24＜宽度＞×0.24＜高度＞×6.36＜长度＞－0.042＜构造柱＞＝0.324m^3 体积长度＝6.36＜长度＞－0.72＜构造柱＞＝5.64m 轴线长度＝6.6m
4.10	＜11,B＞,＜15,B＞	体积＝0.24＜宽度＞×0.24＜高度＞×6.31＜长度＞－0.028＜构造柱＞＝0.335m^3 体积长度＝6.31＜长度＞－0.48＜构造柱＞＝5.83m 轴线长度＝6.55m
4.11	＜2,E＞,＜2,D＞	体积＝0.24＜宽度＞×0.24＜高度＞×3.96＜长度＞＝0.228m^3 体积长度＝3.96＜长度＞＝3.96m 轴线长度＝4.2m
4.12	＜3,B＞,＜3,A＞	体积＝0.24＜宽度＞×0.24＜高度＞×4.64＜长度＞＝0.267m^3 体积长度＝4.64＜长度＞＝4.64m 轴线长度＝4.88m

续附表 5

序号	构件名称/位置	工程量计算式
4.13	＜5,C＞,＜5,A＞	体积＝0.24＜宽度＞×0.24＜高度＞×7.74＜长度＞－0.014＜构造柱＞＝0.432m^3 体积长度＝7.74＜长度＞－0.24＜构造柱＞＝7.5m 轴线长度＝7.98m
4.14	＜6,C＞,＜6,E＞	体积＝0.24＜宽度＞×0.24＜高度＞×5.04＜长度＞－0.007＜构造柱＞＝0.283m^3 体积长度＝5.04＜长度＞－0.12＜构造柱＞＝4.92m 轴线长度＝5.4m
4.15	＜4,E＞,＜4,C＞	体积＝0.24＜宽度＞×0.24＜高度＞×4.92＜长度＞＝0.283m^3 体积长度＝4.92＜长度＞＝4.92m 轴线长度＝5.4m
4.16	＜7,E＞,＜7,D＞	体积＝0.24＜宽度＞×0.24＜高度＞×3.96＜长度＞＝0.228m^3 体积长度＝3.96＜长度＞＝3.96m 轴线长度＝4.2m
4.17	＜9,E＞,＜9,D＞	体积＝0.24＜宽度＞×0.24＜高度＞×3.96＜长度＞＝0.228m^3 体积长度＝3.96＜长度＞＝3.96m 轴线长度＝4.2m
4.18	＜8,E＞,＜8,A＞	体积＝0.24＜宽度＞×0.24＜高度＞×12.42＜长度＞＝0.715m^3 体积长度＝12.42＜长度＞＝12.42m 轴线长度＝13.38m
4.19	＜7,B＞,＜7,A＞	体积＝0.24＜宽度＞×0.24＜高度＞×4.64＜长度＞＝0.267m^3 体积长度＝4.64＜长度＞＝4.64m 轴线长度＝4.88m
4.20	＜9,B＞,＜9,A＞	体积＝0.24＜宽度＞×0.24＜高度＞×4.64＜长度＞＝0.267m^3 体积长度＝4.64＜长度＞＝4.64m 轴线长度＝4.88m
4.21	＜11,C＞,＜11,A＞	体积＝0.24＜宽度＞×0.24＜高度＞×7.74＜长度＞－0.014＜构造柱＞＝0.432m^3 体积长度＝7.74＜长度＞－0.24＜构造柱＞＝7.5m 轴线长度＝7.98m
4.22	＜12,C＞,＜12,E＞	体积＝0.24＜宽度＞×0.24＜高度＞×4.92＜长度＞＝0.283m^3 体积长度＝4.92＜长度＞＝4.92m 轴线长度＝5.4m

续附表 5

序号	构件名称/位置	工程量计算式
4.23	＜14,E＞,＜14,D＞	体积＝0.24＜宽度＞×0.24＜高度＞×3.96＜长度＞＝0.228m^3 体积长度＝3.96＜长度＞＝3.96m 轴线长度＝4.2m
4.24	＜9－1300,B＞,＜9－1300,D＞	体积＝0.24＜宽度＞×0.24＜高度＞×4.06＜长度＞－0.014＜构造柱＞＝0.22m^3 体积长度＝4.06＜长度＞－0.24＜构造柱＞＝3.82m 轴线长度＝4.3m
4.25	＜7＋1300,B＞,＜7＋1300,D＞	体积＝0.24＜宽度＞×0.24＜高度＞×4.06＜长度＞－0.014＜构造柱＞＝0.22m^3 体积长度＝4.06＜长度＞－0.24＜构造柱＞＝3.82m 轴线长度＝4.3m
4.26	＜4－800,B＞,＜4－800,C＞	体积＝0.24＜宽度＞×0.24＜高度＞×2.98＜长度＞－0.007＜构造柱＞＝0.165m^3 体积长度＝2.98＜长度＞－0.12＜构造柱＞＝2.86m 轴线长度＝3.1m
4.27	＜10,E＞,＜10,C＞	体积＝0.24＜宽度＞×0.24＜高度＞×5.04＜长度＞－0.007＜构造柱＞＝0.283m^3 体积长度＝5.04＜长度＞－0.12＜构造柱＞＝4.92m 轴线长度＝5.4m
4.28	＜10,C＞,＜12＋800,C＞	体积＝0.24＜宽度＞×0.24＜高度＞×3.5＜长度＞－0.042＜构造柱＞＝0.16m^3 体积长度＝3.5＜长度＞－0.72＜构造柱＞＝2.78m 轴线长度＝3.5m
4.29	＜7＋1300,C＞,＜9－1300,C＞	体积＝0.24＜宽度＞×0.24＜高度＞×3.76＜长度＞－0.014＜构造柱＞＝0.202m^3 体积长度＝3.76＜长度＞－0.24＜构造柱＞＝3.52m 轴线长度＝4m
4.30	＜4－800,C＞,＜6,C＞	体积＝0.24＜宽度＞×0.24＜高度＞×3.5＜长度＞－0.042＜构造柱＞＝0.16m^3 体积长度＝3.5＜长度＞－0.72＜构造柱＞＝2.78m 轴线长度＝3.5m
4.31	＜12＋800,B＞,＜12＋800,C＞	体积＝0.24＜宽度＞×0.24＜高度＞×2.98＜长度＞－0.007＜构造柱＞＝0.165m^3 体积长度＝2.98＜长度＞－0.12＜构造柱＞＝2.86m 轴线长度＝3.1m
4.32	＜13,B＞,＜13,A＞	体积＝0.24＜宽度＞×0.24＜高度＞×4.64＜长度＞＝0.267m^3 体积长度＝4.64＜长度＞＝4.64m 轴线长度＝4.88m

续附表 5

序号	构件名称/位置	工程量计算式
十一、板		
1	B－1(100mm 厚)	体积＝25.86m^3
1.1	B－1(100mm 厚)(1)/＜1＋1350,E－2100＞	体积＝11.34＜原始面积＞×0.1＜厚度＞－0.16＜梁＞＝0.974m^3
1.2	B－1(100mm 厚)(2)/＜6＋1100,C－1290＞	体积＝49.672＜原始面积＞×0.1＜厚度＞－0.589＜梁＞－0.000＜构造柱＞＝4.378m^3
1.3	B－1(100mm 厚)(3)/＜4＋200,C－1550＞	体积＝6.2＜原始面积＞×0.1＜厚度＞－0.117＜梁＞＝0.503m^3
1.4	B－1(100mm 厚)(4)/＜4－450,B－2440＞	体积＝16.104＜原始面积＞×0.1＜厚度＞－0.191＜梁＞＝1.42m^3
1.5	B－1(100mm 厚)(5)/＜2－1075,B－2440＞	体积＝15.86＜原始面积＞×0.1＜厚度＞－0.189＜梁＞＝1.397m^3
1.6	B－1(100mm 厚)(6)/＜7＋1650,B－2440＞	体积＝16.104＜原始面积＞×0.1＜厚度＞－0.191＜梁＞＝1.42m^3
1.7	B－1(100mm 厚)(7)/＜8＋1650,B－2440＞	体积＝16.104＜原始面积＞×0.1＜厚度＞－0.191＜梁＞＝1.42m^3
1.8	B－1(100mm 厚)(8)/＜7＋1650,E－2100＞	体积＝13.86＜原始面积＞×0.1＜厚度＞－0.174＜梁＞＝1.212m^3
1.9	B－1(100mm 厚)(9)/＜8－1000,C－1550＞	体积＝6.2＜原始面积＞×0.1＜厚度＞－0.117＜梁＞＝0.503m^3
1.10	B－1(100mm 厚)(10)/＜8＋1000,C－1550＞	体积＝6.2＜原始面积＞×0.1＜厚度＞－0.117＜梁＞＝0.503m^3
1.11	B－1(100mm 厚)(11)/＜8＋1650,E－2100＞	体积＝13.86＜原始面积＞×0.1＜厚度＞－0.174＜梁＞＝1.212m^3
1.12	B－1(100mm 厚)(12)/＜10－1100,C－1290＞	体积＝49.672＜原始面积＞×0.1＜厚度＞－0.589＜梁＞＝4.378m^3
1.13	B－1(100mm 厚)(13)/＜12＋450,B－2440＞	体积＝16.104＜原始面积＞×0.1＜厚度＞－0.191＜梁＞＝1.42m^3
1.14	B－1(100mm 厚)(14)/＜12－200,C－1550＞	体积＝6.2＜原始面积＞×0.1＜厚度＞－0.117＜梁＞＝0.503m^3
1.15	B－1(100mm 厚)(15)/＜14＋1350,E－2100＞	体积＝11.34＜原始面积＞×0.1＜厚度＞－0.16＜梁＞＝0.974m^3
1.16	B－1(100mm 厚)(16)/＜14＋1075,B－2440＞	体积＝15.86＜原始面积＞×0.1＜厚度＞－0.189＜梁＞＝1.397m^3
1.17	B－1(100mm 厚)(17)/＜8－1000,D－600＞	体积＝2.4＜原始面积＞×0.1＜厚度＞－0.071＜梁＞＝0.169m^3
1.18	B－1(100mm 厚)(18)/＜8＋1000,D－600＞	体积＝2.4＜原始面积＞×0.1＜厚度＞－0.071＜梁＞＝0.169m^3
1.19	B－1(100mm 厚)(19)/＜13－775,E－2100＞	体积＝11.13＜原始面积＞×0.1＜厚度＞－0.159＜梁＞＝0.954m^3
1.20	B－1(100mm 厚)(22)/＜3＋775,E－2100＞	体积＝11.13＜原始面积＞×0.1＜厚度＞－0.159＜梁＞＝0.954m^3
2	B－2(110mm 厚)	体积＝3.653m^3
2.1	B－2(110mm 厚)(20)/＜14＋25,C－950＞	体积＝20.525＜原始面积＞×0.1＜厚度＞－0.226＜梁＞＝1.827m^3
2.2	B－2(110mm 厚)(21)/＜2－25,C－950＞	体积＝20.525＜原始面积＞×0.1＜厚度＞－0.226＜梁＞＝1.827m^3

续附表5

序号	构件名称/位置	工程量计算式
		十二、楼梯
1	LT－1	投影面积＝11.69m^2 底部面积＝16.683m^2 体积＝3.161m^3 踏步立面面积＝13.132m^2 踏步平面面积＝11.69m^2
1.1	LT－1(1)/＜5－550,D＋1275＞	投影面积＝2.798m^2 底部面积＝3.993m^2 体积＝0.357＜踏步＞＋0.399＜梯板＞＝0.756m^3 踏步立面面积＝3.143m^2 踏步平面面积＝2.798m^2
1.2	LT－1(2)/＜6－700,D＋1275＞	投影面积＝3.047m^2 底部面积＝4.349m^2 体积＝0.389＜踏步＞＋0.435＜梯板＞＝0.824m^3 踏步立面面积＝3.423m^2 踏步平面面积＝3.047m^2
1.3	LT－1(3)/＜10＋650,D＋1275＞	投影面积＝2.798m^2 底部面积＝3.993m^2 体积＝0.357＜踏步＞＋0.399＜梯板＞＝0.756m^3 踏步立面面积＝3.143m^2 踏步平面面积＝2.798m^2
1.4	LT－1(4)/＜11＋500,D＋1275＞	投影面积＝3.047m^2 底部面积＝4.349m^2 体积＝0.389＜踏步＞＋0.435＜梯板＞＝0.824m^3 踏步立面面积＝3.423m^2 踏步平面面积＝3.047m^2
2	PT－1	投影面积＝6.488m^2 底部面积＝6.488m^2 体积＝0.519m^3
2.1	PT－1(5)/＜5＋150,E－825＞	投影面积＝3.244m^2 底部面积＝3.244m^2 体积＝0.26m^3
2.2	PT－1(6)/＜11－150,E－825＞	同上，略
		十三、房间
1	厨房－1	地面积＝37.291m^2 块料地面积＝37.291m^2 顶棚抹灰面积＝38.662m^2 踢脚抹灰面积＝5.733m^2 踢脚块料面积＝5.733m^2 墙裙抹灰面积＝32.742m^2 墙裙块料面积＝28.665m^2 墙面抹灰面积＝63.444m^2 墙面块料面积＝67.96m^2 门窗侧壁面积＝6.814m^2 砖墙面抹灰面积＝63.444m^2 砖墙裙抹灰面积＝32.742m^2 房间周长＝50.92m

续附表 5

序号	构件名称/位置	工程量计算式
1.1	厨房－1(21)/＜3＋775,E－2100＞	地面积＝9.833＜主墙间净面积＞＝9.833m^2 块料地面积＝9.833＜主墙间净面积＞＝9.833m^2 顶棚抹灰面积＝9.833＜主墙间净面积＞＋0.362＜梁＞＝10.194m^2 踢脚抹灰面积＝10.57＜内墙皮长度＞×0.15＜踢脚高度＞－0.27＜门窗洞口＞＋0.083＜门窗侧壁＞＝1.398m^2 踢脚块料面积＝10.57＜块料长度＞×0.15＜踢脚高度＞－0.27＜门窗洞口＞＋0.083＜门窗侧壁＞＝1.398m^2 墙裙抹灰面积＝10.57＜内墙皮长度＞×0.9＜高度＞－1.62＜门窗洞口＞＝7.893m^2 墙裙块料面积＝10.57＜块料长度＞×0.75＜高度＞－1.35＜门窗洞口＞＋0.413＜门窗侧壁＞＝6.99m^2 墙面抹灰面积＝10.57＜长度＞×1.8＜高度＞－3.48＜门窗洞口＞＝15.546m^2 墙面块料面积＝10.57＜长度＞×1.8＜高度＞－3.48＜门窗洞口＞＋1.278＜门窗侧壁＞＝16.824m^2 门窗侧壁面积＝0.612＜门侧壁面积＞＋1.398＜门联窗侧壁面积＞＝2.01m^2 砖墙面抹灰面积＝10.57＜长度＞×1.8＜高度＞－3.48＜门窗洞口＞＝15.546m^2 砖墙裙抹灰面积＝10.57＜长度＞×0.9＜高度＞－1.62＜门窗洞口＞＝7.893m^2 房间周长＝12.98m
1.2	厨房－1(22)/＜6＋1200,E－2100＞	地面积＝8.813＜主墙间净面积＞＝8.813m^2 块料地面积＝8.813＜主墙间净面积＞＝8.813m^2 顶棚抹灰面积＝8.813＜主墙间净面积＞＋0.324＜梁＞＝9.137m^2 踢脚抹灰面积＝10.32＜内墙皮长度＞×0.15＜踢脚高度＞－0.135＜门窗洞口＞＋0.056＜门窗侧壁＞＝1.469m^2 踢脚块料面积＝10.32＜块料长度＞×0.15＜踢脚高度＞－0.135＜门窗洞口＞＋0.056＜门窗侧壁＞＝1.469m^2 墙裙抹灰面积＝10.32＜内墙皮长度＞×0.9＜高度＞－0.81＜门窗洞口＞＝8.478m^2 墙裙块料面积＝10.32＜块料长度＞×0.75＜高度＞－0.675＜门窗洞口＞＋0.278＜门窗侧壁＞＝7.343m^2 墙面抹灰面积＝10.32＜长度＞×1.8＜高度＞－2.4＜门窗洞口＞＝16.176m^2 墙面块料面积＝10.32＜长度＞×1.8＜高度＞－2.4＜门窗洞口＞＋0.981＜门窗侧壁＞＝17.157m^2 门窗侧壁面积＝0＜门侧壁面积＞＋1.398＜门联窗侧壁面积＞＝1.398m^2 砖墙面抹灰面积＝10.32＜长度＞×1.8＜高度＞－2.4＜门窗洞口＞＝16.176m^2 砖墙裙抹灰面积＝10.32＜长度＞×0.9＜高度＞－0.81＜门窗洞口＞＝8.478m^2 房间周长＝12.48m
1.3	厨房－1(23)/＜9＋1200,E－2100＞	同上,略

续附表 5

序号	构件名称/位置	工程量计算式
1.4	厨房－1(24)/＜13－775,E－2100＞	地面积＝9.833＜主墙间净面积＞＝9.833m² 块料地面积＝9.833＜主墙间净面积＞＝9.833m² 顶棚抹灰面积＝9.833＜主墙间净面积＞＋0.362＜梁＞＝10.194m² 踢脚抹灰面积＝10.57＜内墙皮长度＞×0.15＜踢脚高度＞－0.27＜门窗洞口＞＋0.083＜门窗侧壁＞＝1.398m² 踢脚块料面积＝10.57＜块料长度＞×0.15＜踢脚高度＞－0.27＜门窗洞口＞＋0.083＜门窗侧壁＞＝1.398m² 墙裙抹灰面积＝10.57＜内墙皮长度＞×0.9＜高度＞－1.62＜门窗洞口＞＝7.893m² 墙裙块料面积＝10.57＜块料长度＞×0.75＜高度＞－1.35＜门窗洞口＞＋0.413＜门窗侧壁＞＝6.99m² 墙面抹灰面积＝10.57＜长度＞×1.8＜高度＞－3.48＜门窗洞口＞＝15.546m² 墙面块料面积＝10.57＜长度＞×1.8＜高度＞－3.48＜门窗洞口＞＋1.278＜门窗侧壁＞＝16.824m² 门窗侧壁面积＝0.612＜门侧壁面积＞＋1.398＜门联窗侧壁面积＞＝2.01m² 砖墙面抹灰面积＝10.57＜长度＞×1.8＜高度＞－3.48＜门窗洞口＞＝15.546m² 砖墙裙抹灰面积＝10.57＜长度＞×0.9＜高度＞－1.62＜门窗洞口＞＝7.893m² 房间周长＝12.98m
2	房间－1	地面积＝249.355m² 块料地面积＝249.355m² 顶棚抹灰面积＝255.598m² 踢脚抹灰面积＝33.397m² 踢脚块料面积＝33.397m² 墙裙抹灰面积＝194.955m² 墙裙块料面积＝166.985m² 墙面抹灰面积＝375.249m² 墙面块料面积＝399.437m² 柱墙裙抹灰面积＝3.097m² 柱墙面抹灰面积＝6.193m² 梁抹灰面积＝4.283m² 门窗侧壁面积＝26.466m² 柱墙裙块料面积＝2.58m² 柱墙面块料面积＝6.193m² 砖墙面抹灰面积＝374.385m² 砖墙裙抹灰面积＝194.523m² 房间周长＝265.64m

续附表 5

序号	构件名称/位置	工程量计算式
2.1	房间－1(1)/＜1＋1350,E－2100＞	地面积＝9.742＜主墙间净面积＞＝9.742m² 块料地面积＝9.742＜主墙间净面积＞＝9.742m² 顶棚抹灰面积＝9.742＜主墙间净面积＞＝9.742m² 踢脚抹灰面积＝12.84＜内墙皮长度＞×0.15＜踢脚高度＞－0.135＜门窗洞口＞＋0.027＜门窗侧壁＞＝1.818m² 踢脚块料面积＝12.84＜块料长度＞×0.15＜踢脚高度＞－0.135＜门窗洞口＞＋0.027＜门窗侧壁＞＝1.818m² 墙裙抹灰面积＝12.84＜内墙皮长度＞×0.9＜高度＞－0.81＜门窗洞口＞＝10.746m² 墙裙块料面积＝12.84＜块料长度＞×0.75＜高度＞－0.675＜门窗洞口＞＋0.135＜门窗侧壁＞＝9.09m² 墙面抹灰面积＝12.84＜长度＞×1.8＜高度＞－3.48＜门窗洞口＞＝19.632m² 墙面块料面积＝12.84＜长度＞×1.8＜高度＞－3.48＜门窗洞口＞＋1.444＜门窗侧壁＞＝21.076m² 门窗侧壁面积＝0.612＜门侧壁面积＞＋1.011＜窗侧壁面积＞＝1.623m² 砖墙面抹灰面积＝12.84＜长度＞×1.8＜高度＞－3.48＜门窗洞口＞＝19.632m² 砖墙裙抹灰面积＝12.84＜长度＞×0.9＜高度＞－0.81＜门窗洞口＞＝10.746m² 房间周长＝12.84m
2.2	房间－1(3)/＜4－450,B－2440＞	地面积＝14.198＜主墙间净面积＞＝14.198m² 块料地面积＝14.198＜主墙间净面积＞＝14.198m² 顶棚抹灰面积＝14.198＜主墙间净面积＞＝14.198m² 踢脚抹灰面积＝15.4＜内墙皮长度＞×0.15＜踢脚高度＞－0.135＜门窗洞口＞＋0.027＜门窗侧壁＞＝2.202m² 踢脚块料面积＝15.4＜块料长度＞×0.15＜踢脚高度＞－0.135＜门窗洞口＞＋0.027＜门窗侧壁＞＝2.202m² 墙裙抹灰面积＝15.4＜内墙皮长度＞×0.9＜高度＞－0.81＜门窗洞口＞＝13.05m² 墙裙块料面积＝15.4＜块料长度＞×0.75＜高度＞－0.675＜门窗洞口＞＋0.135＜门窗侧壁＞＝11.01m² 墙面抹灰面积＝15.4＜长度＞×1.8＜高度＞－3.96＜门窗洞口＞＝23.76m² 墙面块料面积＝15.4＜长度＞×1.8＜高度＞－3.96＜门窗洞口＞＋1.555＜门窗侧壁＞＝25.315m² 门窗侧壁面积＝0.612＜门侧壁面积＞＋1.075＜窗侧壁面积＞＝1.687m² 砖墙面抹灰面积＝15.4＜长度＞×1.8＜高度＞－3.96＜门窗洞口＞＝23.76m² 砖墙裙抹灰面积＝15.4＜长度＞×0.9＜高度＞－0.81＜门窗洞口＞＝13.05m² 房间周长＝15.4m

续附表 5

序号	构件名称/位置	工程量计算式
2.3	房间－1(4)/＜2－1075,B－2440＞	地面积＝13.966＜主墙间净面积＞＝13.966m^2 块料地面积＝13.966＜主墙间净面积＞＝13.966m^2 顶棚抹灰面积＝13.966＜主墙间净面积＞＝13.966m^2 踢脚抹灰面积＝15.3＜内墙皮长度＞×0.15＜踢脚高度＞－0.135＜门窗洞口＞＋0.027＜门窗侧壁＞＝2.187m^2 踢脚块料面积＝15.3＜块料长度＞×0.15＜踢脚高度＞－0.135＜门窗洞口＞＋0.027＜门窗侧壁＞＝2.187m^2 墙裙抹灰面积＝15.3＜内墙皮长度＞×0.9＜高度＞－0.81＜门窗洞口＞＝12.96m^2 墙裙块料面积＝15.3＜块料长度＞×0.75＜高度＞－0.675＜门窗洞口＞＋0.135＜门窗侧壁＞＝10.935m^2 墙面抹灰面积＝15.3＜长度＞×1.8＜高度＞－3.96＜门窗洞口＞＝23.58m^2 墙面块料面积＝15.3＜长度＞×1.8＜高度＞－3.96＜门窗洞口＞＋1.555＜门窗侧壁＞＝25.135m^2 门窗侧壁面积＝0.612＜门侧壁面积＞＋1.075＜窗侧壁面积＞＝1.687m^2 砖墙面抹灰面积＝15.3＜长度＞×1.8＜高度＞－3.96＜门窗洞口＞＝23.58m^2 砖墙裙抹灰面积＝15.3＜长度＞×0.9＜高度＞－0.81＜门窗洞口＞＝12.96m^2 房间周长＝15.3m
2.4	房间－1(5)/＜7＋1650,B－2440＞	地面积＝14.198＜主墙间净面积＞＝14.198m^2 块料地面积＝14.198＜主墙间净面积＞＝14.198m^2 顶棚抹灰面积＝14.198＜主墙间净面积＞＝14.198m^2 踢脚抹灰面积＝15.4＜内墙皮长度＞×0.15＜踢脚高度＞－0.135＜门窗洞口＞＋0.027＜门窗侧壁＞＝2.202m^2 踢脚块料面积＝15.4＜块料长度＞×0.15＜踢脚高度＞－0.135＜门窗洞口＞＋0.027＜门窗侧壁＞＝2.202m^2 墙裙抹灰面积＝15.4＜内墙皮长度＞×0.9＜高度＞－0.81＜门窗洞口＞＝13.05m^2 墙裙块料面积＝15.4＜块料长度＞×0.75＜高度＞－0.675＜门窗洞口＞＋0.135＜门窗侧壁＞＝11.01m^2 墙面抹灰面积＝15.4＜长度＞×1.8＜高度＞－3.96＜门窗洞口＞＝23.76m^2 墙面块料面积＝15.4＜长度＞×1.8＜高度＞－3.96＜门窗洞口＞＋1.555＜门窗侧壁＞＝25.315m^2 门窗侧壁面积＝0.612＜门侧壁面积＞＋1.075＜窗侧壁面积＞＝1.687m^2 砖墙面抹灰面积＝15.4＜长度＞×1.8＜高度＞－3.96＜门窗洞口＞＝23.76m^2 砖墙裙抹灰面积＝15.4＜长度＞×0.9＜高度＞－0.81＜门窗洞口＞＝13.05m^2 房间周长＝15.4m

续附表 5

序号	构件名称/位置	工程量计算式
2.5	房间－1(6)/＜8＋1650,B－2440＞	地面积＝14.198＜主墙间净面积＞＝14.198m^2 块料地面积＝14.198＜主墙间净面积＞＝14.198m^2 顶棚抹灰面积＝14.198＜主墙间净面积＞＝14.198m^2 踢脚抹灰面积＝15.4＜内墙皮长度＞×0.15＜踢脚高度＞－0.135＜门窗洞口＞＋0.027＜门窗侧壁＞＝2.202m^2 踢脚块料面积＝15.4＜块料长度＞×0.15＜踢脚高度＞－0.135＜门窗洞口＞＋0.027＜门窗侧壁＞＝2.202m^2 墙裙抹灰面积＝15.4＜内墙皮长度＞×0.9＜高度＞－0.81＜门窗洞口＞＝13.05m^2 墙裙块料面积＝15.4＜块料长度＞×0.75＜高度＞－0.675＜门窗洞口＞＋0.135＜门窗侧壁＞＝11.01m^2 墙面抹灰面积＝15.4＜长度＞×1.8＜高度＞－3.96＜门窗洞口＞＝23.76m^2 墙面块料面积＝15.4＜长度＞×1.8＜高度＞－3.96＜门窗洞口＞＋1.555＜门窗侧壁＞＝25.315m^2 门窗侧壁面积＝0.612＜门侧壁面积＞＋1.075＜窗侧壁面积＞＝1.687m^2 砖墙面抹灰面积＝15.4＜长度＞×1.8＜高度＞－3.96＜门窗洞口＞＝23.76m^2 砖墙裙抹灰面积＝15.4＜长度＞×0.9＜高度＞－0.81＜门窗洞口＞＝13.05m^2 房间周长＝15.4m
2.6	房间－1(7)/＜7＋1650,E－2100＞	地面积＝12.118＜主墙间净面积＞＝12.118m^2 块料地面积＝12.118＜主墙间净面积＞＝12.118m^2 顶棚抹灰面积＝12.118＜主墙间净面积＞＝12.118m^2 踢脚抹灰面积＝14.04＜内墙皮长度＞×0.15＜踢脚高度＞－0.135＜门窗洞口＞＋0.027＜门窗侧壁＞＝1.998m^2 踢脚块料面积＝14.04＜块料长度＞×0.15＜踢脚高度＞－0.135＜门窗洞口＞＋0.027＜门窗侧壁＞＝1.998m^2 墙裙抹灰面积＝14.04＜内墙皮长度＞×0.9＜高度＞－0.81＜门窗洞口＞＝11.826m^2 墙裙块料面积＝14.04＜块料长度＞×0.75＜高度＞－0.675＜门窗洞口＞＋0.135＜门窗侧壁＞＝9.99m^2 墙面抹灰面积＝14.04＜长度＞×1.8＜高度＞－3.96＜门窗洞口＞＝21.312m^2 墙面块料面积＝14.04＜长度＞×1.8＜高度＞－3.96＜门窗洞口＞＋1.555＜门窗侧壁＞＝22.867m^2 门窗侧壁面积＝0.612＜门侧壁面积＞＋1.075＜窗侧壁面积＞＝1.687m^2 砖墙面抹灰面积＝14.04＜长度＞×1.8＜高度＞－3.96＜门窗洞口＞＝21.312m^2 砖墙裙抹灰面积＝14.04＜长度＞×0.9＜高度＞－0.81＜门窗洞口＞＝11.826m^2 房间周长＝14.04m
2.7	房间－1(10)/＜8＋1650,E－2100＞	同上,略

续附表 5

序号	构件名称/位置	工程量计算式
2.8	房间－1(11)/＜12＋450,B－2440＞	地面积＝14.198＜主墙间净面积＞＝14.198m^2 块料地面积＝14.198＜主墙间净面积＞＝14.198m^2 顶棚抹灰面积＝14.198＜主墙间净面积＞＝14.198m^2 踢脚抹灰面积＝15.4＜内墙皮长度＞×0.15＜踢脚高度＞－0.135＜门窗洞口＞＋0.027＜门窗侧壁＞＝2.202m^2 踢脚块料面积＝15.4＜块料长度＞×0.15＜踢脚高度＞－0.135＜门窗洞口＞＋0.027＜门窗侧壁＞＝2.202m^2 墙裙抹灰面积＝15.4＜内墙皮长度＞×0.9＜高度＞－0.81＜门窗洞口＞＝13.05m^2 墙裙块料面积＝15.4＜块料长度＞×0.75＜高度＞－0.675＜门窗洞口＞＋0.135＜门窗侧壁＞＝11.01m^2 墙面抹灰面积＝15.4＜长度＞×1.8＜高度＞－3.96＜门窗洞口＞＝23.76m^2 墙面块料面积＝15.4＜长度＞×1.8＜高度＞－3.96＜门窗洞口＞＋1.555＜门窗侧壁＞＝25.315m^2 门窗侧壁面积＝0.612＜门侧壁面积＞＋1.075＜窗侧壁面积＞＝1.687m^2 砖墙面抹灰面积＝15.4＜长度＞×1.8＜高度＞－3.96＜门窗洞口＞＝23.76m^2 砖墙裙抹灰面积＝15.4＜长度＞×0.9＜高度＞－0.81＜门窗洞口＞＝13.05m^2 房间周长＝15.4m
2.9	房间－1(13)/＜14＋1350,E－2100＞	地面积＝9.742＜主墙间净面积＞＝9.742m^2 块料地面积＝9.742＜主墙间净面积＞＝9.742m^2 顶棚抹灰面积＝9.742＜主墙间净面积＞＝9.742m^2 踢脚抹灰面积＝12.84＜内墙皮长度＞×0.15＜踢脚高度＞－0.135＜门窗洞口＞＋0.027＜门窗侧壁＞＝1.818m^2 踢脚块料面积＝12.84＜块料长度＞×0.15＜踢脚高度＞－0.135＜门窗洞口＞＋0.027＜门窗侧壁＞＝1.818m^2 墙裙抹灰面积＝12.84＜内墙皮长度＞×0.9＜高度＞－0.81＜门窗洞口＞＝10.746m^2 墙裙块料面积＝12.84＜块料长度＞×0.75＜高度＞－0.675＜门窗洞口＞＋0.135＜门窗侧壁＞＝9.09m^2 墙面抹灰面积＝12.84＜长度＞×1.8＜高度＞－3.48＜门窗洞口＞＝19.632m^2 墙面块料面积＝12.84＜长度＞×1.8＜高度＞－3.48＜门窗洞口＞＋1.444＜门窗侧壁＞＝21.076m^2 门窗侧壁面积＝0.612＜门侧壁面积＞＋1.011＜窗侧壁面积＞＝1.623m^2 砖墙面抹灰面积＝12.84＜长度＞×1.8＜高度＞－3.48＜门窗洞口＞＝19.632m^2 砖墙裙抹灰面积＝12.84＜长度＞×0.9＜高度＞－0.81＜门窗洞口＞＝10.746m^2 房间周长＝12.84m

续附表 5

序号	构件名称/位置	工程量计算式
2.10	房间－1(14)/＜14＋1075,B－2440＞	地面积＝13.966＜主墙间净面积＞＝13.966m^2 块料地面积＝13.966＜主墙间净面积＞＝13.966m^2 顶棚抹灰面积＝13.966＜主墙间净面积＞＝13.966m^2 踢脚抹灰面积＝15.3＜内墙皮长度＞×0.15＜踢脚高度＞－0.135＜门窗洞口＞＋0.027＜门窗侧壁＞＝2.187m^2 踢脚块料面积＝15.3＜块料长度＞×0.15＜踢脚高度＞－0.135＜门窗洞口＞＋0.027＜门窗侧壁＞＝2.187m^2 墙裙抹灰面积＝15.3＜内墙皮长度＞×0.9＜高度＞－0.81＜门窗洞口＞＝12.96m^2 墙裙块料面积＝15.3＜块料长度＞×0.75＜高度＞－0.675＜门窗洞口＞＋0.135＜门窗侧壁＞＝10.935m^2 墙面抹灰面积＝15.3＜长度＞×1.8＜高度＞－3.96＜门窗洞口＞＝23.58m^2 墙面块料面积＝15.3＜长度＞×1.8＜高度＞－3.96＜门窗洞口＞＋1.555＜门窗侧壁＞＝25.135m^2 门窗侧壁面积＝0.612＜门侧壁面积＞＋1.075＜窗侧壁面积＞＝1.687m^2 砖墙面抹灰面积＝15.3＜长度＞×1.8＜高度＞－3.96＜门窗洞口＞＝23.58m^2 砖墙裙抹灰面积＝15.3＜长度＞×0.9＜高度＞－0.81＜门窗洞口＞＝12.96m^2 房间周长＝15.3m
2.11	房间－1(15)/＜8－1000,D－600＞	地面积＝1.899＜主墙间净面积＞＝1.899m^2 块料地面积＝1.899＜主墙间净面积＞＝1.899m^2 顶棚抹灰面积＝1.899＜主墙间净面积＞＝1.899m^2 踢脚抹灰面积＝5.74＜内墙皮长度＞×0.15＜踢脚高度＞－0.12＜门窗洞口＞＋0.005＜门窗侧壁＞＝0.746m^2 踢脚块料面积＝5.74＜块料长度＞×0.15＜踢脚高度＞－0.12＜门窗洞口＞＋0.005＜门窗侧壁＞＝0.746m^2 墙裙抹灰面积＝5.74＜内墙皮长度＞×0.9＜高度＞－0.72＜门窗洞口＞＝4.446m^2 墙裙块料面积＝5.74＜块料长度＞×0.75＜高度＞－0.6＜门窗洞口＞＋0.023＜门窗侧壁＞＝3.728m^2 墙面抹灰面积＝5.74＜长度＞×1.8＜高度＞－0.96＜门窗洞口＞＝9.372m^2 墙面块料面积＝5.74＜长度＞×1.8＜高度＞－0.96＜门窗洞口＞＋0.048＜门窗侧壁＞＝9.42m^2 柱墙裙抹灰面积＝0.135m^2 柱墙面抹灰面积＝0.27m^2 梁抹灰面积＝0.381＜侧面面积＞＋0.204＜底面面积＞＝0.585m^2 门窗侧壁面积＝0.225＜门侧壁面积＞＝0.225m^2 柱墙裙块料面积＝0.113m^2 柱墙面块料面积＝0.27m^2 砖墙面抹灰面积＝5.74＜长度＞×1.8＜高度＞－0.96＜门窗洞口＞＝9.372m^2 砖墙裙抹灰面积＝5.74＜长度＞×0.9＜高度＞－0.72＜门窗洞口＞＝4.446m^2 房间周长＝5.74m
2.12	房间－1(16)/＜8＋1000,D－600＞	同上,略

续附表5

序号	构件名称/位置	工程量计算式
2.13	房间－1(17)/＜2－25,C－950＞	地面积＝18.857＜主墙间净面积＞＝18.857m^2 块料地面积＝18.857＜主墙间净面积＞＝18.857m^2 顶棚抹灰面积＝18.857＜主墙间净面积＞＋0.362＜梁＞＝19.219m^2 踢脚抹灰面积＝16.05＜内墙皮长度＞×0.15＜踢脚高度＞＋0.045＜柱＞－0.525＜门窗洞口＞＋0.086＜门窗侧壁＞－0.345＜洞洞口＞＋0.065＜洞侧壁＞＝1.733m^2 踢脚块料面积＝16.05＜块料长度＞×0.15＜踢脚高度＞＋0.045＜柱＞－0.525＜门窗洞口＞＋0.086＜门窗侧壁＞－0.345＜洞洞口＞＋0.065＜洞侧壁＞＝1.733m^2 墙裙抹灰面积＝16.05＜内墙皮长度＞×0.9＜高度＞－3.15＜门窗洞口＞＋0.27＜柱＞－2.07＜洞洞口＞＝9.495m^2 墙裙块料面积＝16.05＜块料长度＞×0.75＜高度＞＋0.225＜柱＞－1.725＜洞洞口＞＋0.323＜洞侧壁＞－2.625＜门窗洞口＞＋0.428＜门窗侧壁＞＝8.663m^2 墙面抹灰面积＝16.05＜长度＞×1.8＜高度＞＋0.54＜柱＞－4.2＜门窗洞口＞－3.45＜洞洞口＞＝21.78m^2 墙面块料面积＝16.05＜长度＞×1.8＜高度＞＋0.54＜柱＞－3.45＜洞洞口＞＋1.14＜洞侧壁＞－4.2＜门窗洞口＞＋0.939＜门窗侧壁＞＝23.859m^2 柱墙裙抹灰面积＝0.783m^2 柱墙面抹灰面积＝1.566m^2 梁抹灰面积＝0.479＜侧面面积＞＋0.257＜底面面积＞＝0.735m^2 门窗侧壁面积＝2.061＜门侧壁面积＞＝2.061m^2 柱墙裙块料面积＝0.653m^2 柱墙面块料面积＝1.566m^2 砖墙面抹灰面积＝15.93＜长度＞×1.8＜高度＞－4.2＜门窗洞口＞＋0.54＜柱＞－3.45＜洞洞口＞＝21.564m^2 砖墙裙抹灰面积＝15.93＜长度＞×0.9＜高度＞－3.15＜门窗洞口＞＋0.27＜柱＞－2.07＜洞洞口＞＝9.387m^2 房间周长＝18.58m

续附表 5

序号	构件名称/位置	工程量计算式
2.14	房间－1(18)/＜6＋1100，B－290＞	地面积＝36.777＜主墙间净面积＞＝36.777m^2 块料地面积＝36.777＜主墙间净面积＞＝36.777m^2 顶棚抹灰面积＝36.777＜主墙间净面积＞＋2.76＜梁＞＝39.537m^2 踢脚抹灰面积＝25.91＜内墙皮长度＞×0.15＜踢脚高度＞＋0.029＜柱＞－0.645＜门窗洞口＞＋0.09＜门窗侧壁＞－0.405＜洞洞口＞＋0.065＜洞侧壁＞＝3.02m^2 踢脚块料面积＝25.91＜块料长度＞×0.15＜踢脚高度＞＋0.029＜柱＞－0.645＜门窗洞口＞＋0.09＜门窗侧壁＞－0.405＜洞洞口＞＋0.065＜洞侧壁＞＝3.02m^2 墙裙抹灰面积＝25.91＜内墙皮长度＞×0.9＜高度＞－3.87＜门窗洞口＞＋0.172＜柱＞－2.43＜洞洞口＞＝17.191m^2 墙裙块料面积＝25.91＜块料长度＞×0.75＜高度＞＋0.143＜柱＞－2.025＜洞洞口＞＋0.323＜洞侧壁＞－3.225＜门窗洞口＞＋0.45＜门窗侧壁＞＝15.098m^2 墙面抹灰面积＝25.91＜长度＞×1.8＜高度＞＋0.344＜柱＞－5.16＜门窗洞口＞－4.05＜洞洞口＞＝37.772m^2 墙面块料面积＝25.91＜长度＞×1.8＜高度＞＋0.344＜柱＞－4.05＜洞洞口＞＋1.226＜洞侧壁＞－5.16＜门窗洞口＞＋0.987＜门窗侧壁＞＝39.985m^2 柱墙裙抹灰面积＝0.694m^2 柱墙面抹灰面积＝1.387m^2 梁抹灰面积＝0.535＜侧面面积＞＋0.287＜底面面积＞＝0.821m^2 门窗侧壁面积＝2.286＜门侧壁面积＞＝2.286m^2 柱墙裙块料面积＝0.578m^2 柱墙面块料面积＝1.387m^2 砖墙面抹灰面积＝25.79＜长度＞×1.8＜高度＞－5.16＜门窗洞口＞＋0.344＜柱＞－4.05＜洞洞口＞＝37.556m^2 砖墙裙抹灰面积＝25.79＜长度＞×0.9＜高度＞－3.87＜门窗洞口＞＋0.172＜柱＞－2.43＜洞洞口＞＝17.083m^2 房间周长＝28.19m
2.15	房间－1(19)/＜10－1100，B－290＞	同上，略

续附表 5

序号	构件名称/位置	工程量计算式
2.16	房间－1(20)/＜14＋25,C－950＞	地面积＝18.857＜主墙间净面积＞＝18.857m^2 块料地面积＝18.857＜主墙间净面积＞＝18.857m^2 顶棚抹灰面积＝18.857＜主墙间净面积＞＋0.362＜梁＞＝19.219m^2 踢脚抹灰面积＝16.05＜内墙皮长度＞×0.15＜踢脚高度＞＋0.045＜柱＞－0.525＜门窗洞口＞＋0.086＜门窗侧壁＞－0.345＜洞洞口＞＋0.065＜洞侧壁＞＝1.733m^2 踢脚块料面积＝16.05＜块料长度＞×0.15＜踢脚高度＞＋0.045＜柱＞－0.525＜门窗洞口＞＋0.086＜门窗侧壁＞－0.345＜洞洞口＞＋0.065＜洞侧壁＞＝1.733m^2 墙裙抹灰面积＝16.05＜内墙皮长度＞×0.9＜高度＞－3.15＜门窗洞口＞＋0.27＜柱＞－2.07＜洞洞口＞＝9.495m^2 墙裙块料面积＝16.05＜块料长度＞×0.75＜高度＞＋0.225＜柱＞－1.725＜洞洞口＞＋0.323＜洞侧壁＞－2.625＜门窗洞口＞＋0.428＜门窗侧壁＞＝8.663m^2 墙面抹灰面积＝16.05＜长度＞×1.8＜高度＞＋0.54＜柱＞－4.2＜门窗洞口＞－3.45＜洞洞口＞＝21.78m^2 墙面块料面积＝16.05＜长度＞×1.8＜高度＞＋0.54＜柱＞－3.45＜洞洞口＞＋1.14＜洞侧壁＞－4.2＜门窗洞口＞＋0.939＜门窗侧壁＞＝23.859m^2 柱墙裙抹灰面积＝0.783m^2 柱墙面抹灰面积＝1.566m^2 梁抹灰面积＝0.479＜侧面面积＞＋0.257＜底面面积＞＝0.735m^2 门窗侧壁面积＝2.061＜门侧壁面积＞＝2.061m^2 柱墙裙块料面积＝0.653m^2 柱墙面块料面积＝1.566m^2 砖墙面抹灰面积＝15.93＜长度＞×1.8＜高度＞－4.2＜门窗洞口＞＋0.54＜柱＞－3.45＜洞洞口＞＝21.564m^2 砖墙裙抹灰面积＝15.93＜长度＞×0.9＜高度＞－3.15＜门窗洞口＞＋0.27＜柱＞－2.07＜洞洞口＞＝9.387m^2 房间周长＝18.58m

续附表 5

序号	构件名称/位置	工程量计算式
2.17	房间－1(31)/＜6－700,D＋1275＞	地面积＝3.047＜主墙间净面积＞＝3.047m^2 块料地面积＝3.047＜主墙间净面积＞＝3.047m^2 顶棚抹灰面积＝3.047＜主墙间净面积＞＝3.047m^2 踢脚抹灰面积＝6.208＜内墙皮长度＞×0.15＜踢脚高度＞－0.135＜门窗洞口＞＋0.008＜门窗侧壁＞＝0.804m^2 踢脚块料面积＝6.208＜块料长度＞×0.15＜踢脚高度＞－0.135＜门窗洞口＞＋0.008＜门窗侧壁＞＝0.804m^2 墙裙抹灰面积＝6.208＜内墙皮长度＞×0.9＜高度＞－0.81＜门窗洞口＞＝4.777m^2 墙裙块料面积＝6.208＜块料长度＞×0.75＜高度＞－0.675＜门窗洞口＞＋0.041＜门窗侧壁＞＝4.022m^2 墙面抹灰面积＝2.493＜长度＞×0.325＜高度＞＋3.715＜长度＞×1.9＜高度＞－1.08＜门窗洞口＞＝6.789m^2 墙面块料面积＝2.493＜长度＞×0.325＜高度＞＋3.715＜长度＞×1.9＜高度＞－1.08＜门窗洞口＞＋0.091＜门窗侧壁＞＝6.879m^2 门窗侧壁面积＝0.291＜门侧壁面积＞＝0.291m^2 砖墙面抹灰面积＝2.493＜长度＞×0.325＜高度＞＋3.715＜长度＞×1.9＜高度＞－1.08＜门窗洞口＞＝6.789m^2 砖墙裙抹灰面积＝6.208＜长度＞×0.9＜高度＞－0.81＜门窗洞口＞＝4.777m^2 房间周长＝7.43m
2.18	房间－1(32)/＜10＋650,D＋1275＞	地面积＝2.798＜主墙间净面积＞＝2.798m^2 块料地面积＝2.798＜主墙间净面积＞＝2.798m^2 顶棚抹灰面积＝2.798＜主墙间净面积＞＝2.798m^2 踢脚抹灰面积＝6.108＜内墙皮长度＞×0.15＜踢脚高度＞－0.135＜门窗洞口＞＋0.008＜门窗侧壁＞＝0.789m^2 踢脚块料面积＝6.108＜块料长度＞×0.15＜踢脚高度＞－0.135＜门窗洞口＞＋0.008＜门窗侧壁＞＝0.789m^2 墙裙抹灰面积＝6.108＜内墙皮长度＞×0.9＜高度＞－0.81＜门窗洞口＞＝4.687m^2 墙裙块料面积＝6.108＜块料长度＞×0.75＜高度＞－0.675＜门窗洞口＞＋0.041＜门窗侧壁＞＝3.947m^2 墙面抹灰面积＝3.615＜长度＞×1.9＜高度＞＋2.493＜长度＞×0.325＜高度＞－1.08＜门窗洞口＞＝6.599m^2 墙面块料面积＝3.615＜长度＞×1.9＜高度＞＋2.493＜长度＞×0.325＜高度＞－1.08＜门窗洞口＞＋0.091＜门窗侧壁＞＝6.689m^2 门窗侧壁面积＝0.291＜门侧壁面积＞＝0.291m^2 砖墙面抹灰面积＝3.615＜长度＞×1.9＜高度＞＋2.493＜长度＞×0.325＜高度＞－1.08＜门窗洞口＞＝6.599m^2 砖墙裙抹灰面积＝6.108＜长度＞×0.9＜高度＞－0.81＜门窗洞口＞＝4.687m^2 房间周长＝7.23m

续附表 5

序号	构件名称/位置	工程量计算式
3	楼梯间－1	地面积＝17.809m^2 块料地面积＝17.809m^2 顶棚抹灰面积＝17.809m^2 踢脚抹灰面积＝3.896m^2 踢脚块料面积＝3.896m^2 墙裙抹灰面积＝21.767m^2 墙裙块料面积＝19.481m^2 墙面抹灰面积＝48.68m^2 墙面块料面积＝51.745m^2 柱墙裙抹灰面积＝0.351m^2 柱墙面抹灰面积＝0.741m^2 梁抹灰面积＝0.605m^2 门窗侧壁面积＝6.934m^2 柱墙裙块料面积＝0.293m^2 柱墙面块料面积＝0.741m^2 砖墙面抹灰面积＝48.395m^2 砖墙裙抹灰面积＝21.632m^2 房间周长＝44.85m
3.1	楼梯间－1(25)/＜5＋150,E－825＞	地面积＝3.244＜主墙间净面积＞＝3.244m^2 块料地面积＝3.244＜主墙间净面积＞＝3.244m^2 顶棚抹灰面积＝3.244＜主墙间净面积＞＝3.244m^2 踢脚抹灰面积＝7.865＜内墙皮长度＞×0.15＜踢脚高度＞－0.6＜门窗洞口＞＋0.072＜门窗侧壁＞＝0.652m^2 踢脚块料面积＝7.865＜块料长度＞×0.15＜踢脚高度＞－0.6＜门窗洞口＞＋0.072＜门窗侧壁＞＝0.652m^2 墙裙抹灰面积＝7.865＜内墙皮长度＞×0.9＜高度＞－3.6＜门窗洞口＞＝3.479m^2 墙裙块料面积＝7.865＜块料长度＞×0.75＜高度＞－3＜门窗洞口＞＋0.36＜门窗侧壁＞＝3.259m^2 墙面抹灰面积＝7.865＜长度＞×1.9＜高度＞－4.2＜门窗洞口＞＝10.744m^2 墙面块料面积＝7.865＜长度＞×1.9＜高度＞－4.2＜门窗洞口＞＋0.848＜门窗侧壁＞＝11.591m^2 门窗侧壁面积＝1.952＜门侧壁面积＞＝1.952m^2 砖墙面抹灰面积＝7.865＜长度＞×1.9＜高度＞－4.2＜门窗洞口＞＝10.744m^2 砖墙裙抹灰面积＝7.865＜长度＞×0.9＜高度＞－3.6＜门窗洞口＞＝3.479m^2 房间周长＝7.865m

续附表5

序号	构件名称/位置	工程量计算式
3.2	楼梯间－1(26)/＜5－550,D＋1275＞	地面积＝2.798＜主墙间净面积＞＝2.798m^2 块料地面积＝2.798＜主墙间净面积＞＝2.798m^2 顶棚抹灰面积＝2.798＜主墙间净面积＞＝2.798m^2 踢脚抹灰面积＝6.108＜内墙皮长度＞×0.15＜踢脚高度＞－0.135＜门窗洞口＞＋0.008＜门窗侧壁＞＝0.789m^2 踢脚块料面积＝6.108＜块料长度＞×0.15＜踢脚高度＞－0.135＜门窗洞口＞＋0.008＜门窗侧壁＞＝0.789m^2 墙裙抹灰面积＝6.108＜内墙皮长度＞×0.9＜高度＞－0.81＜门窗洞口＞＝4.687m^2 墙裙块料面积＝6.108＜块料长度＞×0.75＜高度＞－0.675＜门窗洞口＞＋0.041＜门窗侧壁＞＝3.947m^2 墙面抹灰面积＝3.615＜长度＞×1.9＜高度＞＋2.493＜长度＞×0.325＜高度＞－1.08＜门窗洞口＞＝6.599m^2 墙面块料面积＝3.615＜长度＞×1.9＜高度＞＋2.493＜长度＞×0.325＜高度＞－1.08＜门窗洞口＞＋0.091＜门窗侧壁＞＝6.689m^2 门窗侧壁面积＝0.291＜门侧壁面积＞＝0.291m^2 砖墙面抹灰面积＝3.615＜长度＞×1.9＜高度＞＋2.493＜长度＞×0.325＜高度＞－1.08＜门窗洞口＞＝6.599m^2 砖墙裙抹灰面积＝6.108＜长度＞×0.9＜高度＞－0.81＜门窗洞口＞＝4.687m^2 房间周长＝7.23m
3.3	楼梯间－1(27)/＜5＋150,D－600＞	地面积＝2.738＜主墙间净面积＞＝2.738m^2 块料地面积＝2.738＜主墙间净面积＞＝2.738m^2 顶棚抹灰面积＝2.738＜主墙间净面积＞＝2.738m^2 踢脚抹灰面积＝4.77＜内墙皮长度＞×0.15＜踢脚高度＞－0.27＜门窗洞口＞＋0.054＜门窗侧壁＞＝0.5m^2 踢脚块料面积＝4.77＜块料长度＞×0.15＜踢脚高度＞－0.27＜门窗洞口＞＋0.054＜门窗侧壁＞＝0.5m^2 墙裙抹灰面积＝4.77＜内墙皮长度＞×0.9＜高度＞－1.62＜门窗洞口＞＝2.673m^2 墙裙块料面积＝4.77＜块料长度＞×0.75＜高度＞－1.35＜门窗洞口＞＋0.27＜门窗侧壁＞＝2.498m^2 墙面抹灰面积＝4.77＜长度＞×1.9＜高度＞－2.16＜门窗洞口＞＝6.903m^2 墙面块料面积＝4.77＜长度＞×1.9＜高度＞－2.16＜门窗洞口＞＋0.594＜门窗侧壁＞＝7.497m^2 柱墙裙抹灰面积＝0.176m^2 柱墙面抹灰面积＝0.371m^2 梁抹灰面积＝0.23＜侧面面积＞＋0.072＜底面面积＞＝0.302m^2 门窗侧壁面积＝1.224＜门侧壁面积＞＝1.224m^2 柱墙裙块料面积＝0.146m^2 柱墙面块料面积＝0.371m^2 砖墙面抹灰面积＝4.695＜长度＞×1.9＜高度＞－2.16＜门窗洞口＞＝6.761m^2 砖墙裙抹灰面积＝4.695＜长度＞×0.9＜高度＞－1.62＜门窗洞口＞＝2.606m^2 房间周长＝7.23m
3.4	楼梯间－1(28)/＜11－150,D－600＞	同上，略

续附表 5

序号	构件名称/位置	工程量计算式
3.5	楼梯间－1(29)/＜11＋500,D＋1275＞	地面积＝3.047＜主墙间净面积＞＝3.047m^2 块料地面积＝3.047＜主墙间净面积＞＝3.047m^2 顶棚抹灰面积＝3.047＜主墙间净面积＞＝3.047m^2 踢脚抹灰面积＝6.208＜内墙皮长度＞×0.15＜踢脚高度＞－0.135＜门窗洞口＞＋0.008＜门窗侧壁＞＝0.804m^2 踢脚块料面积＝6.208＜块料长度＞×0.15＜踢脚高度＞－0.135＜门窗洞口＞＋0.008＜门窗侧壁＞＝0.804m^2 墙裙抹灰面积＝6.208＜内墙皮长度＞×0.9＜高度＞－0.81＜门窗洞口＞＝4.777m^2 墙裙块料面积＝6.208＜块料长度＞×0.75＜高度＞－0.675＜门窗洞口＞＋0.041＜门窗侧壁＞＝4.022m^2 墙面抹灰面积＝2.493＜长度＞×0.325＜高度＞＋3.715＜长度＞×1.9＜高度＞－1.08＜门窗洞口＞＝6.789m^2 墙面块料面积＝2.493＜长度＞×0.325＜高度＞＋3.715＜长度＞×1.9＜高度＞－1.08＜门窗洞口＞＋0.091＜门窗侧壁＞＝6.879m^2 门窗侧壁面积＝0.291＜门侧壁面积＞＝0.291m^2 砖墙面抹灰面积＝2.493＜长度＞×0.325＜高度＞＋3.715＜长度＞×1.9＜高度＞－1.08＜门窗洞口＞＝6.789m^2 砖墙裙抹灰面积＝6.208＜长度＞×0.9＜高度＞－0.81＜门窗洞口＞＝4.777m^2 房间周长＝7.43m
3.6	楼梯间－1(30)/＜11－150,E－825＞	地面积＝3.244＜主墙间净面积＞＝3.244m^2 块料地面积＝3.244＜主墙间净面积＞＝3.244m^2 顶棚抹灰面积＝3.244＜主墙间净面积＞＝3.244m^2 踢脚抹灰面积＝7.865＜内墙皮长度＞×0.15＜踢脚高度＞－0.6＜门窗洞口＞＋0.072＜门窗侧壁＞＝0.652m^2 踢脚块料面积＝7.865＜块料长度＞×0.15＜踢脚高度＞－0.6＜门窗洞口＞＋0.072＜门窗侧壁＞＝0.652m^2 墙裙抹灰面积＝7.865＜内墙皮长度＞×0.9＜高度＞－3.6＜门窗洞口＞＝3.479m^2 墙裙块料面积＝7.865＜块料长度＞×0.75＜高度＞－3＜门窗洞口＞＋0.36＜门窗侧壁＞＝3.259m^2 墙面抹灰面积＝7.865＜长度＞×1.9＜高度＞－4.2＜门窗洞口＞＝10.744m^2 墙面块料面积＝7.865＜长度＞×1.9＜高度＞－4.2＜门窗洞口＞＋0.848＜门窗侧壁＞＝11.591m^2 门窗侧壁面积＝1.952＜门侧壁面积＞＝1.952m^2 砖墙面抹灰面积＝7.865＜长度＞×1.9＜高度＞－4.2＜门窗洞口＞＝10.744m^2 砖墙裙抹灰面积＝7.865＜长度＞×0.9＜高度＞－3.6＜门窗洞口＞＝3.479m^2 房间周长＝7.865m

续附表 5

序号	构件名称/位置	工程量计算式
4	卫生间－1	地面积＝21.543m^2 块料地面积＝21.543m^2 顶棚抹灰面积＝21.543m^2 踢脚抹灰面积＝5.307m^2 踢脚块料面积＝5.307m^2 墙裙抹灰面积＝31.734m^2 墙裙块料面积＝26.535m^2 墙面抹灰面积＝65.388m^2 墙面块料面积＝65.58m^2 柱墙裙抹灰面积＝1.242m^2 柱墙面抹灰面积＝2.484m^2 梁抹灰面积＝3.87m^2 门窗侧壁面积＝0.9m^2 柱墙裙块料面积＝1.035m^2 柱墙面块料面积＝2.484m^2 砖墙面抹灰面积＝65.388m^2 砖墙裙抹灰面积＝31.734m^2 房间周长＝38.16m
4.1	卫生间－1(2)/＜4＋200,C－1550＞	地面积＝5.386＜主墙间净面积＞＝5.386m^2 块料地面积＝5.386＜主墙间净面积＞＝5.386m^2 顶棚抹灰面积＝5.386＜主墙间净面积＞＝5.386m^2 踢脚抹灰面积＝9.54＜内墙皮长度＞×0.15＜踢脚高度＞＋0.023＜柱＞－0.12＜门窗洞口＞＋0.005＜门窗侧壁＞＝1.338m^2 踢脚块料面积＝9.54＜块料长度＞×0.15＜踢脚高度＞＋0.023＜柱＞－0.12＜门窗洞口＞＋0.005＜门窗侧壁＞＝1.338m^2 墙裙抹灰面积＝9.54＜内墙皮长度＞×0.9＜高度＞－0.72＜门窗洞口＞＋0.135＜柱＞＝8.001m^2 墙裙块料面积＝9.54＜块料长度＞×0.75＜高度＞＋0.113＜柱＞－0.6＜门窗洞口＞＋0.023＜门窗侧壁＞＝6.69m^2 墙面抹灰面积＝9.54＜长度＞×1.8＜高度＞＋0.27＜柱＞－0.96＜门窗洞口＞＝16.482m^2 墙面块料面积＝9.54＜长度＞×1.8＜高度＞＋0.27＜柱＞－0.96＜门窗洞口＞＋0.048＜门窗侧壁＞＝16.53m^2 柱墙裙抹灰面积＝0.486m^2 柱墙面抹灰面积＝0.972m^2 梁抹灰面积＝0.613＜侧面面积＞＋0.329＜底面面积＞＝0.942m^2 门窗侧壁面积＝0.225＜门侧壁面积＞＝0.225m^2 柱墙裙块料面积＝0.405m^2 柱墙面块料面积＝0.972m^2 砖墙面抹灰面积＝9.54＜长度＞×1.8＜高度＞－0.96＜门窗洞口＞＋0.27＜柱＞＝16.482m^2 砖墙裙抹灰面积＝9.54＜长度＞×0.9＜高度＞－0.72＜门窗洞口＞＋0.135＜柱＞＝8.001m^2 房间周长＝9.54m

续附表 5

序号	构件名称/位置	工程量计算式
4.2	卫生间－1(8)/＜8－1000,C－1550＞	地面积＝5.386＜主墙间净面积＞＝5.386m² 块料地面积＝5.386＜主墙间净面积＞＝5.386m² 顶棚抹灰面积＝5.386＜主墙间净面积＞＝5.386m² 踢脚抹灰面积＝9.54＜内墙皮长度＞×0.15＜踢脚高度＞－0.12＜门窗洞口＞＋0.005＜门窗侧壁＞＝1.316m² 踢脚块料面积＝9.54＜块料长度＞×0.15＜踢脚高度＞－0.12＜门窗洞口＞＋0.005＜门窗侧壁＞＝1.316m² 墙裙抹灰面积＝9.54＜内墙皮长度＞×0.9＜高度＞－0.72＜门窗洞口＞＝7.866m² 墙裙块料面积＝9.54＜块料长度＞×0.75＜高度＞－0.6＜门窗洞口＞＋0.023＜门窗侧壁＞＝6.578m² 墙面抹灰面积＝9.54＜长度＞×1.8＜高度＞－0.96＜门窗洞口＞＝16.212m² 墙面块料面积＝9.54＜长度＞×1.8＜高度＞－0.96＜门窗洞口＞＋0.048＜门窗侧壁＞＝16.26m² 柱墙裙抹灰面积＝0.135m² 柱墙面抹灰面积＝0.27m² 梁抹灰面积＝0.647＜侧面面积＞＋0.347＜底面面积＞＝0.993m² 门窗侧壁面积＝0.225＜门侧壁面积＞＝0.225m² 柱墙裙块料面积＝0.113m² 柱墙面块料面积＝0.27m² 砖墙面抹灰面积＝9.54＜长度＞×1.8＜高度＞－0.96＜门窗洞口＞＝16.212m² 砖墙裙抹灰面积＝9.54＜长度＞×0.9＜高度＞－0.72＜门窗洞口＞＝7.866m² 房间周长＝9.54m
4.3	卫生间－1(9)/＜8＋1000,C－1550＞	地面积＝5.386＜主墙间净面积＞＝5.386m² 块料地面积＝5.386＜主墙间净面积＞＝5.386m² 顶棚抹灰面积＝5.386＜主墙间净面积＞＝5.386m² 踢脚抹灰面积＝9.54＜内墙皮长度＞×0.15＜踢脚高度＞－0.12＜门窗洞口＞＋0.005＜门窗侧壁＞＝1.316m² 踢脚块料面积＝9.54＜块料长度＞×0.15＜踢脚高度＞－0.12＜门窗洞口＞＋0.005＜门窗侧壁＞＝1.316m² 墙裙抹灰面积＝9.54＜内墙皮长度＞×0.9＜高度＞－0.72＜门窗洞口＞＝7.866m² 墙裙块料面积＝9.54＜块料长度＞×0.75＜高度＞－0.6＜门窗洞口＞＋0.023＜门窗侧壁＞＝6.578m² 墙面抹灰面积＝9.54＜长度＞×1.8＜高度＞－0.96＜门窗洞口＞＝16.212m² 墙面块料面积＝9.54＜长度＞×1.8＜高度＞－0.96＜门窗洞口＞＋0.048＜门窗侧壁＞＝16.26m² 柱墙裙抹灰面积＝0.135m² 柱墙面抹灰面积＝0.27m² 梁抹灰面积＝0.647＜侧面面积＞＋0.347＜底面面积＞＝0.993m² 门窗侧壁面积＝0.225＜门侧壁面积＞＝0.225m² 柱墙裙块料面积＝0.113m² 柱墙面块料面积＝0.27m² 砖墙面抹灰面积＝9.54＜长度＞×1.8＜高度＞－0.96＜门窗洞口＞＝16.212m² 砖墙裙抹灰面积＝9.54＜长度＞×0.9＜高度＞－0.72＜门窗洞口＞＝7.866m² 房间周长＝9.54m

续附表 5

序号	构件名称/位置	工程量计算式
4.4	卫生间－1(12)/＜12－200,C－1550＞	地面积＝5.386＜主墙间净面积＞＝5.386m^2 块料地面积＝5.386＜主墙间净面积＞＝5.386m^2 顶棚抹灰面积＝5.386＜主墙间净面积＞＝5.386m^2 踢脚抹灰面积＝9.54＜内墙皮长度＞×0.15＜踢脚高度＞＋0.023＜柱＞－0.12＜门窗洞口＞＋0.005＜门窗侧壁＞＝1.338m^2 踢脚块料面积＝9.54＜块料长度＞×0.15＜踢脚高度＞＋0.023＜柱＞－0.12＜门窗洞口＞＋0.005＜门窗侧壁＞＝1.338m^2 墙裙抹灰面积＝9.54＜内墙皮长度＞×0.9＜高度＞－0.72＜门窗洞口＞＋0.135＜柱＞＝8.001m^2 墙裙块料面积＝9.54＜块料长度＞×0.75＜高度＞＋0.113＜柱＞－0.6＜门窗洞口＞＋0.023＜门窗侧壁＞＝6.69m^2 墙面抹灰面积＝9.54＜长度＞×1.8＜高度＞＋0.27＜柱＞－0.96＜门窗洞口＞＝16.482m^2 墙面块料面积＝9.54＜长度＞×1.8＜高度＞＋0.27＜柱＞－0.96＜门窗洞口＞＋0.048＜门窗侧壁＞＝16.53m^2 柱墙裙抹灰面积＝0.486m^2 柱墙面抹灰面积＝0.972m^2 梁抹灰面积＝0.613＜侧面面积＞＋0.329＜底面面积＞＝0.942m^2 门窗侧壁面积＝0.225＜门侧壁面积＞＝0.225m^2 柱墙裙块料面积＝0.405m^2 柱墙面块料面积＝0.972m^2 砖墙面抹灰面积＝9.54＜长度＞×1.8＜高度＞－0.96＜门窗洞口＞＋0.27＜柱＞＝16.482m^2 砖墙裙抹灰面积＝9.54＜长度＞×0.9＜高度＞－0.72＜门窗洞口＞＋0.135＜柱＞＝8.001m^2 房间周长＝9.54m
十四、单墙面装修		
1	WQMZX－1	墙裙抹灰面积＝72.616m^2 墙裙块料面积＝73.404m^2 墙面抹灰面积＝152.504m^2 墙面块料面积＝177.604m^2
1.1	WQMZX－1(1)/＜1－310,D＞,＜1－310,E＞	墙裙抹灰面积＝4.059m^2 墙裙块料面积＝4.059m^2 墙面抹灰面积＝11.726m^2 墙面块料面积＝11.726m^2
1.2	WQMZX－1(2)/＜1－310,B＞,＜1－310,D＞	墙裙抹灰面积＝3.41m^2 墙裙块料面积＝3.496m^2 墙面抹灰面积＝6.12m^2 墙面块料面积＝7.561m^2
1.3	WQMZX－1(3)/＜1－310,A＞,＜1－310,B＞	墙裙抹灰面积＝4.671m^2 墙裙块料面积＝4.671m^2 墙面抹灰面积＝13.494m^2 墙面块料面积＝13.494m^2

续附表 5

序号	构件名称/位置	工程量计算式
1.4	WQMZX－1(4)/＜3，A－310＞，＜1，A－310＞	墙裙抹灰面积＝3.204m^2 墙裙块料面积＝3.204m^2 墙面抹灰面积＝6.376m^2 墙面块料面积＝7.634m^2
1.5	WQMZX－1(5)/＜5，A－310＞，＜3，A－310＞	墙裙抹灰面积＝2.97m^2 墙裙块料面积＝2.97m^2 墙面抹灰面积＝5.7m^2 墙面块料面积＝6.958m^2
1.6	WQMZX－1(6)/＜7，A－310＞，＜5，A－310＞	墙裙抹灰面积＝2.97m^2 墙裙块料面积＝3.056m^2 墙面抹灰面积＝4.2m^2 墙面块料面积＝5.727m^2
1.7	WQMZX－1(7)/＜8，A－310＞，＜7，A－310＞	墙裙抹灰面积＝2.97m^2 墙裙块料面积＝2.97m^2 墙面抹灰面积＝5.7m^2 墙面块料面积＝6.958m^2
1.8	WQMZX－1(8)/＜9，A－310＞，＜8，A－310＞	墙裙抹灰面积＝2.97m^2 墙裙块料面积＝2.97m^2 墙面抹灰面积＝5.7m^2 墙面块料面积＝6.958m^2
1.9	WQMZX－1(9)/＜11，A－310＞，＜9，A－310＞	墙裙抹灰面积＝2.97m^2 墙裙块料面积＝3.056m^2 墙面抹灰面积＝4.2m^2 墙面块料面积＝5.727m^2
1.10	WQMZX－1(10)/＜13，A－310＞，＜11，A－310＞	墙裙抹灰面积＝2.97m^2 墙裙块料面积＝2.97m^2 墙面抹灰面积＝5.7m^2 墙面块料面积＝6.958m^2
1.11	WQMZX－1(11)/＜15，A－310＞，＜13，A－310＞	墙裙抹灰面积＝3.204m^2 墙裙块料面积＝3.204m^2 墙面抹灰面积＝6.376m^2 墙面块料面积＝7.634m^2
1.12	WQMZX－1(12)/＜15＋310，B＞，＜15＋310，A＞	墙裙抹灰面积＝4.671m^2 墙裙块料面积＝4.671m^2 墙面抹灰面积＝13.494m^2 墙面块料面积＝13.494m^2
1.13	WQMZX－1(13)/＜15＋310，D＞，＜15＋310，B＞	墙裙抹灰面积＝3.41m^2 墙裙块料面积＝3.496m^2 墙面抹灰面积＝6.12m^2 墙面块料面积＝7.561m^2

续附表 5

序号	构件名称/位置	工程量计算式
1.14	WQMZX－1(14)/＜15＋310,E＞,＜15＋310,D＞	墙裙抹灰面积＝4.059m^2 墙裙块料面积＝4.059m^2 墙面抹灰面积＝11.726m^2 墙面块料面积＝11.726m^2
1.15	WQMZX－1(15)/＜14,E＋310＞,＜15,E＋310＞	墙裙抹灰面积＝2.709m^2 墙裙块料面积＝2.709m^2 墙面抹灰面积＝5.426m^2 墙面块料面积＝6.573m^2
1.16	WQMZX－1(16)/＜12,E＋310＞,＜14,E＋310＞	墙裙抹灰面积＝2.205m^2 墙裙块料面积＝2.279m^2 墙面抹灰面积＝3.86m^2 墙面块料面积＝5.1m^2
1.17	WQMZX－1(17)/＜10＋400,E＋310＞,＜12－400,E＋310＞	墙裙抹灰面积＝1.47m^2 墙裙块料面积＝1.544m^2 墙面抹灰面积＝2.66m^2 墙面块料面积＝3.585m^2
1.18	WQMZX－1(18)/＜12－400,E＋310＞,＜12,E＋310＞	墙裙抹灰面积＝0.36m^2 墙裙块料面积＝0.36m^2 墙面抹灰面积＝1.04m^2 墙面块料面积＝1.04m^2
1.19	WQMZX－1(19)/＜10,E＋310＞,＜10＋400,E＋310＞	墙裙抹灰面积＝0.36m^2 墙裙块料面积＝0.36m^2 墙面抹灰面积＝1.04m^2 墙面块料面积＝1.04m^2
1.20	WQMZX－1(20)/＜9,E＋310＞,＜10,E＋310＞	墙裙抹灰面积＝1.98m^2 墙裙块料面积＝2.054m^2 墙面抹灰面积＝3.21m^2 墙面块料面积＝4.45m^2
1.21	WQMZX－1(21)/＜8,E＋310＞,＜9,E＋310＞	墙裙抹灰面积＝2.97m^2 墙裙块料面积＝2.97m^2 墙面抹灰面积＝5.7m^2 墙面块料面积＝6.958m^2
1.22	WQMZX－1(22)/＜7,E＋310＞,＜8,E＋310＞	墙裙抹灰面积＝2.97m^2 墙裙块料面积＝2.97m^2 墙面抹灰面积＝5.7m^2 墙面块料面积＝6.958m^2
1.23	WQMZX－1(23)/＜6,E＋310＞,＜7,E＋310＞	墙裙抹灰面积＝1.98m^2 墙裙块料面积＝2.054m^2 墙面抹灰面积＝3.21m^2 墙面块料面积＝4.45m^2

续附表 5

序号	构件名称/位置	工程量计算式
1.24	WQMZX－1(24)/<6－400,E＋310>,<6,E＋310>	墙裙抹灰面积＝0.36m^2 墙裙块料面积＝0.36m^2 墙面抹灰面积＝1.04m^2 墙面块料面积＝1.04m^2
1.25	WQMZX－1(25)/<4＋400,E＋310>,<6－400,E＋310>	墙裙抹灰面积＝1.47m^2 墙裙块料面积＝1.544m^2 墙面抹灰面积＝2.66m^2 墙面块料面积＝3.585m^2
1.26	WQMZX－1(26)/<4,E＋310>,<4＋400,E＋310>	墙裙抹灰面积＝0.36m^2 墙裙块料面积＝0.36m^2 墙面抹灰面积＝1.04m^2 墙面块料面积＝1.04m^2
1.27	WQMZX－1(27)/<2,E＋310>,<4,E＋310>	墙裙抹灰面积＝2.205m^2 墙裙块料面积＝2.279m^2 墙面抹灰面积＝3.86m^2 墙面块料面积＝5.1m^2
1.28	WQMZX－1(28)/<1,E＋310>,<2,E＋310>	墙裙抹灰面积＝2.709m^2 墙裙块料面积＝2.709m^2 墙面抹灰面积＝5.426m^2 墙面块料面积＝6.573m^2
	十五、台阶	
1	楼梯台阶	面积＝1.296m^2
1.1	楼梯台阶(3)/<4＋600,D＋300>	面积＝0.648m^2
1.2	楼梯台阶(4)/<11＋600,D＋300>	面积＝0.648m^2
2	一步台阶	面积＝2.52m^2
2.1	一步台阶(1)/<11－150,E＋505>	面积＝1.26m^2
2.2	一步台阶(2)/<5＋150,E＋505>	面积＝1.26m^2
	十六、散水	
1	SS－1	面积＝67.432m^2 贴墙长度＝84.24m 外围长度＝90.64m
1.1	SS－1(1)/<8,E＋710>	面积＝23.776<原始面积>－2.52<台阶>＝21.256m^2 贴墙长度＝28.12m 外围长度＝31.32m
1.2	SS－1(2)/<8,A－710>	面积＝46.176<原始面积>＝46.176m^2 贴墙长度＝56.12m 外围长度＝59.32m
	十七、平整场地	
1	PZCD－1	面积＝393.68m^2
1.1	PZCD－1(1)/<8,C－1290>	面积＝393.68m^2

续附表 5

序号	构件名称/位置	工程量计算式
十八、建筑面积		
1	JZMJ－1	面积＝393.68m^2 周长＝84.24m
1.1	JZMJ－1(1)/<8,C－1290>	面积＝393.68m^2 周长＝84.24m

注：构件名称/位置栏内，第一对尖括号内的数字为起始轴线交点，第二对尖括号内的数字为结束轴线交点，加(减)号前的数字或字母为轴线号，加(减)号后面的数字为偏离此轴线的距离，如果为加号，该构件则在此轴线的右侧；如果为减号，该构件则在此轴线的左侧。

工程量计算式栏中尖括号内为其前面数字的说明。读者也可以将某一个数据进行细分，如体积可以分为长、宽、深或高等，在计算时分别加以说明。也可以采用统筹法计算工程量的原理，首先计算一些基数，然后在计算相关项目的工程量时进行调用。

为了与工程量汇总表对应，本表列出首层部分构件的工程量计算书，是为了说明工程量计算书的书写格式和要求而列出的。用本表所给的格式进行工程量计算式的书写，无论过了多长时间，都不会忘记每个数字的意义，请大家在实际工作中仿效。

附表 6　单位工程费用汇总表

单位工程费用汇总表　　附表 6

序号	项目名称	金额(元)
一、	分部分项工程量清单费用	801093.93
二、	措施项目清单计价	116170.61
三、	其他项目费用	28038.29
四、	规费	29493.4483
1	工程定额测定费	945.3028
2	安全生产监督费	567.1817
3	建筑管理费	
4	劳动保险及劳保统筹	27980.9638
五、	税金	33532.992
合　计		1008329.27

附表 7 分部分项工程量清单计价表

分部分项工程量清单计价表 附表 7

序号	项目编码	项目名称	计量单位	工程数量	金额(元)	
					综合单价	合价
1	010101001001	平整场地	m^2	393.68	3.9	1535.35
2	010101003001	挖基础土方	m^3	90.06	28.02	2523.48
3	010103001001	土(石)方回填	m^3	213.34	7.22	1540.31
4	010201001001	预制钢筋混凝土桩	m	1097.4	60.77	66689
5	010302001001	实心砖墙	m^3	1.42	267.36	379.65
6	010302001002	实心砖墙	m^3	0.7	265	185.5
7	010302001003	实心砖墙	m^3	0.6	2161.39	1296.83
8	010302006001	零星砌砖	m^3	0.37		
9	010302006002	零星砌砖	m^2	1.3	99.4	129.22
10	010304001001	空心砖墙、砌块墙	m^3	19.96	241.89	4828.12
11	010304001002	空心砖墙、砌块墙	m^3	160.93	229.64	36955.97
12	010304001003	空心砖墙、砌块墙	m^3	155.39	228.53	35511.28
13	010304001004	空心砖墙、砌块墙	m^3	11.95	239.6	2863.22
14	010306002001	砖地沟、明沟	m	28.24	308.3	8706.39
15	010401001001	带形基础	m^3	62.54	49.55	3098.86
16	010402001001	矩形柱	m^3	36.63	290.98	10658.6
17	010403001001	基础梁	m^3	12.19	527.01	6424.25
18	010403001002	基础梁	m^3	1.31	677.11	887.01
19	010403002001	矩形梁	m^3	2.62	218.29	571.92
20	010403002002	矩形梁	m^3	29.33	180.79	5302.57
21	010403002003	矩形梁	m^3	1.89	197.24	372.78
22	010405003001	平板	m^3	83.09	333.44	27705.53
23	010405006001	栏板	m^3	4.71	320.28	1508.52
24	010405006002	栏板	m^3	8.91	357.87	3188.62
25	010405008001	雨篷、阳台板	m^3	11.27	408.12	4599.51
26	010405008002	雨篷、阳台板	m^3	0.31		
27	010406001001	直形楼梯	m^2	37.5	58.42	2190.75
28	010407001001	其他构件	m^3	0.28	305.08	85.42
29	010407001002	其他构件	m^3	1.02	306.82	312.96
30	010407002001	散水、坡道	m^2	67.43	43.13	2908.26
31	010410003001	过梁	m^3	0.76	248.23	188.65
32	010410003002	过梁	m^3	0.68	278.75	189.55

续附表 7

序号	项目编码	项目名称	计量单位	工程数量	金额(元)	
					综合单价	合价
33	010410003003	过梁	m^3	0.15	251.18	37.68
34	010410003004	过梁	m^3	1.84	249.14	458.42
35	010410003005	过梁	m^3	3.47	249.26	864.93
36	010410003006	过梁	m^3	3.44	249.54	858.42
37	010410003007	过梁	m^3	1.01	249.04	251.53
38	010412008001	沟盖板、井盖板、井圈	m^3	3.01	343.06	1032.61
39	010416001001	现浇混凝土钢筋	t	30.125	4951.19	149154.6
40	010416002001	预制构件钢筋	t	9.674	4920.92	47604.98
41	010702001001	屋面卷材防水	m^2	323.67	67.59	21876.86
42	010702003001	屋面刚性防水	m^2	323.67	24.62	7968.76
43	010702004001	屋面排水管	m	49	55.64	2726.36
44	010703004001	变形缝	m	486.41	8.14	3959.38
45	010803001001	保温隔热屋面	m^2	323.67	162.95	52742.03
46	010803003001	保温隔热墙	m^2	442.59	0.14	61.96
47	010803003002	保温隔热墙	m^2	11.04	43.27	477.7
48	010803003003	保温隔热墙	m^2	11.04	27.06	298.74
49	010803003004	保温隔热墙	m^2	10.24	21.66	221.8
50	010803003005	保温隔热墙	m^2	50.37	43.29	2180.52
51	020101001001	水泥砂浆楼地面	m^2	830.75	32.05	26625.54
52	020101001002	水泥砂浆楼地面	m^2	77.18	11.36	876.76
53	020101001003	水泥砂浆楼地面	m^2	53.87	9.33	502.61
54	020101001004	水泥砂浆楼地面	m^2	65.05	28.61	1861.08
55	020102002001	块料楼地面	m^2	323.67	44.43	14380.66
56	020105001001	水泥砂浆踢脚线	m^2	110.02		
57	020105001002	水泥砂浆踢脚线	m^2	27.55	15.07	415.18
58	020105002001	石材踢脚线	m^2	11.92	290.38	3461.33
59	020107001001	金属扶手带栏杆、栏板	m	29.4	357.96	10524.02
60	020107001002	金属扶手带栏杆、栏板	m	29.4	357.96	10524.02
61	020107001003	金属扶手带栏杆、栏板	m	57.65	173.24	9987.29
62	020107001004	金属扶手带栏杆、栏板	m	34.8	357.96	12457.01
63	020108003001	水泥砂浆台阶面	m^2	2.52	8894.19	22413.36
64	020201001001	墙面一般抹灰	m^2	357.53	10.6	3789.82
65	020201001002	墙面一般抹灰	m^2	882.18	9.64	8504.22
66	020201001003	墙面一般抹灰	m^2	526.21	15.63	8224.66
67	020201001004	墙面一般抹灰	m^2	567.94	10.74	6099.68

续附表 7

序号	项目编码	项目名称	计量单位	工程数量	金额(元)	
					综合单价	合价
68	020301001001	顶棚抹灰	m^2	218.85	9.35	2046.25
69	020301001002	顶棚抹灰	m^2	775.52	9.35	7251.11
70	020401005001	夹板装饰门	樘	20	304.3	6086
71	020401005002	夹板装饰门	樘	8	342.35	2738.8
72	020401005003	夹板装饰门	樘	8	135.86	1086.88
73	020401005004	夹板装饰门	樘	2	456.46	912.92
74	020401005005	夹板装饰门	樘	34	342.35	11639.9
75	020402005001	塑钢门	樘	8	678.95	5431.6
76	020402005002	塑钢门	樘	4	543.16	2172.64
77	020406007001	塑钢窗	樘	8	54.58	436.64
78	020406007002	塑钢窗	樘	22	818.67	18010.74
79	020406007003	塑钢窗	樘	4	409.33	1637.32
80	020406007004	塑钢窗	樘	4	545.78	2183.12
81	020406007005	塑钢窗	樘	4	682.22	2728.88
82	020406007006	塑钢窗	樘	24	511.66	12279.84
83	020406007007	塑钢窗	樘	24	453.85	10892.4
84	020406007008	塑钢窗	樘	6	1392.86	8357.16
85	020406007009	塑钢窗	樘	6	2330.91	13985.46
86	020406007010	塑钢窗	樘	6	1250.73	7504.38
87	020406007011	塑钢窗	樘	6	2103.51	12621.06
88	020406007012	塑钢窗	樘	2	37.53	75.06
89	020406007013	塑钢窗	樘	2	37.53	75.06
90	020506001001	抹灰面油漆	m^2	526.21	7.94	4178.11
合计						801093.93

附表 8　分部分项工程量清单综合单价分析表

分部分项工程量清单综合单价分析表　　**附表 8**

序号	项目编号	定额号	子目名称	单位	工程量	定额费用					综合单价
						人工费	材料费	机械费	管理费	利润	
1	010101001001		平整场地	m^2	393.68	2.85			0.71	0.34	3.9
		1—98	平整场地	$10m^2$	57.816	2.85			0.71	0.34	

续附表 8

序号	项目编号	定额号	子目名称	单位	工程量	定额费用					综合单价
						人工费	材料费	机械费	管理费	利润	
2	010101003001		挖基础土方	m^3	90.06	20.45			5.11	2.45	28.02
		1—2	人工土、石方人工挖土方深度在 1.5m 以内干土二类土	m^3	1.813	0.12			0.03	0.01	
		1—92	人工、人力车运土、石方(渣)单(双)轮车运输运距在 50m 以内土	m^3	1.813	0.13			0.03	0.02	
		1—2	人工土、石方人工挖土方深度在 1.5m 以内干土二类土	m^3	144.57	9.82			2.46	1.18	
		1—92	人工、人力车运土、石方(渣)单(双)轮车运输运距在 50m 以内	m^3	144.57	10.37			2.59	1.24	
3	010103001001		土(石)方回填	m^3	213.34	11.57	−9.88	0.91	3.12	1.5	7.22
		1—102	平整场地、回填土、打夯回填土地面夯填	m^3	144.57	5.99		0.44	1.61	0.77	
		2—106	基础垫层炉渣干铺	m^3	59.638	−2.66	−9.88	−0.32	−0.75	−0.36	
		1—104	平整场地、回填土、打夯回填土基(槽)坑夯填	m^3	1.813	0.08		0.01	0.02	0.01	
		1—102	地面夯填回填土	m^3	185.819	7.7		0.57	2.07	0.99	
		1—100	平整场地、回填土、打夯原土打底夯基(槽)坑	$10m^2$	28.6646	0.55		0.22	0.19	0.09	
		1—100	平整场地、回填土、打夯原土打底夯基(槽)坑	$10m^2$	2.1543	0.04		0.22	0.01	0.01	
		1—104	平整场地、回填土、打夯回填土基(槽)坑夯填	m^2	−2.901	−0.13		−0.01	−0.04	−0.02	

续附表 8

序号	项目编号	定额号	子目名称	单位	工程量	定额费用					综合单价
						人工费	材料费	机械费	管理费	利润	
4	010201001001		预制钢筋混凝土桩	m	1097.4	8.04	21.2	20.84	7.22	3.47	60.77
		5—52	现场预制构件桩、柱方桩	m^3	98.766	4.13	18.56	1.19	1.33	0.64	
		7—3	构件运输混凝土构件Ⅰ类预制混凝土构件运输距离在(km以内)10	m^3	98.766	0.8	0.4	9.17	2.49	1.2	
		2—1	打桩工程打预制钢筋混凝土方桩桩长在(m)12以内	m^3	98.766	2.73	2	9.43	3.04	1.46	
		2—5	打预制钢筋混凝土方桩送桩桩长<12m	m^3	13.169	0.38	0.24	1.05	0.36	0.17	
5	010302001001		实心砖墙	m^3	1.42	58.7	183.37	2.61	15.33	7.36	267.36
		3—27	1/2标准砖外墙(M7.5混合砂浆)	m^3	1.417	58.7	183.37	2.61	15.33	7.36	
6	010302001002		实心砖墙	m^3	0.7	56.86	183.59	2.56	14.86	7.13	265
		3—31换	1/2标准砖内墙(混合砂浆M7.5)	m^3	0.703	56.86	183.59	2.56	14.86	7.13	
7	010302001003		实心砖墙	m^3	0.6	461.07	1524.52	3.8	116.22	55.78	2161.39
		3—27	1/2标准砖外墙(M7.5混合砂浆)	m^3	0.403	39.52	123.43	1.75	10.32	4.95	
		3—29换	标准1砖外墙(混合砂浆M7.5)	m^3	0.403	34.3	122.27	2.05	9.08	4.37	
		9—234	附墙铺贴聚苯乙烯泡沫板保温隔热	m^3	1.176	387.25	1278.82		96.82	46.67	
8	010302006001		零星砌砖	m^3	0.37						
9	010302006002		零星砌砖	m^2	1.3	17.34	73.93	1.25	4.65	2.23	99.4
		3—45	墙基防潮及其他砖砌台阶	$10m^2$	0.1296	17.34	73.93	1.25	4.65	2.23	

续附表 8

序号	项目编号	定额号	子目名称	单位	工程量	定额费用					综合单价
						人工费	材料费	机械费	管理费	利润	
10	010304001001		空心砖墙、砌块墙	m³	19.96	41.82	181.65	2.15	10.99	5.28	241.89
		3—17	砌块墙、多孔砖墙黏土多孔砖墙 240×115×115mm1 砖	m³	19.964	41.82	181.65	2.15	10.99	5.28	
11	010304001002		空心砖墙、砌块墙	m³	160.93	42.93	168.51	1.69	11.16	5.35	229.64
		3—15 换	砌块墙、多孔砖墙黏土多孔砖墙 240×240×115mm1 砖(混合砂浆 M7.5)	m³	105.645	27.45	110.84	1.16	7.15	3.43	
		3—16 换	砌块墙、多孔砖墙黏土多孔砖墙 240×115×115mm1/2 砖(混合砂浆 M7.5)	m³	50.622	15.48	57.67	0.53	4	1.92	
12	010304001003		空心砖墙、砌块墙	m³	155.39	41.81	168.84	1.76	10.89	5.23	228.53
		3—15 换	砌块墙、多孔砖墙黏土多孔砖墙 240×240×115mm1 砖(混合砂浆 M7.5)	m³	155.394	41.81	168.84	1.76	10.89	5.23	
13	010304001004		空心砖墙、砌块墙	m³	11.95	48.92	169.91	1.95	12.72	6.1	239.6
		3—21 换	砌块墙、多孔砖墙 KP1 黏土多孔砖 240×115×90mm1/2 砖(混合砂浆 M7.5)	m³	11.879	48.92	169.91	1.95	12.72	6.1	
14	010306002001		砖地沟、明沟	m	28.24	75.54	199.91	3.58	19.78	9.49	308.3
		3—46	标准砖地沟(M5 混合砂浆)	m³	26.8	40.38	171.35	2.66	10.76	5.16	
		1—23	人工挖地槽,地沟三类干土深＜1.5m	m³	32.871	17.81			4.45	2.14	
		1—92	单(双)轮车运土运距＜50m	m³	32.871	7.52			1.88	0.9	
		2—120	基础垫层现浇无筋(C10 混凝土 40mm32.5 级)	m³	5.479	9.83	28.56	0.92	2.69	1.29	

续附表 8

序号	项目编号	定额号	子目名称	单位	工程量	定额费用					综合单价
						人工费	材料费	机械费	管理费	利润	
15	010401001001		带形基础	m^3	62.54	9.22	35.33	1.16	2.6	1.25	49.55
		2—106	基础垫层炉渣干铺	m^3	62.539	9.52	35.33	1.16	2.67	1.28	
		1—92	人工、人力车运土、石方(渣)单(双)轮车运输运距在 50m 以内	m^3	−2.901	−0.3			−0.07	−0.04	
16	010402001001		矩形柱	m^3	36.63	69.02	186.87	6.97	19	9.12	290.98
		5—13 换	(C30 混凝土 31.5mm42.5 级)矩形柱(C25 粒径 16 混凝土 32.5 级坍落度 35～50)	m^3	35.591	69.02	186.87	6.97	19	9.12	
17	010403001001		基础梁	m^3	12.19	79.25	382.65	26.12	26.34	12.64	527.01
		5—17 换	(C25 粒径 16 混凝土 32.5 级坍落度 35～50 混凝土 31.5mm42.5 级)基础梁,地坑支撑梁	m^3	12.187	28.11	192.88	19.89	12	5.76	
		2—106	基础垫层 炉渣干铺	m^3	65.475	51.13	189.76	6.23	14.34	6.88	
18	010403001002		基础梁	m^3	1.31	107.78	488.83	29.65	34.36	16.49	677.11
		5—17 换	(C25 粒径 16 混凝土 32.5 级坍落度 35～50 混凝土 31.5mm42.5 级)基础梁,地坑支撑梁	m^3	1.314	28.21	193.52	19.95	12.04	5.78	
		2—106	基础垫层 炉渣干铺	m^3	10.95	79.57	295.31	9.69	22.32	10.71	
19	010403002001		矩形梁	m^3	2.62	38.61	158.34	5.15	10.94	5.25	218.29
		5—18 换	(C25 粒径 16 混凝土 42.5 级坍落度 35～50 混凝土 31.5mm42.5 级)单梁,框架梁,连续梁	m^3	1.953	38.61	158.34	5.15	10.94	5.25	

续附表 8

序号	项目编号	定额号	子目名称	单位	工程量	定额费用					综合单价
						人工费	材料费	机械费	管理费	利润	
20	010403002002		矩形梁	m^3	29.33	42.59	116.77	4.14	11.68	5.61	180.79
		5—20 换	(C25 粒径 16 混凝土 32.5 级坍落度 35～50 混凝土 20mm32.5)圈梁	m^3	17.584	42.59	116.77	4.14	11.68	5.61	
21	010403002003		矩形梁	m^3	1.89	34.89	143.07	4.65	9.89	4.74	197.24
		5—18 换	(C25 粒径 16 混凝土 42.5 级坍落度 35～50 混凝土 31.5mm42.5 级)单梁,框架梁,连续梁	m^3	1.273	34.89	143.07	4.65	9.88	4.75	
22	010405003001		平板	m^3	83.09	53.03	249.58	8.18	15.3	7.35	333.44
		5—34	(C30 混凝土 20mm42.5 级)平板	m^3	95.271	53.03	249.58	8.18	15.3	7.34	
23	010405006001		栏板	m^3	4.71	93.67	176.69	11.14	26.2	12.58	320.28
		5—44	(C20 混凝土 20mm32.5 级)栏板	m^3	4.713	93.67	176.69	11.14	26.2	12.58	
24	010405006002		栏板	m^3	8.91	93.57	214.44	11.12	26.17	12.56	357.87
		5—44 换	(C25 粒径 16 混凝土 42.5 级坍落度 35～50 混凝土 20mm32.5 级)栏板	m^3	8.906	93.57	214.44	11.12	26.17	12.56	
25	010405008001		雨篷、阳台板	m^3	11.27	95.91	256.8	14.54	27.61	13.25	408.12
		5—41 换	(C25 粒径 16 混凝土 32.5 级坍落度 35～50 混凝土 20mm32.5 级)阳台	$10m^2$	9.3931	95.91	256.8	14.54	27.61	13.25	
26	010405008002		雨篷、阳台板	m^3	0.31						
27	010406001001		直形楼梯	m^2	37.5	14.43	35.58	2.24	4.17	2	58.42
		5—37	(C20 混凝土 20mm32.5 级)直形楼梯	$10m^2$	3.7496	14.43	35.58	2.24	4.17	2	

续附表 8

序号	项目编号	定额号	子目名称	单位	工程量	定额费用					综合单价
						人工费	材料费	机械费	管理费	利润	
28	010407001001		其他构件	m^3	0.28	78.89	184.82	8.89	21.95	10.53	305.08
		5—49	(C20 混凝土 20mm32.5 级)压顶	m^3	0.279	78.89	184.82	8.89	21.96	10.54	
29	010407001002		其他构件	m^3	1.02	79.33	185.86	8.96	22.07	10.59	306.82
		5—49	(C20 混凝土 20mm32.5 级)压顶	m^3	1.022	79.33	185.86	8.96	22.07	10.6	
30	010407002001		散水、坡道	m^2	67.43	11.79	25.28	1.24	3.26	1.56	43.13
		2—110	基础垫层碎石灌(M2.5 混合砂浆)	m^3	5.395	2.31	7.8	0.43	0.68	0.33	
		1—100	基(槽)坑原土打底夯	$10m^2$	6.7432	0.41		0.16	0.14	0.07	
		12—172	(C15 混凝土 20mm32.5 级)散水	$10m^2$	6.7432	9.07	17.49	0.66	2.43	1.17	
31	010410003001		过梁	m^3	0.76	39.01	175.37	14.17	13.3	6.38	248.23
		5—59	现场预制构件梁 过梁	m^3	0.756	39.01	175.37	14.17	13.29	6.38	
32	010410003002		过梁	m^3	0.68	36.15	187.19	30.68	16.71	8.02	278.75
		5—81	加工厂预制构件 过梁	m^3	0.678	36.15	187.19	30.68	16.71	8.01	
33	010410003003		过梁	m^3	0.15	39.47	177.47	14.33	13.45	6.46	251.18
		5—59	现场预制构件梁 过梁	m^3	0.151	39.47	177.47	14.33	13.47	6.47	
34	010410003004		过梁	m^3	1.84	39.16	176.01	14.22	13.35	6.41	249.14
		5—59	现场预制构件梁 过梁	m^3	1.837	39.16	176.01	14.22	13.34	6.4	
35	010410003005		过梁	m^3	3.47	39.18	176.1	14.22	13.35	6.41	249.26
		5—59	现场预制构件梁 过梁	m^3	3.466	39.18	176.1	14.22	13.35	6.41	
36	010410003006		过梁	m^3	3.44	39.22	176.3	14.24	13.37	6.42	249.54
		5—59	现场预制构件梁 过梁	m^3	3.44	39.22	176.3	14.24	13.37	6.42	
37	010410003007		过梁	m^3	1.01	39.14	175.95	14.21	13.34	6.4	249.04
		5—59	现场预制构件梁 过梁	m^3	1.008	39.14	175.95	14.21	13.34	6.41	
38	010412008001		沟盖板、井盖板、井圈	m^3	3.01	52.19	229.4	30.77	20.74	9.96	343.06
		5—95	加工厂预制构件 沟盖板	m^3	3.011	52.19	229.4	30.77	20.74	9.95	

续附表 8

序号	项目编号	定额号	子目名称	单位	工程量	定额费用					综合单价
						人工费	材料费	机械费	管理费	利润	
39	010416001001		现浇混凝土钢筋	t	30.125	438.53	4226.94	90.12	132.16	63.44	4951.19
		4－1	现浇构件 现浇混凝土构件钢筋 直径（mm）ϕ12 以内	t	22.32	348.43	3123.33	45.43	98.46	47.26	
		4－2	现浇构件 现浇混凝土构件钢筋 直径（mm）ϕ25 以内	t	7.574	59.44	1062.14	23.17	20.65	9.91	
		4－28	其他 电渣压力焊	10 个	17.6	24.64	9.4	21.27	11.48	5.51	
		4－25	其他 砌体、板缝内加固钢筋不绑扎	t	0.231	6.01	32.07	0.26	1.57	0.75	
40	010416002001		预制构件钢筋	t	9.674	435.12	4216.93	78.74	128.47	61.66	4920.92
		4－9	预制构件 现场预制混凝土构件钢筋 直径（mm）ϕ20 以内	t	9.674	435.12	4216.93	78.74	128.46	61.66	
41	010702001001		屋面卷材防水	m^2	323.67	5.7	59.42	0.26	1.49	0.72	67.59
		9－41	双层 APP 改性沥青防水卷材（热熔满铺法）	$10m^2$	32.3671	3.11	55.95		0.78	0.37	
		12－15	水泥砂浆找平层（厚 20mm）混凝土或硬基层上	$10m^2$	32.3671	2.59	3.48	0.26	0.71	0.34	
42	010702003001		屋面刚性防水	m^2	323.67	7.47	13.98	0.3	1.94	0.93	24.62
		9－72 换	（C25 粒径 16 混凝土 32.5 级坍落度 35～50 混凝土 16mm32.5 级）刚性细石混凝土屋面有分格缝厚 40mm	$10m^2$	32.3671	7.47	13.98	0.3	1.94	0.93	

续附表 8

序号	项目编号	定额号	子目名称	单位	工程量	定额费用					综合单价
						人工费	材料费	机械费	管理费	利润	
43	010702004001		屋面排水管	m	49	12.12	37.79	0.91	3.26	1.56	55.64
		9—193	铸铁管排水 铸铁落水管 Φ100	10m	4.9	7.27	23.79	0.66	1.98	0.95	
		9—196	铸铁管排水 屋面铸铁落水口(带罩)Φ100	10 只	1	1.38	2.19		0.35	0.17	
		9—198	铸铁管排水 铸铁水斗 Φ100	10 只	1	1.68	8.9	0.26	0.48	0.23	
		9—191	屋面排水 阳台 PVC 通水落管 Φ50 斜长在 100mm	10 只	1	1.8	2.84		0.45	0.22	
		9—192	屋面排水 阳台 PVC 通水落管 Φ50 斜长在每增、减 100mm	10 只	0.5		0.07				
44	010703004001		变形缝	m	486.41	2.44	4.8		0.61	0.29	8.14
		9—162	伸缩缝、止水带 伸缩缝 沥青砂浆	10m	48.6413	2.44	4.8		0.61	0.29	
45	010803001001		保温隔热屋面	m²	323.67	26	126.97	0.26	6.57	3.15	162.95
		9—216	屋面，楼地面铺聚苯乙烯泡沫板保温隔热	m³	35.604	18.6	81.63		4.65	2.23	
		12—15	水泥砂浆找平层（厚 20mm）混凝土或硬基层上	10m²	32.3671	2.59	3.48	0.26	0.71	0.34	
		9—40	卷材屋面 APP 改性沥青防水卷材 热熔满铺法 单层	10m²	32.3671	2.22	30.62		0.56	0.27	
		9—215	保温、隔热屋、楼地面 屋面、楼地面保温隔热 现浇水泥珍珠岩	m³	22.657	2.59	11.24		0.65	0.31	
46	010803003001		保温隔热墙	m²	442.59	0.05	0.07		0.01	0.01	0.14
		9—234 换	附墙铺贴聚苯乙烯泡沫板保温隔热	m³	0.118	0.05	0.07		0.01	0.01	

续附表 8

序号	项目编号	定额号	子目名称	单位	工程量	定额费用					综合单价
						人工费	材料费	机械费	管理费	利润	
47	010803003002		保温隔热墙	m^2	11.04	15.8	21.62		3.95	1.9	43.27
		9—234换	附墙铺贴聚苯乙烯泡沫板保温隔热	m^3	0.883	15.8	21.62		3.95	1.9	
48	010803003003		保温隔热墙	m^2	11.04	9.88	13.52		2.47	1.19	27.06
		9—234换	附墙铺贴聚苯乙烯泡沫板保温隔热	m^3	0.552	9.88	13.52		2.47	1.19	
49	010803003004		保温隔热墙	m^2	10.24	7.91	10.82		1.98	0.95	21.66
		9—234换	附墙铺贴聚苯乙烯泡沫板保温隔热	m^3	0.41	7.91	10.82		1.98	0.95	
50	010803003005		保温隔热墙	m^2	50.37	15.81	21.63		3.95	1.9	43.29
		9—234换	附墙铺贴聚苯乙烯泡沫板保温隔热	m^3	4.031	15.81	21.63		3.95	1.9	
51	020101001001		水泥砂浆楼地面	m^2	830.75	10.33	16.93	0.71	2.76	1.32	32.05
		12—9	碎石垫层干铺	m^3	66.459	1.66	4.96	0.08	0.43	0.21	
		12—18	现浇（C20混凝土 16mm32.5级）找平层厚40mm	$10m^2$	83.0747	3.26	7.06	0.31	0.89	0.43	
		12—22	水泥砂浆楼地面厚20mm	$10m^2$	83.0747	3.51	4.15	0.26	0.94	0.45	
		12—27	水泥砂浆踢脚线	10m	88.8615	1.9	0.76	0.06	0.49	0.23	
52	020101001002		水泥砂浆楼地面	m^2	77.18	4.28	5.06	0.32	1.15	0.55	11.36
		12—22	水泥砂浆楼地面厚20mm	$10m^2$	9.3931	4.28	5.06	0.32	1.15	0.55	
53	020101001003		水泥砂浆楼地面	m^2	53.87	3.52	4.15	0.26	0.95	0.45	9.33
		12—22	整体面层 水泥砂浆 楼地面厚20mm	$10m^2$	5.3872	3.52	4.15	0.26	0.94	0.45	

续附表8

序号	项目编号	定额号	子目名称	单位	工程量	定额费用					综合单价
						人工费	材料费	机械费	管理费	利润	
54	020101001004		水泥砂浆楼地面	m²	65.05	8.43	16.17	0.65	2.27	1.09	28.61
		12—9	碎石垫层干铺	m³	5.204	1.66	4.96	0.08	0.43	0.21	
		12—18	现浇(C20混凝土 16mm32.5级)找平层厚40mm	10m²	6.505	3.26	7.06	0.31	0.89	0.43	
		12—22	水泥砂浆楼地面厚20mm	10m²	6.505	3.51	4.15	0.26	0.94	0.45	
55	020102002001		块料楼地面	m²	323.67	13.36	25.78	0.25	3.4	1.63	44.43
		12—92	400×400地砖楼地面水泥砂浆粘贴	10m²	32.3671	13.36	25.78	0.25	3.4	1.63	
56	020105001001		水泥砂浆踢脚线	m²	110.02						
57	020105001002		水泥砂浆踢脚线	m²	27.s55	8.33	3.33	0.24	2.14	1.03	15.07
		12—27	水泥砂浆踢脚线	10m	12.92	8.33	3.33	0.24	2.14	1.03	
58	020105002001		石材踢脚线	m²	11.92	20.27	261.93	0.5	5.19	2.49	290.38
		12—60	花岗岩木踢脚线水泥砂浆粘贴	10m	7.9475	20.27	261.93	0.5	5.19	2.49	
59	020107001001		金属扶手带栏杆、栏板	m	29.4	27.76	299.79	14.7	10.62	5.1	357.96
		12—158	不锈钢管扶手不锈钢管栏杆	10m	2.94	27.76	299.79	14.7	10.62	5.1	
60	020107001002		金属扶手带栏杆、栏板	m	29.4	27.76	299.79	14.7	10.62	5.1	357.96
		12—158	不锈钢管扶手不锈钢管栏杆	10m	2.94	27.76	299.79	14.7	10.62	5.1	
61	020107001003		金属扶手带栏杆、栏板	m	57.65	25.68	104.29	24.65	12.58	6.04	173.24
		12—161	不锈钢管扶手型钢栏杆	10m	5.7646	25.68	104.29	24.65	12.58	6.04	
62	020107001004		金属扶手带栏杆、栏板	m	34.8	27.76	299.79	14.7	10.62	5.1	357.96
		12—158	不锈钢管扶手不锈钢管栏杆	10m	3.48	27.76	299.79	14.7	10.62	5.1	

续附表 8

序号	项目编号	定额号	子目名称	单位	工程量	定额费用					综合单价
						人工费	材料费	机械费	管理费	利润	
63	020108003001		水泥砂浆台阶面	m²	2.52	2123.18	5693.6	213.02	584.05	280.34	8894.19
		1—100	平整场地、回填土、打夯原土打底夯基(槽)坑	10m²	0.684	1.11		0.44	0.38	0.19	
		12—10	垫层 道碴干铺	m³	13.68	166.71	277.18	5.27	43	20.64	
		12—8	垫层 碎砖 灌浆	m³	53.2	617.08	1378.35	78.11	173.8	83.42	
		12—11	垫层 现浇混凝土 不分格	m³	66.5	1327.89	4030.9	128.78	364.17	174.8	
		12—25	整体面层 水泥砂浆 台阶	10m²	0.252	10.4	7.16	0.42	2.71	1.3	
64	020201001001		墙面一般抹灰	m²	357.53	5.49	2.79	0.21	1.43	0.68	10.6
		13—18	砖内墙面水泥砂浆刮糙（毛坯）2遍	10m²	34.4641	5.49	2.79	0.21	1.43	0.68	
65	020201001002		墙面一般抹灰	m²	882.18	4.66	2.91	0.25	1.23	0.59	9.64
		13—31	内砖墙面抹混合砂浆	10m²	68.9181	4.13	2.6	0.22	1.09	0.52	
		13—33	内混凝土墙面抹混合砂浆	10m²	8.0522	0.52	0.31	0.03	0.14	0.07	
66	020201001003		墙面一般抹灰	m²	526.21	7.39	5.04	0.34	1.93	0.93	15.63
		13—11	砖外墙面，墙裙抹水泥砂浆	10m²	60.0179	7.39	5.04	0.34	1.93	0.93	
67	020201001004		墙面一般抹灰	m²	567.94	5.18	3.26	0.28	1.37	0.66	10.74
		13—31	内砖墙面抹混合砂浆	10m²	55.558	5.18	3.26	0.28	1.36	0.65	
68	020301001001		顶棚抹灰	m²	218.85	5.18	2.05	0.15	1.33	0.64	9.35
		14—111	现浇混凝土顶棚纸筋石灰砂浆面	10m²	21.8849	5.18	2.05	0.15	1.33	0.64	
69	020301001002		顶棚抹灰	m²	775.52	5.18	2.05	0.15	1.33	0.64	9.35
		14—111	现浇混凝土顶棚纸筋石灰砂浆面	10m²	77.5523	5.18	2.05	0.15	1.33	0.64	
70	020401005001		夹板装饰门	樘	20	21.1	274.71	0.5	5.4	2.59	304.3
		15—26	成品夹板面实拼木门安装	10m²	3.36	21.1	274.71	0.5	5.4	2.59	

续附表 8

序号	项目编号	定额号	子目名称	单位	工程量	定额费用					综合单价
						人工费	材料费	机械费	管理费	利润	
71	020401005002		夹板装饰门	樘	8	23.74	309.05	0.57	6.08	2.92	342.35
		15—26	成品夹板面实拼木门安装	$10m^2$	1.512	23.74	309.05	0.57	6.08	2.92	
72	020401005003		夹板装饰门	樘	8	9.42	122.64	0.23	2.41	1.16	135.86
		15—26	成品夹板面实拼木门安装	$10m^2$	0.6	9.42	122.64	0.23	2.41	1.16	
73	020401005004		夹板装饰门	樘	2	31.65	412.06	0.76	8.1	3.89	456.46
		15—26	成品夹板面实拼木门安装	$10m^2$	0.504	31.65	412.06	0.76	8.1	3.89	
74	020401005005		夹板装饰门	樘	34	23.74	309.05	0.57	6.08	2.92	342.35
		15—26	成品夹板面实拼木门安装	$10m^2$	6.426	23.74	309.05	0.57	6.08	2.92	
75	020402005001		塑钢门	樘	8	40.5	618.64	3.52	11.01	5.28	678.95
		15—10	塑钢门安装	$10m^2$	1.8	40.5	618.64	3.52	11	5.28	
76	020402005002		塑钢门	樘	4	32.4	494.92	2.81	8.8	4.23	543.16
		15—10	塑钢门安装	$10m^2$	0.72	32.4	494.92	2.81	8.8	4.22	
77	020406007001		塑钢窗	樘	8	6.22	46.06		1.56	0.75	54.58
		15—12	塑钢纱窗安装	$10m^2$	0.768	6.22	46.06		1.56	0.75	
78	020406007002		塑钢窗	樘	22	53.11	739.74	4.5	14.4	6.91	818.67
		15—11	塑钢窗安装	$10m^2$	6.336	53.11	739.74	4.5	14.4	6.91	
79	020406007003		塑钢窗	樘	4	26.55	369.87	2.25	7.2	3.46	409.33
		15—11	塑钢窗安装	$10m^2$	0.576	26.55	369.87	2.25	7.2	3.46	
80	020406007004		塑钢窗	樘	4	35.41	493.16	3	9.6	4.61	545.78
		15—11	塑钢窗安装	$10m^2$	0.768	35.41	493.16	3	9.6	4.61	
81	020406007005		塑钢窗	樘	4	44.26	616.45	3.75	12	5.76	682.22
		15—11	塑钢窗安装	$10m^2$	0.96	44.26	616.45	3.75	12	5.76	
82	020406007006		塑钢窗	樘	24	33.19	462.34	2.81	9	4.32	511.66
		15—11	塑钢窗安装	$10m^2$	4.32	33.19	462.34	2.81	9	4.32	
83	020406007007		塑钢窗	樘	24	29.44	410.11	2.49	7.98	3.83	453.85
		15—11	塑钢窗安装	$10m^2$	3.832	29.44	410.11	2.49	7.98	3.83	
84	020406007008		塑钢窗	樘	6	90.36	1258.59	7.65	24.5	11.76	1392.86
		15—11	塑钢窗安装	$10m^2$	2.94	90.36	1258.59	7.65	24.5	11.76	
85	020406007009		塑钢窗	樘	6	151.21	2106.2	12.81	41.01	19.68	2330.91
		15—11	塑钢窗安装	$10m^2$	4.92	151.21	2106.2	12.81	41	19.68	

续附表 8

序号	项目编号	定额号	子目名称	单位	工程量	定额费用					综合单价
						人工费	材料费	机械费	管理费	利润	
86	020406007010		塑钢窗	樘	6	81.14	1130.16	6.87	22	10.56	1250.73
		15—11	塑钢窗安装	$10m^2$	2.64	81.14	1130.16	6.87	22	10.56	
87	020406007011		塑钢窗	樘	6	136.46	1900.72	11.56	37.01	17.76	2103.51
		15—11	塑钢窗安装	$10m^2$	4.44	136.46	1900.72	11.56	37	17.76	
88	020406007012		塑钢窗	樘	2	4.28	31.67		1.07	0.51	37.53
		15—12	塑钢纱窗安装	$10m^2$	0.132	4.28	31.67		1.07	0.52	
89	020406007013		塑钢窗	樘	2	4.28	31.67		1.07	0.51	37.53
		15—12	塑钢纱窗安装	$10m^2$	0.132	4.28	31.67		1.07	0.52	
90	020506001001		抹灰面油漆	m^2	526.21	3.28	3.45		0.82	0.39	7.94
		17—298	拉毛面底油 1 遍调和漆 2 遍	$10m^2$	60.0179	3.28	3.45		0.82	0.39	

注：按照 GB 50500—2008 的规定，本表第 15、17、18 项的单价组成将不包括垫层的相关内容。

附表 9　措施项目清单计价表

措施项目清单计价表　　附表 9

序号	项目名称	费用金额
1	通用项目	90287.61
1.1	环境保护费	
1.2	临时设施费	9613.13
1.3	夜间施工增加费	
1.4	二次搬运费	
1.5	大型机械设备进出场及安拆	19772.31
1.6	混凝土、钢筋混凝土模板及支架	52310.74
1.7	脚手架费	7149.46
1.8	已完工程及设备保护	
1.9	施工排水、降水	
1.10	检验试验费	1441.97
1.11	赶工措施费	
1.12	工程按质论价	
1.13	特殊条件下施工增加费	
2	建筑工程	25883
2.1	垂直运输机械费	25883
3	装饰装修工程	
3.1	垂直运输机械费	
3.2	室内空气污染测试	
合　计		116170.61

附表 10　措施项目费分析表

措施项目费分析表　　　　附表 10

序号	措施项目名称	定额编号	子目名称	单位	数量	综合单价分析					
						人工费	材料费	机械费	管理费	利润	小计
1	临时设施费			项	1.000	9613.13					9613.13
2	大型机械设备进出场及安拆			项	1.000			14432.34	3608.09	1731.88	19772.31
		24－21	柴油打桩机5t 以内(场外运输费用)	台班	1.000			8451.23	2112.81	1014.15	
		24－22	柴油打桩机5t 以内(组装拆卸费)	台班	1.000			5981.11	1495.28	717.73	
3	混凝土、钢筋混凝土模板及支架			项	1.000	21869.61	18234.67	3003.65	6218.32	2984.79	52310.74
		20－56	现浇板厚度＜10cm 组合钢模板	$10m^2$	79.434	101.75	104.65	22.42	31.04	14.90	
		20－70	现浇楼梯复合木模板	$10m^2$	6.422	314.50	216.42	52.32	91.71	44.02	
		20－31	现浇构件构造柱复合木模板	$10m^2$	23.981	148.74	72.85	6.08	38.71	18.58	
		20－43	现浇构件过梁复合木模板	$10m^2$	3.910	129.13	89.75	8.35	34.37	16.50	
		20－41	现浇构件圆梁、地坑支撑梁复合木模板	$10m^2$	16.845	91.02	84.00	6.65	24.42	11.72	

续附表 10

序号	措施项目名称	定额编号	子目名称	单位	数量	综合单价分析					
						人工费	材料费	机械费	管理费	利润	小计
3	混凝土、钢筋混凝土模板及支架	20—33	现浇构件基础梁复合木模板	10m²	6.178	71.41	92.92	8.14	19.89	9.55	
		20—148	加工厂预制构件一般构件过梁	m³		52.24	32.59	0.19			
		20—58	现浇构件板现浇板厚度20cm 以内组合钢模板	10m²	3.653	122.47	108.50	25.43	36.98	17.75	
		20—83	现浇构件其他竖向挑板、栏板复合木模板	10m²	20.811	152.44	104.18	11.83	41.07	19.71	
		20—76	现浇构件其他阳台篷复合木模板	10m²	2.937	213.86	155.24	25.16	59.76	28.68	
4	脚手架费	20—101	现场预制构件方桩组合钢模板	10m²	9.877	92.21	86.43	11.65	25.97	12.46	
		20—114	现场预制构件矩形梁复合木模板	10m²	1.243	89.83	69.89	6.72	24.14	11.59	
		20—143	现场预制构件板、楼梯及其他平板及地沟盖板楼梯段	10m²	4.302	104.79	112.52	2.22	26.75	12.84	

续附表 10

序号	措施项目名称	定额编号	子目名称	单位	数量	综合单价分析					
						人工费	材料费	机械费	管理费	利润	小计
4	脚手架费			项	1.000	2371.82	3289.15	445.20	704.25	338.04	7149.46
		19—2	砌墙脚手架外架子单排高 12m以内	10m²	79.010	24.64	36.40	3.95	7.15	3.43	
		19—1	砌墙脚手架里架子高3.60m以内	10m²	99.617	3.81	2.52	0.53	1.09	0.52	
		19—10	抹灰脚手架，高在3.60m内	10m²	151.527	0.30	1.07	0.53	0.21	0.10	
5	检验试验费			项	1.000	1441.97					1441.97
6	垂直运输机械费			项	1.000			18893.00	4723.25	2267.16	25883
		22—1	建筑物垂直运输卷扬机施工砖混结构檐高＜20m，＜6层	天	100.000			188.93	47.23	22.67	

注：本表中费用项目的措施费计取了模板、脚手架、材料检验试验费、大型设备进出场费、建筑工程垂直运输机械费，其他措施项目的费用未计取，在实际编制标底时请按照有关文件的规定如实计取，在编制投标报价时，现场安全文明施工措施费要按有关文件的规定计取，否则可能被判为废标，除此以外的措施费可以按照本施工企业的情况报价。

如果用于报价或编制标底，现场安全文明施工增加费应该分为两部分，请读者按照前面的叙述进行分解，并列入其他项目的相应费用中。

附表 11 其他项目费用表

其他项目费用表 附表 11

序号	项目名称	金额（元）
1	招标人部分	12016.4089
1.1	预留金	
1.2	材料购置费	
1.3	独立费及分包项目	
1.4	现场安全文明施工现场考评费	8812.0332
1.5	现场安全文明施工奖励费	3204.3757
2	投标人部分	16021.8786
2.1	总承包服务费	
2.2	零星工作费	
2.3	现场安全文明施工基本费	16021.8786
合计		28038.2875

附表 12 主要材料设备价格表

主要材料设备价格表 附表 12

序号	材料号	材料名	规格	单位	材料量	单价
1	101021	细砂		t	1.00338	28
2	101022	中砂		t	597.16667	45
3	102011	道渣	40～80mm	t	30.19182	28.4
4	102039	碎石	5～31.5mm	t	130.42198	35
5	102040	碎石	5～16mm	t	184.04148	35
6	102041	碎石	5～20mm	t	240.70707	35
7	102042	碎石	5～40mm	t	133.90248	35
8	103064	珍珠岩		m^3	26.80776	100
9	104017	花岗石	综合	m^2	12.15968	250

续附表 12

序号	材料号	材料名	规格	单位	材料量	单价
10	105002	滑石粉		kg	1288.9971	0.45
11	105012	石灰膏		m^3	12.2979	108
12	106013	炉（矿）渣		t	96.77772	28.5
13	201008	标准砖	240mm×115mm×53mm	百块	219.48631	21.42
14	201014	多孔砖	240mm×115mm×115mm	百块	195.44476	42
15	201015	多孔砖	240mm×240mm×115mm	百块	349.79226	110
16	201016	多孔砖 KPl	240mm×115mm×90mm	百块	41.5765	34
17	201043	碎砖		t	87.78	27.55
18	204055	同质地砖	400mm×400mm	块	2071.4944	3.15
19	301002	白水泥		kg	35.5461	0.58
20	301023	水泥	32.5 级	kg	152542.8815	0.245
21	301026	水泥	42.5 级	kg	79764.6943	0.33
22	302153	预制钢筋混凝土方桩	C35	m^3	0.98766	673.48
23	502018	钢筋（综合）		t	40.6161	4100
24	504199	镜面不锈钢管	ϕ31.8×1.26m 定尺	m	550.33154	20.72
25	504206	镜面不锈钢管	ϕ63.5×1.56m 定尺	m	99.216	51.8
26	504209	镜面不锈钢管	ϕ76.2×1.56m 定尺	m	160.32076	62.41
27	504358	铸铁排水管	ϕ100	m	51.45	20.43
28	508190	塑钢窗（推拉有亮）		m^2	317.32	235
29	508192	塑钢门（平开无亮）		m^2	25.2	255
30	508196	塑钢纱窗		m^2	10.4232	47.5
31	508256	铸铁水斗	ϕ100mm	只	10.1	39.32
32	508264	铸铁雨水口（带罩）	ϕ100mm	套	10.1	10.64
33	601031	调合漆		kg	85.8256	8
34	601036	防锈漆（铁红）		kg	0.11699	6
35	601041	酚醛清漆各色		kg	34.81038	8
36	601043	酚醛无光调合漆（底漆）		kg	85.8256	6.65
37	604032	石油沥青	30＃	kg	8409.75729	2
38	604038	石油沥青油毡	350＃	m^2	339.85455	2.96
39	605110	聚苯乙烯泡沫板		m^3	75.05874	265
40	610001	APP 及 SBS 基层处理剂		kg	229.80642	4.6
41	610004	APP 聚脂胎乙烯膜卷材	厚度 3mm	m^2	1165.2156	39.5
42	610007	APP 封口油青		kg	55.67141	7.5
43	610039	高强 APP 嵌缝膏		kg	119.4346	8.17

工 程 案 例 附 图

附图 1　建筑设计说明和门窗表

建筑设计说明

一、概述

1）本工程为亚泰大街 17—5 区 6＃楼，由 2 个单元组成，共 5 层，全部住宅。

2）本工程建筑面积为 1152.25m²，其中阳台面积 69.4m²。

3）抗震设防烈度为七度，砖混结构。

4）本工程室内：±0.000 相当于测量标高 197.5m，室内外高差为 700mm，建筑高度为 8.4m。

5）本工程位置见总平面图。

6）耐久年限为 50 年，耐火等级为二级，屋面防水等级为三级。

二、设计依据

1）甲方提供的规划图。

2）甲方提供的设计任务书。

3）建设单位提供的《亚秦大街 17－5 区地质勘察报告》

4）国家现行有关设计规范、规定。

5）江苏省有关设计规定，统一技术措施。

6）《住宅建筑设计规范》、《建筑设计防火规范》。

三、材料做法

1）墙体：（由内向外）承重型煤矸石空心砖强度等级为 MU15。

外墙 240mm 承重型煤矸石空心砖＋70mm，阻燃型 EPS 保温板＋120mm 厚承重型煤矸石空心砖。

阳台　80mm 厚单面铜丝网 EPS 板＋120mm 厚钢筋混凝土。

内墙　①240mm 承重型煤矸石空心砖；

②60mmMU10 红砖；

③90mm 填充型煤矸石空心砖。

2）砂浆：一层、二层、三层为 M7.5 混合砂浆；±0.000 以下采用 M10 水泥砂浆砌筑。

3）门窗洞口两侧详见平面节点详图。

4）墙体拉结及构造柱见结施。

5）内外装修见材料做法表，窗台抹 15mm 厚 1：2 水泥砂浆。

6）墙身防潮层在地梁处，做法为 20mm 厚 1：2.5 水泥砂浆加 5%防水剂；±0.000 以下墙体为 MU15 红砖砌筑。

7）屋面做法见墙身详图。

8）夹芯墙体应采用每砌 600mm 高砌体，嵌入 EPS 保温板，然后设置 A6（A 代表一级钢）拉结钢筋环（120×250c@1000），夹芯部分必须填实，以免空气渗透。

四、其他

1）窗：南向阳台封闭窗为塑钢窗，单框中空玻璃。北向阳台窗为单框单玻璃钢窗，本图只给出立面及洞口尺寸，门窗数量以平面图为准。其他具体项目由甲方委托专业公司设计制造。塑钢窗框为白色，玻璃为中空浮法玻璃 5mm 厚。

2）内门为木门，刷乳白色调和漆两遍，外露铁件刷两遍防锈漆。

3）所有门窗按洞口实际尺寸加工制作。

4）配电箱：电 1：1000mm×1200mm×200mm（宽×高×厚）暗装底口距地 1000mm
电 2：200mm×300mm×200mm（宽×高×厚）暗装底口距地 1500mm

5）楼梯栏杆扶手做法：栏杆为 A8 钢筋，高度为 1100mm，扶手为直径 50mm 钢管。

6）本工程所用 EPS 均为阻燃型，重度为 200kN/m^3。

7）所有混凝土外露部分均应抹 20mm 厚 TS20 保温材料。

8）不明之处按国家现行设计施工验收规范执行。

门 窗 表

门窗名称	洞口尺寸（mm×mm）	门窗数量	备 注
C—1	1800×1600	22	成品塑钢窗单框双玻平开，离地高度 900mm
C—2	1500×600	4	成品塑钢窗单框双玻平开，离地高度 900mm
C—3	1200×600	2	成品塑钢窗单框双玻平开，离地高度 900mm
C—3'	1200×1250	2	成品塑钢窗单框双玻平开，离地高度—200mm
C—4	900×1600	4	成品塑钢窗单框双玻平开，离地高度 900mm
M—1	900×2100	38	内木夹板门
M—2	900×2100	8	成品三防门
M—3	800×2100	20	内木夹板门
M—4	500×1500	8	丙级防火门
M—5	1200×2100	2	成品三防门 对讲门
M—6	700×2100	2	内木夹板门
MLC—1	1500×2500	8	成品塑钢门
MLC—2	1500×2000	2	成品塑钢门保温外门
MLC—3	1800×2000	2	成品塑钢门保温外门
YTC—1	2450×2000	4	成品塑钢窗单框单玻平开
YTC—2	900×2000	16	成品塑钢窗单框单玻平开
YTC—3	2200×2000	4	成品塑钢窗单框单玻平开
YTC—4	4100×2000	6	成品塑钢窗单框双玻平开
YTC—5	900×2000	24	成品塑钢窗单框双玻平开
YTC—6	3700×2000	6	成品塑钢窗单框双玻平开
南阳台门洞	2700×2400		
东、西阳台门洞	2300×2400		

附图 2　材料做法表

材料做法表　　　　　　　　　　　　附图 2

编号	名　称	构造做法	厚度(mm)	适用范围	备　注
地面 1	磨光花岗石地面	1. 10mm 厚 1∶1 水泥细砂浆，铺 20mm 厚磨光花岗石石板，素水泥浆擦缝，擦草酸，打蜡 2. 20mm 厚 1∶3 水泥砂浆找平层 3. 80mm 厚 C15 混凝土垫层 4. 素土夯实	130	楼梯间	
地面 2	水泥砂浆地面	1. 20mm 厚 1∶2 水泥砂浆面层，压实赶光 2. C20 细石混凝土，从四周向地漏处找坡 0.5%，最薄处不小于 30mm 厚 3. 80mm 厚碎石灌 M2.5 水泥砂浆 4. 素土夯实	130	除 1 外	
楼面 1	水泥砂浆楼面	1. 20mm 厚 1∶2 水泥砂浆面层，压实赶光 2. 40mm 厚 C20 细石混凝土垫层，从四周向地漏处找坡 1.0%，最薄处不小于 30mm 厚 3. 楼板结构层	60	各层卫生间、厨房	垫层内加 5%防水剂做刚性防水，向地漏找坡 1.0%
楼面 2	细石混凝土楼面	1. 20mm 厚 1∶2 水泥砂浆抹面，压实赶光 2. 楼板结构层，随浇随抹平	20	各层除卫生间、楼梯间、厨房外所有楼面	
楼面 3	磨光花岗石楼面	1. 10mm 厚 1∶1 水泥细砂浆，铺 20mm 厚磨光花岗石板，素水泥浆擦缝，擦草酸，打蜡 2. 10mm 厚 1∶3 水泥砂浆找平层 3. 楼板结构层	40	楼梯间	
内墙 1	砖墙抹灰墙面	1. 刮大白二道 2. 6mm 厚 1∶3∶6 石灰水泥砂浆抹面，压实赶光 3. 10mm 厚 1∶3∶6 石灰水泥砂浆打底	16	除卫生间、厨房外所有内墙面	
内墙 2	砖墙水泥砂浆墙面	13mm 厚 1∶3 水泥砂浆打底扫毛	13	卫生间、厨房	

续表

编号	名　称	构造做法	厚度(mm)	适用范围	备　注
外墙1	砖墙滚涂墙面	1. 喷甲基硅醇钠憎水剂 2. 滚涂聚合物水泥砂浆 3. 刷一道108胶水溶液，配比：108胶：水=1：4 4. 10mm厚1：3水泥砂浆打底，木抹搓平 5. 刷素水泥浆一道（内掺水重3%～5%的108胶）	28～32	背立面、正立面、侧立面	颜色见立面
屋面1	卷材屋面 苯板保温不上人屋面	见详图		二层屋面	
屋面2	刚性防水屋面 苯板保温上人屋面	见详图		三屋屋面	
棚1	抹灰面层	1. 喷顶棚涂料 2. 2mm厚麻刀灰罩面 3. 6mm厚1：3：9水泥石灰砂浆 4. 2mm厚1：0，5：1水泥石灰砂浆打底 5. 钢筋混凝土板板底刷素水泥浆一道（内掺水重3%～5%的108胶）	10	除棚2全部房间	刮大白二道
棚2	水泥砂浆面层	1. 喷顶棚涂料 2. 5mm厚1：2.5水泥砂浆罩面 3. 5mm厚1：3水泥砂浆打底扫毛 4. 钢筋混凝土板板底刷素水泥浆一道（内掺水重3%～5%的108胶）	10	卫生间、厨房	刮大白二道
踢脚1	砖墙水泥踢脚	1. 8mm厚1：2.5水泥砂浆罩面压实赶光 2. 12mm厚1：3水泥砂浆打底扫毛	20	全部房间150mm高暗踢脚	
踢脚2	砖墙花岗石板踢脚	1. 稀水泥浆擦缝 2. 安装20mm厚花岗石板 3. 20mm厚1：2水泥砂浆灌缝	40	楼梯间	
散水	混凝土散水	1. 70mm厚C15混凝土，表面加1：2水泥细砂压光 2. 80mm厚碎石灌M2.5水泥砂浆，抹平 3. 素土夯实（找坡5%）	150	每隔3000mm设一道缝，缝宽20mm	800mm宽

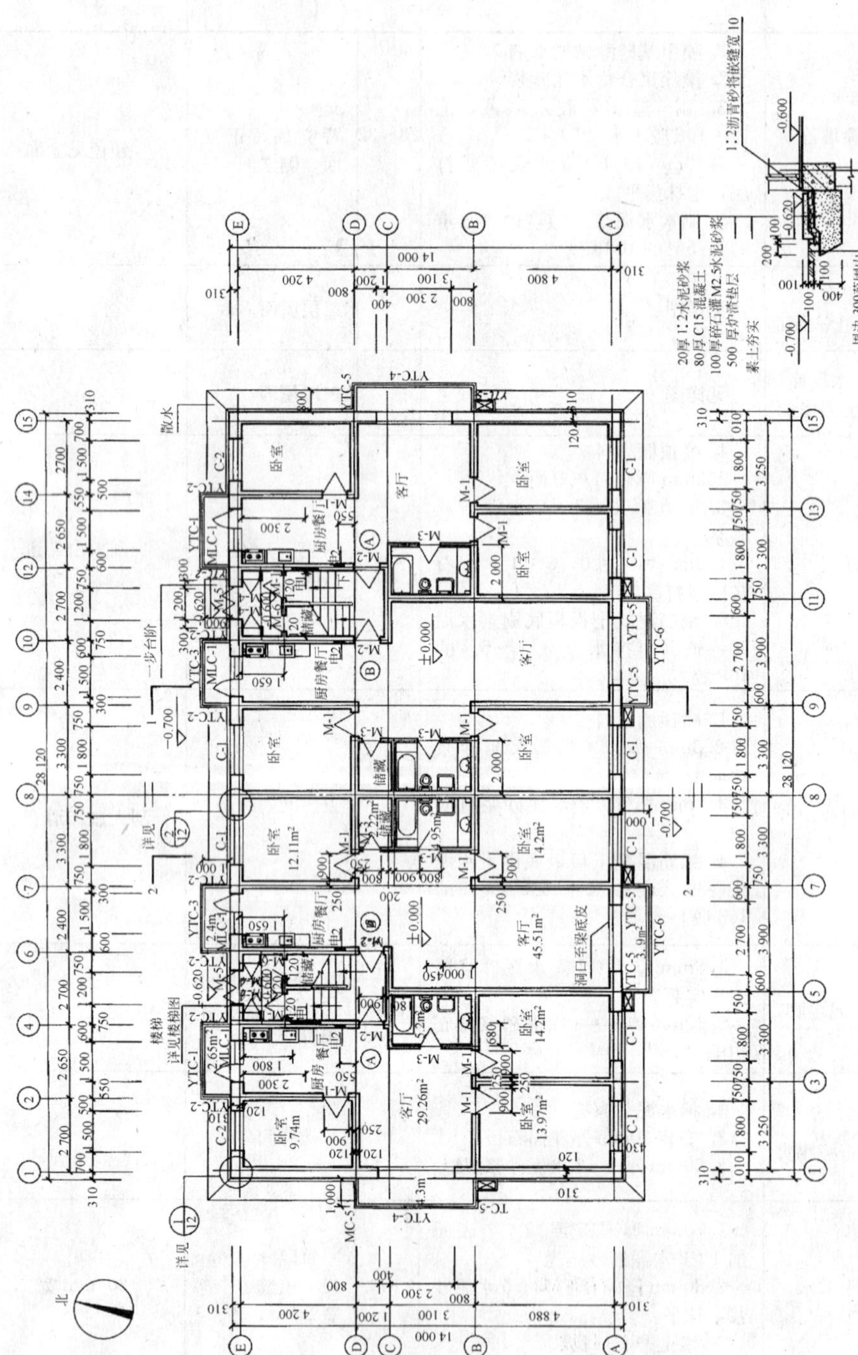

附图3 一层平面图

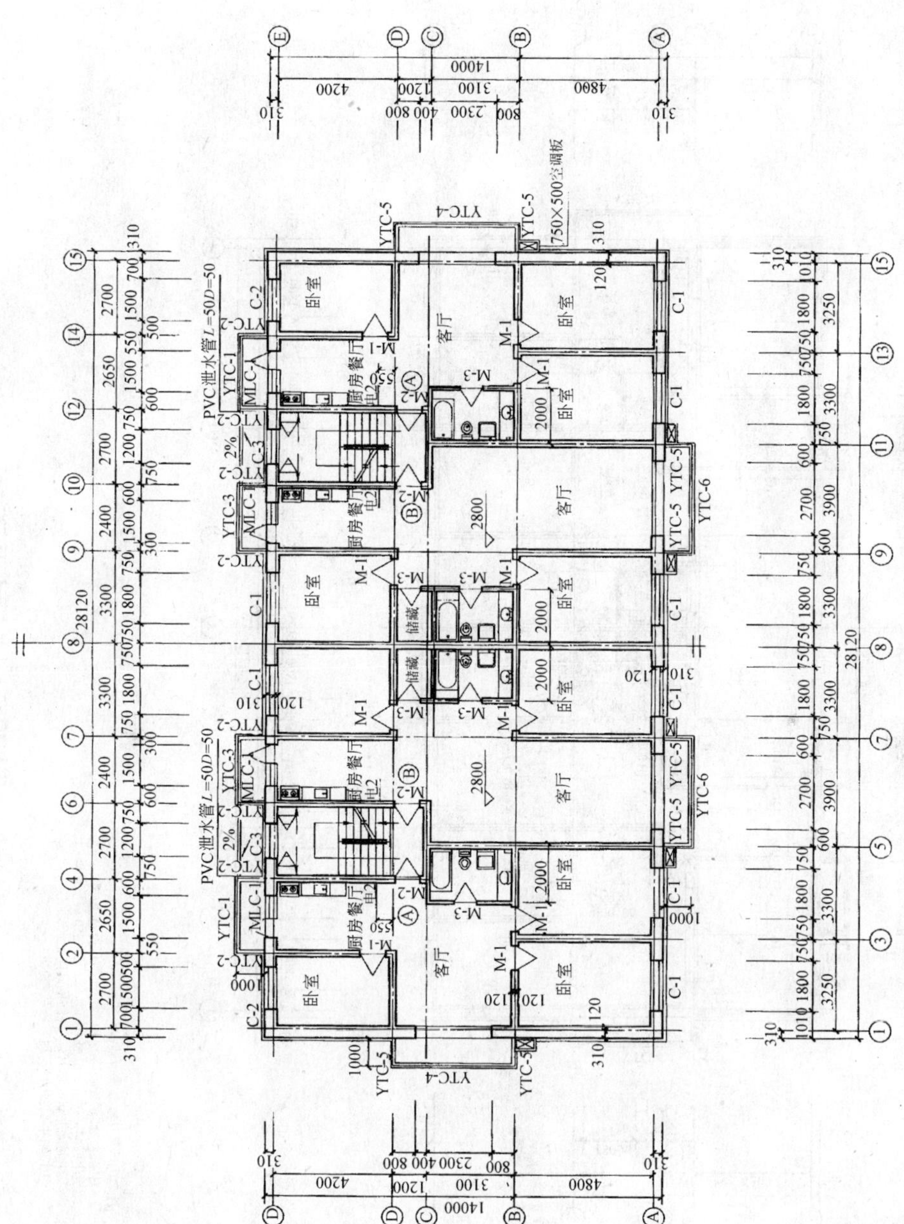

附图 4　二层平面图

注：户内面积及布置同一层，
墙厚同一层。

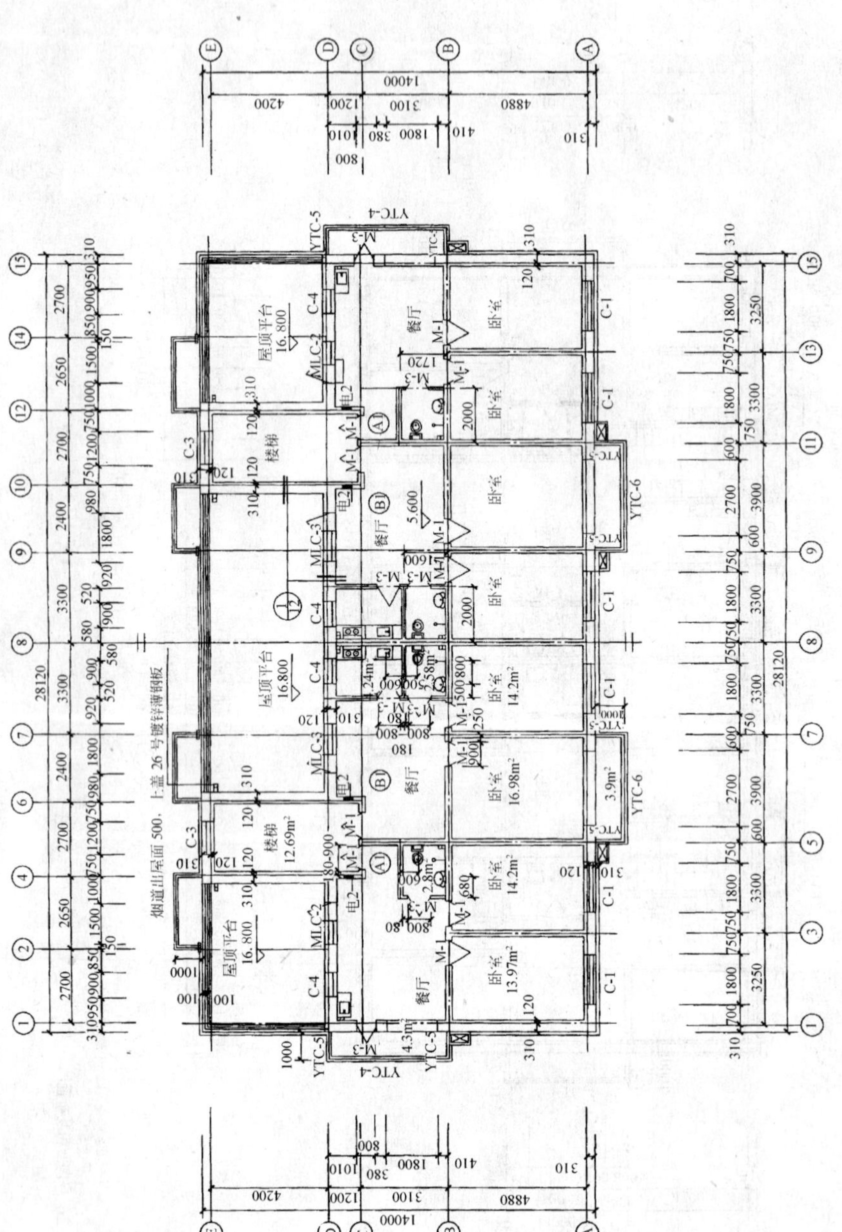

注：内墙为240厚承重型空心砖。
卫生间及厨房处隔墙为90厚填充型煤矸石空心砖。
卫生间内通风道及厨房内烟道为120×250成品玻璃钢。
卫生间向地漏找坡1%，地漏位置详见水暖图。
卫生间内洁具用户自理。

附图5 三层平面图

水斗、雨水管用26号镀锌薄钢板制作
雨水口用8厚铸铁制作,雨水管管径φ90
PVC泄水管L=150,D=50
150×150泄水孔
二层屋顶平台
5.600
8.400
28120
14000

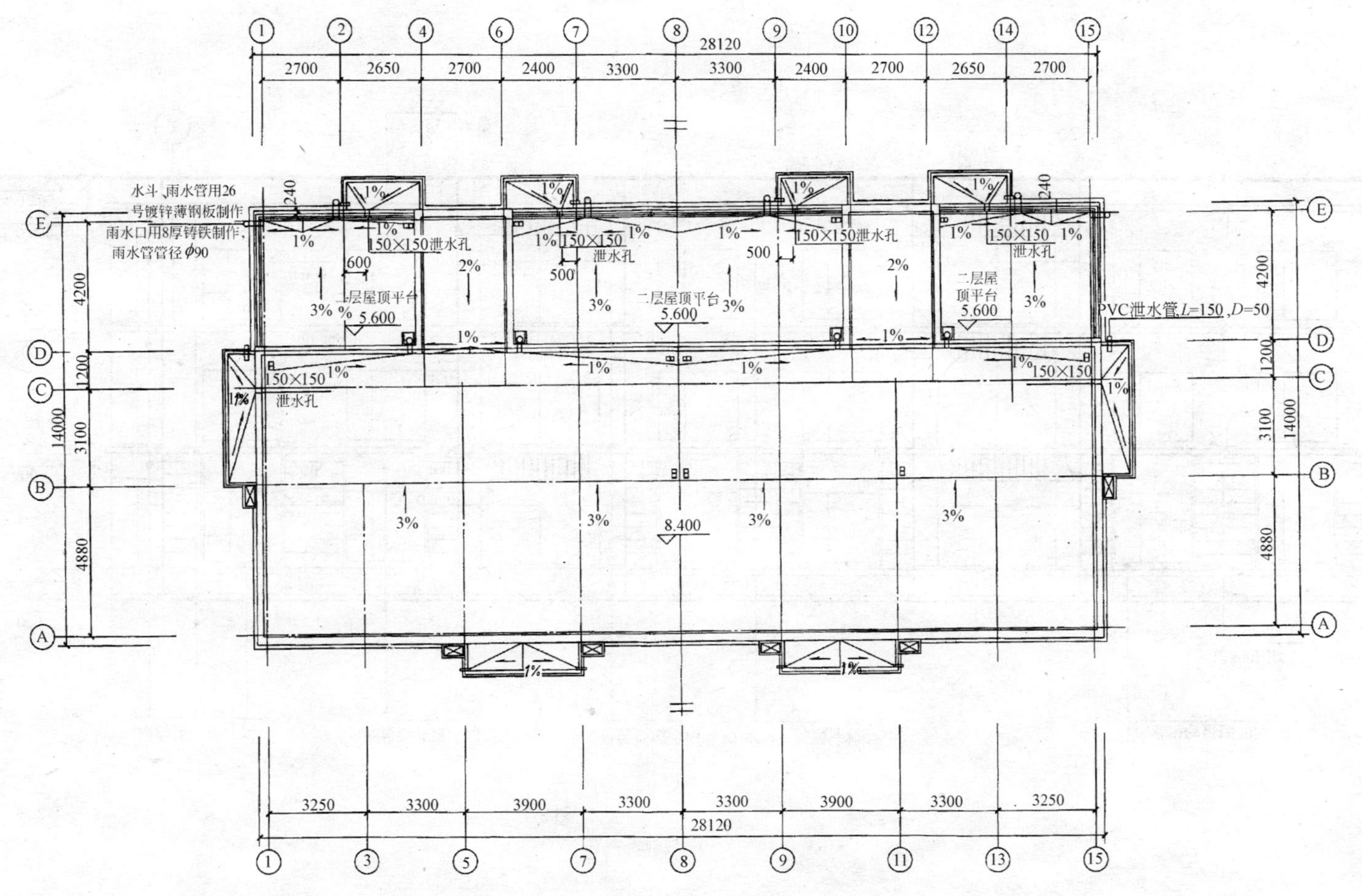

附图 6　屋面排水平面图

白色外墙涂料
米黄色外墙涂料
白色外墙涂料
米黄色外墙涂料
1:2水泥砂浆抹30厚，白色涂料
每300用1:2水泥砂浆沟缝
缝宽10
浅灰色火烧板
259
98
173
173
173
8.200
6.200
5.400
3.400
2.600
0.600
8.100
6.500
5.300
3.700
2.500
0.900
9.000
8.400
5.600
2.800
±0.000
-0.700
1
15

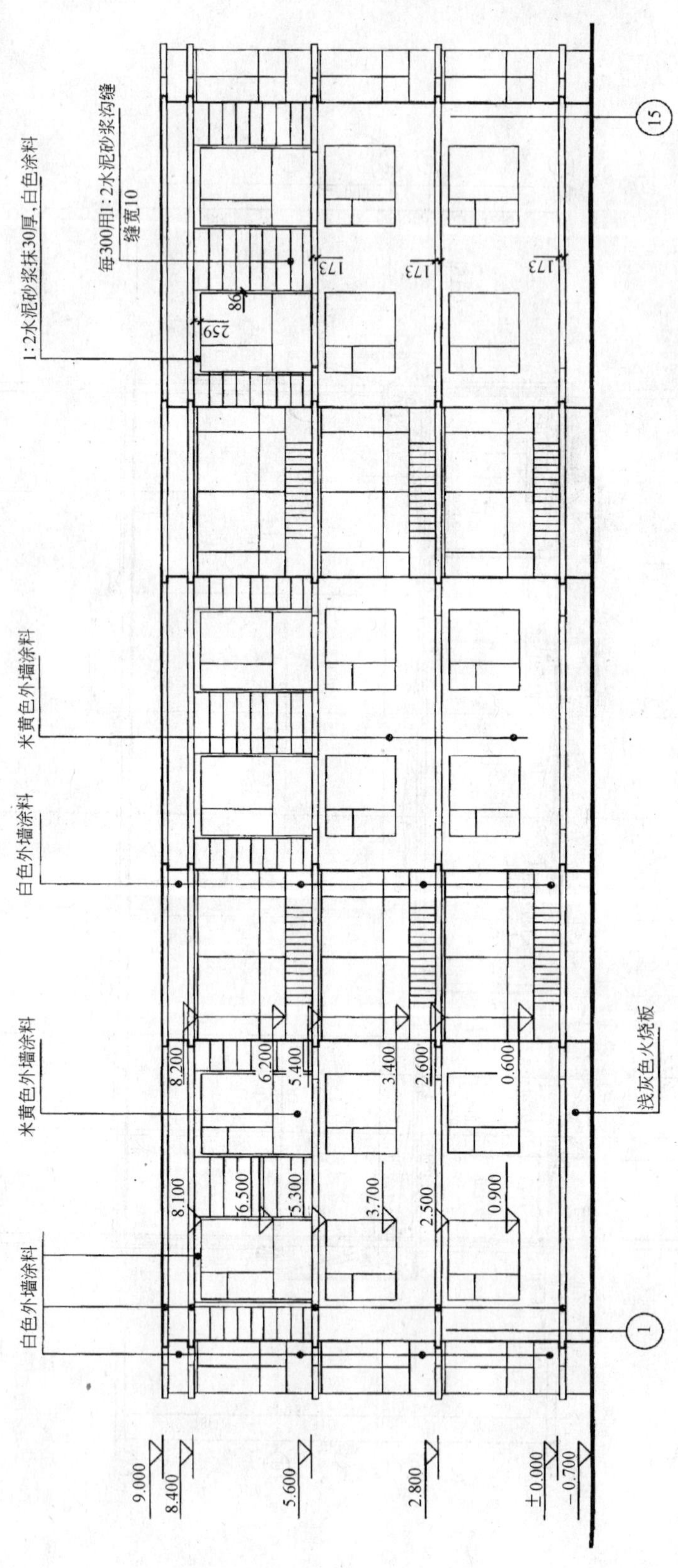

附图 7 ①～⑮立面图

白色外墙涂料
白色外墙涂料
米黄色外墙涂料
1:2水泥砂浆抹30厚,白色涂料
每300用1:2水泥砂浆勾缝
缝宽10
栏杆扶手漆黑色
米黄色墙涂料
浅灰色火烧板
9.000
8.400
5.600
2.800
±0.000
8.100
6.500
6.200
5.400
5.300
3.850
3.700
3.850
2.600
2.600
2.500
1.050
0.900
0.700
259
86
173
173
173
15
1

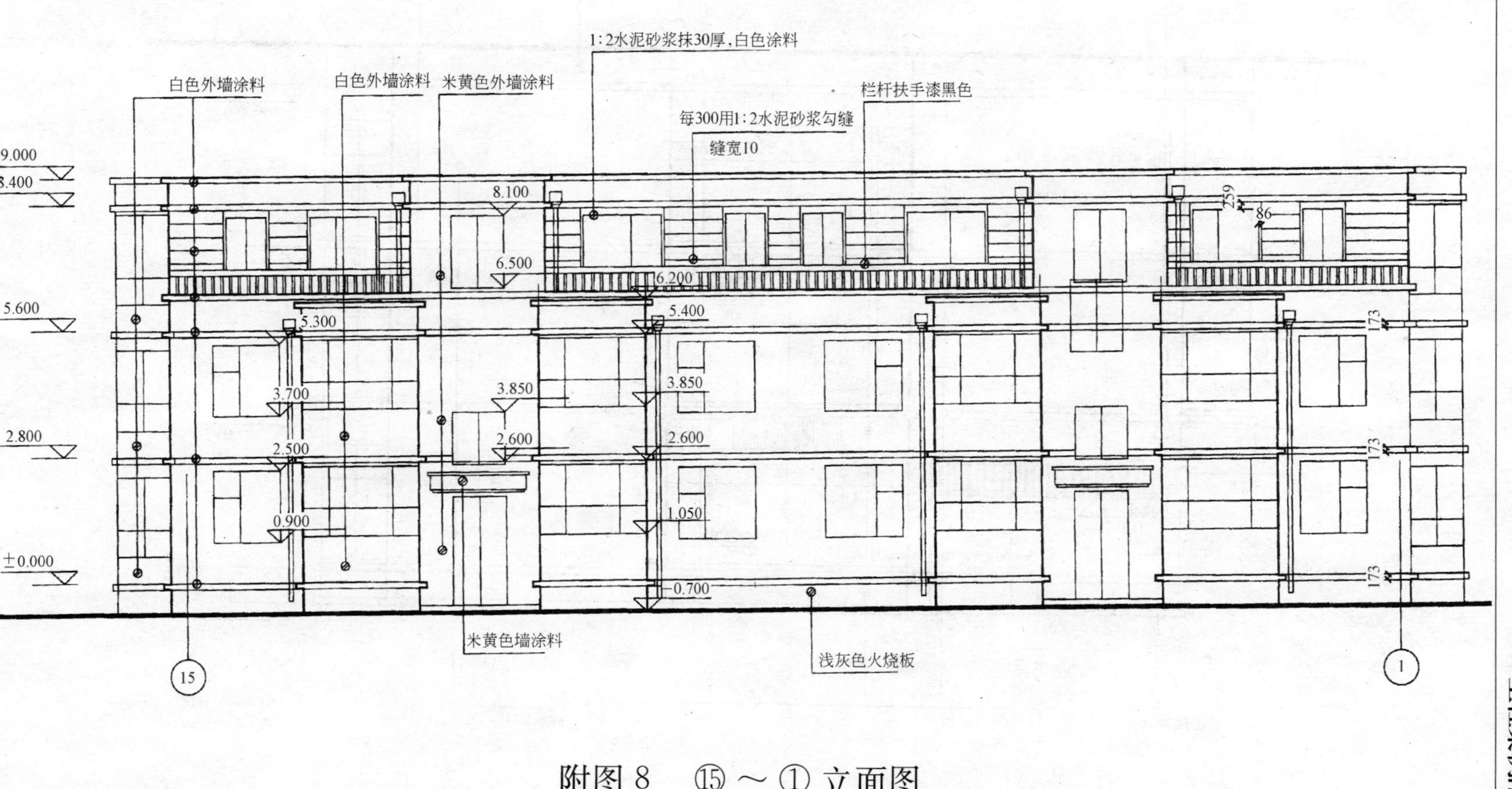

附图8 ⑮～①立面图

米黄色外墙涂料
白色外墙涂料
栏杆漆黑色
米黄色外墙涂料
浅灰色火烧板
9.000
8.400
5.600
2.800
±0.000
8.200
5.400
3.400
2.600
0.600
-0.700
7.000
6.400
6.200
5.400
3.850
2.600
1.050
-0.700
A
E

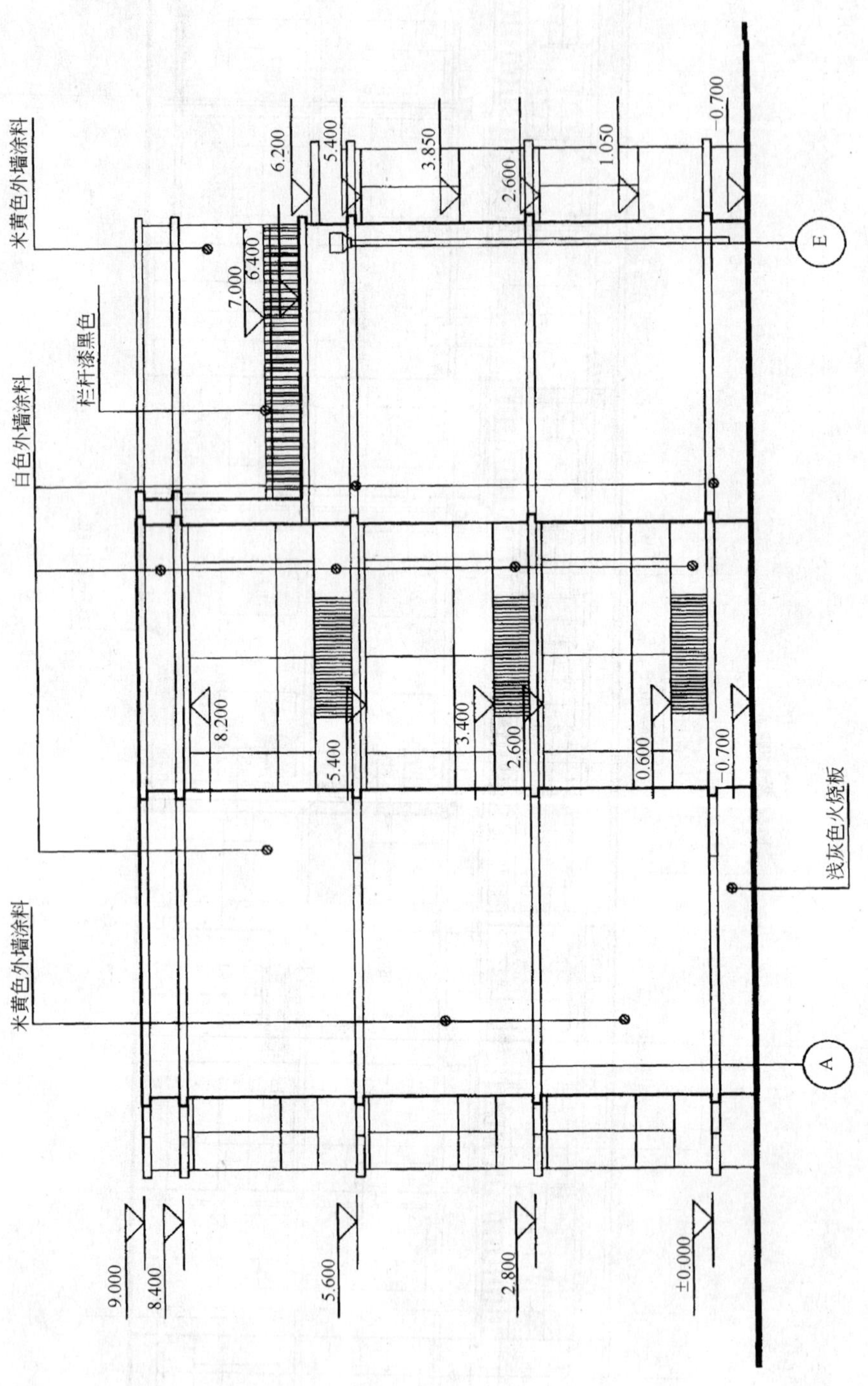

附图9 Ⓐ~Ⓔ立面图

详见 5/12
9.000
8.400
6/12
6.200
5.400
6/12
3.400
2.600
0.600
−0.700
7/12
600
2200
800
2000
800
2000
1300
9700
1050
1050
1050
310
120
8.400
2800
2100
5.600
2500
2800
2500
2800
2.800
±0.000
2000
500
310
120
参见 9/12
6.100
7.000
6.400
800
120
310
详见 5/12
9.000
2800
6.200
800
5.400
1550
3.850
1250
2.600
1550
1.050
1750
−0.700
4880
3100
1200
4200
13380
A
B
C
D
E

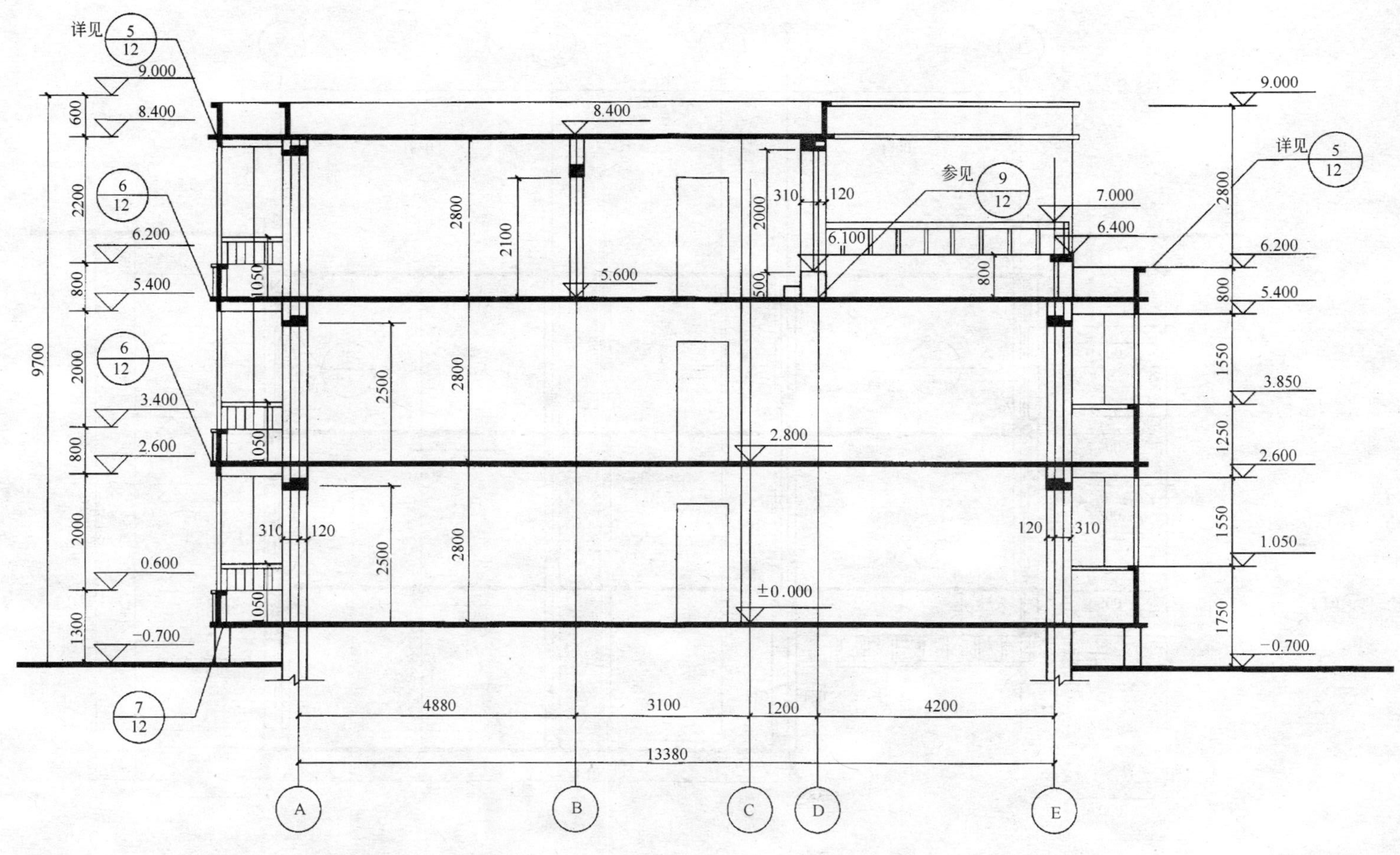

附图10 1—1剖面图

9.000
8.400
8.100
7.000
6.500
6.400
5.600
5.300
3.700
2.800
2.500
0.900
±0.000
2600
1100
1600
1200
900
700
800
120
310
2100
2800
9700
4880
3100
1200
4200
13380
详见
A
B
C
D
E

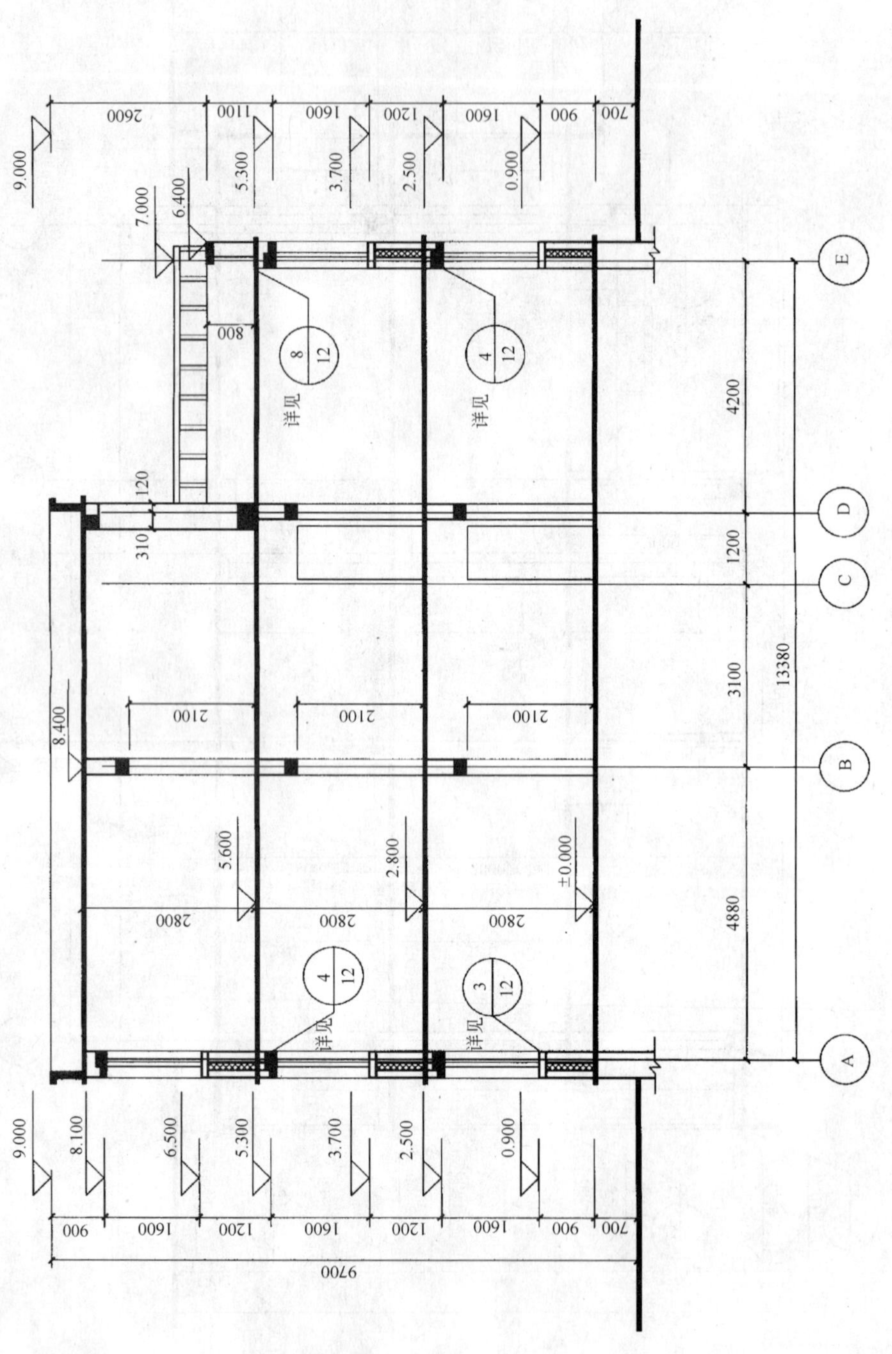

附图 11 2—2 剖面图

外墙涂料
120厚承重型煤矸石空心砖
70厚阻燃型EPS板保温
240厚承重型煤矸石空心砖
内饰面
抹20厚TS20稀土保温材料
发泡聚氨酯
泡沫塑料
抹20厚TS20稀土保温材料
10厚阻燃EPS板保温
抹TS20保温材料20厚
泛水
见吉J90－111P11②
i=3%
4厚APP改性沥青防水卷材上铺绿豆砂保护层
20厚1:3水泥砂浆找平层
1:10水泥珍珠岩找坡3%
110厚苯板保温
APP隔汽层2厚
20厚1:3水泥砂浆找平层
现浇钢筋混凝土屋面板
顶棚抹灰
贴50厚单面钢丝网EPS板刮大白
抹TS20保温材料20厚
同下
楼面做法见材料表
60厚C20细石混凝土
内配φ6@200钢筋网
外饰面见材料做法表
内贴80厚单面钢丝网EPS板
内饰面见材料做法表
地面做法见材料表
±0.000
25厚1:2.5
水泥砂浆加5%防水剂
20厚混合砂浆
240厚煤矸石空心砖
70厚EPS板
120厚煤矸石空心砖
20厚水泥砂浆
外饰面
面做法见材料表
面砖面层
40厚细石混凝土层，内配φ6@200
4厚APP改性沥青防水层
20厚1:3水泥砂浆找平层
110厚苯板保温层
1:10水泥珍珠岩找坡3%
APP隔汽层2厚
现浇钢筋混凝土屋面板
顶棚抹灰见装修表
贴50厚单面钢丝网EPS板
φ80×3不锈钢管
φ25×1.5不锈钢管
栏杆埋件连接
见99SJ403
P22 Ⓑ
φ50×2不锈钢管
横向间距600
见吉J90-111 P11②
i=2%
发泡聚胺酯
110厚聚苯乙烯泡沫塑料板保温
2厚APP隔汽层
现浇钢筋混凝土土屋面板
1:2水泥砂浆抹30厚
40厚细石混凝土层，内配φ6@200
20厚1:3水泥砂浆找平层
1:2水泥砂浆抹坡
楼面做法见材料表
附图 12　节点详图

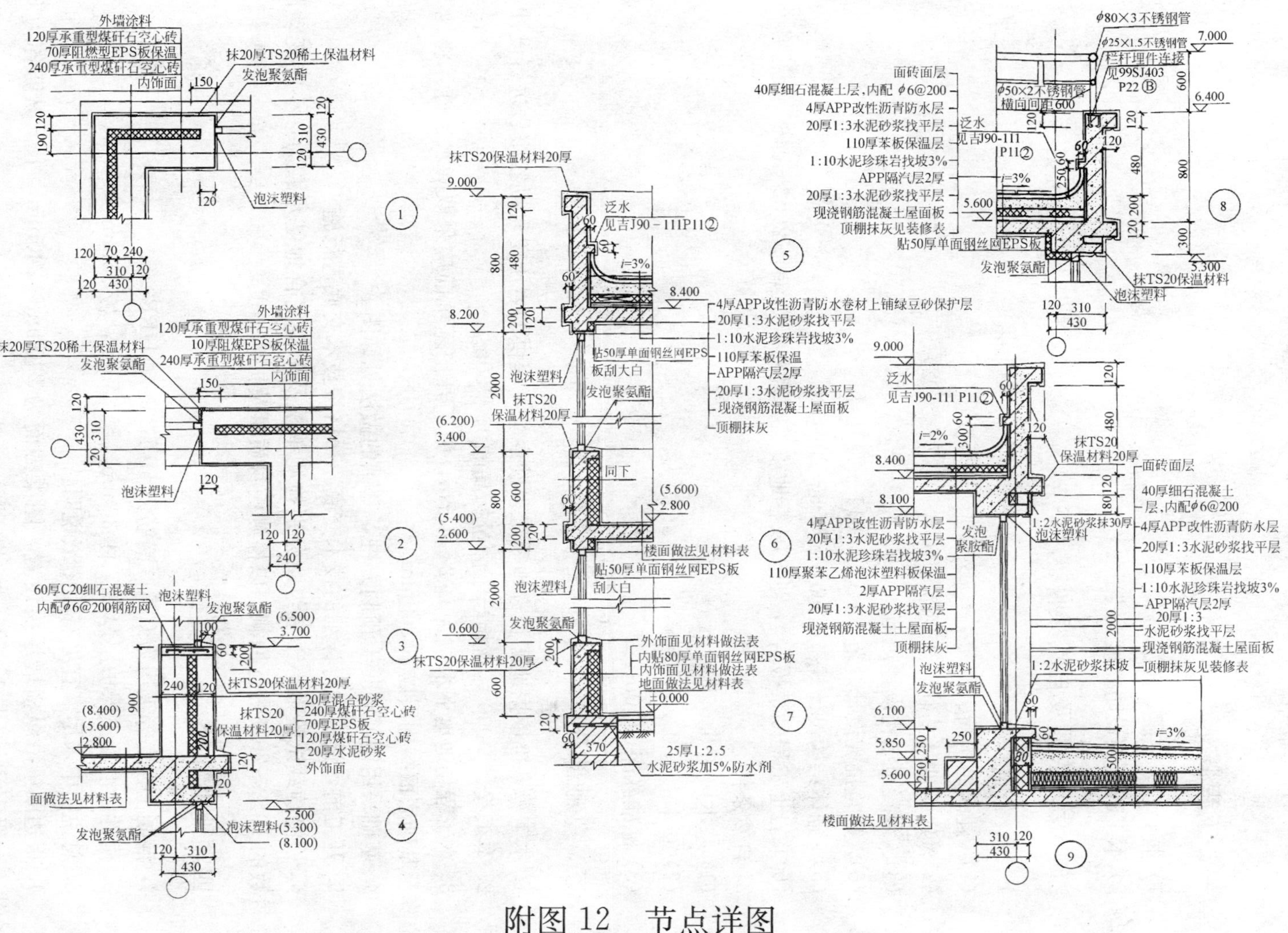

附图 13　结构设计总说明

一、工程概况

1）本工程为三层，砖混结构。

2）本工程抗震设防烈度为七度。

二、设计依据及自然条件

1. 设计依据

(1)《建筑结构荷载规范》(GB 50009—2001)

(2)《建筑地基基础设计规范》(GB 50007—2002)

(3)《混凝土结构设计规范》(GB 50010—2002)

(6)《建筑抗震设计规范》(GB 50011—2001)

(5)《砌体结构设计规范》(GB 50003—2001)

(6)《岩土工程勘察报告》，地矿长春地震工程勘察院，编号 2002－046

2. 自然条件

(1) 基本风压 0.65kN/m^2

(2) 基本雪压 0.35kN/m^2

(3) 标准冻深 1.70m

三、基础部分

1. 本工程基础依据地矿长春地质工程勘察院，提供的岩土工程勘察报告进行设计。

2. 本工程±0.000 标高相当于测量标高的 197.50m。

3. 本工程场地地下水位为 0.2～4.7m，施工开挖基坑前应采取降水措施，将地下水位降至基础底面结构层以下 300mm。

4. 基础采用钢筋混凝土预制方桩，基础的做法见详图。

5. 开工前，认真进行详细的技术交底，严格按技术交底进行施工。

6. 检测静载试验不小于三组，分别检测单桩及单桩复合地基承载力，小应变动测按总桩数的 10%～20%进行抽测，以检测桩身质量及桩体强度。

四、地上部分

1. 混凝土强度等级均为 C25；钢筋为 HPB235 和 HRB335。

2. 构件的混凝土保护层厚度：柱 30mm，梁 25mm，板 15mm。

3. 总说明中未尽事宜见有关图纸说明。

4. 板边圈梁沿纵横墙层层设置，圈梁截面为 240mm×240mm，上下纵筋各为 3ϕ12 (ϕ 代表一级钢筋，下同)，箍筋为 ϕ8@200。

5. 所有管道井洞均为后浇洞，钢筋正常绑扎，待管道穿过后用 C30 膨胀混凝土封堵。

6. 板上预留孔洞，套管、铁件布置，规格及数量等参见有关专业图纸且在支模时留好，并应对照有关专业图纸校对无误后，方可浇灌混凝土。

7. 板上预留孔洞小于 300mm 时，钢筋可绕过洞口，不得切断钢筋，洞口大于 300mm 但小于 800mm 时，洞口两侧附加 2ϕ12 钢筋，钢筋长 1200mm。

8. 施工本层构造柱时，应同时对照上一层构造柱水平布置图，注意上一层构造柱钢筋锚入本层。

9. 板底钢筋伸入支座 120mm，当板跨大于 4.2m 时，板顶设置 ϕ8@200 通长钢筋到支座负搭接，搭接长度不小于 120mm。

10. 屋顶女儿墙墙厚 370mm，女儿墙构造柱截面为 240mm×240mm，构造柱间距 2m，配筋：纵筋，4ϕ12，箍筋 ϕ6@100。

11. 现浇板中未标注的钢筋均为 ϕ6@200。

12. 图中标高以米（m）计，其他以毫米（mm）计。

13. 楼梯斜板、梁钢筋待支模时按实际情况校核无误后方可下料施工。

14. 在施工时必须严格遵守有关施工及验收规范。

15. 构造柱沿每半米设 2ϕ6 拉结筋与两侧墙体拉结，钢筋伸入墙体的长度为 1.0m。

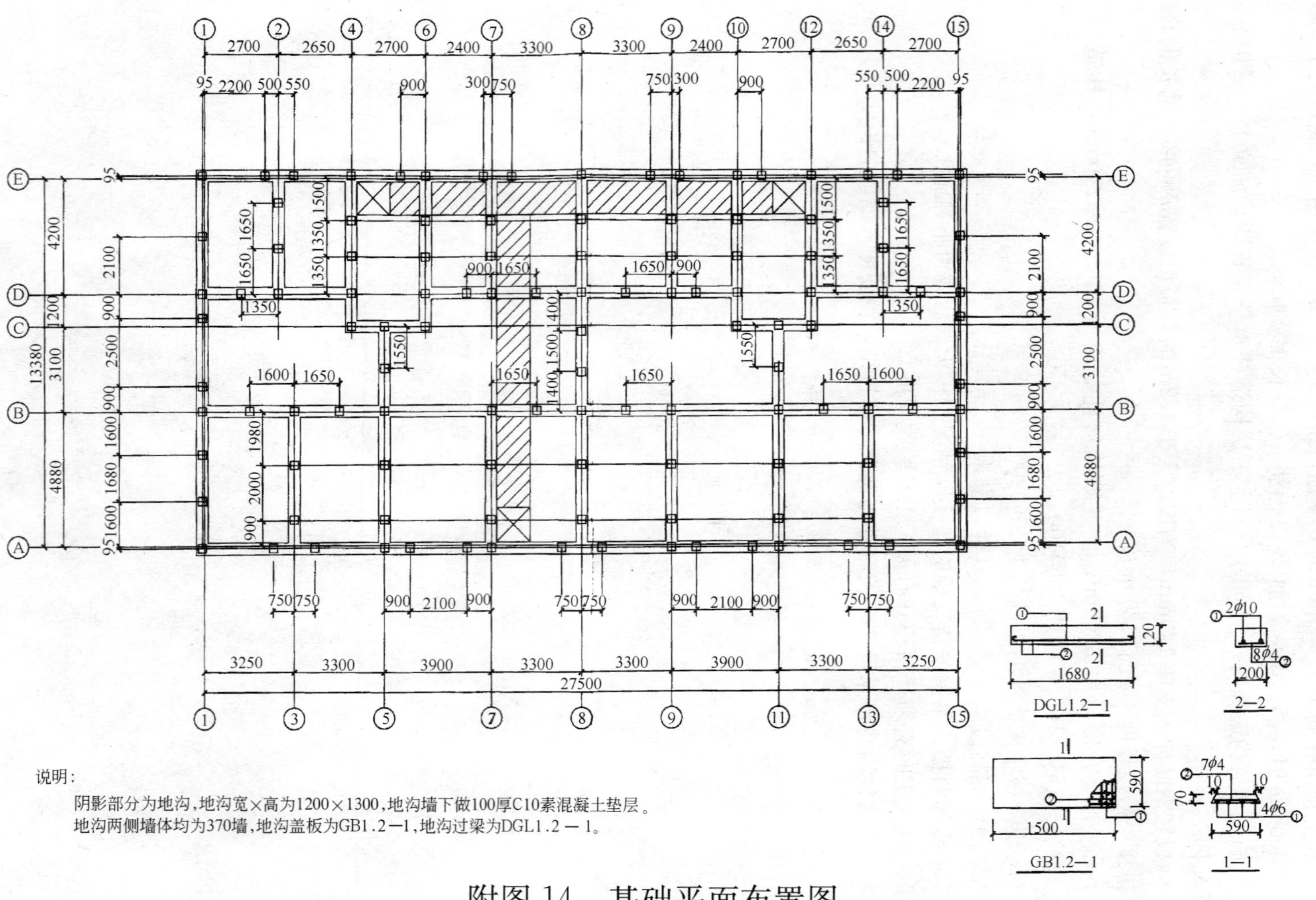

说明：

阴影部分为地沟，地沟宽×高为1200×1300，地沟墙下做100厚C10素混凝土垫层。
地沟两侧墙体均为370墙，地沟盖板为GB1.2－1，地沟过梁为DGL1.2－1。

附图14 基础平面布置图

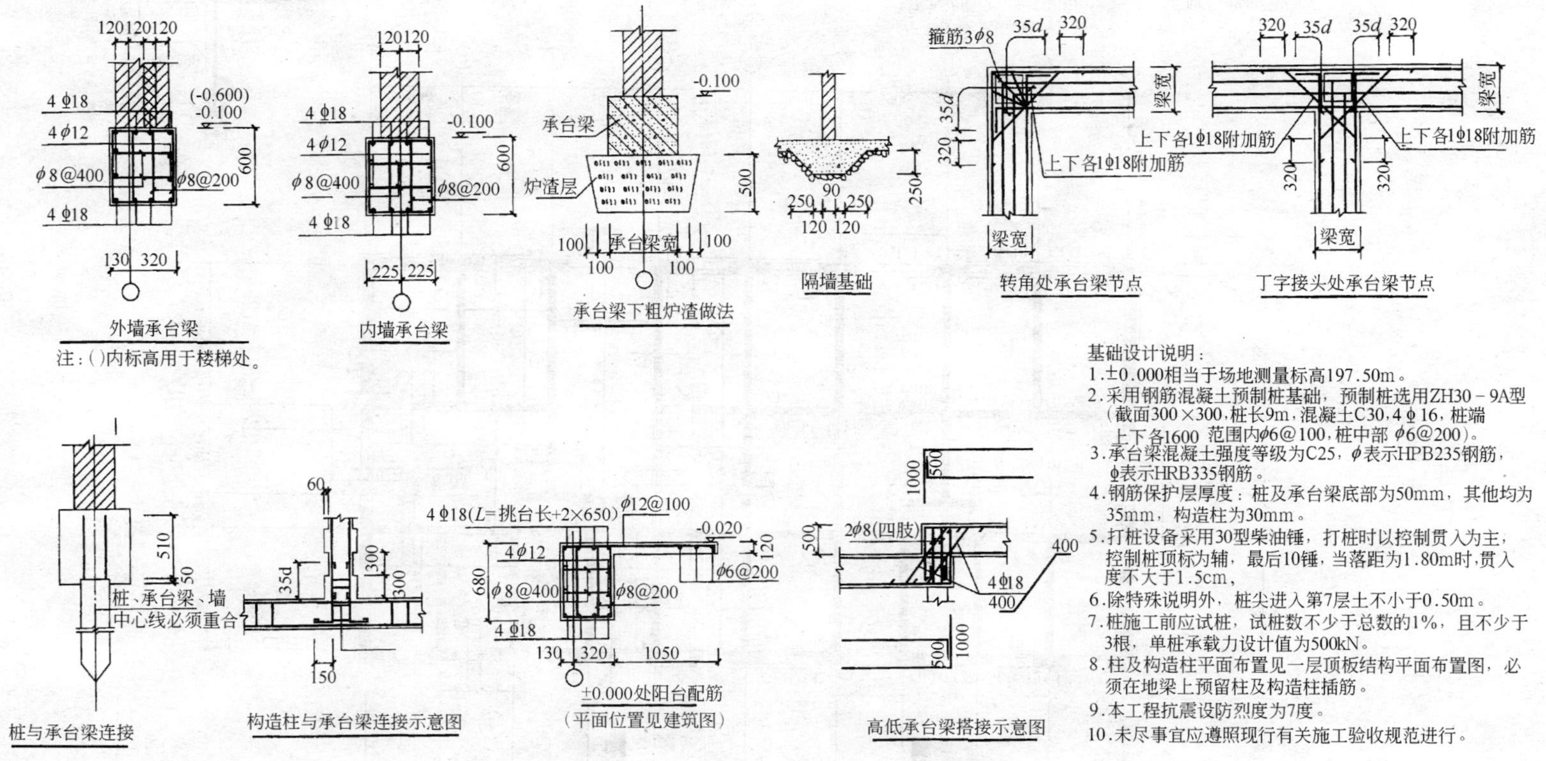

外墙承台梁
注：( )内标高用于楼梯处。
内墙承台梁
承台梁
炉渣层
承台梁宽
承台梁下粗炉渣做法
隔墙基础
箍筋3φ8
上下各1φ18附加筋
梁宽
转角处承台梁节点
丁字接头处承台梁节点
桩、承台梁、墙
中心线必须重合
桩与承台梁连接
构造柱与承台梁连接示意图
4φ18(L=挑台长+2×650)
±0.000处阳台配筋
(平面位置见建筑图)
2φ8(四肢)
高低承台梁搭接示意图
基础设计说明：
1.±0.000相当于场地测量标高197.50m。
2.采用钢筋混凝土预制桩基础，预制桩选用ZH30－9A型(截面300×300,桩长9m,混凝土C30,4φ16，桩端上下各1600 范围内φ6@100,桩中部 φ6@200)。
3.承台梁混凝土强度等级为C25，φ表示HPB235钢筋，φ表示HRB335钢筋。
4.钢筋保护层厚度：桩及承台梁底部为50mm，其他均为35mm，构造柱为30mm。
5.打桩设备采用30型柴油锤，打桩时以控制贯入为主，控制桩顶标为辅，最后10锤，当落距为1.80m时,贯入度不大于1.5cm，
6.除特殊说明外，桩尖进入第7层土不小于0.50m。
7.桩施工前应试桩，试桩数不少于总数的1%，且不少于3根，单桩承载力设计值为500kN。
8.柱及构造柱平面布置见一层顶板结构平面布置图，必须在地梁上预留柱及构造柱插筋。
9.本工程抗震设防烈度为7度。
10.未尽事宜应遵照现行有关施工验收规范进行。

附图 15　基础详图

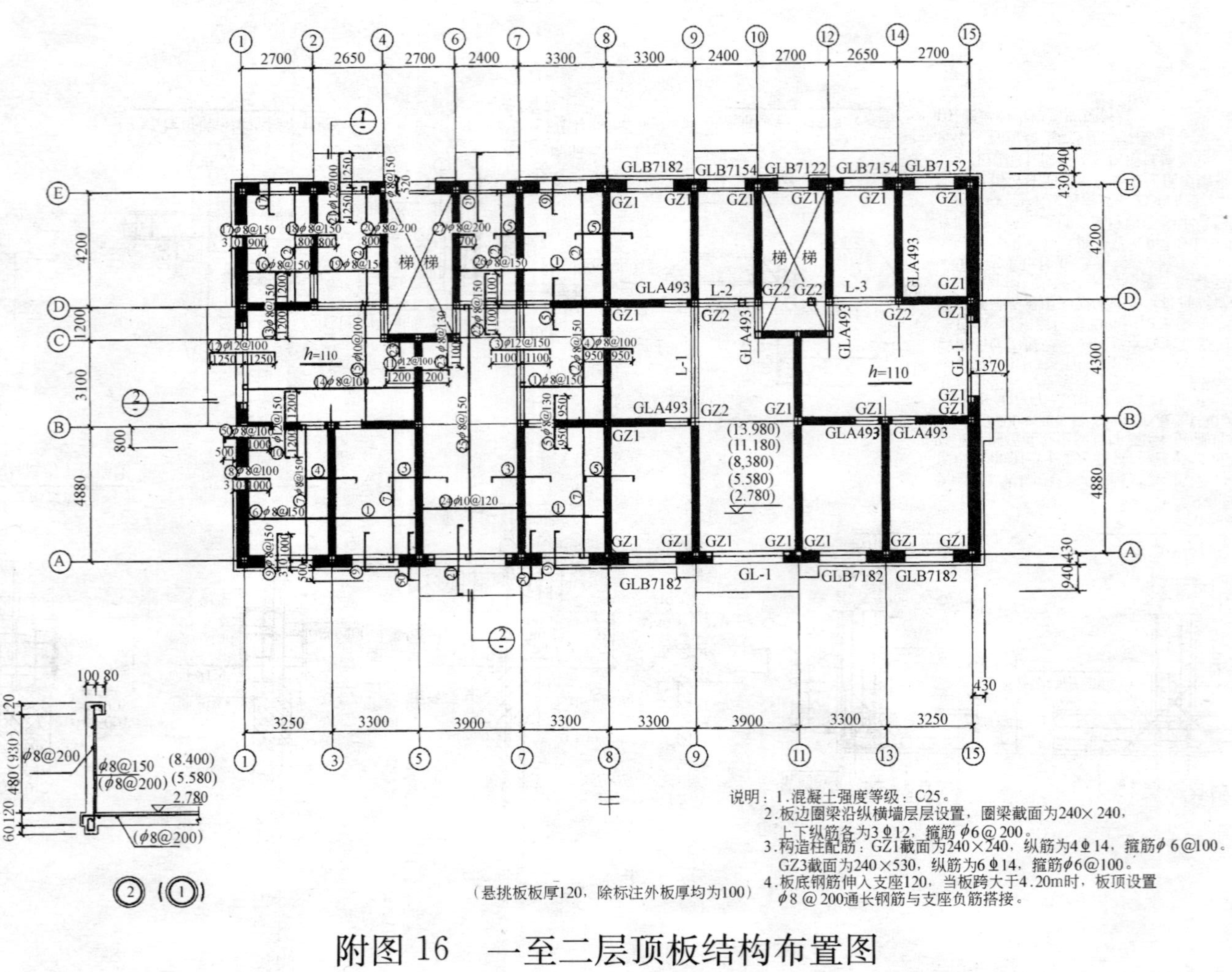

附图 16　一至二层顶板结构布置图

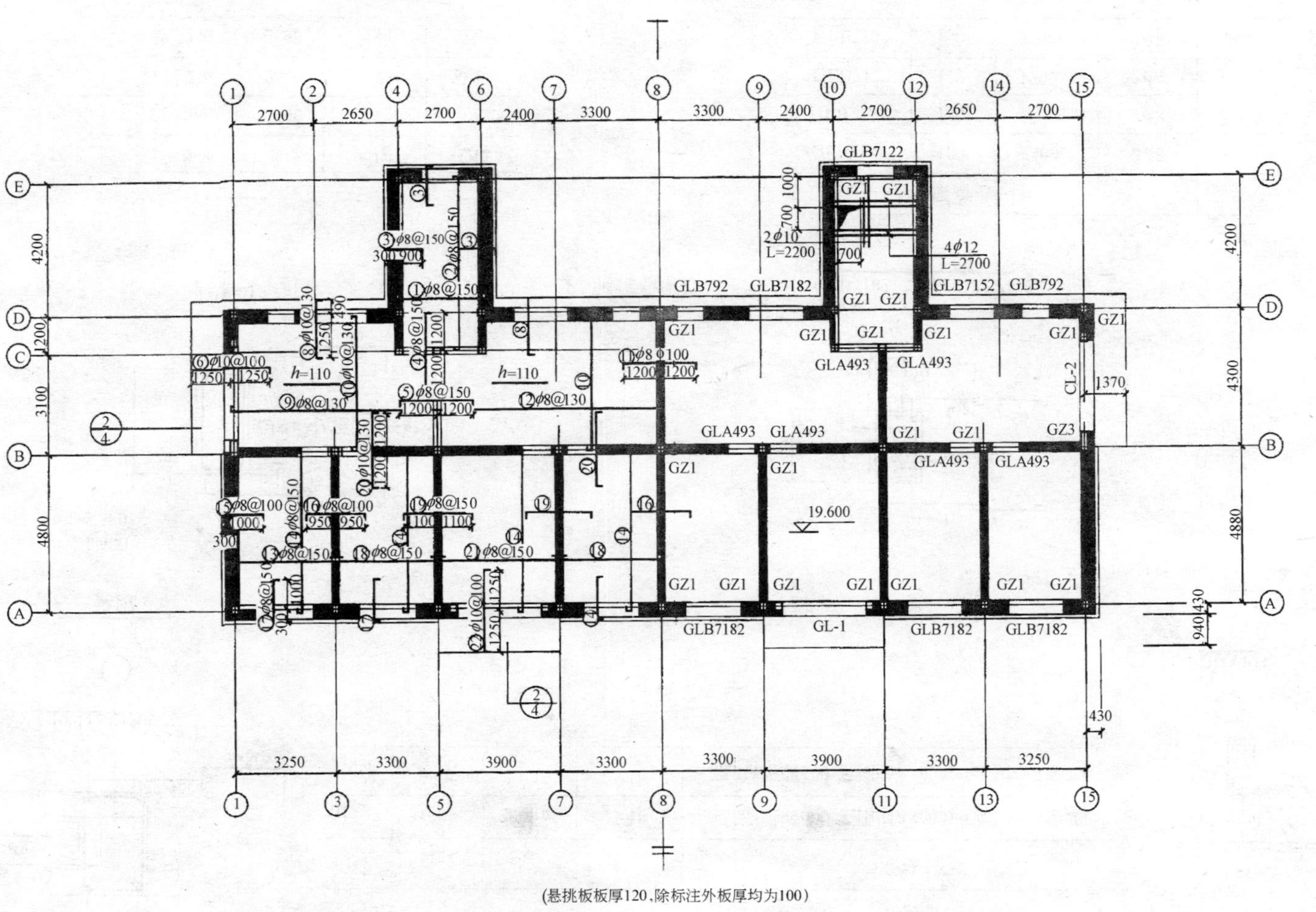

(悬挑板板厚120,除标注外板厚均为100)

附图 17　三层顶板结构布置图

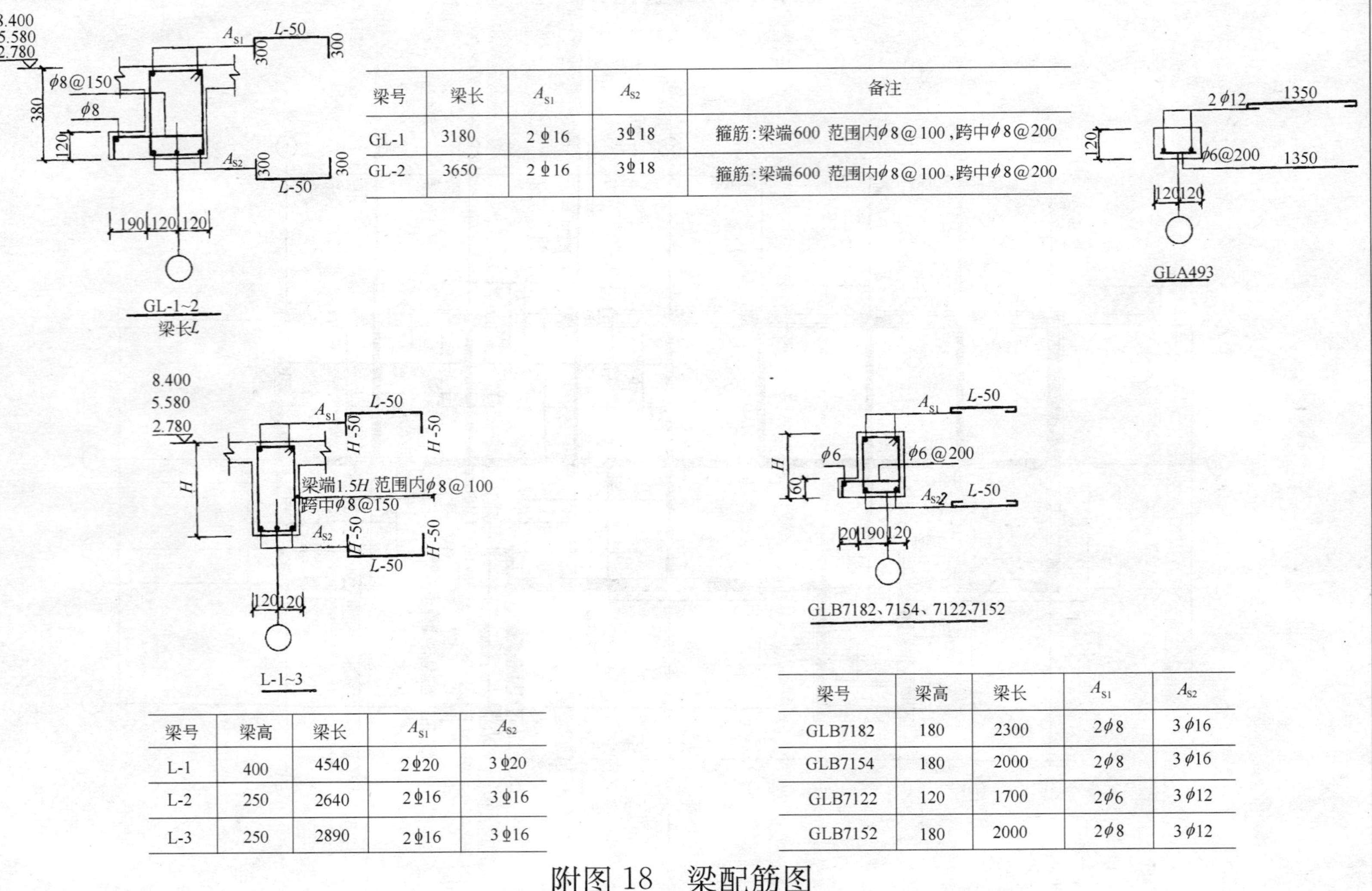

梁号	梁长	A_{S1}	A_{S2}	备注
GL-1	3180	2Φ16	3Φ18	箍筋：梁端600 范围内φ8@100，跨中φ8@200
GL-2	3650	2Φ16	3Φ18	箍筋：梁端600 范围内φ8@100，跨中φ8@200

梁号	梁高	梁长	A_{S1}	A_{S2}
L-1	400	4540	2Φ20	3Φ20
L-2	250	2640	2Φ16	3Φ16
L-3	250	2890	2Φ16	3Φ16

梁号	梁高	梁长	A_{S1}	A_{S2}
GLB7182	180	2300	2φ8	3φ16
GLB7154	180	2000	2φ8	3φ16
GLB7122	120	1700	2φ6	3φ12
GLB7152	180	2000	2φ8	3φ12

附图 18　梁配筋图

楼梯结构布置图
TB-1、2、6、7配筋图
沿四周设置
TB-5配筋图
TL-1配筋图
TB-3配筋图
TB-4配筋图
1-1
2φ12
φ6@150
3φ16
说明：
1.混凝土为C25。
2.板中未画分布筋均为φ6@200

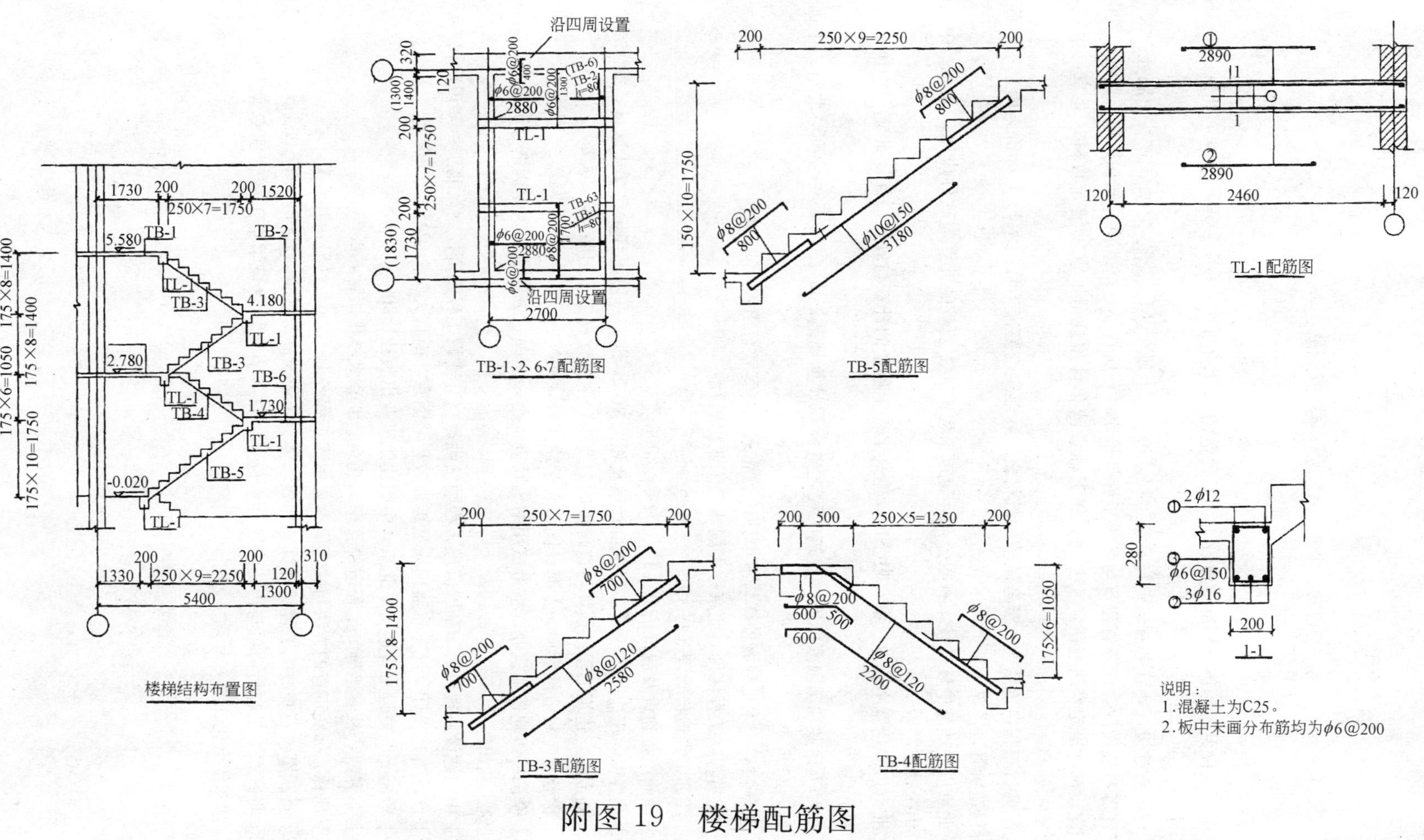

附图 19　楼梯配筋图

参 考 文 献

[1] 中华人民共和国国家标准《建设工程工程量清单计价规范》GB 50500—2008. 北京：中国计划出版社，2008

[2] 江苏省建设厅，江苏省建筑与装饰工程计价表（上册）[M]．北京：知识产权出版社，2004

[3] 江苏省建设厅，江苏省建筑与装饰工程计价表（下册）[M]．北京：知识产权出版社，2004

[4] 建设部标准定额研究所，《建设工程工程量清单计价规范》宣贯辅导教材．北京：中国计划出版社，2003

[5] 江苏省工程造价从业人员考试辅导教材之二，建筑与装饰工程技术与 T 计价．南京：江苏省建设工程造价管理总站，2005

[6] 北京广联达慧中软件技术有限公司，建筑工程钢筋工程量的计算与软件应用．北京：中国建材工业出版社，2005

[7] 北京广联达慧中软件技术有限公司．建筑工程工程量的计算与软件应用．北京：中国建材工业出版社，2005

[8] 中华人民共和国国家标准《建筑工程建筑面积计算规范》GB/T50353—2005. 北京：中国计划出版社，2005

[9] 孟新田．土木工程概预算与清单计价．北京：高等教育出版社，2006

[10] 王雪青．工程估价．北京：中国建筑工业出版社，2006

[11] 江苏工程造价管理 [J]．2005—2006

[12] 徐州工程建设及造价信息 [J]．2005—2006

[13] 梁春弘，王志坚．建筑工程造价管理及相关知识．北京：中国环境科学出版社，2006

[14] 刘宝生．建筑工程概预算与造价控制．北京：中国建材工业出版社，2004

[15] 徐蓉．工程造价管理．上海：同济大学出版社，2005

[16] 全国一级建造师执业资格考试用书编写委员会，全国一级建造师执业资格考试用书．北京：中国建筑工业出版社，2004

[17] 中国建设监理协会．全国监理工程师培训教材．建设工程投资控制．北京：知识产权出版社，2003

[18] 江苏省建设厅．江苏省监理人员培训教程．南京：南京大学出版社，2006

[19] 殷惠光．建设工程造价．北京：中国建筑工业出版社，2004

[20] 车春鹏，杜春艳等．工程造价管理．北京：北京大学出版社，2006

[21] 邱林．标底审查的方法与注意事项．中国工程咨询，2004，(6)：46－47

[22] 肖跃军，石晓波．工程量计算软件教学体会．煤炭高等教育，2006，95－96

[23] 肖跃军．工程量清单与传统定额计价模式．江苏省土木建筑学会工程管理专业委员会 2002－2003 学术年会论文集，152－153